Château d'Yquem, Sauternes, Bordeaux

RUDOLF LANTSCHBAUER
SEPP L. BARWIRSCH

STEIERMARK UND DER REST DER WEINWELT

STYRIA AND THE REST OF THE WINEWORLD

FOTOS VON
RUDOLF LANTSCHBAUER

VINOTHEK VERLAG

Danksagung

Die Autoren möchten sich bei allen, die am Zustandekommen dieses Buches mitgewirkt haben, recht herzlich bedanken.

Besonderer Dank gilt:

Manfed Marburger (TextÜbersetzung), Hannes Sattler (KücheKochenEssen), Manfred Tement, Armin Tement, Hartmut Aubel (WeinGartenKellerWissen), Walter Patak (Farbe), Edmund Kaufmann (AllesRichtigTechnik), Helmut Sporer, Helmut Ploier (TexteLesen), Peter Ricci Wagner (Freisteller), Markus Jell (Überdruck).

UmschlagLayoutAussenUndInnen:
Ivan Gabrovec
TitelFotosAussenUndInnen:
Rudolf Lantschbauer

Fotocredits: Seite 44, Wohlmuth Gerhard (1), 79, Firmenich, Foto Resch (2), 83 Polz Thomas (1), 116, Tschermonegg, Foto Croce (2), 125, Elsnegg, Foto Croce (4), 178, Skringer (8), 203ff, Wohlmuth, Gerhard Wohlmuth (8), 224 Reiterer (2), 234 Winkler-Hermaden (4), 240 Pock, Markus Leodolter (5), 250 List, Matthias List (8).

Alle anderen Fotos (Über 1.000) von Rudolf Lantschbauer.

Die Beschreibung der Bodenstrukturen auf Seite 74 wurden dem Buch „Wein und Boden- Der Einfluß des Bodens auf die Geschmacksvielfalt steirischer Weine" von Alois Bernhard und Werner Luttenberger mit freundlicher Genehmigung des Autors zitiert. Erschienen im Leopold Stocker Verlag, ISBN 3-7020-1011-4

Rudolf Lantschbauer

Wein- und Foodjournalist, Fotograf, Foodstylist, hat zum Thema Wein und Küche, Tourismus schon 37 Bücher verfasst, fotografiert und im Vinothek Verlag publiziert:

★ Das Buch vom Steirischen Wein
★ Weinland Österreich
★ Die Weine Kaliforniens
★ Die Weinwelt der Barriques
★ Weingut Feiler-Artinger
★ Steirischer Wein – Steirische Küche
★ Wachau – Wein und Kulinarisches
★ Burgenland – Wein und Kulinarisches
★ Hainan – Tropical Paradise

★ Das Buch „Die Weine Kaliforniens" von Rudolf Lantschbauer und Sepp L. Barwirsch wurde von der GAD-Deutschland mit einer Silbermedaille ausgezeichnet.

★ Zum „Best Book in the World" wurde das Buch „Wachau–Wein und Kulinarisches" von Rudolf Lantschbauer und Georges Spengler in der Kategorie „Wineatlas/-Tourismbook" beim „Gourmand World Cookbook Award 2004" gewählt.

★ Mit dem Titel „Best Book in the World" wurde das Buch „Burgenland–Wein und Kulinarisches" von Rudolf Lantschbauer und Georges Spengler in der Kategorie „Wineatlas/Tourismbook" beim „Gourmand World Cookbook Award 2005" ausgezeichnet.

★ Mit dem Titel „Best Book in the World" wurde das Buch „Hainan – Tropical Paradise" von Rudolf Lantschbauer und Siegmund Kahlbacher in der Kategorie „Best Asian Cuisine" beim „Gourmand World Cookbook Award 2007" in Beijing ausgezeichnet.

Sepp L. Barwirsch

lebt in Graz, ist seit 1971 im Journalismus tätig und hat als Reisejournalist die schönsten Plätze dieser Welt besucht und darüber berichtet.

Zusammen mit Rudolf Lantschbauer verfasste er 1987 „Das Buch vom Steirischen Wein", 1989 das Buch „Weinland Österreich" und 1991 das Buch „Die Weine Kaliforniens". Für seine journalistische Tätigkeit wurde er mit dem "Goldenen Ehrenzeichen des Landes Steiermark" ausgezeichnet.

© Vinothek Verlag Graz
A-8020 Graz, Kantgasse 15,
Tel/Fax: +43 (0)316-27 23 72

e-mail:
lantschbauer@utanet.at
www.ausverkauft.at

VINOTHEK VERLAG

ISBN 978-3-900582-36-4

Aus dem Inhalt/Content:

Peter Glaser

ANGEWACHSEN

Wie schmeckt das, wo ich herkomme? Schmeckt nach zu Hause. Wie schmeckt zu Hause, und zwar, wenn man sich nicht einfach mit der Aufzählung von ein paar Lieblingsspeisen zufriedengeben will? Wie Herkunft schmeckt, wird einem besonders deutlich, wenn man nicht mehr zu Hause lebt. Es heißt, dass Einwanderer eher die Sprache ihres Herkunftslandes vergessen als die Küche. Erst die Fremde lehrt uns, was wir an der Heimat besessen haben, schreibt Fontane. Man ist nicht einfach nur abgeschnitten von der Versorgung mit Verhackert und Punschkrapferl und an einen fernen, zerbrechlich dünnen Seitenarm der Kernölpipeline verbannt. Es ist ein Ganzes, das fehlt, eine Welt, und wie sie schmeckt, das ist ihr Kuß - Gerüche und Geschmäcker sind voller Nähe und Intimität. Die anderen Dinge dieser Welt aber schwärmen mit um diese Nähen, wie nachts um ein Feuer.

Die ganze Daseinsform des Daheimseins, die man bemerkenswerter Weise überallhin mitnehmen kann, ist durchdrungen von etwas, das man kosten, anschmecken, probieren kann, auch wenn es nichts ist, das man isst oder trinkt - die weichere Luft im Süden zum Beispiel, die anderen Grüntöne der Flora von einem anderen Licht, überhaupt die Übergänge vom einen zum anderen, die nicht hart sind und wie die Berge am Stadtrand verlaufen, und die Schrebergärten mit den Gemüsebeeten neben der Bahnstrecke in die Weststeiermark.

Etwas von dieser rätselhaften Vielfalt versuchen die Franzosen mit dem Begriff Terroir einzufangen - ein komplexes Zusammenspiel von Boden, Gestein und Bewuchs, Temperatur und Niederschlag, von Sonneneinstrahlung, Hangneigung, Bodenrelief, der Zusammensetzung und der Feuchtigkeit der Erde. Aber wie es sich für eine Sinfonie der Sinnesberührungen gehört, die uns heimatlich umfasst, fehlt immer etwas bei den Versuchen, sie unter einer alles umfassenden Idee zu versammeln - im Fall des Terroirs etwa fehlt die Stadt. Und es fehlt die Innenwelt.

Es ist eine kleine Unendlichkeit an Fakten, die den Charakter der Herkunft bestimmen, ein Fließen und Kristallisieren von Feinheiten (beim Wein kann man sie Weinheiten nennen). Was in diesem verschlungenen Gewebe an Geschmacksgründen noch fehlt, ist das Einfache. Zu Hause kann auch ganz einfach sein. Meine Großmutter konnte nicht kochen. Als Kind ist mir das nicht aufgefallen, denn immer, wenn ich bei den Großeltern war, gab es Buttererdäpfel mit Salz. Das ist für mich heute noch eine Köstlichkeit. Ich kann oft nicht einmal sagen, ob es Erdäpfel sind oder Kartoffel, also welche aus der alten Heimat oder hiesige, aber ich bin in ihrem Geschmack zu Hause, und der wurzelt in dieser Stadt in der Steiermark und einer Zeit vor über 40 Jahren, und in dem Salzgeschmack, der kühl an der Zungenspitze brennt, zusammen mit der Butter, die an den warmen Erdäpfeln schmilzt, und an deren Weichheit.

Diese ganz persönliche Art der Herkunft ist portabel. Es ist die freundliche Version von Heimat, die einen auch in die Welt hinaus entlässt, wenn man möchte, und nicht festhält; stattdessen hält sie sich an uns. Und die Körperlichkeit von Geschmäckern und Gerüchen, von Hochquellwasser für eine Melange, den Duft eines Apfels alter Sorte wie der Schafnase, und der unspektakulären alltäglichen Dinge verführen einen dann immer wieder dazu, wo auch immer auf der Welt man sich gerade aufhält - und sei es zu Hause -, nach diesem Ort hinzuschauen, der da mit uns ist.

Manchmal zu einer bedeutenderen Mahlzeit verschieben sich also die Maßstäbe dessen, was als die zentrale Köstlichkeit anzusehen ist, überraschend auf eine Beilage: Kartoffel, Butter, Salz. Vielleicht gab es vor dem Gruß aus der Küche schon ein bisschen gutes Brot und gesalzene Butter, von der etwas übriggeblieben und subversiv beiseite geschafft worden ist, um sich der nachfolgenden Kartoffelbeilage zugesellen zu können. Und während diese Bissen leicht gebuttert und gemessen über die Zunge surfen, hat kein noch so vorzüglicher Zwiebelrostbraten, kein Seeteufel, nicht einmal Backhendlflügel auch nur den Hauch einer Chance. Dieser höchstpersönliche Hinweis auf die Herkunft macht es nötig, eine Geschichte zu erzählen. Jeder von uns hat solche Geschichten, und dass jeder eine andere Geschichte davon hat wie zu Hause schmeckt, verbündet uns miteinander.

Einmal, als meine Mutter mich in Hamburg besucht hat, wollte sie für mich etwas machen, das schmeckt wie zu Hause - eine Schale Liptauer. Dieser Brotaufstrich aus den historischen Tiefen der österreichisch-ungarischen Küche, und das weiß meine Mutter natürlich, gehört für mich zum Kaliber des Buttererdäpfelhaften, wobei in ihrer Zubereitung anstelle des Brimsen, eines Schafsmilchfrischkäses, Topfen zum Einsatz kommt. Es war eine gute Gegend, in der ich wohnte, also besorgten wir in einem guten Feinkostgeschäft die nötigen Zutaten. Unterschiedliche Bezeichnungen wie Quark statt Topfen sah ich als Synonyme, aber das sollte sich als Irrtum erweisen. Der rote Paprika war kein edelsüßer Rosenpaprika, das Salz ist wahrscheinlich nicht aus Bad Ischl (wobei ich auch schon nicht mehr sicher bin, ob das Bad Ischler Spezialsalz nicht auch längst nur noch ein als Marke übriggebliebener Name ist und das Produkt dahinter aus einer ganz anderen Weltgegend kommt), die Gewürzgurken keine Essiggurkerl, und auch das Mineralwasser, das Mama beimischt, um den Topfen so leicht und schaumig zu machen, wie man sich in der Quantentheorie die Grundstruktur der Raumzeit vorstellt, ist von anderer Provenienz, Mineralhaltigkeit und damit Geschmacksanmutung als die Wässer weiter im Süden. Der Liptauer, den meine Mutter zubereitete, sah aus wie ein Liptauer, aber er schmeckte wie etwas vollkommen anderes. Es geht nicht um die richtigen Zutaten. Es geht um die Feinheiten.

Kaum etwas lässt einen so sehr in der Gegenwart ankommen wie kulinarische Genüsse, und kaum etwas kann eine vergangene Zeit so umfassend und eindrucksvoll in den Augenblick zurückholen. Wir leben in einer Zeit, in der man geradezu verlorengehen kann vor Gegenwart. Aus allen Teilen des Planeten werden Information und Nachricht in einer endlosen Brandung auf uns zugeschwemmt. Von einem ganz bestimmten Ort herzukommen, gibt uns nicht nur eine selbstverständliche Richtung nach Längen- und Breitengraden, sondern auch eine Richtung in der Zeit.

Die vom Norden her auslaufenden Berge, die von überall in Graz aus zu sehen sind, haben mir eine zuinnerste Grundorientierung gegeben. Die Wellenformen der Bergkämme sind wie Schlüsselbärte, die eine jeweils ganz bestimmte Richtung öffnen. Später, in Städten, um die sich berglose Umgebung ausbreitet, war ich ebenso leicht wie tief desorientiert. Mit dem Geschmack, den Geschmäckern von zu Hause kann ich mich behelfsweise in eine innere Kompassmitte begeben. Ich suche diese Geschmäcker in besonderen Geschäften oder Gaststätten, freue mich über die vielfältigen Schaufenster im Internet oder bekomme sie von Verwandten oder Freunden geschickt - Mehlspeisen, Wurst vom Bauernmarkt für's Erdäpfelgulasch, wenn der Winter kommt, und so weiter. Unsere Herkunft führt uns immer wieder hinaus aus der Enge der Gegenwart, zum Beispiel in die wunderbare Übermacht einer Landschaft - kein Mensch wird jemals solche Berge bauen. Mir fehlte, als ich nach Deutschland übersiedelt bin, nicht aus Sentimentalität die Landschaft von zu Hause, sondern weil ich mich darin immer sicher umgeben und orientiert gefühlt hatte - ein Gefühl im Großen, das im Kleinen Tag für Tag beim Essen widerleuchtete, wo die Kräfte, die das Essen und das Trinken liefert, und das körperhaft Gute und Köstliche die Stelle der Berge einnehmen.

Wenn man anderswo lebt als da, wo man hergekommen ist, fällt einem die Fülle an anderen Worten auf, die Riech- und Schmeckdinge bezeichnen - schon, obwohl man sich zum Beispiel nur innerhalb des deutschen Sprachraums um tausend Kilometer nach Norden bewegt hat. Kein Deka mehr, keine Marillen, dafür Milch in Mehrzahlen, Wurst und Käse immer erst auf Anforderung dünn genug geschnitten und Brötchenkrusten, die heller und glänzender schmecken, als die matt mundende Kruste einer Kaisersemmel. Kein Ort der Welt ist wie zu Hause, nirgendwo schmeckt es wie da. Das Problem dabei ist, dass die Herkunft nicht nur in einem Ort oder in einer Region gründet, sondern im Menschen selbst und seinen Erinnerungen und Erfahrungen und Gefühlen; aber was heißt schon Problem? Auch die Worte schmecken; sie besonders. Sie bleiben immer dieselben, Brot bleibt Brot, Schilcher bleibt Schilcher und Bohnen bleiben Bohnen. Aber die Worte füllen sich mit den Jahren und einer immer persönlicheren Essenz dessen, was schmeckt. Es ist wie die Landschaft, die ins Tal herab zusammenfließt zu einem schönen Gefühl; zu einem Fluss, den man nicht sehen kann, aber man spürt ihn. Und wenn es eine Stelle gibt in unserem Wesen, an der sich Vernunft und Empfinden zu Rendezvous verabreden, dann ist es dort, wo es schmeckt und gut riecht. Alles das lagert in den Worten, wie alter Wein. Sie bleiben dieselben, Brot bleibt Brot, aber in ihnen sammelt sich etwas, das aus dem Glutkern des Geschmacks strahlt und schimmert und ihm eine immer persönliche, eine immer eigenartigere Farbe gibt. Ihr Geschmack wird gehaltvoller und reifer, und in dieser anwachsenden, lebendigen Struktur nistet ein gleichermaßen und still anwachsendes Gefühl, das nach all dem schmeckt: ein Stolz - auf das feine, vielfächerige Geflecht, das in dem Teil von mir wurzelt, der zu Hause ist und weiß, wo das herkommt.

DIE GESCHICHTE
DES SAUVIGNON BLANC

Der Sauvignon Blanc hat sich nach dem Chardonnay weltweit zur zweitwichtigsten Weißweinsorte entwickelt, die auf allen fünf Kontinenten kultiviert wird. Die Herkunft der Rebe, die unter anderen Synonymen auch als Muskat-Sylvaner, Blanc Fume, Fumé Blanc, Feigentraube oder Sauvignon Jeune bezeichnet wird, ist ungewiss. Gewiss ist allerdings auf Grund von DNA-Analysen, dass der Sauvignon Blanc die „Mutter" des Cabernet Sauvignon ist. Der „Vater" ist der Cabernet Franc. Die charakteristischen Merkmale für den Sauvignon Blanc sind kreisförmige Blätter mit fünf Lappen und einem gewellten Profil. Die Blattzähne sind rund gewölbt. An der Blattoberseite zeigen sich grüne Hauptnerven, die Unterseite ist stark behaart. Typisch für den Sauvignon Blanc sind weiters der kurze Traubenstil und eine dichtbeerige Traube. Die Beeren haben je nach Sonneneinwirkung ein Farbspektrum von Grün bis Gelb und bieten einen grasigen Geschmack. Sortenrein ausgebaut, ergeben die Trauben einen frischen Wein mit pikanten Johannisbeer- und Stachelbeeraromen, der Wein zeigt aber auch oft „grüne" Aromen nach frisch gemähtem Gras und eine feine Mineralität. Die geschmacklichen Unterschiede ergeben sich einerseits aus unterschiedlichen Reifegraden der Trauben, andererseits aus der Art der Vinifizierung, je nachdem ob der Ausbau des Weines im Stahltank, im Holz oder in einer Kombination aus beiden erfolgt. Die Sorte Sauvignon Blanc war bei den Winzern lange Zeit nicht wirklich populär, weil sie kein Mengenträger, aber anfällig für Pilzkrankheiten ist. Mittlerweile hat die Rebe aber eine so große Bedeutung erlangt, dass sie in die Nobilität der Weinwelt aufgerückt ist und als „Edelrebe" bezeichnet wird. Von manchen wird der Sauvignon Blanc als die wertvollere Rebsorte als der Chardonnay bezeichnet, weil die Bandbreite vom trockenen Weißwein bis hin zu hochkonzentrierten edelsüssen Weinen reicht, und die Sortentypizität immer klar erkennbar ist.

Die europäische Heimat dieser Rebsorte ist das französische Loire-Ta, wo vor allem in der Gegend von Sancerre und Pouilly-Fumé hervorragende Sauvignon Blancs gekeltert werden. In Frankreich ist der Sauvignon Blanc aber auch im Raum Bordeaux verbreitet, wo diese Rebsorte reinsortig als „weißer Bordeaux" vinifiziert wird. Im Gebiet von Sauterns dient der Sauvignon Blanc meist als kleinerer Partner in einem Cuvée, mit dem Semillon zur Erzeugung von erstklassigen Süßweinen.

Von Frankreich ausgehend, hat die Sauvignon-Blanc-Rebe einen Siegeszug um den Globus angetreten. In der „alten Welt" wird der Sauvignon Blanc auch in Spanien, in der Schweiz, Deutschland, Italien, Slowenien, Österreich, aber auch in Kroatien, Ungarn, Serbien und Moldawien angebaut.

In Spanien findet man den Sauvignon Blanc vor allem in der D.O. Rueda in Kastilien und in geringerem Umfang auch in Katalonien. Die dort gekelterten Weine zeichnen sich durch tropische Fruchtnoten und einen leicht blumigen Hauch aus. Das gilt beispielsweise auch für den Sauvignon Blanc aus dem Weingut Gramona im Gebiet Benedes, den auch das spanische Feinschmeckerrestaurant elBulli in Cala Montjoi, das neben Fat Duck im englischen Bray als bestes Restaurant weltweit gilt, auf seiner 152 Seiten starken Weinkarte stehen hat.

In der Schweiz macht der Sauvignon Blanc nur einen verschwindend kleinen Anteil an der Weinproduktion aus. Dieser Rebsorte wurde erst zu Beginn der Achtzigerjahre Aufmerksamkeit geschenkt und entwickelt sich aber auch in diesem Land zu einem Modewein. Am häufigsten findet man Sauvignon-Blanc-Rebflächen im Kanton Genf. In der Ostschweiz ist die Rebsorte im Kanton Zürich am weitesten verbreitet.

In Deutschland war der Anbau von Sauvignon Blanc lange Zeit nicht erlaubt, spielt im deutschen Weinanbau vorerst noch keine große Rolle. Die Sorte wird aber zunehmend und erfolgreich von rund 300 Erzeugern vinifiziert. Unter ihnen bekannte Weingüter wie jenes von Gerhard Aldinger in der Weinbaugemeinde Fellbach in der Nähe von Stuttgart, dessen Wurzeln bis ins 15. Jahrhundert zurückreichen. Weitere Sauvignon-Blanc-Spitzenbetriebe findet man im Württembergischen Remstal oder in Flein, wo der deutsche Sauvignon-Blanc-Pionier Robert Bauer bereits 1985 eine Ausnahmegenehmigung für die Pflanzung dieser Rebsorte erstritt. In der deutschen Spitzenliga dabei ist auch Reiner Schnaitmann in Fellbach, der auf eine 500jährige Familientradition zurückblicken kann und als Winzer zu den absoluten Aufsteigern zählt. Die gemeldete Gesamtrebfläche des Sauvignon Blancs erreichte in Deutschland im Jahr 2007 einen Umfang von 336 Hektar. – In Italien finden sich die besten Anbaugebiete für den Sauvignon Blanc in Südtirol sowie im Collio des Friaul, dessen Rebflächen ja nahtlos in jene des slowenischen Brta übergehen. Aus diesem Hügelland, das einst zur k.u.k. Monarchie gehörte, hatte schon der österreichische Kaiserhof seine Weine bezogen. Ausgehend von der heute zu Slowenien gehörenden Untersteiermark, setzte der Sauvignon Blanc seinen Siegeszug nach Österreich fort. Zunächst in die Steiermark und dann weiter ins Burgenland, nach Niederösterreich und Wien.

In der sogenannten „Neuen Welt" wird der Sauvignon Blanc auf allen Kontinenten angepflanzt und vinifiziert. In Nordamerika vor allem in den US-Bundesstaaten Kalifornien und Washington sowie in der Niagara-Region in Kanada. In Südamerika haben die Sauvignon Blancs aus Chile – besonders jene aus der Region Casablanca – einen guten Ruf. Das Land, das übrigens eines der ganz wenigen weltweit ist, das von der Reblaus verschont geblieben ist, hat eine lange Weinbautradition. Ins europäische Bewusstsein sind die chilenischen Weine aber erst so richtig gekommen, als namhafte europäische Weinmacher begannen, dort selbst Weingüter aufzubauen und die hervorragenden Bedingungen des Landes für den Weinbau zu nutzen. Außergewöhnliche Sauvignon Blancs drängen auch aus Südafrika und Australien auf den Markt. Besonders stark gefragt sind mittlerweile auch die Weine aus Neuseeland. Insbesondere die aus der Region Marlborough, wo das Weingut Cloudy Bay bereits Kultstatus erreicht hat.

SAUVIGNON BLANC
INTRODUCTION

Sauvignon Blanc has developed to the second most important white wine variety worldwide after Chardonnay; it is cultivated on all five continents. The origin of this vine which is called, among others, Muskat-Sylvaner, Blanc Fume, Fumé Blanc, Feigentraube (fig grape) or Sauvignon Jeune is uncertain.

It is, however, certain, on the basis of DNA analyses of the German Committee of Standards, that Sauvignon Blanc is the "mother" of Cabernet Sauvignon. The "father" is Cabernet Franc. The characteristics of Sauvignon Blanc are circular leaves with five sections and a corrugated profile. The teeth of the leaves are round. Green main nerves appear on the topside of the leaves, while the undersurface is quite hairy. Also typical of Sauvignon Blanc are the short stems of the grapes and the dense growth of the berries. The berries have a colour spectrum from green to yellow depending on where they grew relative to the sun, and offer a grassy taste. Processed purely the grapes result in a fresh wine with piquant currants and gooseberries aromas, however, the wine also often displays "green" aromas like freshly cut grass with fine minerals. The differences in taste arise on the one hand from various degrees of ripeness of the grapes, on the other hand from the way they are vinified: whether they are produced in stainless steel tanks, wooden barrels or a combination of both. Sauvignon Blanc vines were not really popular with the winegrowers for a long time because they do not have a large yield and are susceptible to fungal diseases. By now, though, this vine has gained in importance to such an extent that it has moved up into the nobility of the wine world and is called a "noble vine". Some people even regard Sauvignon Blanc as a more valuable variety than Chardonnay as the spectrum of this grape ranges from dry white wine to highly concentrated noble-sweet wines, whilst its character is recognisable throughout.

The European home of this variety is the French Loire Valley where excellent Sauvignon Blancs are produced, above all in the area of Sancerre and Pouilly-Fumé. However, in France Sauvignon Blanc is also widespread in the Bordeaux area where this variety is vinified purely as Bordeaux Blanc (white Bordeaux). In the area of Sauterns Sauvignon Blanc mostly serves as the smaller partner in a blend with Semillon for the production of high-class sweet wines.

Originating from France, Sauvignon Blanc vines have gone on a triumphant march around the globe. In the "old world" Sauvignon Blanc is grown in Spain, Switzerland, Germany, Italy, Slovenia, and Austria, as well as in Croatia, Hungary, Serbia and Moldavia. – In Spain one finds the Sauvignon Blanc above all in the D.O. Rueda in Castile and to a lesser extent also in Catalonia.

The wines produced there are characterised by an aroma of tropical fruits and a hint of flowers. – In Switzerland the Sauvignon Blanc constitutes only a dwindling small part of the whole wine production. Though it was only in the early 80s that attention was paid to this variety, it developed into a fashionable wine in this country, too. Most of the Sauvignon Blanc-vineyards in Switzerland can be found in the Geneva canton. In Eastern Switzerland this variety is mostly found around Lake Zurich in the Zurich canton.

In Germany the cultivation of Sauvignon Blanc was not permitted for a long time, thus it does not play a big part yet in German wine production. However, this variety is being vinified increasingly and successfully by about 300 wine producers. Among them are known vineyards, like that of Gerhard Aldinger in the wine-growing municipality Fellbach near Stuttgart, whose roots go back to the 15th century. Further top producers of Sauvignon Blanc can be found in the Remstal in Württembergischen, or in Flein, where the German Sauvignon Blanc pioneer Robert Bauer gained an exceptional permission to plant this variety already in 1985. In the top league of German Sauvignon producers is also Reiner Schnaitmann in Fellbach, who can look back at a 500 year-old family tradition and is an absolute climber as a winegrower. The reported size of all Sauvignon Blancs vineyards in Germany reached a total of 672 acres in 2007.

In Italy the best cultivation areas for Sauvignon Blanc are found in South Tyrol as well as in Collio of Friaul, whose vineyards blend seemlessly into those of the Slovenian Brta. From these downs, once part of the Austrian Hungarian Empire, wines were obtained already by the Austrian emperor's court. Coming from Lower Styria, which today is part of Slovenia, Sauvignon Blanc continued its triumphant march into Austria, at first into Styria, then further into Burgenland, Lower Austria, and Vienna.

In the so-called "new world" Sauvignon Blanc is cultivated and produced on every continent. In North America, above all in the US federal states of California and Washington, as well as in the Niagara region in Canada. In South America the Sauvignon Blancs from Chile, especially the ones from the Casablanca region, have a good reputation. The country, which is one of a few worldwide, by the way, that were spared the vine pest, has a long wine-growing tradition. Chilean wines, however have only come to the European consciousness properly, when famous European wine producers started building vineyards there themselves and used the excellent conditions of this country for growing vines. Extraordinary Sauvignon Blancs are pushing onto the market from South Africa and Australia, too. Meanwhile the demand for wines from New Zealand is especially strong, in particular for wines from the Marlborough region where the Cloudy Bay winery has already achieved cult status.

DER WACHSTUMSZYKLUS DER REBE

Die Austriebsphase: Die Knospen der Reben schwellen an (Knospenaufbruch)

Ende April beginnt der Frühlingsaustrieb der Augen zu jungen Trieben. „Sind zu Georgi die Augen (Triebe) noch blind, freut sich Mann und Kind", sagt alte Weinbauernregel in der Steiermark, der Georgitag ist der 23. April. Dann sind die Reben nicht mehr durch Spätfröste gefährdet. Beim steirischen Sauvignon Blanc war der Knospenaufbruch im Jahr 2006 am 23. April, 2007 am 14. April und 2008 am 19. April.

Knospenschwellen und Wollestadium

Die Augen (Triebe) beginnen sich innerhalb der Knospenschuppen zu vergrößern und ein wolleartiger brauner Haarbesatz an den Knospenspitzen wird deutlich sichtbar.

Die Blattentwicklung: Die jungen Triebe

Im Mai haben die Triebe eine Länge von 5 bis 8 cm erreicht (das 3- bis 5-Blatt Stadium). Das erste Geschein wird sichtbar, zwischen zwei Blättern und der Triebspitze ist es schon erkennbar. Typisch für den Sauvignon Blanc sind die roten Triebspitzen und die weißen Blattflächen die in der Sonne aufleuchten.

Die Gescheine beginnen zu wachsen

In der zweiten Hälfte des Monats Mai sind die Triebe 20 bis 30 cm lang. Der Hauptast des Gescheins hat sich weiter gestreckt, und man sieht die ersten Beerenstiele.

Die Vorblüte

Ein Blütenzweig im Juni kurz vor Rebblütenbeginn, das Längenwachstum des Traubengerüstes lockert das Geschein merklich auf. Die äußeren Hüllen der einzelnen Blütenanlagen entwickeln sich weiter, das Geschein vergrößert sich. In den Augen der Botaniker ist die Traube eigentlich eine Rispe, eine zusammengesetzte Traube.

Die Rebblüte beginnt

Die europäischen Edelsorten besitzen meist „Zwitterblüten", also vollständige Blüten mit männlichen und weiblichen Blütenorganen.

Ende Mai, Anfang Juni beginnt die Rebblüte, die ersten Mützchen werden abgeworfen, und die Staubbeutel zerbersten. Der männliche Pollen tritt aus und bestäubt die eigene, weibliche Narbe (Stempel). Die Pollen werden ausschließlich durch den Wind auf andere Blüten, auf benachbarte Gescheine oder auch auf andere Rebstöcke getragen.

Die Reben blühen

Die Blüte hat nun das ganze Geschein erfasst, es werden aber nicht alle Mützchen gleichzeitig abgeworfen. Die Blüte beginnt im oberen Bereich der Rispe und setzt sich nach unten fort.

Die abgehende Blüte (Nachblüte)

Der Rausch der Blüte ist schnell vorbei, die Blüten sind befruchtet, die jungen Beeren sind schon groß wie Schrotkugeln. In frühen Jahren ist die Rebblüte um den „Peter und Paul-Tag" (29. Juni) abgeschlossen. Rund 90 Tage nach dem Blühende beginnt die Traubenernte.

Die Beeren beginnen sich zu entwickeln

Im Juli ist die erste Wachstumsphase fast abgeschlossen, die Beeren sind nach ausgeprägten Zellteilungsvorgängen jetzt schrotkorngroß.

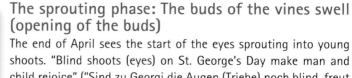
The sprouting phase: The buds of the vines swell (opening of the buds)

The end of April sees the start of the eyes sprouting into young shoots. "Blind shoots (eyes) on St. George's Day make man and child rejoice" ("Sind zu Georgi die Augen (Triebe) noch blind, freut sich Mann und Kind"), says an old proverb of wine makers in Styria, St. George's Day being the 23rd of April. By then the vines are not jeopardized by late frost. The opening of the buds of the Styrian Sauvignon Blanc in 2006 was on 23rd of April, in 2007 on 14th of April and in 2008 on 19th of April.

Swelling of the buds and wool state

The shoots (eyes) begin to enlarge within the buds and a woolly brown fluff of hair is clearly visible at the terminals of the shoots.

The developing leaves: The young shoots

By May the young leaves have reached a length of 5 to 8 cm (the 3 to 5 leaf state). The first flower cluster is already visible between two leaves and the terminals of the shoots. Typical of Sauvignon Blanc are the red terminals of the shoots and the white surfaces of leaves lighting up in the sun.

The flower clusters are starting to grow

In the second half of May the shoots are 20 to 30 cm long. The main branch of the flower cluster has stretched and the first grape stems are visible.

The pre-bloom

A flowering branch in June shortly before the vines start to bloom. The growing in length of the grape - truss loosens the flower clusters noticeabley.The outer mantle of the individual flower cluster develops further, and the flower clusters grow larger. In the eyes of botanists the grape is really a truss, which is a composite grape.

The flowering of the grapes starts

The European noble-varieties have mostly "hermaphrodite flowers": complete flowers with male and female flower organs.

The end of May or the beginning of June sees the start of the flowering, the first caps are thrown off and the first anthers burst. The male pollen is discharged, thus pollinating the female stigma. The wind carries the pollen to other flowers, neighbouring flower clusters or other vines.

The vines are blooming

The blooming has now embraced the whole of the cluster, but not all caps are thrown off at the same time. Blooming starts on top of the truss and continues to move downwards.

The diminishing blooming

The ecstasy of flowering is quickly fading, the flowers have been pollinated, and the young grapes are already the size of pellets. In "early" years flowering is finished around "Peter and Paul-day" (29th June). Approximately 90 days after the end of the flowering the harvesting of the grapes starts.

The grapes are emerging

In July the first growing phase is nearly completed, after a substantial cell division process the grapes are now the size of pellets.

The growth of the berries

July sees the final stage of the most active growth of the berries. After a substantial cell division process the berries are now about the size of a pea.

Die Sauvignon-Blanc-Traube ist klein bis mittelgroß, konisch geformt, etwas geschultert und kompakt. Ein zusätzliches Merkmal sind die ausgeprägten Lentizellen, das sind mehrere dunkle Punkte auf der Beerenhaut. Die Bandbreite der Farbschattierungen der Beeren reicht von Gelblichgrün (wenn sie im Schatten reifen) bis Gelb und verändert sich mit zunehmender Reife bis in dunkles Goldgelb.

Der steirische Sauvignon Blanc mit einer Reife ab 16°KMW (78,3°Öchsle) ist sehr einfach an seinem markanten Duft und Geschmack zu erkennen: Grüner Paprika, Holunderblüten, manchmal Spargel, Fenchel und grüne Kräuter.

Traubenreife: Kabinett

Die Trauben müssen mindestens 17°KMW (83,5°Öchsle) als Most gewogen haben, und es darf nicht aufgebessert werden. Mit zunehmender Reife verändern sich Duft und Geschmack der Trauben:

Beginn der Johannisbeeraromatik, Stachelbeeren, Holunder, exotische Früchte, das Aroma wird würziger. Bukettreife Trauben ab diesem Reifegrad und grünere - im Halbschatten gewachsene - werden für die Steirische Klassik-Weine verwendet.

Traubenreife: Spätlese

Vollreifer Zustand der Trauben bei der Ernte. Erreichen die Trauben die physiologische Traubenreife ab 19°KMW (94,2°Öchsle) verändern sich der Duft und die Aromatik des Weines hin zu gelben Früchten, gelben und roten Paprika, Senf und Dillkräuter. Markant dabei ist immer die fruchtige Säure, für die der steirische Sauvignon Blanc berühmt ist. Diese vollreifen Trauben werden hauptsächlich für die Lagenweine geerntet.

The states of ripeness of Sauvignon Blanc-grapes

The Sauvignon Blanc-grape is small to medium in size, has a conical shape, and is slightly shouldered and compact. A further characteristic are the distinct cells, which are a number of dark spots on the skin of the berries. The colour shades of the berries range from yellow-green (growing in the shade) to yellow and change with growing ripeness to a dark golden yellow. Styrian Sauvignon Blanc with a ripeness of 16°KMW (18,9°Brix/Balling, 10,5°Baumé) is easily recognized by the very prominent aroma and taste: green pepper, elderberry flowers, sometimes asparagus, fennel, and green herbs.

Maturity of the grapes: Cabinet

The grapes have to weigh at least 17°KMW (20°Brix/Balling, 11,1° Baumé) while they are must, and enhancing is not permitted. With growing ripeness the aroma and taste of the grapes change:

Start of the currant-aroma, gooseberries, elderberries, exotic fruits; the aroma is getting fruitier. Bouquet-mature grapes from this level of maturity and more green ones – grown in more shadowy vineyards – are used for the Styrian Klassik-wines.

Maturity of the grapes: Late harvest

Fully matured state of the grapes at harvest time: If the grapes reach the physiological ripeness of at least 19°KMW (22,4°Brix/Balling, 12,4 Baumé, 12,5 vol.%), smell and aroma of the wine changes towards yellow fruits, yellow and red pepper, mustard and dill. The fruity acidity Styrian Sauvignon Blanc is famous for is always striking. These fully matured grapes are mainly harvested for premium wines.

Ein Sauvignon-Blanc-Rebstock

Um die steirische Sauvignon-Blanc-Aromatik zu erzielen, sind einige wesentliche Arbeiten an jedem einzelnen Rebstock im Weingarten durchzuführen. Von Natur aus setzt ein Sauvignonrebstock sehr viele Trauben an. Wesentlich ist immer eine gute Wasserversorgung der Reben während des ganzen Vegetationsjahres, um die Sortenaromatik gut zu entwickeln.

Die Trauben sollen immer im Halbschatten gedeihen, ein ständiger direkter Sonnenkontakt soll vermieden werden. Die Beeren sind für einen Sonnenbrand sehr anfällig, und der wirkt sich sehr negativ auf die Aromatik aus. Jeder Weinstock wird im Inneren durch gezieltes Entblättern geöffnet, die äußere Laubwand bleibt geschlossen, um die Beschattung der Trauben zu erhalten.

Auf einem Rebstock finden sich immer beide Farbausprägungen, sowohl die „grünen" im Schatten gewachsenen und die gelben bis goldgelben Trauben, die durch mehrmaliges Lesen genau selektiert werden, um dadurch eine Aroma-Vielschichtigkeit in den Weinen zu erreichen.

The Sauvignon Blanc-vine

In order to achieve the Sauvignon Blanc-aroma, some essential work on each individual vine in the vineyard is necessary. By nature Sauvignon vines grow a substantial amount of grapes. It is of utmost importance to always have a good water supply for the vines during the growing season to develop the aroma of the individual variety.

The grapes should always grow in half-shade, continuous direct contact with the sun is to be avoided. The berries are very prone to sunburn which has a very negative effect on the aroma. By specific stripping of leaves the foliage of each vine is opened on the inside, the outer wall of the foliage stays intact to keep the shadowing for the grapes.

On one vine one can always find both colour nuances, the "green" having grown in the shadow and the yellow to gold yellow grapes, which are painstakingly selected by repeated harvesting to achieve an aroma-complexity in the wines.

Abstutzen (wipfeln, gipfeln) ➤ *to top, topping* ➤ Einkürzen der Reben im August, um das Längenwachstum einzuschränken.

Ampelographie ➤ *ampelography* ➤ Rebsortenkunde

Anhäufeln ➤ *to hill up* ➤ Einen kleinen Erdhaufen rund um einen Weinstock aufbauen, um die Veredelungsstelle der Rebe zu bedecken.

Anbinden ➤ *to bind* ➤ Anhängen der Reben am Unterstützungssystem

Anpflanzen ➤ *to plant* ➤ Aussetzen von Reben in einen Weingarten

Augen ➤ *bud* ➤ Knospen, sie entstehen während der Vegetation in den Blattachseln und enthalten die Trieb-(Sproß-) Anlage. Aus den Augen brechen im nächsten Frühjahr die jungen Triebe hervor.

Ausdünnen ➤ *to thin out* ➤ Das Ausbrechen der überschüssigen Trauben eines Weinstockes im Sommer.

Auslesen ➤ *to select* ➤ Selektives Herauslesen gesunder oder edelfauler Trauben, meist für edelsüsse Weine.

Begrünung ➤ *green cover* ➤ Anpflanzung von Grünpflanzen und Gras zwischen den Rebzeilen.

Bestäuben ➤ *pollinate* ➤ Rebblüte im Juni.

Blatt ➤ *leaf* ➤ Durch die Photosynthese der Blätter erfolgt die Zuckereinlagerung in den Beeren.

Blüte, Rebblüte ➤ *wine flowering* ➤ Die Rebe ist sowohl männlich, als auch weiblich.

Boden ➤ *soil* ➤ Erdreich und Untergrund der Weingärten.

Bodenbearbeitung, Rigolen ➤ *soil cultivation* ➤ Vor der Neuanlage eines Weingartens wird der Boden 60 bis 80 cm tief gelockert. Dabei wird die oberste Erdschicht in den Hauptwurzelbereich der Rebe gebracht und die tieferen Bodenschichten nach oben.

Bodengeschmack ➤ *taste of soil* ➤ Geschmackstöne im Wein, die direkt von der Bodenstruktur beeinflusst sind.

Direktträger, wurzelecht ➤ *ungrafted vine* ➤ Alte, unveredelte Reben, die genetischen Wurzeln der Direktträgerreben wie Isabella, Othello, Noah, Ripatella, Concordia oder Delaware reichen weit vor die große Reblausplage des 19. Jahrhunderts zurück. Für Wein werden sie nur als Haustrunk und im südlichen Burgenland für den Uhudler verwendet.

Edelfäule ➤ *Noble rot* ➤ Die Auswirkung einer Infektion der Trauben mit dem Edelpilz Botrytis cinerea. Die bei Weißweintrauben erwünschte Edelfäule, die hochreifen Beeren Flüssigkeit entzieht und so die Inhaltsstoffe und den Zucker konzentriert. Bei unreifen Trauben führt das zur unerwünschten Graufäule.

Edelsüsse Weine ➤ *naturally sweet (unfortified) wine* ➤ Nennt man die Weine, die während ihrer Reife vom edlen Schimmelpilz Botrytis cinerea befallen wurden. Dabei trocken die Beeren auf natürliche Weise ein und werden im rosinenartigen Zustand geerntet und vinifiziert. Da durch das Einschrumpfen alle Inhaltsstoffe konzentriert werden, steigt auch der Zuckergehalt enorm an. Bei einem Alkohol von 7 bis 11 vol.% verfügen diese Weine um einen Restzucker zwischen 100 und 250 g/l. Zu den edelsüßen Weinen zählen Auslesen, Beerenauslesen, Ausbruch und Trockenbeerenauslesen (TBA).

Geiztrieb ➤ *side shoot, sucker* ➤ Irxentrieb, aus den Sommerknospen entstehen in den Blattachseln kurze Triebe, die beim Ausgeizen entfernt werden.

Geizen, ausgeizen, ausdünnen ➤ *to thin out* ➤ Ausbrechen von Trieben, die Geiztrieb müssen wiederholt entfernt werden, damit sich die Haupttriebe kräftig entwickeln können. Wird im Sommer auch mit Trauben gemacht.

Geschein ➤ *flower cluster* ➤ Blütenstand der Rebe (botanisch eine Rispe), aus dem sich die Traube entwickelt.

Durchrieselt, verrieseln ➤ *couluring* ➤ Infolge mangelnder Befruchtung entwickelt sich ein Teil der Beeren einer Traube nicht gleichmäßig, diese Beeren bleiben klein.

Edelreiser ➤ *scion* ➤ Stück eines einjährigen Rebtriebes, der beim Veredeln auf die Unterlage gepfropft wird.

Humus ➤ *humus* ➤ Sammelbegriff für die organischen Bestandteile des Bodens.

Integrierter Pflanzenschutz ➤ *integrated plant protection* ➤ Eine Kombination von Schädlingsbekämpfungs- und Pflanzenschutzmitteln im Weinbau sowie die Abstimmung und Aufzeichnung aller notwendigen Arbeiten im Weinbau.

Jäten, ausjäten ➤ *to weed* ➤ Das Ausbrechen der überschüssigen Triebe eines Weinstockes.

Kamm, Rappen ➤ *stems* ➤ Der Traubenstiel und dessen Verzweigungen, an deren Enden die Beeren wachsen. Sie machen 3 bis 4% des Gewichtes der Traube aus.

Klon ➤ *clone* ➤ (griech.) Zweig. Durch Aufpfropfen (veredeln) eines ausgewählten Edelreises vermehrte Rebpflanze.

Klonen ➤ *clonal selection* ➤ Bezeichnung für die von einem einzigen wertvollen Weinstock abstammenden Reben. Da sie vegetativ vermehrt wurden, haben sie alle die gleichen Erbanlagen. Die Klonenzüchtung ist eine Methode zur Verbesserung bestehender Sorten.

Laub ➤ *foliage* ➤ Blätter am Weinstock.

Laubarbeit ➤ *foliage tratment* ➤ Kultivierung der Weinstöcke durch Laubwandmanagement, z.B. Verhinderung einer Glockenbildung oder Freistellen der Traubenzone.

Lese, Weinlese, Traubenernte ➤ *to pick, to harvest* ➤ Das händische Ernten der Trauben.

Negative Auslese ➤ *to select* ➤ Das selektive Auslesen nicht gesunder Trauben vor der Hauptlese.

Mulchen, Mulcher ➤ *to mulch* ➤ Bodenbearbeitsgerät, wird zum Zerkleinern von Gras in den Rebzeilen eingesetzt.

Mostgewicht ➤ *must reading, tenure in sugar* ➤ gibt den Zuckergehalt eines Traubenmostes an. In Österreich wird das Mostgewicht in Graden Klosterneuburger angegeben, wobei 1°KMW einem Gewichtsprozent Zucker entspricht, z.B. 100 kg eines Mostes, der 20°KMW wiegt, enthält 20 kg reinen Zucker.

Rebschnitt ➤ *pruning, (vine) cutting* ➤ Im Winter wird das einjährige Holz des Weinstocks zurückgeschnitten, um ihm die gewünschte Form zu geben sowie ein optimales Verhältnis zwischen Wachstum, Traubenertrag und Qualität zu erreichen.

Ried, Lage ➤ *single vineyard* ➤ Einzellage mit Weingärten in österreichischen Weinbauregionen.

Terroir *(franz.)* ➤ *terroir* ➤ Komplexes Zusammenspiel von Boden und Kleinklima und die Auswirkung und der Einfluss auf die Geschmacksbildung auf die dort gewachsenen Trauben.

Traube ➤ *bunch of grapes, cluster* ➤ Frucht der Weinrebe.

Traubenmaterial ➤ *grape material, crop* ➤ Qualität, Summe der geernteten Trauben.

Veredeln ➤ *to graft* ➤ Das Herstellen von Pfropfreben. Eine Unterlagsrebe und ein Edelreiser werden durch Kopulation miteinander verbunden.

Die physiologische Reife der Trauben

Darunter verstehen die Winzer die Färbung und den Geschmack der Beerenhaut, die Elastizität des Fruchtfleisches, den Reifezustand der Kerne (ob sie schon braun und verholzt sind) und die typische Aromatik der Rebsorte. Dabei ist das Kosten vieler Beeren aus verschiedenen Zonen der Rebstöcke wichtig. Durch tägliches Verkosten kann sensorisch der Reifeverlauf der Trauben beobachtet werden.

Auslese

Zuckergradation mindestens 21°KMW (105°Öchsle). Aussonderung nicht vollreifer oder fehlerhafter Trauben im Weingarten.

Beerenauslese

Zuckergradation mindestens 25°KMW (127°Öchsle). Aus überreifen bzw. edelfaulen Beeren.

Ausbruch

Mindestzuckergradation 27°KMW (138°Öchsle), ausschließlich aus überreifen bzw. edelfaulen, auf natürliche Weise eingetrockneten Beeren.

Trockenbeerenauslese

Mindestzuckergradation 32°KMW (168°Öchsle). Ausschließlich aus edelfaulen, überreifen und eingeschrumpften Beeren.

Grains Nobles *(franz.)*

Hochwertige Beeren- bis Trockenbeerenauslesen mit mindestens 22°KMW (110° Öchsle), wird in Frankreich aus den Rebsorten Semillion, Sauvignon Blanc, Riesling, Muskat, Gewürztraminer und Pinot Gris vinifiziert.

Physiological maturity of grapes

For winemakers this means the colouring and the taste of the skin of the berries, the elasticity of the fruit pulp, the state of maturity of the seeds (if they are already brown and woody), and the typical aroma of a particular grape variety. For this the tasting of many berries from various parts of a vineyard is of utmost importance. Through this daily tasting the ripening process of the grapes can be observed in a sensorial way.

Auslese

Minimum sugar gradation 21°KMW (24,7°Brix/Balling, 13,7 Baumé). Singling out of not fully matured or imperfect grapes in the vineyard.

Beerenauslese

Minimum sugar gradation 25°KMW (29,4°Brix/Balling, 16,3 Baumé). From overripe berries and berries with noble rot, respectively.

Ausbruch

Minimum sugar gradation 27°KMW (31,8°Brix/Balling, 17,6 Baumé). Exclusive from overripe berries and berries with noble rot, naturally dried berries

Trockenbeerenauslese

Minimum sugar gradation 32°KMW (37,6°Brix/Balling, 20,9 Baumé). Exclusively from berries with noble rot, overripe berries and naturally shrunk berries.

Grains Nobles *(French)*

High quality berries to Trockenbeerenauslesen with a minimum 22°KMW (25,9°Brix/Balling, 14,4 Baumé), produced in France from the (grape) varieties Semillion, Sauvignon Blanc, Riesling, Muscat, Gewürztraminer and Pinot Gris.

Die Traubenernte

In der Steiermark werden alle Trauben händisch geerntet. Mehrere Lesedurchgänge – immer mit einer selektiven Auswahl – sind notwendig, um das Optimum an reifen Trauben aus jedem Weingarten herauszulesen. Mit den 300 kg fassenden Lesecontainern oder direkt mit den kleinen Lesekisten werden die Trauben zum Weinkeller geliefert.

Rebeln der Trauben

Die steirischen Trauben werden zum größten Teil gerebelt, das heißt alle grünen Teile und Stängel werden maschinell entfernt. Erst danach werden die Beeren gequetscht, damit der Traubensaft (Most) ausrinnen kann.

Maischestandzeiten

Die Sauvignon-Blanc-Maische wird für einige Stunden (3 bis 24) unter Luftabschluss entweder in der Presse oder in eigenen Maischetanks belassen, um in dieser Zeit noch zusätzliche Aromen aus den Beerenhäuten auszulaugen. Erst danach erfolgt das Vorentsaften der Maische und das eigentliche Pressen.

Sortieren von Beeren und Grünteilen

Zusätzlich zu der im Weingarten erfolgten Selektionierung der Trauben kann im Keller mit Sortiertischen und Vibrationstischen eine weitere Sortierung der Trauben, Beeren und Grünteile vorgenommen werden. Zusätzlich werden auch mittels eines Gebläses noch kleinste Grünteile weggeblasen, sodass nur ganze und gesunde Beeren zur Weiterverarbeitung gelangen.

Ganzbeerenverarbeitung

Die Trauben werden alle gerebelt, das heißt, alle grünen Teile und Stängel werden maschinell entfernt. Am ersten Rütteltisch kann der bisher ausgetretene Saft abrinnen, dieser wird getrennt verarbeitet. Das Gitter am zweiten Rütteltisch trennt mit dem Gebläse die Grünteile von den ganzen Beeren. Erst dann werden die Beeren leicht gequetscht, bevor sie in die Presse zur Weiterverarbeitung kommen.

Harvesting of the grapes

In Styria all grapes are harvested manually. Several harvests - always selecting the best –are necessary, to harvest the optimum of mature grapes of a vineyard.
The grapes are delivered to the wine cellar in either 300 kg harvest containers or directly with the small harvest boxes.

Destemming of the grapes

Styrian grapes are largely destemmed: foliage and stems are removed mechanically. Afterwards the berries are squashed allowing the grape juice (must) to pour out.

Crushing to exhaust the aroma

The squashed berries (the mash) are left airtight in the wine press or in crushing tanks for a few hours (3 to 24) to gain additional aromas from the skin of the berries. Only then the preliminary juice extraction of the now fairly fluid grape mash takes place, followed by the actual pressing.

The processing of whole berries

The grapes are largely destemmed, meaning that foliage and stems are removed mechanically. The berries are not crushed but kept as a whole.

Sorting plants for berries

On top of the selection already done in the vineyard it is possible to undertake further manual selections of grapes and berries in the wine cellar using sorting- and vibrating tables. Furthermore, any minute bits of foliage still present are removed with the help of a blowing machine leaving only intact and healthy berries for further processing.

Crushing/pressing

The wines are fermented with the grape skins and the destemmed grapes are therefore pressed to obtain the juice before fermentation. Some winemakers crush some varieties with the "whole cluster-fermentation", e. g. to press the grapes with the stems and without crushing the berries beforehand.

Skin contact of the juice

Between the crushing and pressing of the berries some limited contact between the skin and the juice of the grapes can draw additional flavour elements from the grape skin of aromatic varieties. This contact time between skin and juice usually takes place in the press or in a stainless steel tank for 3 to 24 hours.

Settling and racking

After pressing the juice is put into a stainless steel tank in the chilled wine cellar for 10 to 20 hours (mostly overnight) to settle from solid matter. After racking the juice is poured into another tank or in the fermentation vat, where yeast is added to start the fermentation.

Ernteparameter ➤ harvest parameters ➤ sind der Zuckergrad, pH-Wert, die Säuren (Apfelsäure) und die Ausreifung der Kerne in den Beeren.

Reife-Querschnitt der Traube ➤ samplepicking ➤ Das Sammeln von 200 Beeren aus einem Weingarten, um den Durchschnitt der Reife zu erheben.

Erntemenge ➤ yields ➤ Produktion-, Erntemenge eines Weingartens bei einer Ernte.

Mostwerte bei Lese ➤ Juice/Harvest ➤ Messen von Zucker und pH-Wert nach dem Pressen der Trauben.

Parameter ➤ Tons/acre ➤ Erntemenge, Rebsorte/ha.

Apfelsäure ➤ malic-acid ➤ eine von mehreren Säuren in Weinbeeren.

Verhältnis Apfel-/Weinsäure ➤ ratio of harvest ➤ Das Verhältnis der Säuren bei Stichproben vor der Lese.

Kämme, Grünteile ➤ stems ➤ Grünteile der Trauben.

Rebeln ➤ steming ➤ Entrappen der Trauben, Abbeeren.

Nicht rebeln ➤ desteming ➤ Kein Entrappen der Trauben.

Kaltmazeration ➤ cold maceration ➤ Gekühlte Auslaugung von Farbe und Aroma aus den Beerenhäuten vor dem Pressen.

Ganztraubenpressung ➤ whole cluster fermentation ➤ Das Pressen der Trauben mit den Stengeln.

Quetschen der Beeren ➤ crushing ➤ Quetschen der Beeren nach dem Rebeln, vor dem Gären.

Most, Traubensaft ➤ juice ➤ zuckerhaltiger Most, Traubensaft vor der alkoholischen Gärung.

Mostkühlen ➤ cooling the juice ➤ Kühlung des Mostes nach dem Pressen.

Gärung ➤ fermentation ➤ Alkoholische Gärung.

Spontangärung ➤ natural fermentation ➤ Gärbeginn des Mostes durch eigene natürliche Hefen.

Enzyme ➤ Enzymes ➤ Pektolytische Enzyme werden manchmal zur besseren Aufspaltung während der Gärung zugegeben.

Säurezugabe ➤ acid addition ➤ Säurekorrektur, Säurezugabe.

Säurekorrektur ➤ acid correction ➤ Säurekorrektur im Most oder Wein, wenn die Gesamtsäure zu hoch ist, entsäuern.

Hefen ➤ yeast: natural yeast, wild yeast, cultured yeast ➤ Es werden sowohl natürliche Hefen (wilde Hefen) als auch Reinzuchthefen für den Gärbeginn eingesetzt.

Zuckerzugabe ➤ add sugar ➤ Gesetzlich erlaubte Zuckerzugabe (aufbessern) während der alkoholischen Gärung, um den Gesamtalkohol anzuheben.

Zuckerrest ➤ residual sugar ➤ Der nichtvergorene Zucker in Weinen.

Pressen ➤ pressing ➤ Pressen der Trauben.

Seihwein ➤ freerun-juice ➤ Seihwein, ungepresster Most, der ohne mechanische Einwirkung der Presse wegrinnt.

Preßmost ➤ presswine juice ➤ Mit mechanischer Presswirkung gewonnener Most, man unterscheidet dabei mehrere Fraktionen.

Korbpresse ➤ wooden basketpress ➤ Traditionelle Presse mit Holzkorb zum schonenden Auspressen von Trauben.

Trester ➤ pomace ➤ Trester, Beerenhäute nach dem Pressen der Trauben.

Rotweingärung ➤ redwine fermentation ➤ Rotweinfermentation

Umpumpen ➤ pump-over-system ➤ Überbrausen des Tresterhutes beim Rotwein in hochstehenden Gärsystemen.

Malolaktische Bakterien ➤ malolucted bacterium ➤ für den biologischen Säureabbau (bSa).

Biologischer Säureabbau ➤ ML fermentation ➤ biologischer Säureabbau (Milchsäuregärung) in Holzfässern oder Stahltanks.

Schwefelzugabe ➤ sulfur (SO_2) addition ➤ Schwefelzugabe SO2 als Stabilisierungsmaßnahme für Weine.

Abzug, Umpumpen ➤ racking, first racking ➤ Umpumpen, ersten Abzug des Weines von einem Behälter in einen anderen.

Belüften ➤ aeration ➤ den Jungwein während/nach der Gärung mit Sauerstoff in Kontakt bringen.

Tannine ➤ tannins ➤ Tannine, Gerbstoffe.

Verschnitt ➤ blend ➤ Verschnitt, Cuvée. Mehrere Weine (auch innerhalb einer Rebsorte) werden zu einen Wein vermischt, um dadurch die gemeinsamen besseren Eigenschaften zu erzielen.

Schwefelzugabe ➤ sulfuring, sulfur addition ➤ Schwefelzugabe zur Stabilisierung des Weines.

Luftfeuchtigkeit ➤ humidity ➤ Luftfeuchtigkeit im Weinkeller.

Stabilitätskriterien ➤ stability criteria ➤ Stabilitätskriterien.

Vorfiltration ➤ ruf-filtration ➤ Entfernen von groben Schwebeteilen aus Jungweinen.

Filtrieren ➤ filtration ➤ Klärung des Weines nach der Gärung oder vor dem Flaschenfüllen.

Kieselgurfiltration ➤ T-filtration ➤ Kieselgurfiltration

Eiweiß-Schönung ➤ eggwhite fining ➤ Gerbstoffschönung bei Rotweinen mit Eiklar.

acid, acidity on the nose ➤ *Weinsäuren, Säure im Duft* ➤ mouth-watering, refreshing (tartaric), sometimes like raw cooking apples (malic); detectable on the tongue, giveing wine essential crispness and zing. "Volatile" acids are more pronounced on the nose, "fixed" acids (tartaric, succinic, and citric) less so. Esters of both acids make an important contribution to the overall aroma and bouquet of wine. There are several types and degrees of acidity commonly found in wine, some beneficial and some detrimental. The right sort of natural acidity is an essential component of a sound wine; it acts as a preservative and provides the essential zest and finish.

Youthful acidity tends to mellow with the Styrian wines, have a deliberately and refreshingly higher acid content. Fruity acidity is perhaps the most desired characteristic of Austrian and Styrian wines (see also Tartaric, Malic and Sorbic acids).

acetic acid ➤ *Flüchtige Säure* ➤ All wines contain acetic acid, or vinegar, but usually the amount is quite small-from 0.03 percent to 0.06 percent-and not perceptible to smell or taste. Once table wines reach 0.07 percent or above, a sweet-sour vinegary smell and taste becomes evident. At low levels, acetic acid can enhance the character of a wine, but at higher levels (over 0.1 percent), it can become the dominant flavor and is considered a major flaw. A related substance, ethyl acetate, contributes a nail polish-like smell.

acidic ➤ *Säuerlicher Geschmack* ➤ Used to describe wines whose total acid is so high that they taste tart or sour and have a sharp edge on the palate.

acidity ➤ *Säuregehalt* ➤ The acidity of a balanced dry table wine is in the range of 0.6 percent to 0.75 percent of the wine's volume.

aeration ➤ *Belüften* ➤ The process of letting a wine "breathe" in the open air, or swirling wine in a glass. It's debatable whether aerating bottled wines (mostly reds) improves their quality. Aeration can soften young, tannic wines; it can also fatigue older ones.

Manfred Tement: Wie verarbeite ich meine Trauben?

Die Aromen einer Rebsorte kommen bei unterschiedlichen Verarbeitungsmethoden anders zur Geltung. Je später die Trauben gelesen werden, desto bekömmlicher sind die Weine. Für mich sind die wesentlichen Qualitätsfaktoren die Haltbarkeit und Bekömmlichkeit eines Weines.

Den Ertrag am Stock zurückzunehmen, bringt eine frühere Reife der verbleibenden Trauben. Das genaue Arbeiten an jedem einzelnen Stock, alle einzelnen Weingarten werden genau nach meinen Anweisungen ausgeführt. Bei jedem Rebstock werden die gewachsenen Triebe gezählt, nur eine festgelegte Anzahl verbleibt am Stock, alle anderen werden ausgebrochen, um dadurch einen gleichmäßigen Wuchs zu bekommen und den einzelnen Trauben genügend Platz zu verschaffen. Das Zählen der Triebe hat den Sinn, dass jeder Rebstock im Weingarten einen möglichst optimalen Stockaufbau erhält.

Bei 30 Personen, die diese Arbeiten in den Weingärten durchführen, ist das eine notwendige Maßnahme für jede Rebsorte und deren Rebstöcke, schon zu Beginn der Wachstumsperiode einen möglichst hohen Qualitätsstandard für die Traubenernte im Herbst aufzubauen.

Beim Sauvignon Blanc im Weingut Tement sind rund 4.500 Reben auf einen Hektar ausgepflanzt, bis zu 15 kleinbeerige Trauben, ca 2,5 kg, wachsen auf einem Stock, das ergibt etwa 6.000-7.000 kg Trauben. Bei den Lagenweinen ist der Ertrag bei gleicher Stockanzahl um die Hälfte reduziert.

Im Laufe der letzten Jahre wurde das Potenzial jeder der vielen Einzellagen genau ausgelotet. Für die Tement-Klassik-Weinlinie werden Trauben aus bestimmten Lagen, die Trauben von in tiefer gelegenen Teilen von Weingärten, die wegen der humusreicheren Bodenstruktur über mehr „grüne" Aromen verfügen, und die Trauben aus noch jungen Weingärten - bis zu 10 Jahre alt - verwendet.

Die Reben in Junganlagen sind stark im Wachstum, die Weine von diesen Trauben sind sehr duftig und haben viel Bukett.

Das Maischen zur Aromenauslaugung

Die gequetschten Beeren – die Sauvignon-Blanc-Maische – werden für einige Stunden (3 bis 24) unter Luftabschluss entweder in der Presse oder in Maische-tanks belassen, um in dieser Zeit noch zusätzliche Aromen aus den Beerenhäuten auszulaugen. Erst danach erfolgen das Vorentsaften der Maische, die schon sehr flüssig geworden ist, und das eigentliche Pressen.

Klärung des Mostes durch kühle Temperatur

Die Absetztanks (Entschleim-ungstanks) des natürlichen Trubanteiles spielen bei der Vinifizierung von aromatischen Weißweinen, wie dem Sauvig-non Blanc, eine entscheidende Rolle. Um den Most von den schweren Trubteilen zu trennen, wird er gekühlt. Die schweren Trubstoffe sinken zu Boden, der Most darüber ist klar und kommt so zur Vergärung.

Das Vergären ganzer Beeren – die Inter-zellulare Gärung (IZ)

Für die Vergärung ganzer Beeren werden zuerst alle Grünteile der Trauben vor-sichtig entfernt. Die ganzen Beeren kommen ohne Saft zur Gärung in einen Stahl-tank mit Überdruckventil (bis 2 Bar). In den Tank wird vor-her Kohlensäure eingepresst, dann werden die Beeren ein-gefüllt, bis der Tank voll ist. Nach einigen Tagen beginnt in den Beeren die Spon-tangärung. Im Laufe von 30–60 Tagen ist ein Alko-holgehalt von 8–10vol% zu messen. Die Hefen aus den Zellen können nicht mehr Zucker umwandeln, die Beerenhaut ist auch schon zersetzt. Mit die-sem Alkoholgehalt werden die fast vergorenen Beeren abgepresst. Der halbfertige Wein kommt von der Presse direkt in die Barriques, worin die Gärung langsam abgeschlossen wird. Es wird der ganze Trub in die Barriques gefüllt, wo die IZ-Weine für weitere 18 Monate reifen. Beim Pressen von IZ-Beeren ist die Flüssigkeits-ausbeute 45% Seihwein, 45% Presswein und 10 % Nachdruckwein. Die sensorische Überprü-fung des weiteren Gärverlaufes jedes einzelnen Fasses ist sehr wichtig. Beim 2007er Sauvignon wurde am Ende der Gärung – je nach Fass – ein Alkoholgehalt von 14–15vol% erreicht. Diese Sauvignons sind eine neue Dimension, trotz des hohen Alkohols schmecken sie leicht, sind fein-gliedrig, haben viel Frucht und sind sehr würzig.

Fermentation and ageing in cask

Racking tanks for the natural must play a big part at the vinifying of aromatic white wines like Sauvignon Blanc.

Alcoholic fermentation

Most light or aromatic dry white wines are fermented in a stainless steel tank with temperature controls. The temperatures are kept low (12–16°C/ 53,6°–60,8°F) to preserve CO_2 freshness and primary fruit aromas. Finer wines may be fermented in small or large oak-barrels, (new barrels mixed with oned used once or twice) often at slightly higher temperature. With the fermentation in oak barrels one is able to integrate the "terroir"-taste from the vineyard into the wine.

Malolactic fermentation

Second fermentation: some oak barrels are used to produce a complete malolactic fermentation, others only a partial one, according to taste and variety. In addition to reducing acidity, this can add interest to the aroma and roundness of texture to the wine.

Lees-contact and lees-stirring

The stirring of the lees in wine barrels aims to add extra complexity to the wine. The lees act as an anti-oxidant, keeping the wine pale and fresh; and if stirred they add richness of flavour and texture. Stirred-in yeasts also protect the wine from wood tannin, and to some extent, from wood colour.

Barrel maturing

Concentrated, flavoursome white wines are protected from astringency by their abundant proteins: the oak barrel tannins combine with these and thus lose their astringent potential for the palate, they are effectively neutralised.

In barrel-fermented wines the presence of yeast during the fermentation also acts as a buffer against excess absorption of colour, oak tannin, and aromas. Wines that ferment in stainless steel tanks first and are put into oak barrels afterwards lack this yeast protection and 'show' the oak effect much more (colour, aroma and tannic texture).

BARREL MATURING

Barrel fermented

Denotes wine that has been fermented in small casks (oak barrels, Barriques) instead of larger tanks. Advocates believe that barrel fermentation contributes to greater harmony between the oak and the wine, increases body and adds complexity, texture and flavour to certain wine types. It is mainly used for whites.

Carbonic maceration

Fermentation of whole, uncrushed grapes in a carbon dioxide atmosphere. In practice, the weight of the upper layers of grapes in a vat will break the skins of the lowest layer; the resultant wine is partly a product of carbonic maceration and partly of traditional fermentation of juice.

Racking

After fermentation wines will again be allowed to settle for a few days, and then be 'racked' off their lees into a clean container. Barrel-aged wines may require periodic racking.

Blending of different lots

According to taste it is necessary.

Fining

Barrel-matured wines will stabilise and a fallout drops to the bottom naturally over an extended period. Others will have suspended matter, which might cloud the wines, removed by the use of a fining agent, typically fine bentonite clay, isinglass or casein for white wines. This is a physio-chemical process where the fining agent coagulates the unwanted elements and renders them insoluble so that they precipitate, or are filterd, out of the wine.

Filtration

A sieving process to remove unwanted matter (yeast, bacteria, fining deposits...) which might affect the appearance or stability of the wine after bottling.

Bottling

Most unoaked dry white wines are bottled within a few (3 to 6) months.

French oak

The traditional wood for wine barrels, which supplies vanilla, cedar and sometimes butterscotch flavours. Used for red and white wines.

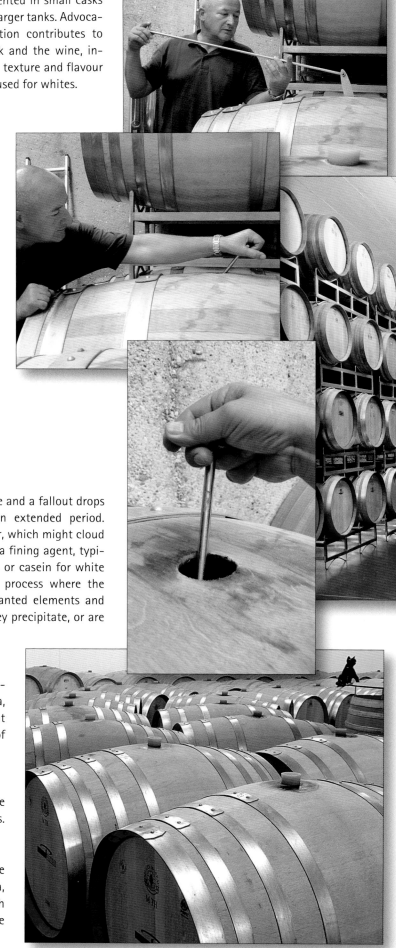

Die Wein-Qualitätsstufen

Bezeichnungen im Österreichischen Weingesetz für Weine aus Trauben mit einem Mostgewicht:

Kabinett
muss mindestens 17°KMW (84°Öchsle) als Most haben und darf nicht verbessert werden.

Spätlese
vollreife Trauben bei der Ernte mit mindestens 19°KMW (94°Öchsle) Mostgewicht (Zuckergehalt).

Auslese
aus Trauben mit mindestens 21°KMW (105°Öchsle).

Beerenauslese
aus überreifen und edelfaulen Beeren mit einem Mostgewicht von mindestens 25°KMW (105°Öchsle).

Eiswein
wird aus gesunden, gefrorenen Trauben, die bei -8°C geerntet wurden, hergestellt. Mostgewicht (Zuckergehalt) mindestens 25°KMW (127°Öchsle).

Ausbruch
edelsüßer Wein aus edelfaulen Beeren mit einem Mostgewicht (Zuckergehalt) von mindestens 27°KMW (138° Öchsle).

Trockenbeerenauslese
ausschließlich aus edelfaulen, überreifen und eingeschrumpften Beeren mit einem Mostgewicht (Zuckergehalt) von mindestens 32°KMW (168°Öchsle).

Quality Categories of Austrian Wines

The main legal requirements for the different Austrian wine qualities:

Kabinett
minimum must weight of 17°KMW (84°Öchsle) may not be chaptalised

Spätlese
minimum of 19°KMW (94°Öchsle) grapes must be completely ripe at time of harvest

Auslese
minimum of 21°KMW (105°Öchsle) faulty or unripe grapes must be removed

Beerenauslese
minimum of 25°KMW (105°Öchsle) produced from overripe grapes or grapes with noble rot

Eiswein
minimum of 25°KMW (127°Öchsle) produced from grapes harvested and pressed while frozen

Ausbruch
minimum of 27°KMW (138° Öchsle) produced exclusively from naturally shrivelled, overripe grapes which show noble rot

Trockenbeerenauslese
minimum of 32°KMW (168°Öchsle) produced primarily from naturally shrivelled, overripe grapes with noble rot

FRANKREICH, LOIRE:
SANCERRE UND POUILLY FUMÉ

① ② ④ ⑤ Weingärten bei
  Sancerre.
③ Sauvignon-Blanc-Sonder-
  füllung für Harrods London.
⑤ Rebstock in einem Silex-
  Weingarten von Didier
  Dagueneau in Pouilly Fumé.

Die Rebsorte Sauvignon Blanc zählt in Frankreich zu den wichtigsten Weißweinsorten und hat von dort aus ihren Siegeszug um die Welt angetreten. Die europäische Heimat des Sauvignon Blanc ist das französische Loire-Tal, in dem sich die besten Rebflächen für diese Rebsorte in Sancerre und Pouilly-Fumé befinden. Sancerre ist die bekannteste Appellation an der Loire und durch eine Reihe von Hügeln geprägt, die sich hervorragend für den Weinbau eignen. Neben Sancerre sind die Gemeinden Cosne, Sainte-Gemme, Sury-en-Vaux, Verdigny, Chavignol, Ménetou-Ratel, Bué, Crézancy-en-Sancerre, Montigny, Veaugues, Vinon und Thauvenay in der Appellation (AOC) Sancerre zugelassen. Das Weinbaugebiet Sancerre umfasst etwa 2.500 Hektar Rebflächen, die hauptsächlich mit Sauvignon Blanc, aber auch mit Pinot Noir bepflanzt sind. In diesem Bereich findet man drei unterschiedliche Bodenstrukturen. Im Westen (nahe Menetou-Salon) liegen an zum Teil recht steilen Hängen die „Terres Blanches", die so genannten „weißen Böden", die aus einem Gemisch aus Ton und Kalkstein bestehen. „Les Caillottes" weisen Kalkstein und Schotter auf, und silikathaltige Lehmböden findet man in den östlich gelegenen Weingärten. Die Weine von dort sind sehr mineralisch. Jeder dieser Böden sorgt für Weine von unterschiedlichem Charakter, die von den Winzern entweder einzeln vinifiziert werden, um das Terroir zu unterstreichen, oder aber cuvéetiert werden, um die Vielschichtigkeit des Sauvignon Blanc in die Flasche zu bringen. Seit den 1990er Jahren wurde in vielen Betrieben die Kellertechnik auf temperaturgesteuerte Edelstahltanks umgestellt, in denen bei niedriger Gärtemperatur die subtilen Aromastoffe erhalten bleiben. Daneben hat aber auch die Zahl der in Barriques vergorenen und ausgebauten Weine deutlich zugenommen.

Sancerre

Bei Chavignol in der Nähe des Ortes Sancerre, im oberen Tal der Loire, pflanzte der als Weinliebhaber bekannte König Heinrich IV. (1553 –1610) einen Baum, der auch heute noch steht. Der König meinte, dass der Wein dieses Ortes der beste sei, den er je getrunken hätte – und wenn alle Leute in seinem Reich ihn trinken würden, die Religionskriege ein Ende hätten.

Zu den bekanntesten Weinbaubetrieben in Sancerre zählt heute die Domaine Henri Bourgeois in Chavignol, die seit zehn Generationen in Familienbesitz steht und aktuell 60 Hektar Rebflächen in Sancerre und Pouilly-Fumè bewirtschaftet. Das Zusammenspiel von Feuerstein, Kalkstein und Schotter verleiht diesen Weinen ihre unverwechselbare Note. Sein Sauvignon Blanc aus der Lage „La Cote des Monts Damnés", auf dem bis zu 45 Jahre alte Rebstöcke stehen, reift drei bis fünf Jahre in der Flasche. Er ist von Aromen nach tropischen Früchten geprägt und zeigt am Gaumen eine feine Frucht und mineralische Note.

Nicht minder bekannt ist die Domaine Fouassier, deren Rebfläche von 53 Hektar zu 80 Prozent mit Sauvignon-Blanc-Rebstöcken bepflanzt ist. Das Weingut, das aktuell in der zehnten Generation von den Cousins Benoit und Paul Fouassier geführt wird, besitzt als berühmteste Lage „Clos Paradis", die bereits im Jahre 1902 ausgepflanzt wurde. Der von dort stammende Sauvignon Blanc wird tradtionell im Stahltank ausgebaut und zeigt in der Nase Anklänge von Melonen, Feigen, Kräutern und frisch gemähtem Gras. Am Gaumen zeigt sich reife Frucht, gefolgt von einem frischen Abgang. Neben dem „Clos Paradis" hat die Domaine Fouassier noch eine Reihe weiterer Sauvignons im Programm, die aus unterschiedlichen Lagen mit unterschiedlichen Bodenverhältnissen stammen.

Weitere etablierte Weingüter sind die Domaine Alphonse Mellot, die Domaine André Vatan und Domaine Vacheron in Sancerre, Paul und Francois Cotat in Chavignol, Lucien Crochet, Vincent Pinard, Jean-Max Roger und François Crochet in Bué, die Domaine Fournier und Domaine Roger und Didier Raimbault in Verdigny sowie Sebastian Riffault, der seine zwei Hektar großen Rebflächen biologisch bearbeitet, die Domaine Matthias Roblin und Philippe Raimbault in Sury-en Vaux.

Pouilly Fumé

Das zweite Sauvignon-Blanc-Anbaugebiet im Tal der Loire ist Pouilly Fumé, das flussaufwärts von Sancerre, aber am rechten Ufer liegt. Das Anbaugebiet umfasst eine Rebfläche von 1.250 Hektar, die fast zur Gänze mit Sauvignon-Blanc-Reben bepflanzt sind. Den Namen hat dieses Weinbaugebiet von der Stadt Pouilly-sur-Loire und dem Zusatz „fumé", der im Französischen „geräuchert" bedeutet. Ein guter Pouilly Fumé besitzt immer ein zart rauchiges Aroma, durch den feuersteinreichen Boden, auf dem er wächst. Der bekannteste Sauvignon-Blanc-Produzent in Pouilly Fumé ist ohne jeden Zweifel Didier Dagueneau, der sich mit seinem Weingut in Saint Andelain innerhalb weniger Jahre in die Reihe der absoluten Spitzenwinzer emporgearbeitet hat. Seine Weine besitzen Reintönigkeit, Reichhaltigkeit, Tiefe, Komplexität, Konzentration und ein beträchtliches Alterungspotential. Sein „Silex" oder „Pur Sang" wird bei internationalen Verkostungen gerne als Maßstab genommen.

Didier Dagueneau ist freilich nicht der einzige Winzer in der Region Pouilly Fumé mit internationaler Reputation. Dazu zählen auch das Weingut „de Ladoucette", dessen Sauvignon Blanc „Baron de L" bereits zu einem Synonym für feinste Weißweine von der Loire geworden ist. Sauvignon-Blanc-Liebhaber schätzen auch die Weine vom Château Favray, dessen kürzlich renovierter Weinkeller die traditionelle Architektur dieses Landstrichs widerspiegelt. Weitere erstklassige Weinproduzenten in Pouilly Fumé: Francis Blanchet, Domaine A. Cailbourdin, Jean-Claude Châtelain, Domaine La Croix Canat (F. Tinel-Blondelet), Domaine Serge Dagueneau et Filles, Charles Dupuy (sein Vieilles Vignes), Domaine des Fines Caillottes (Jean Pabiot), Masson-Blondelet, Chateau de Nozet/de Ladoucette, Regis Minet, La Moynerie (die Cuvée Majorum) und Henri Seguin. Weitere renommierte Sauvignon-Blanc-Produzenten sind die Domaine Tinel-Blondelet in Pouilly-sur-Loire, die Domaine Caibourdin, die Domaine des Fines Caillottes, Château de Nozet, die Domaine Francis Blanchet oder die Domaine Cailbourdin.

LOIRE VALLEY - SANCERRE

① ② Die Böden der Hügeln entlang der Loire sind sehr kalkhältig, wie hier in den Weingärten gegenüber der Stadt Sancerre.

③ Alphonse Mellot und seine Tochter Emmanuelle, Weinbau seit vielen Generationen in Sancerre.

④ Weinkeller und Kostraum von Alphonse Mellot

⑤ Der Boden der Lage Chatillet in Sancerre weist Kalkstein und Schotter auf. Die Weine von dort sind sehr mineralisch.

In France Sauvignon Blanc is one of the most important white wines and from there it started its triumphant march around the world. The origin of Sauvignon Blanc is the French Loire valley in which the best vineyards for this variety are found in Sancerre and Pouilly-Fumé. Sancerre is the best-known appellation along the Loire distinguished by a row of hills which are excellent for growing wine. Beside Sancerre the municipalities Cosne, Sainte-Gemme, Sury-en-Vaux, Verdigny, Chavignol, Ménetou-Ratel, Bué, Crézancy-en-Sancerre, Montigny, Veaugues, Vinon and Thauvenay are admitted to the appeal (AOC) Sancerre. The wine-growing area Sancerre consists of about 5000 acres of vineyards, which are planted primarily with Sauvignon Blanc, and a few with Pinot Noir. In this area one finds three different soil structures. In the west (close to Menetou Salon) on occasionally rather steep slopes lie the "Terres Blanches", the so-called "white grounds ", which exist of a mixture of clay and limestone. "Les Caillottes" consist of limestone and gravel while silicate-rich clay soil can be found in the vineyards situated to the east. The wines from there are very mineral. Each of these grounds provides different characters for wines, which are either vinified individually by the winegrowers to underline the terroir or blended to lock the complexity of Sauvignon Blanc into the bottle. Since the 1990s many producers have changed their technology in the wine cellar to temperature controlled stainless steel tanks in which subtle aromas are preserved at low fermenting temperatures. However, at the same time the number of wines fermented in barriques has also increased significantly.

Sancerre

At Chavignol near Sancerre, in the upper valley of the Loire, King Henry IV, who was known to be a connoisseur of wine, planted (in 1553-1610) a tree which still stands there to this day. In the king's opinion the wine in this place was the best he had ever drunk and if all people in his empire drank this wine, religious wars would be a thing of the past. Among the best-known wine-growing companies in Sancerre today is the domain Henri Bourgeois in Chavignol, which has been run by the same family for ten generations and manages 120 acres of vineyards in Sancerre and Pouilly-Fumè. The combination of flint stone, limestone and gravel lends these wines their unmistakeable character. The Sauvignon Blanc from the vineyard "La Cote des Monts Damnés", where one can find up to 45 year-old vines, matures in the bottle for three to five years. It is characterised by aromas of tropical fruits and displays fine fruits and minerals on the palate.

No less known is the Domaine Fouassier with an area of 106 acres of vineyards of which 80 percent are planted with Sauvignon Blanc vines. The winery now administered in the tenth generation by the cousins Benoit and Paul Fouassier, owns as the most famous vineyard "Clos Paradis", which was planted as long ago as 1902. The Sauvignon Blanc coming from there is produced traditionally in stainless steel tanks and is in the nose reminiscent of melons, figs, herbs, and freshly cut grass. Ripe fruit is displayed on the palate followed by a fresh finish. Besides "Clos Paradis" the Domaine Fouassier has a variety of other Sauvignons in the program which come from different vineyards with various soils.

Other established wineries are the Domaine Alphonse Mellot, the Domaine André Vatan, and the Domaine Vacheron in Sancerre, Paul and Francois Cotat in Chavignol, Lucien Crochet, Vincent Pinard, Jean-Max Roger and François Crochet in Bué, Domaine Fournier and Domaine Roger and Didier Raimbault in Verdigny, as well as Sebastian Riffault with his 4 acres of organically run vineyards, the Domaine Matthias Roblin and Philippe Raimbault in Sury-en Vaux.

Pouilly Fumé

The second Sauvignon Blanc cultivation area in the valley of the Loire is Pouilly Fumé, which lies upstream from Sancerre, on the right bank. The cultivation area encloses land of 2500 acres of vineyards nearly all of which are designated to Sauvignon Blanc vines. The name of this wine-growing area derives from the town Pouilly-sur-Loire and the addition "fumé" which means "smoked" in French. A good Pouilly Fumé always displays a faint smoky aroma, which comes from soil rich in flint stone. The best-known Sauvignon Blanc producer in Pouilly Fumé is without any doubt Didier Dagueneau whose winery lies in Saint Andelain and who has worked himself to the absolute top winegrowers within a few years. His wines are made up of substance, depth, complexity, concentration and a substantial ageing potential. His "Silex" or "Pur Sang" are often used as benchmarks at international wine tasting events.

But Didier Dagueneau is not the only winegrower with an international reputation in the Pouilly Fumé region. In addition there is also the winery "de Ladoucette" whose Sauvignon Blanc "a baron de L" has already become synonymous for the finest white wines of the Loire. Sauvignon Blanc connoisseurs also regard the wines of the Château Favray whose recently renovated wine cellar reflects the traditional architecture of this region. Further first-class wine producers in Pouilly Fumé: Francis Blanchet, Domaine A. Cailbourdin, Jean-Claude Châtelain, Domaine La Croix Canat (F. Tinel-Blondelet), Domaine Serge Dagueneau et Filles, Charles Dupuy (his Vieilles Vignes), Domaine des Fines Caillottes (Jean Pabiot), Masson-Blondelet, Chateau de Nozet/de Ladoucette, Regis Minet, La Moynerie (die Cuvée Majorum) and Henri Seguin. Other renowned Sauvignon Blanc producers are the Domaine Tinel-Blondelet in Pouilly-sur-Loire, the Domaine Caibourdin, the Domaine of the Fines Caillottes, Château de Nozet, the Domaine Francis Blanchet and the Domaine Cailbourdin.

DIDIER DAGUENEAU, DE POUILLY: SILEX, PUR SANG, ASTÉROIDE

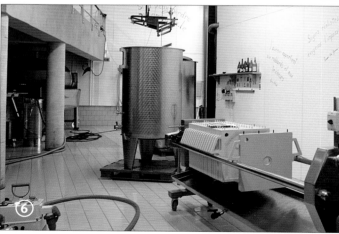

① ② Wenn es um die Rebsorte Sauvignon Blanc im Loire-Tal geht, wird einer immer als der Beste genannt: Didier Dagueneau – Vigneron
③ Anlieferung der Trauben in den Keller.
④ Rebeln in der Fall-Linie, direkt in die Presse.
⑤ ⑥ Mit einem Kran werden die Lesebehälter in den Oberstock gehoben.
⑦ Im Keller stehen die Entschleimungstanks, nur durch Absenken der Temperatur setzen sich die Trübstoffe über Nacht ab.

Seien wir realistisch, versuchen wir das Unmögliche

Wenn es um die Sorte Sauvignon Blanc im Loire-Tal geht, kommt man um den „Vigneron" Didier Dagueneau nicht herum. Er ist es, der dort als Maß aller Dinge gilt, und seine Weine zählen zu den besten, die man aus dieser Rebsorte keltern kann. Dagueneaus Weingut liegt im Ortsteil Saint Andelain bei Pouilly-sur-Loire, wo der Boden weniger kalkhaltig ist als in Sancerre und die besten Voraussetzungen für den Sauvignon Blanc bietet, der hier auch „Fumé Blanc" genannt wird. Auf seiner Anbaufläche von rund 11,5 Hektar finden sich zum Teil die seltenen Feuersteinverwitterungsböden. Aus diesen Lagen stammt sein vielfach prämierter „Silex", eine Cuvée aus Trauben verschiedener Quartiere.

Didier Dagueneau entstammt einer Weinbaufamilie, ging aber schon zu Beginn der Achzigerjahre eigene Wege. Mit seinem langen, wallenden Haar und üppigen Bart gleicht er dem Revolutionär Che Guevara. Die Ähnlichkeit ist wohl kein Zufall. Schließlich hat er seinen Weinkeller in der „Rue Ernesto Che Guevara" errichtet, und das Zitat von Che „Soyons réalistes éxigeous l´impossible" („Seien wir realistisch, versuchen wir das Unmögliche"), das er an die Wand seines Weinkellers geschrieben hat, spiegelt wohl Dagueneaus Lebenseinstellung wider.

Im Weingarten wie in der Kellerarbeit ist Dagueneau ein Purist. Er hat sich strengere Richtlinien auferlegt, als es jene der Appellation vorsehen. Er selektiert seine Trauben schon penibel in den Weingärten, achtet auf geringe Erträge und beste Traubenqualität. Das händisch gelesene Traubengut kommt nach dem Pressen zum Klären der Moste in große Stahltanks in den Keller. Die Gärung der Weine findet zum Teil in größeren Eichenfässern (500 Liter), zum Teil in kleinen Eichenfässern (250 Liter), die er nach eigenen Vorgaben anfertigen ließ und „Zigarren" genannt werden, statt. Eingesetzt werden Fässer von verschiedenen Tonnellerien, Seguin Moreau, Taransaud und François Frères, um mehr Komplexität zu erzielen.

Seine – wenn man so will – Paradeweine sind die Cuvées „Pur Sang" und „Silex". „Pur Sang" bedeutet soviel wie „Vollblütig" und ist eine Verbeugung vor jenem Pferd, mit dem er manchmal einen seiner Weingärten pflügte, aus dem die Trauben für den legendären „Asteroide" kommen. Eine Flasche des 2006er kostete ab-Dagueneau-Hof in Saint Andelain Euro 460,-; dafür kann Didier schon eine Weile hinter dem Pferd spazieren und die Steine rund um die alten, wurzelechten Sauvignonreben rein „ökologisch" und umweltschonend mit dem Pflug umdrehen. Der „Silex" stammt von 35 bis 70 Jahre alten Rebstöcken, die – wie erwähnt - auf kalkhaltigem Lehm und Feuersteinverwitterungsböden stehen. Didier Dagueneau ist sowohl national als auch international der berühmteste Produzent im Loire-Tal. Seine Weine besitzen alles, was man sich von einem „großen Wein" erwartet: Unglaubliche Kraft und Tiefe, Konzentration, Reichhaltigkeit, Komplexität, eine intensive mineralische Note und ein beträchtliches Alterungspotential.

Didier Dagueneaus Interesse gilt aber nicht ausschließlich dem Wein. Er züchtet auch Schlittenhunde, hat sich als Musher (Schlittenhundeführer) einen guten Namen gemacht, fährt nebenbei auch Motocross und schaut sich dann und wann am Steuerknüppel eines Flugzeuges seine Weingärten aus der Vogelperspektive an.

Let's be realistic, let's try the impossible

As far as the Sauvignon Blanc of the Loire Valley is concerned one cannot overlook winery owner Didier Dagueneau. He is the be all and end all of everything connected with wine production in this region and his wines are worldwide among the best made from this particular type of grape. His "Silex" can be found on nearly all wine lists in the best restaurants of the western world, from the "El Bulli" in Barcelona to the "Fat Duck" near London and is especially endorsed by Matt Skinner the sommelier of Jamie Oliver. One can find this wine anywhere, where people want to enjoy an extraordinary Sauvignon Blanc.

The interest in this cult wine is so strong that El Bulli's Sommelier participates in harvesting the grapes in autumn to improve his knowledge of this "extraterrestrial" Sauvignon. At the same time he naturally orders his very own barrel of Sauvignon which is bottled exclusively for El Bulli.

Dagueneau's estate is situated in Saint Andelain near Pouilly-sur-Loire, where there is less lime in the soil than in Sancerre and therefore offers the best conditions for producing Sauvignon Blanc, which is also known by the name of "Fumé Blanc" in this region. His surface area of about 29 acres includes some rare flintstonesoils, the perfect soil for his prize winning "Silex", a blend made from a variety of Sauvignon grapes from different vineyards. Didier Dagueneau is the descendant of an established family of winemakers, but started to break the mould at the beginning of eighties and today one of the greatest winemakers and viticulturalists in the world. With his long flowing hair and full beard he is reminiscent of the revolutionary Che Guevara. The similarity seems to be no coincidence, as his wine cellar is located in the "Rue Ernesto Che Guevara" and the quotation of Che Guevara's "Soyons réalistes éxigeous l´impossible" ("let us be realistic, let us try the impossible") is written across one of the walls. The quote most likely reflects Dagueneaus attitude to life.

DIDIER DAGUENEAU, DE POUILLY: SILEX, PUR SANG, ASTÉROIDE

① Die 500-Liter Eichenfässer sind unten gestapelt, darüber werden die 250 Liter fassenden „Zigarren" gelagert.

② Computergesteuerte Kühlsysteme für die Entschleimungstanks.

③ Auffüllen der Fässer nach Beendigung der Gärung.

④ Bei jedem Fass wird in der Gärphase täglich die Gärtemperatur und die Dichte gemessen und aufgezeichnet.

⑤ Ein von Didier Dagueneau entwickeltes Schlauchsystem zum Wärmen und Kühlen in den Fässern.

⑥ Der ältere Teil des Fasskellers von Didier Dagueneau.

Dagueneau is a purist in the vineyards as well as in the work in the cellar. He is working along stricter guidelines, than the rules of the appellation. He is choosy in selecting his grapes in the vineyards and puts quality of the grapes well above quantity. The manually picked grapes are first crushed and subsequently kept in stainles steel tanks in the cellar for clearing the juice by using cold temperature.

For the process of fermentation he also uses large barrels made from oak (500 litres), and smaller ones called „cigars", made from the same wood, and to his very own specifications (250 litres). The barrels he uses come from a variety of cooperage, like Seguin, Moreau, Taransaud, François Frères, to achieve a higher complexity of the wine.

His top wines are "Pur Sang" and "Silex". "Pur Sang" translates into "full blooded" and pays hommage to the horse he used to plough the vinyard, where the grapes for his legendary wine „Asteroide" grew.

One bottle of the 2006 was priced at Euro 460,-, when bought direct from the Dagueneau-estate in Saint Andelain. For this Didier strolls behind his horse and ploughs the earth and stones around his old Sauvignon vines "ecologically" and environmentally friendly for a while longer.

The "Silex" is produced from grapes of 35 to 70 years old vines growing as already mentioned on limestone and flint soils of the region. Didier Dagueneau is regarded the best producer of fine wine in the Loire Valley. His wines have everything one expects from a "great wine": enormous power, depth, complexity, concentration, with extraordinary minerality and last but not least great ageing potential.

But Didier Dagueneaus interests go much further than growing wine. He also breeds huskies and has made a name for himself as a musher. He takes part in Motocross racing and occasionally takes a bird's eye view at his vineyards while sitting at the controls of his plane.

Weingärten o *Vineyards*
Surface area: 29,6 acres (12,3 ha)

Rebsorten o *Grape varietals*
Pouilly-Fumé de Puilly

Weine o *Wines*
Blanc Fumé Pur Sang, Pouilly-Fumé Cuvée Silex

Alter der Reben o *Average age of the vines*
8-80 years

Pflanzdichte o *Density of plantation*
6,500 vines per hectare for the old vines in the vineyards; 7,000 vines per hectare for the new plantings (less than 10 years old)

Hektarerträge o *Average yield per hectar*
30-50 hectoliters per hectare

Jahresproduktion o *Annual production*
Blanc Fumé Pur Sang: 24,000 bottles
Pouilly-Fumé Silex: 20,400 bottles

Kellermeister/Önologe o *Winemaker*
Didier Dagueneau

Visiting policy o *Contact*
By appointment only / Didier Dageneau or Nathalie Julien

Weinverkaufspreise o *Average price*
Variable depending on vintage: € 53,50/75,–

Restaurant Weinkarte o *Winelist*
El Bulli (Barcelona), Fat Duck (London), Pierre Gagnaire (France), Schwarzwaldstube (Harald Wohlfahrt), Dieter Müller (Schloßhotel Lerbach)

Besondere Jahrgänge o *Great recent vintages*
2007, 2006, 2002, 2000, 1999, 1998, 1990, 1986

Sales o *Vermarktung der Weine*
Worldwide in the best restaurants on the winelist for french Sauvignon Blanc

Didier Dagueneau

1-3-5-7 rue Ernesto Che Guevara
F- 58 150 Saint-Andelain, France
Tel.: +33(0)3 86 39 15 62,
Telefax: +33(0)3 86 39 07 61
e-mail: silex@wanadoo.fr

BORDEAUX: TROCKENE WEISS-WEINE AUS DEM MEDOC UND EDELSÜSSES AUS SAUTERNES

Außer im Tal der Loire wird in Frankreich auch im Raum Bordeaux die Rebsorte Sauvignon Blanc vinifiziert. Auch dort gedeihen die Reben entlang eines Flusses, und zwar entlang der Gironde. Im Weinbaugebiet Les Graves wird der Sauvignon Blanc nur selten reinsortig ausgebaut, sondern zumeist mit Semillon cuvéetiert. Das gilt für die trocken ausgebauten Weine ebenso wie für Süßweine, bei denen der Semillon die Menge und der Sauvignon den Geschmack liefern. Zu den wenigen Weingütern im Südwesten Frankreichs, die den Sauvignon Blanc reinsortig vinifizieren, zählt das Château Margaux im Medoc. Der mit „Pavillon Blanc" bezeichnete Wein des Jahrganges 2007 wurde in Barriques vergoren, von denen ein Drittel neu war. Der Wein weist 15,5 % Alkohol auf und ist aromatisch eher auf der „grüneren" Seite. Am Gaumen zeigt der „Pavillon Blanc" grünen Paprika und einen Eichenton, der vom Barrique-Ausbau herrührt. Sortenreine Sauvignons kommen auch aus dem Château de Couhins-Lurton.

Weingüter, die Cuvées aus Sauvignon Blanc und Semillon in unterschiedlichen Verhältnissen anbieten, sind beispielsweise das Château Carbonnieux, das Château Haut Brion, das Château Smith Haut Lafitte oder das Château de Fieuzal.

Wie in einer Enklave im Süden des Graves-Gebietes liegen die Rebflächen, aus denen die Trauben für die weltberühmten Süßweine von Sauterns und Barsac stammen. Die Reben stehen auf einem Boden aus Kies und Sand und sind einem besonderen Kleinklima ausgesetzt, das einerseits von einem Flüsschen namens Ciron und andererseits von der Garonne geprägt ist. Wenn das kalte Wasser der Ciron auf das wärmere der Garonne trifft, begünstigt das im Herbst die Bildung von Morgennebel, der sich im Laufe des Tages aber auflöst. Bei diesen Verhältnissen tritt die Edelfäule Botritis auf, die die reifen Trauben schrumpfen lässt. Die Beeren trocknen aus, wodurch der Zuckergehalt steigt und der Säuregehalt reduziert wird. Die großen Süßweine des Sauterns bestehen zumeist aus einer Cuvée aus Sauvignon Blanc und Semillon, vereinzelt kommt auch ein Prozentsatz der Sorte Muskateller dazu.

Wie bei den großen Weinen des Medoc, wurden auch jene des Sauterns 1855 klassifiziert. Demnach darf sich einzig das Château d'Yquem als „Cru Supérieur" bezeichnen. Als nächste Stufe folgen die elf „Premier Crus" Château La Tour Blanche, Châteu Laufaurie-Peyraguey, Clos Haut-Peyraguey, Château Rayne-Vigneau, Château Suduiraut, Château Coutet, Château Climens, Château Guiraud, Château Rieussec, Château Rabaud-Promis und Château Sigalas-Rabaud. Die dritte Stufe bilden 13 Deuxieme Crus.

BORDEAUX: DRY WHITE WINE FROM MEDOC AND NOBLE-SWEET FROM SAUTERNES

Apart from the Loire Valley there is also the area around Bordeaux where Sauvignon Blanc is produced in France. There the vines prosper along a river, namely along the Gironde. In the wine-growing area Les Graves Sauvignon Blanc is rarely produced purely, mostly it is blended with Semillon. This is as true for wines produced dry as well as for sweet wines, where Semillon supplies the quantity and Sauvignon the taste. Among the few wineries in the southwest of France producing Sauvignon Blanc purely is the Château Margaux in the Medoc. The wine produced in 2007 and entitled "Pavillon Blanc", was fermented in barriques of which one third was new. The wine shows 15.5% of alcohol and its aroma leans towards the "greener" side. On the palate the "Pavillon Blanc" displays green peppers and an oak tone due to the fermentation in barriques. Pure Sauvignons also come from the Château de Couhins-Lurton. Wineries offering blends of Sauvignon Blanc and Semillon in different relations are, for instance, the Château Carbonnieux, the Château Haut Brion, the Château Smith Haut Laffite or the Château de Fieuzal. Quasi in an enclave in the south of the Graves area are the vineyards from which the grapes for the world-famous sweet wines of Sauterns and Barsac come. The vines stand on soil of gravel and sand and are influenced by a local climate which is marked on the one hand by a small river called Ciron and, on the other hand, by the Garonne. When the cold water of the Ciron and the warmer one of the Garonne meet, they cause morning fog in autumn which disappears in the course of the day. These circumstances, however, lead to the noble rot Botritis which causes the ripe grapes to shrink. The berries dry out, making the sugar content rise while the acidity is reduced. The great sweet wines of the Sauterns are mostly blends of Sauvignon Blanc and Semillon; occasionally a percentage of Muscatel is added.

As were the great wines of the Medoc, those of the Sauterns were classified in 1855, too. Therefore only the Château d'Yquem may call itself "Cru Supérieur". At the next level follow eleven "Premier Crus": Château La tour Blanche, Châteu Laufaurie-Peyraguey, Clos Haut-Peyraguey, Château Rayne-Vigneau, Château Suduiraut, Château Coutet, Château Climens, Château Guiraud, Château Rieussec, Château Rabaud VIPs and Château Sigalas-Rabaud. The third level consists of 13 Deuxieme Crus.

SAUTERNES: CHÂTEAU D'YQUEM

① Sauvignon-Blanc-Rebstock mit
   Trauben mit beginnender
   Botrytis cinerea (Edelfäule)
② Château d'Yquem
③ Sanft ansteigend sind die
   Weingärten rund um das
   Château d'Yquem
④ Der Edelpilz beginnt seine Arbeit
⑤ ⑥ Degustation im Garten
⑦ Innenhof des Château

Der Mythos des Château d'Yquem ist in der Weinwelt einzigartig. Eine Krone ziert das Etikett, und er ist auch der König der edelsüßen Weine. Die Philosophie der Familie des Comte Alexandre de Lur-Saluces war immer, „einen absolut perfekten Wein zu produzieren, der besser ist als jeder andere, koste, was es wolle." Die extrem aufwändige Arbeitsweise der Produktion eines edelsüßen Weines rechtfertigt auch den höheren Preis dieser Gewächse.

Die Weine haben eine schier unendliche Langlebigkeit, die wegen ihres intensiven Buketts, ihrer Säurestruktur und wegen des hohen Alkoholgehaltes fast unbegrenzt ist. Einzelne Flaschen Yquem, die schon mehr als hundert Jahre gelagert wurden, präsentierten sich beim Öffnen mit einer unglaublichen Reife und Fülle von Düften.

Michael Broadbent beschrieb die Degustation einer Flasche Yquem vom Jahrgang 1825 folgend: „Ein Wein voller Leben, mit einem unglaublichen Duft. Blühte noch weiter auf und entwickelte nach einer Stunde ein wunderbar ätherisches Bukett von Obstsalat mit Ananas. Noch süß, ziemlich kräftig. Ein Geschmack von frischen Feigen. Konzentriert. Säure und Abgang fabelhaft ...". Eine Flasche Wein, die sich mehr als 180 Jahre nach dem Ernten der Trauben so präsentiert, muss tiefste Bewunderung und gleichzeitig himmlisches Entzücken auslösen. An der Art, wie dieser Wein gekeltert wird, hat sich in diesen Jahrhunderten nicht viel verändert. Das erste Geheimnis liegt im Mikroklima, das das Auftreten des Edelpilzes Botrytis cinerea fördert. Das zweite die Art der Selektion der Beeren bei der Ernte. Das dritte ist die Art der Vinifizierung der Trauben und der jahrelange Fassausbau.

In den 129 ha Weingärten, die auf dem sanft abfallenden Hügel rund um das Château angelegt sind, gedeihen 6.500 Reben auf einem Hektar Rebfläche. Der Unterboden der 75 m hohen Anhöhe besteht aus mehreren Schichten, die Oberfläche besteht aus einer dünnen Schicht Kies und Sand, darunter liegt eine feuchtigkeitskonservierende Schicht aus Lehm, die mit Kalksteintrümmern vermischt ist. Darunter liegt ein massiver Kalksockel. Zwei Rebsorten prägen den Geschmack dieses großen Weines: Semillon und Sauvignon Blanc. Die Rebsorten und der Boden sind die Partner im Zusammenspiel der Harmonien. Bei normalem Wetter wird daraus immer ein ausgezeichneter trockener Weißwein. Mit viel Sonne und einer Überreife der Trauben sogar ein Süßwein. Für einen hochkonzentrierten, edelsüßen Wein ist noch ein weiterer Faktor ausschlaggebend, die Mitwirkung des Edelpilzes Botrytis cinerea. Im Herbst steigen in den frühen Morgenstunden von den nahen Gewässern Garonne und Ciron Nebel auf. Das Wechselspiel von Nebel am Vormittag und Sonnenschein am Nachmittag ist die ideale Lebensbedingung für diesen Edelschimmelpilz. Der Botrytispilz durchlöchert die Beerenhaut, die Flüssigkeit in der Beere verdunstet und die Inhaltsstoffe konzentrieren sich. Die Wandlung von einer goldgelben zu einer edelfaulen Beere geschieht ohne menschliche Hilfe. Der Mensch hat jetzt die Möglichkeit, mittels einer genauen Selektion nur die mit dem Botrytisrasen überzogenen Beeren zu ernten, und dadurch das Ausgangsmaterial für diese wertvollen edelsüßen Weine zu erhalten.

Die Reife der Botrytistrauben

Die Reben werden im Winter schon sehr stark zurückgeschnitten, damit die wenigen Trauben am Stock im Herbst eine möglichst hohe Zuckerkonzentration erreichen. Es sind aber der Himmel und das Wetter, die letztendlich über das „Sein oder Nichtsein" eines Jahrganges entscheiden. Mindestens 14% potenzielle Alkoholgrade (21,5°KMW, 107,2° Öchsle) sollen die Trauben schon erreicht haben, wenn der Botrytispilz seine Arbeit aufnimmt.

Wenn die Trauben so reif sind und die Botrytis einsetzt, schätzt man, dass die Ernte 30 bis 35 hl/ha erbringen kann. Es gibt wärmere Jahre, da hatten die Trauben beim Einsetzen der Botrytis schon eine Reife von 16vol% (25,5°KMW/124,4°Öchsle) erreicht. Wenn der Botrytispilz sich zu entwickeln beginnt, werden die Flecken auf den Beerenhäuten größer, und sie färben sich rosa. Die Sporen des Botrytispilzes beginnen sich zu vermehren und durchlöchern die Beerenhaut. Die Beeren schrumpfen ein und werden „rosinenartig". Bei der Lese werden nur die mit Botrytis befallenen Beeren herausgesucht. Das Ziel ist, die ganze Ernte mit potenziellen 20vol% Alkohol zu lesen.

Die Traubenernte

Wie werden diese Botrytistrauben geerntet? Es ist eigentlich kein Abschneiden der Trauben, sondern vielmehr ein Pflücken der Beeren. Ein sorgfältiges Auslesen, bei dem jede Traube einzeln überprüft wird. Je nachdem, wie weit das Werk des Pilzes auf jeder Traube oder vielmehr jeder einzelnen Beere gediehen ist. Mehrere Lesedurchgänge, durchschnittlich fünf bis sechs, werden für das Einsammeln der einzelnen Beeren gerechnet. Die Ernte zieht sich oft bis zum November hin. Das Ernten geht sehr langsam vor sich, es werden immer nur die mit Botrytis überzogenen Teile aus den Trauben herausgeschnitten.

Die Trauben werden in einigen Durchgängen in kleine Körbe gelesen und kommen darin in den Keller. Bis zu 140 Personen sind für 2 Monate mit der Lese beschäftigt. Man kann nicht jeden Tag ernten, manchmal dauert es einige Tage, bis wieder ein Teil der Traube vom Botrytispilz befallen ist. Jeder Leser liest immer ein 100-Meter-Stück des Weingartens, dabei kann er viel oder ganz wenig ernten. Aber nur in Ausnahmefällen ist der Korb voll. An Ort und Stelle werden die Traubenteile, die auch mit der Grau- und Grünfäule befallen sein können, aussortiert.

Wenn alles optimal verläuft, ernten 140 Leser an einem Tag die Trauben für 3 bis 10 Barriques. Wenn es sehr gut geht, können es auch 20 Fässer sein. Das letzte Mal geschah dies bei der Ernte 1990, da war das Wetter für die Ausbreitung des Edelpilzes Botrytis cinerea besonders günstig, da wurden an einem Tag die Trauben für 50 Barriques gepflückt.

Die Semillon- und Sauvignontrauben haben bei der Lese eine Gesamtsäure zwischen 8,5 und 9,2 g/l.

SAUTERNES: CHÂTEAU D'YQUEM, CHÂTEAU RIEUSSEC

① Das Wappen des Château d'Yquem bei der Einfahrt zum Weingut
② Der Weinkeller des Château d'Yquem
③ Im unterirdisch gelegenen Weinkeller des Château d'Yquem
④ ⑤ ⑥ Château Rieussec

Im Weinkeller

Im Keller angekommen, werden die Beeren gequetscht. Durch das selektive Pflücken gibt es sehr wenig Stängel, und beim Pressen mit den altehrwürdigen Korbpressen werden diese verbleibenden Stängel nicht entfernt. Drei dieser Stempelpressen mit den Holzkörben sind noch im Einsatz. 70% der Lese wird damit gepresst, der Rest mit den pneumatischen Horizontalpressen. Die Trauben werden ohne eine Maischestandzeit weiterverarbeitet. Das Pressen ist das wichtige Stadium für die weitere Qualität. Beim ersten Druck wird nur ein Durchschnittswert des Zuckergehaltes erreicht. Je stärker der Druck, desto höher die Zuckerkonzentration. Damit auch die eingeschrumpften Beeren das Saftkonzentrat abgeben, braucht es einen höheren Pressdruck.

Nach dieser ersten Pressung erhält man ein Testresultat. Wenn der Most nicht konzentriert genug ist, werden die Leser angewiesen, die Beeren noch konsequenter auszulesen. Wenn der Most sehr intensiv ist, können auch einige frischere Beeren zugegeben werden.

Jeder Presskorb wird dreimal gepresst, nach jedem Durchgang muss wieder aufgelockert werden. Mit dem ersten Pressdurchgang werden 70% des Saftes gewonnen. In einem speziellen Zylinder wird der Presskorb aufgescheitert, zerkleinert und gelockert. Die Stängel werden dabei aussortiert. Beim ersten Pressdruck besteht noch keine Gefahr, dass man die Stängel beschädigt. Die zweite Pressung ist stärker, und dadurch würde man den Stängelgeschmack in den Most bekommen. Jetzt kommen 30% des Saftes, beim ersten Teil der zweiten Pressung ist die Zuckerkonzentration auch schon höher. Vor der dritten Pressung wird der Presskuchen noch einmal aufgelockert. Bei der dritten Pressung verfügt der Most über eine Konzentration von 500 g/l Zucker.

Es gibt Tage, an denen nur Semillon und Sauvignon Blanc geerntet werden. Die Rebsorten werden zuerst getrennt vergoren und ausgebaut. Es sind immer 80% Semillon und 20% Sauvignon blanc, die für den Yquem verwendet werden. Der Sauvignon Blanc bringt vielfältige Aromen in die Cuvée.

Die Moste fließen in einen unterirdischen Tank. Am Abend, wenn alle Pressen fertig sind, kommt der gesamte Most des Tages in die Barriques zur Gärung. Aus Gründen der Vorsicht wird an den ersten beiden Erntetagen dem Most ein wenig Schwefel zugesetzt, 3 g/hl – nachher nicht mehr.

Die Gärung

Direkt neben dem Pressraum liegen die Räume, in denen die Gärung in den Barriques stattfindet. Für die Gärung werden nur neue Barriques eingesetzt. Die Gärung soll durch die natürlichen Hefen einsetzen. Drei bis sechs Wochen dauert dann die Gärung. Sie endet spontan: Bei ungefähr 14vol% Alkohol hört die Gärung von selbst auf. Der Zuckerrest liegt dann zwischen 120 und 130g/l. Die einzelnen Fässer verfügen fast immer über 13,5 bis 14vol% Alkohol.

Der Barriqueausbau

Die Barriques von vier verschiedenen Fassbindereien kommen zum Einsatz: Seguin Moreau, Demptos, Taransaud und eine kleine Tonnellerie aus der Region. Diese Tonnellerien liefern seit Jahrzehnten ihre Fässer an das Château d'Yquem, sie wissen, welchem Anspruch sie gerecht werden müssen, und passen sehr auf, nur das Beste zu liefern.

Der Wein bleibt dreieinhalb Jahre in den Barriques, die meisten Tannine werden aus dem Holz schon bei der Gärung ausgelaugt. Das Toasting soll deshalb nicht zu stark sein.

10 Monate bleiben die Einheiten getrennt in den Barriques. Jeder Lesetag als einzelne Einheit, so wie die Trauben gelesen wurden. Alle drei Monate werden die Weine vorsichtig umgezogen. Um gleich einen Oxidationsschutz zu haben, wird beim ersten Umziehen nach der Gärung die erste Schwefelung vorgenommen. Zu Beginn der Fassreife wird der Wein mit 150 mg/l aufgeschwefelt.

Im Mai, nach 8 Monaten der Fassreife, hat sich der Wein schon abgesetzt, das ist der Zeitpunkt, wo die Verkostungen der einzelnen Fässer beginnt. Die Proben der einzelnen Lesetage werden nummeriert, damit die Koster nicht wissen, ob von diesem Tag viele oder nur wenige Barriques vorhanden sind. Nach 14 Tagen findet dieselbe Verkostung mit den gleichen Weinen statt, drei bis vier dieser Degustationen werden durchgeführt, dann kennt man genau das Qualitätsniveau der Weine der einzelnen Erntetage.

Nach dem zweiten Jahr der Reife werden die Fässer in den tiefer gelegenen Hauptkeller umgelagert. Auch dort werden die Fässer nur mit den Glasstoppeln verschlossen.

Insgesamt dreieinhalb Jahre dauert die Fassreife, erst dann wird der Wein in Flaschen gefüllt. Während dieser Zeit wird der Yquem alle 3 Monate umgezogen, insgesamt 15-mal.

Vor der Flaschenfüllung wird noch eine grobe Filtration durchgeführt, wie mit einem groben Sieb. Nach der Flaschenfüllung ist der Wein stark tanninbetont, diese momentan vorherrschenden Aromen binden sich im Lauf der Zeit wieder ein.

„Der Wein ist ein Konzentrat, er entwickelt sich sehr langsam, und er altert sehr langsam. Wenn man ihn zu schnell von der Luft abschneidet, stoppt man dadurch den Reifeprozess. Manchmal dauert es sehr lange, bis sich die Sedimente absetzen. Je länger er in den Barriques bleibt, desto besser kann man auf natürliche Art diese Absonderungen geschehen lassen. Der Wein nimmt auch über das Barrique Sauerstoff auf, und das garantiert ein viel längeres Alterungspotenzial", schwärmt Pierre Lurton, Directeur Général von Château d'Yquem.

ITALIEN: SAUVIGNON AUS FRIAUL UND SÜDTIROL

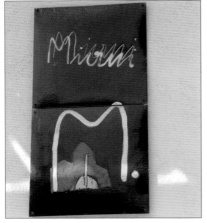

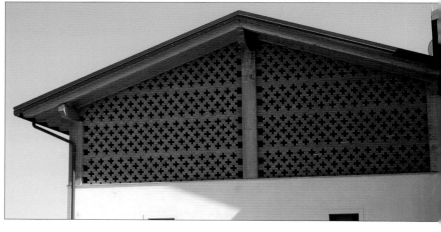

Die führenden Sauvignon-Blanc-Adressen in Italien sind einerseits das Gebiet des Collio in der Region Friaul und andererseits Südtirol. Das Collio-Gebiet, das durch den Gebietsverlust nach dem Zweiten Weltkrieg auf etwa 1600 Hektar Rebflächen reduziert wurde, erstreckt sich von den Hügeln von San Floriano und Oslavia oberhalb von Gorizia (Görz) bis zu jenen von Ruttars, Lonzano und Vencò an den Ufern des Judrio, der einmal die Grenze zwischen Österreich und Italien darstellte. Der Schwerpunkt liegt aber in den Hügeln um Cormòns. Der Collio ist unterteilt in den Collio Orientale, der nördlich von Civitale del Friuli liegt, und in den Collio Occidentale, der südlich davon liegt. Dass der Collio heute zu den führenden Weinbauregionen Italiens zählt, ist nicht zuletzt auf viele Winzer mit slowenischer Abstammung zurückzuführen, die durch die willkürliche Grenzziehung plötzlich auf italienischem Hoheitsgebiet lebten. Namen wie Gravner, Jerman oder Primosic, um nur einige zu nennen, wurden als Weinmacher weit über die Grenzen Italiens hinaus bekannt. Vor allem Josko Gravner, im Jahre 2006 zum Winzer des Jahres in Italien gewählt, genießt internationales Ansehen als echter Pionier der Önologie. Er vinifiziert seine Weine nach rein biologischen Gesichtspunkten und lässt den Wein in großen Amphoren reifen.

Eine der schillerndsten Weinmacher im Collio ist fraglos Enzo Pontoni, dessen Weingut in Buttrio nicht gerade leicht zu finden ist (Via Peruzzi 10, 33042 Buttrio). Wenn man es geschafft hat und in der Hofeinfahrt steht, darf man sich von der etwas heruntergekommenen Bausubstanz des Stammhauses nicht irritieren lassen. Das Kellergebäude ist ohnehin neu und gefällt durch eine interessante Ziegelstruktur. Aber bei Potoni zählen nicht die Äußerlichkeiten, sondern einzig und allein seine Weine. Und die sprechen für ihn.

① Die Staatsgrenze zwischen
   Slowenien und Italien verläuft
   zwischen den Weingärten
② Ein Feldweg führt nach Slowenien
③ Wegweiser zur einer Weinkellerei
④ Weingarten bei Cormons, Collio
⑤ Enoteca in Buttrio

Enzo Pontoni bewirtschaftet knapp 18 Hektar Rebflächen, produziert aber gerade einmal 8.000 Flaschen Wein. Pontoni ist im Weingarten ein Fanatiker und lässt pro Stock maximal drei Trauben hängen, die gehegt und gepflegt werden. Seine Bioweine werden zum Großteil in großen Eichenfässern ohne Temperatursteuerung vinifiziert. Die italienische Weinbibel „Gamberi Rosso" zählt Enzo Pontoni zu den zehn besten Winzern Italiens und hat seinen Weinen schon wiederholt die Höchstnote „tre bicchieri" verliehen. Wie alle seine Weine, zeigt auch der Sauvignon Blanc die Charakterzüge des Winzers. Groß, in ihrer Jugend oft unzugänglich und höchst eigenwillig. Wenn sie sich aber einmal öffnen, vergisst man sie nie mehr. Ganz typisch für Miani-Sauvignons sind Aromen nach weißen Pfirsichen, etwas Salbei und weißen Blüten. Beim 2005er findet man auch zarte Stachelbeernoten, einen Hauch von Mango und frische Wiesenkräuter.

Als Sauvignon-Blanc-Produzent bekannt ist auch das Weingut „Villa Russiz" in Capriva del Friuli, in dem Gianni Menotti auch einen köstlichen Sauvignon Blanc keltert. Die Villa Russiz gehört zu den Liegenschaften des Instituto Adele Cerruti, dessen Gewinne für den Unterhalt eines Internates für Not leidende Kinder herangezogen werden. Menotti keltert zwei Sauvignon Blancs, wobei der Lagenwein „Sauvignon de La Tour" in den Jahren 1989, 1991, 1994, 1997, 1998, 1999, 2002 und 2005 im „Gambero Rosso" höchste Bewertungen erzielte.

Wenn von Sauvignon Blancs im Collio die Rede ist, darf man die „Cantina Produttori Cormòns" nicht vergessen, die einen Süsswein produziert, der als Messwein für Eucharistische Feiern im Vatikan verwendet wird. Für diesen Messwein bedurfte es einer grundlegend neuen Methode zur Trocknung der Trauben. Bei der von Luigi Soini ausgearbeiteten „Methode Cormòns" wird der Strom des Lebenssaftes in die Traube in der ersten Reifeperiode unterbunden. Und zwar mit Spezialscheren, mit denen die Stiele abgeklemmt werden, mit denen die Trauben an der Rebe hängen. Die Traube bleibt am Stock, erhält aber nicht mehr den Lebenssaft und beginnt zu schrumpfen, wobei die wertvollsten Komponenten in den Beeren erhalten bleiben. Nach circa 40 bis 50 Tagen, je nach Witterungsverlauf, werden die angetrockneten Trauben eingesammelt. Der „Vinum pro Sancta Missa" ist eine Cuvée der besten Trauben Tocai, Verduzzo, Chardonnay, Pinot Bianco und Sauvignon Blanc.

Feine Sauvignon Blancs werden auch in Südtirol gekeltert. Von kleinen privaten Kellereien ebenso, wie von großen Betrieben, wie die Kellerei Bozen, die aus dem Zusammenschluss der Genossenschaften von Gries und St. Magdalena entstand. Die Kellerei Bozen gehört jetzt zu den führenden Adressen in Südtirol. Kellermeister ist Stephan Philippi, der an der Weinbauschule in San Michele studierte. Seine besondere Liebe gilt dem Sauvignon Blanc. Gute Trauben bekommt er von Winzer Karl Platter, der in dem in der Nähe liegenden Dörfchen Leitach den Mockhof betreibt. Die Reben stehen in 500 Meter Höhe auf einem steilen, mit Gesteinsschotter bedeckten Hang. Sein Sauvignon Blanc zeigt die für diese Sorte typischen Düfte von Stachelbeeren, Cassis und Spargel, dazu kommt der herbe Geruch von Brennnesseln. Ein Feuerwerk von Fruchtaromen, Citrus, Ananas und Cassis, füllt den Gaumen aus.

Interessante Sauvignon Blancs liefern auch die Meraner Weinkellerei, die Cantina Terlan oder die Kellerei Schreckbichl südlich von Bozen, die über die Grenzen Italiens hinaus bekannt sind.

ITALY: FRIAUL, COLLIO

The leading Sauvignon Blanc addresses in Italy are on the one hand the area of Collio in the Friaul region and, on the other hand, South Tyrol. Collio, which was reduced to 3200 acres after area losses following World War II, stretches from the hills of San Floriano and Oslavia above Gorizia (Görz) up to those of Ruttars, Lonzano and Vencò on the shores of the Judrio, which once constituted the border between Austria and Italy.

However, the centre lies in the hills around Cormòns. Collio is divided into Collio Orientale lying to the north of Civitale del Friuli, and Collio Occidentale lying to the south of it. That today Collio is among the leading wine-growing regions of Italy can be traced back to many winegrowers of Slovenian origin who suddenly found themselves on Italian territory by the arbitrary changing of the border. Names like Gravner, Jerman or Primosic, to name but a few, became well known names associated with winemaking far beyond the borders of Italy. Above all- Josko Gravner, elected as Italian winegrower of the year in 2006, enjoys international prestige as a real pioneer in the field of oenologie. He vinifies his wines from purely organic points of view and allows the wine to mature in big amphoras.

One of the most colourful wine producers in Collio is undoubtedly Enzo Pontoni, whose winery in Buttrio is not easily found (via Peruzzi 10, 33042 Buttrio). If one actually does find it and stands in the main entrance of the courtyard, one should not be disappointed by the slightly dilapidated state of the main building. Besides, the building housing the wine cellar is new and quite appealing because of its interesting brick pattern. But for Pontoni appearances do not mean a thing, for him it is only his wines that count. And they speak for him. Enzo Pontoni administers barely 36 acres of vineyards, and produces just about 8,000 bottles of wine. Pontoni is a fanatic in the vineyard and leaves not more than three grapes on each vine which are looked after and pampered. Most of his organic-wines are produced in large oak barrels without temperature control. The Italian wine bible "Gamberi Rosso" counts Enzo Pontoni to the ten best wine producers of Italy and has already repeatedly honoured his wines with their highest award: the "tre bicchieri". Like all his wines the Sauvignon Blanc also shows the traits of the wine producer. Big, often inaccessible whilst young and extremely unconventional. Once opened, however, they become unforgettable. The typical aroma for his Miani-Sauvignons is a mixture of white peaches, some sage, and white blossoms. With the Miani 2005 one also finds delicate notes of gooseberry, a hint of mango, and gentle fresh grassland herbs. Another winery known for producing Sauvignon Blanc is "Villa Russiz" in Capriva del Friuli, where Gianni Menotti also presses a delightful Sauvignon Blanc. Villa Russiz is part of the real estate of the Instituto Adele Cerruti whose profits are used for the maintenance of a boarding school for impoverished children. Menotti produces two Sauvignon Blancs, whith his premium wine "Sauvignon de La Tour" achieving the highest marks in 2002 and 2005.

When the Sauvignon Blancs of Collio are discussed, one must not forget "Cantina Produttori Cormòns" which produces a sweet wine used as an altar wine for eucharistical celebrations in the Vatican. For this altar wine a complete new method of drying grapes was required. With the "method Cormòns" worked out by Luigi Soini the stream of life juice to the grape is stopped during the first ripening period. This is done with special scissors which are used to disconnect those stems of the grapes which are attached to the vines. The grape, though remaining on the vine, receives no more life juice and therefore starts to shrink; thus the most valuable components of the berries are preserved. After approximately 40 to 50 days, depending on the weather, the dried grapes are collected. "Vinum pro Sancta Missa" is a blend of the best grapes of the varieties Tocai, Verduzzo, Chardonnay, Pinot Bianco, and Sauvignon Blanc.

Fine Sauvignon Blancs are also produced in South Tyrol by small private wine producers as well as by big companies, like the winery Bozen which originated from the merger between the cooperatives Gries and Saint Magdalena. Today the wine producer Bozen belongs to the leading addresses in South Tyrol. Master in the wine cellar is Stephan Philippi, who studied at the wine-growing school in San Michele. His special love is reserved for Sauvignon Blanc. He acquires nice grapes from the wine grower Karl Platter, who runs the Mockhof in the small village Leitach nearby. The vines stand on a hillside covered with gravel, at a height of 500 metres. His Sauvignon Blanc displays an aroma of gooseberries, cassis and asparagus, typical of this variety; in addition there is a hint of the harsh smell of stinging nettles. Fireworks of fruit aromas like citrus, pineapple and cassis, fill the palate. Interesting Sauvignon Blancs are also produced by the Meran-winery, the Cantina Terlan or wine cellar Schreckbichl to the south of Bozen.

① Der Sauvignon Blanc von Movia
gilt als der beste Sloweniens
② Die Movia-Weingärten sind
sowohl in Slowenien als auch
im italienischen Collio
③ Weingarten bei Cormons, Collio
④ Die von regionalen Künstlern
gestalteten Weinetiketten des
Weingut Movia
⑤ Schloss Loze in Brda

Die Hügellandschaft um Görz, auf italienisch „Collio" und auf slowenisch „Brda", war zur Zeit der österreich-ungarischen Monarchie ein Weinbaugebiet, das am Wiener Kaiserhof einen guten Ruf hatte. Nach dem Ersten Weltkrieg kam dieses Gebiet zu Italien, nach dem Zweiten Weltkrieg wurde die Grenze sehr willkürlich, oft mitten durch die Weingüter, gezogen. So blieb ein Teil des hügeligen und für den Weinbau bestens geeigneten Gebietes bei Italien, der größere Teil ging an das damalige Jugoslawien. In diesem Teil wurde nach 1945 die große Winzergenossenschaft Dobrovo gegründet, in die alle Weinbauern ihre Trauben abliefern mussten. Eine Ausnahme bildete einzig Anton Kristancic, dessen Weingut in Ceglio bei Dobrovo seit 1920 in Familienbesitz steht. Er nahm alle Schikanen in Kauf, schaffte es schließlich sogar, Weinlieferant für Staatsempfänge des Tito-Jugoslawien zu werden. Anton Kristancic war der Großvater des heutigen Weinmachers Ales Kristancic, dessen Movia-Weingut nunmehr auch den protokollarischen Bedarf der slowenischen Regierung deckt. Ales Kristancic ist der wohl bekannteste und charismatischste Winzer in Slowenien. Er hat an der Weinbauschule in Conegliano im italienischen Veneto studiert und danach jeweils halbjährige Praktiken in den französischen Parade-Weingütern Chateau Petrus und in der Domäne Romanée-Conti absolviert. Mit diesem Rüstzeug leitete Ales Kristancic den Aufschwung bei Movia und in ganz Brda ein. Kristancic bewirtschaftet eine Rebfläche von 39 Hektar, von denen 20 Hektar jenseits der Grenze im italienischen Collio liegen und nur 19 Hektar auf der slowenischen Seite. Er arbeitet im Weingarten biodynamisch, und das gilt selbstverständlich auch für jene nach Südwesten ausgerichtete 1,5 Hektar große Fläche, auf der der Sauvignon Blanc wächst. Die 30 Jahre alten Rebstöcke stammen von solchen ab, die von französischen Soldaten im Zuge der Napoleonischen Kriege in die Gegend gebracht wurden.

SLOVENIA: BRDA

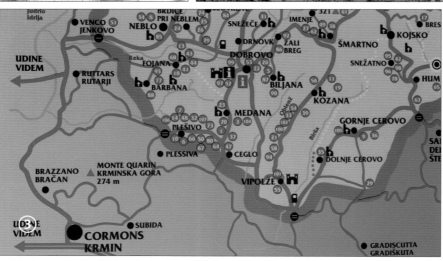

① EU-Grenzübergang zwischen Slowenien und Italien
② Weingärten bei Dobrovo
③ Übersichtskarte der Weinbaubetriebe von Brda
④ Eingang zur Vinothek in Schloss Dobrovo
⑤ Wegweiser in der Weinregion
⑥ Weingärten bei Dobrovo v Brdih
⑦ Sauvignon Blanc aus der Region Brda

Von diesen Reben haben sich im Laufe der Zeit Klone entwickelt, die einen völlig eigenständigen Ausdruck dieser Sorte liefern. Der Sauvignon Blanc von Ales Kristancic reift zwei Jahre lang in neuen Barriques und kommt erst vier Monate nach der Flaschenfüllung in den Verkauf. Ein Besuch des Weingutes lohnt in mehrfacher Hinsicht. Man kann dort nicht nur die Weine und die Slow-Food-Küche des Restaurants genießen, sondern auch einen wunderbaren Panoramablick über die Weingärten bis hinunter ins italienische Collio.

Mittlerweile eifern in Brda rund 100 Winzer dem Beispiel von Ales Kristancic nach, erkennen aber seine Vorreiterrolle durchaus an. Zu den bekanntesten Weinbaubetrieben in Brda zählen neben Movia jener von Edi Simcic, der früher seine Trauben an die Genossenschaft geliefert hat und erst seit 1990 selbst Wein produziert. Auch der Sauvignon Blanc des Weingutes Edi Simcic, das bereits von seinem Sohn Aleks geführt wird, wird in französischen Barriques vergoren. Nur weitschichtig verwandt mit Edi und Aleks ist Marjan Simcic, dessen Rebflächen sich ebenso beiderseits der Grenze befinden wie jene von Stojan Skurek, was auf Deutsch so viel wie „Grille" bedeutet. Weitere Spitzen-Sauvignons aus der Region Brda kommen von Igor Jakoncic oder den Weingütern Bagueri und Quercus. Eine wunderbare Möglichkeit, all diese Weine zu verkosten, bietet sich in der „Vinoteka Brda" im Gewölbe des Schlossweinkellers in Dobrovo. Öffnungszeiten: Dienstag bis Sonntag, jeweils von 11.30 bis 21 Uhr.

Im Westen Sloweniens befindet sich auch das Vipava-Tal, das zwischen den Ausläufern der Alpen im Norden und dem Karstgebiet im Süden liegt und beste Voraussetzungen für den Weinbau liefert. Die 2600 Hektar Rebflächen werden zum Teil in der Ebene, zum Teil aber auch an den Hängen des Tales auf Terrassen bewirtschaftet. So auch vom Weingut Vipava 1894, das 300 Hektar eigene Rebflächen hat, aber auch Trauben aus weiteren 600 Hektar, die von Vertragswinzern bewirtschaftet werden, verarbeitet. Weitere bemerkenswerte Sauvignons keltern im Vipava-Tal Miha Batic, Matjaz Lemut oder das Weingut Sutor, in dem sich die Brüder Primoz und Mitja Lavrencic die Arbeit im Keller und Weingarten teilen.

SLOVENIA: BRDA

At the time of the Austrian - Hungarian Empire the hill scenery around Görz, called "Collio" in Italian and "Brta" in Slovenian was a wine-growing area which had a good reputation at the emperor's court in Vienna. After World War I this area was annexed to Italy, while after World War II the border became very arbitrary, often drawn through the middle of the vineyards. Thus a part of the hilly and for wine-growing very well suited area remained Italian, the bigger part became Yugoslavian. In this part the big winegrowers' cooperative Dobrovo was founded after 1945 where all wine growers had to deliver their grapes. The one exception was Anton Kristancic ,whose winery in Ceglio near Dobrovo had been the property of his family since 1920.

He accepted all chicaneries, and finally managed to even become a wine supplier for official state receptions in Tito's Yugoslavia. Anton Kristancic was the grandfather of today's wine maker Kristancic, whose Movia winery nowadays also supplies the protocolar requirements of the Slovenian government. Alec Kristancic is probably the best-known and most charismatic winegrower in Slovenia. He studied at the wine-growing school in Conegliano in the Italian Veneto and afterwards passed traineeships of 6 months each in the two top French wineries Chateau Petrus and the domain Romanée-Conti. Equipped with this kind of „weaponry" Alec Kristancic initiated the upturn at Movia and in Brda as a whole. Kristancic administers 78 acres of vineyards of which 40 acres are situated across the border in the Italian Collio and only 38 acres on the Slovenian side. As all his vineyards are cultivated organically, it goes without saying that the same is the case with the 3 acres of south facing vineyards dedicated to Sauvignon Blanc. The 30-year old vines originate from vines brought to the area by French soldiers during the course of the Napoleonic wars. Over the years clones have been developed from these vines, which show an absolute individual character of this variety. The Sauvignon Blanc of Alec Kristancic matures in new barriques for two years and is for sale only four months after being bottled. A visit of the winery is worthwile in various aspects. Not only can one enjoy the wines and the Slow Food kitchen of the restaurant, but also the wonderful panoramic view over the vineyards down to the Italian Collio.

By now about 100 wine growers in Brda have followed the example of Kristancic, nevertheless respecting his role as a forerunner absolutely. One of the best-known wine growing companies besides Movia in Brda is that of Edi Simcic, who used to deliver grapes to the cooperative, and started producing wine himself only in 1990. The Sauvignon Blanc of Edi Simcic's winery, which is already run by his son Aleks is also fermented in French barriques. Only a distant relative of Edi and Aleks is Marjan Simcic, whose vineyards are also situated on both sides of the border just like the ones of Stojan Skurek.

Other top-class Sauvignons produced in Brta are by Igor Jakoncic and the wineries Bagueri and Quercus. An excellent way to taste all these wines is offered in the "Vinoteka Brda" situated in the vault of the castle wine cellar in Dobrovo. Opening times: Tuesday till Sunday, 11.30 a.m. to 9 p.m.

In the west of Slovenia there is also the Vipava Valley lying between the foothills of the Alps in the north and the karst area in the south, which offers outstanding conditions for wine-growing. Part of the 5200 acres of vineyards are cultivated on plains, part in form of terraces on the hillsides of the valley. The same is the case with the Vipava winery 1894, which administers 600 acres of its own vineyards, but also processes the grapes of further 1200 acres which are cultivated by contract wine growers. Other noteworthy Sauvignons produced in the Vipava Valley are by Miha Batic, Matjaz Lemut and the Sutor winery, where the brothers Primoz and Mitja Lavrencic share the work in the wine cellar and in the vineyards.

KALIFORNIEN: BLANC FUMÉ

Der führende Sauvignon-Blanc-Produzent in Nordamerika ist der Bundesstaat Kalifornien, man findet diese Rebsorte aber auch im Bundesstaat Washington sowie in der Niagara-Region in Kanada. Die Erfolgsgeschichte des Sauvignon Blanc in Kalifornien geht auf Robert Mondavi zurück, der im Jahre 1968 Sauvignon-Blanc-Reben von einer Rebschule bekam und diese Rebstöcke in seinen Weingärten im Napa Valley auspflanzte. Zu dieser Zeit war der Sauvignon Blanc in den USA nicht wirklich populär. Im Gegensatz zum Chardonnay war den Konsumenten dieser Wein zu grasig im Geschmack und zu aggressiv im Aroma. Mondavi nahm seinem Sauvignon die Aggressivität, indem er den Wein in Holzfässern reifen ließ, und brachte ihn unter dem Namen „Fumé Blanc" auf den Markt. Wohl im Anklang an die französische Bezeichnung „Pouilly-Fumé". Fumé Blanc gilt mittlerweile in den USA als Synonym für den Sauvignon Blanc.

Auch in Kalifornien ist man sich mittlerweile der vollen Bandbreite bewusst, die die Rebsorte Sauvignon Blanc zu liefern imstande ist. Mia Klein, die Kellermeisterin des Selene Weinguts im Napa Valley, bringt es auf den Punkt. „Ich liebe diese Rebsorte, die alles von A bis Z sein kann. Ich liebe die verschiedenen Stile, in denen der Sauvignon Blanc angeboten wird", sagt sie, und sie weiß, wovon sie spricht. Abgesehen von den verschiedenen Stilen, in denen der Sauvignon Blanc in Kalifornien vinifiziert wird, gibt es doch eine Reihe von Gemeinsamkeiten. Die Weine tendieren zu einem leichteren Körper mit relativ wenig Alkohol und einer feinen Säure. Die kalifornischen Sauvignon Blancs gefallen typischerweise durch Zitrus-Aromen wie Limone, Grapefruit oder Zitrone, zeigen aber auch Aromen in Richtung tropischer Früchte wie Mango, Passionsfrucht oder Papaya beziehungsweise Aromen von Steinfrüchten wie Pfirsich oder Marille.

Unterschiede gibt es in der Art, wie die Weine gekeltert werden. Die Vergärung im Stahltank unterstreicht die Fruchtigkeit ebenso wie eine Vergärung in gebrauchten Holzfässern. Der Sauvignon Blanc vom Ehlers Estate wurde in gebrauchten Holzfässern vergoren, zeigt sich in feinen Fruchtaromen, ohne vom Eichenholz belastet zu sein. Wird in Barriques vergoren, erhält der Wein eine würzige oder rauchige Note, verliert aber an Frische. In den letzten Jahren – nicht zuletzt durch die zunehmende Popularität der Sauvignon Blancs aus Neuseeland – wird auch in Kalifornien wieder eine „grüne Note" bei dieser Rebsorte forciert. In den Weinbeschreibungen wird dabei der Begriff „Stachelbeere" verwendet, deren Duft etwa mit geschnittenem Gras oder Spargel vergleichbar ist.

Zu den bekanntesten Weingütern, die „grasige" Sauvignons produzieren, zählen die St. Supery Vineyards, die im australischen Besitz stehenden Voss Vineyards und Mason Cellars im Napa Valley sowie Chateau Souverain und Dry Creek Vineyards im Sonoma County.

Die Trauben des Jahrgangs 2007 des Sauvignon Blanc von St. Supéry wurden zum Großteil während der Nacht gelesen und von Kellermeister Michael Beaulac einer kühlen und langsamen Vergärung im Stahltank unterzogen. Die Sauvignon-Trauben der Voss Vineyards wurden im August ebenfalls während der Nachtstunden gelesen. Kellermeister Michael Lancaster ließ die Trauben 24 Stunden auf der Maische, ehe gepresst wurde. Der Ausbau des Weines erfolgte bei kühlen Temperaturen im Stahltank. Mason Callars haben gleich drei Sauvignon Blancs im Programm. Den klassischen aus den Rebflächen im Napa Valley, den „Pomelo Sauvignon Blanc", dessen Trauben aus dem Lake County stammen, sowie eine Reserve, deren Trauben aus einer Anlage mit 34 Jahre alten Rebstöcken am Russian River im Sonoma County stammen.

Der Sauvignon des Chateau Souverain aus dem Alexander Valley wurde von Kellermeister Ed Killian zu 14 Prozent im Stahltank und zu 86 Prozent in französischen Holzfässern ausgebaut, um einerseits die frische Fruchtigkeit und andererseits eine würzige, rauchige Komponente in den Wein zu bringen. Die Dry Creek Vineyards haben zwei Sauvignon Blancs unter dem Namen Fumé Blanc im Programm. Den Fumé Blanc Sonoma County und einen aus einer speziellen Einzellage mit dem nichtssagenden Namen „DCV3".

Zu den Sauvignon-Blanc-Spitzenbetrieben zählt ohne jeden Zweifel auch das Selene Weingut im Napa Valley, in dem Kellermeisterin Mia Klein für die Weinbereitung zuständig ist. Sie vinifiziert Trauben vom Sauvignon Musqué-Klon, der für seine würzige und duftige Note bekannt ist. Ihr Sauvignon Blanc aus dem Hyde Vineyard in der Carneros-Region ist reinsortig und wird zu 45 Prozent in neuen französischen Barriques und zu 45 Prozent in Stahlfässern vergoren.

So wie ihre Weinbau-Kollegen in Europa setzen auch die kalifornischen Winzer vermehrt auf das Terroir. Ein Beispiel dafür ist der Sauvignon Blanc des Provenance Weingutes im Napa Valley, dessen Trauben aus einem zwölf Acre großen Weingarten in Rutherford stammen, der ideale Bodenverhältnisse für den Sauvignon Blanc aufweist und von einem besonderen Mikroklima beeinflusst wird. In diesem Weingarten wachsen unterschiedliche Sauvignon-Blanc-Klone in unterschiedlichen Erziehungsformen. Durch diese Kombination erhalten die beiden Kellermeister Tom Rinaldi und Chris Cooney jene unterschiedlichen Trauben, die sowohl das nötige Aroma wie auch die nötige Säure für einen feinen Sauvignon Blanc bringen. Im Jahrgang 2007 wurden die Trauben von den beiden Kellermeistern zum Teil in Stahltanks, zum Teil in kleinen Stahltanks und zu fünf Prozent in neuen französischen Eichenfässern vergoren und schließlich mit zwölf Prozent Semillon cuvéetiert. Mit diesen Cuvées, die auch für die weißen Bordeaux-Weine charakteristisch sind, wird mehr Komplexität in die Flasche gebracht, ohne den Holzton zu sehr in den Vordergrund zu bringen.

Nicht zu vergessen das Weingut Robert Mondavi, das den Sauvignon Blanc bzw. Fumé Blanc in den USA erst „hoffähig" gemacht hat. Aus diesem Weingut kommt ein „Fumé Blanc Napa Valley", der zu 92 Prozent aus Sauvignon Blanc besteht, sowie der reinsortige „Fumé Blanc To-Kalon Vineyard". Dieser To-Kalon Vineyard wurde im Jahre 1945 gepflanzt und gilt als die älteste Sauvignon-Blanc-Rebfläche in Nordamerika.

CALIFORNIA:
THE VARIETY WITH DIFFERENT NAME

The leading Sauvignon Blanc-Producer in North America is the state of California. This grape variety can also be found in Washington and in the Niagara-region in Canada. The success story of Sauvignon Blanc in California has its origin with Robert Mondavi, who acquired some Sauvignon Blanc vines from a vine nursery in 1968, which he planted in his vineyards in the Napa Valley. At that time Sauvignon Blanc was not really popular in the USA. In contrast to Chardonney the taste of this wine was too grassy and the aroma too aggressive for the American market. Mondavi removed the aggressiveness from his Sauvignon by maturing the wine in wooden barrels and marketed it under the new name "Fumé Blanc". The name is obviously derived from the French term "Pouilly-Fumé". In the meantime the name Fumé Blanc is synonymous for Sauvignon Blanc in the USA.

In California, too, they are fully aware by now of the range offered by Sauvignon Blanc grapes. Mia Klein, the cellarer of the Selene winery in the Napa Valley, puts it in a nutshell. "I love this variety, which can actually be anything from A to Z. I love the different stiles, Sauvignon Blanc is offered under", she says and she does know what she Is talking about. She has, after all, tasted pretty much all the wines from this variety of grapes produced worldwide. Apart from the different stiles, in which Sauvignon Blanc is produced in California, there are a number of similarities. The wines tend to have a light to medium heavy body with relatively little alcohol and some delicate acidity. The Californian Sauvignon Blancs please typically with their citrus-aromas of lime, grapefruit and lemon, but also display aromas towards tropical fruit like mango, passions fruit or papaya on the one hand, while on the other presenting different aromas again, reminiscent of stone fruits like peach or apricot.

Differences certainly exist in the way the wines are produced. The fermentation in stainless steel tanks underlines the fruitiness the same way like the fermentation in used wooden barrels. The Sauvignon Blanc by Ehlers Estate, fermented in used oak barrels, demonstrates fine fruity aromas without a hint of oak. If wine is fermented in new barriques it acquires a spicy or smoky aroma, but loses its freshness.

In recent years – not least because of the increasing popularity of Sauvignon Blancs from New Zealand – in California too, a "green flovour" is being pushed again with this grape variety. In the descriptions of the aroma of this wine the term "gooseberry" is mentioned, whose smell is comparable to that of freshly cut grass or asparagus. Among the best-known wineries producing "grassy" Sauvignons are the St. Supery Vineyards, the Australian owned Voss Vineyards, and Mason Cellars in the Napa Valley, as well as Chateau Souverain and Dry Creek Vineyards in Sonoma County.

The majority of the grapes for the Sauvignon Blanc vintage 2007 by St. Supéry were harvested during the night and were consequently fermented by cellarer Michael Beaulac in a cool and slow fermentation process in a stainless steel tank. The Sauvignon-grapes of the Voss Vineyards, too, were picked at nighttime in August. Cellarer Michael Lancaster left the grapes in the grape - mash for 24 hours prior to pressing. The wine was produced at low temperatures in a stainless steel tank. Mason Callars have even three Sauvignon Blancs in their programme. The Classic from the vineyards in the Napa Valley, the "Pomelo Sauvignon Blanc" from grapes harvested in the Lake County, and a Reserve, for which the grapes come from a vineyard on Russian River in the Sonoma County where the vines are 34 years old.

14 percent of the Sauvignon of the Chateau Souverain in the Alexander Valley were produced by cellarer Ed Killian in inox tanks and 86 percent in French barriques, to bring a fresh fruitiness, on the one hand, and spicy, smoky components on the other hand into the wine.

The Dry Creek Vineyards have two Sauvignon Blancs under Fumé Blanc in their programme: Fumé Blanc Sonoma County and another coming from a specific vineyard with the nondescript name "DCV3".

Among the top Sauvignon Blanc-producers is without any doubt the Selene winery in the Napa Valley as well, where cellarer Mia Klein is responsible for the wine production. She vinifies grapes from the Sauvignon Musqué clone, known for its spicy and fragrant aroma. Her Sauvignon Blanc from the Hyde vineyard in the Carneros-Region is pure and 45 percent of it are fermented in new French barriques, while 45 percent are fermented in stainless steel barrels.

Like their wine growing colleagues in Europe Californian wine producers put more and more emphasis on terroir. An example is the Sauvignon Blanc of the Provenance winery in the Napa Valley, which obtains its grapes from a vineyard the size of twelve acres in Rutherford with ideal soil for Sauvignon Blanc, which is also influenced by a special micro climate. In this vineyard grow different Sauvignon Blanc clones in various training forms. With this combination the two cellarers Tom Rinaldi and Chris Cooney keep the different grapes necessary for the relevant aroma as well as the required acidity for a fine Sauvignon Blanc. For the vintage 2007 both cellarers fermented the grapes partly in stainless steel tanks, partly in small stainless steel barrels and five percent in new French oak barrels; they finally blended the wine with twelve percent Semillon. With these blends, which are also characteristic of the white Bordeaux wines, more complexity can be lockgot into the bottles without emphasizing the "wood taste". The Provenance winery is clearly not the only one in California bottling Sauvignon Blanc in a blend.

Last but not least there is the winery of Robert Mondavi, which has made Sauvignon Blanc or Fumé Blanc "acceptable" in the USA. From this winery comes a "Fumé Blanc Napa Valley", consisting of 92 percent Sauvignon Blanc and eight percent Semillon as well as the pure "Fumé Blanc To-Kalon Vineyard". This To-Kalon Vineyard was planted in 1945 and is supposed to be the oldest Sauvignon Blanc vineyard in North America.

Dass Südafrika heute zu den führenden weinproduzierenden Ländern dieser Welt zählt, ist dem Holländer Jan van Riebeeck zu verdanken. Er war es, der im Jahre 1652 die ersten Weinreben in das damals rebenfreie Land an der Südspitze des schwarzen Kontinents gebracht und am Fuße des Tafelberges gepflanzt hat. Einige Jahre später wurde der erste Wein gekeltert, der sicherlich noch kein Hochgenuss war. Die besten Weine Südafrikas stammen aus der Coastal Region, zu der auch die Anbaugebiete Stellenbosch, Paarl, Worcester, Swartland oder Robertson zählen. Heute gehören die südafrikanischen Weine nicht zuletzt wegen ihres günstigen Preis-Leistungs-Verhältnisses zu den Top-Weinen auf der Welt.

Das gilt insbesondere für die Sorte Sauvignon Blanc, der auch in Südafrika in seiner vollen Bandbreite vinifiziert wird. Nicht zuletzt durch Know-how aus der „Alten Welt". Ein Beispiel dafür ist das Capaia Weingut, das erst im Jahre 1997 von Ingrid Baronin und Alexander Baron von Essen in der Nähe von Kapstadt mit dem Ziel gegründet wurde, einen der besten Weine Südafrikas zu keltern. Für die Vinifizierung der Rotweine sicherten sie sich der Unterstützung des Stephan Grafen Neipperg, der mit seinen Châteaux Canon La Gaffelière und La Mondotte Bordelaiser Weingeschichte geschrieben hat wie kaum ein anderer. Für die Vinifizierung des Sauvignon Blanc wiederum lassen sie bereits seit drei Jahren erst den Steirer Manfred Tement und dann dessen Sohn Armin einfliegen. Das Weingut umfasst eine Rebfläche von rund 60 Hektar, wovon elf dem Sauvignon Blanc vorbehalten sind. Die „einheimischen" Sauvignon-Blanc-Reben stammen aus einer Rebschule in Vredendal, die sich auf die Zucht von virusfreien Klonen versteht, und wurden im August 2002 auf kühlen Südhängen gepflanzt. „Wir haben den Sauvignon Blanc, der in Südafrika eine um rund einen Monat kürzere Reifezeit, aber ähnliche Niederschlagsmengen wie in der Steiermark hat, nach

der Methode der alten Welt vinifiziert", sagt Armin Tement. Die Trauben wurden Ende Februar ab fünf Uhr früh von Hand in kleine Kisten gelesen und auf schonendste Art weiterverarbeitet. Der feine Most wurde zu 10 Prozent in Barriques vergoren, der Rest in Stahltanks. Nach zweimonatiger Reifeperiode wurde sorgfältig cuvéetiert und stabilisiert, bevor abgefüllt wurde. Der „Blue Grove Hill" Sauvignon Blanc von Capaia reflektiert das einzigartige Capaia Terroir mit betörenden tropischen Fruchtaromen und einer grasigen Nase. Der Wein ist am Gaumen jung und frisch mit Aromen vom grünen Pfeffer und einem langanhaltenden Abgang.

Zu den Spitzen-Sauvignons aus Südafrika zählen auch die Weine von Cape Point Vineyards, deren Rebflächen sich in Noordhoek und Scarborough befinden, die einerseits unter dem klimatischen Einfluss des kühlen Atlantiks und andererseits unter dem des tropischen Indischen Ozeans stehen und somit beste Voraussetzungen für den Sauvignon Blanc liefern. Kellermeister Duncan Savage keltert zwei Linien: Den sortenreinen „Stonehaven Sauvignon Blanc", dessen Trauben aus Noordhoek stammen, und einen weiteren, der aus einer Cuvée aus 90 Prozent Sauvignon Blanc und 10 Prozent Semillon besteht.

Internationales Ansehen genießt auch das schon 100 Jahre alte Weingut Buitenverwachting in Constantia, das Kellermeister Hermann Kirschbaum an die Spitze der besten Sauvignon-Blanc-Erzeuger am Kap geführt hat. Er vinifiziert zwei Linien: Sein reinsortiger Sauvignon Blanc „Coastal" präsentiert sowohl in der Nase als auch am Gaumen ein fruchtiges Aroma von Stachelbeeren und gefällt durch seine frische Säure, sein Sauvignon Blanc „Constantia", der ebenfalls nur im Stahltank ausgebaut wird, ist ausbalanzierter und harmonischer und erinnert an die „Großen" von der Loire. In der Nase zeigt dieser Wein ein intensives Aroma von Gras, Stachelbeere, grünen Feigen, grünem Pfeffer und etwas Passionsfrucht. Am Gaumen hat er ein ähnlich komplexes Aromaspiel wie in der Nase. Bei seinem harmonischen und langanhaltenden Abgang hinterlässt er Aromen von Stachelbeere und einen Hauch von Feuerstein.

Ebenfalls zwei Sauvignons stammen aus dem Weingut Vergelegen in Stellenbosch, das um 1700 von Adriann van der Sta, dem Sohn des ersten Gouverneurs von Kapstadt, gegründet wurde. Seit Mitte der 80er-Jahre zeichnet ein Investor aus dem Minengeschäft für das unter Kulturschutz stehende Weingut verantwortlich und ließ es in seiner einstigen Pracht erstrahlen. Die Vergelegen-Weine tragen die Handschrift Andrä von Rensburg, der in seiner Arbeit ein Perfektionist ist. So zeichnen sich seine Weine durch Finesse und Struktur zusammen mit Frucht und Zugänglichkeit aus. Die Trauben für seinen Sauvignon Blanc stammen von Weinbergen in Somerset West an der West Coast und wurden in Stahltanks vergoren. Der Wein hat in der Nase intensive Aromen von Stachelbeere, Feige, Passionsfrucht, Holunderblüte, frisch geschnittenem Gras und grünem Paprika. Am Gaumen ist dieser Wein nicht minder expressiv und die Balance zwischen vollem Körper und frischer Säure perfekt. Die Vergelegen Sauvignon Blanc Reserve wird aus Trauben gekeltert, die an den Süd-West-Hängen von Schaapenberg in der Nähe von False Bay gelesen werden. „Reserve" bedeutet hier eine längere Lagerung auf der Hefe, um mehr und komplexere Aromen zu gewinnen. Die Trauben werden vorsichtig gequetscht, nach einer Maischestandzeit von etwa 18 Stunden folgt ein leichtes Pressen. Der Most wird dann 7 bis 21 Tage lang bei 14°C im Stahltank vergoren, danach reift der Wein auf der Hefe für weitere sieben Monate im Stahltank. Damit erzielt Andrä von Rensburg mehr Komplexität und intensivere Aromen. In der Nase liefert die Reserve intensive Aromen wie grüne Feigen, Stachelbeeren, Guave und etwas grüner Paprika und eine mineralische Note, die an Feuerstein erinnert. Am Gaumen ist er kraftvoll, aber dabei sehr elegant. Die mineralische Note fällt sofort auf.

SOUTH AFRICA

The fact that South Africa today is among the leading wine producing countries of world, is the achievement of Dutchman Jan van Riebeeck. It was he who in 1652 brought the first vines to the then grape-free country at the southern tip of the black continent and planted them at the foot of Table Mountain. Some years later the first wine was produced, which very probably did not provide the greatest of pleasures. The best wines of South Africa come from the coastal region which is made up of Stellenbosch, Paarl, Worcester, Swartland, and Robertson. Today South African wines are found among the top wines in the world, and not least because of their pricing. This is particular true of Sauvignon Blanc which is produced in its full range in South Africa. Not least by the know-how from the "old world". An example of it is the Capaia winery near Capetown, which was founded by Ingrid Baronin and Alexander Baron in 1997 with the purpose to produce one of the best wines of South Africa. For the production of red wines they were able to secure the support of Count Stephan Neipperg, who made wine history like no one else with his Châteaux Canon La Gaffelière and La Mondotte Bordelaiser. For the vinifying of their Sauvignon Blanc they have first flown in the Styrian Manfred Tement and then go his son Armin for the last three years. The winery comprises an area of 120 acres, of which 22 acres are dedicated to Sauvignon Blanc. The "home-grown" Sauvignon Blanc vines, which came from a nursery in Vredendal concentrating on breeding virus-free clones, were planted in August 2002 on cool, southfacing slopes. "We produced the Sauvignon Blanc, whose ripening period in South Africa is one month shorter than in Styria, but with similar amounts of rainfall, in the method of the old world", says Armin Tement. The grapes were handpicked into small containers at the end of February from five o'clock in the morning and then carefully processed. 10 percent of the fine fruit juice were fermented in barriques, the rest in stainless steel tanks. After a 2-month ripening period the wine was blended and stabilised before being bottled. The " Blue Grove Hill" Sauvignon Blanc of Capaia reflects the unique Capaia terroir with beguiling tropical fruit aromas and a grassy nose. On the palate the wine is young and fresh with an aroma of green peppers and has a long lasting finish.

Among the top Sauvignons produced in South Africa are also the wines of Cape Point Vineyards whose vineyards are in Noordhoek and Scarborough, which on the one hand are under the climatic influence of the cool Atlantic ocean and on the other hand under that of the tropical Indian ocean and therefore offer excellent conditions for growing Sauvignon Blanc. Cellarer Duncan Savage produces two lines of Sauvignon Blanc: the pure "Stonehaven Sauvignon Blanc", whose grapes come from Noordhoek, and a Cuvée consisting of 90 percent Sauvignon Blanc and 10 percent Semillon. International reputation is also enjoyed by the 100 years old Buitenverwachting winery in Constantia, which cellarer Hermann Kirschbaum has managed to get to the top of the best Sauvignon Blanc producers around the Cape area. He produces two lines: His pure Sauvignon Blanc "Coastal" presents a fruity aroma of gooseberries in the nose as well as on the palate and is appreciated for its fresh acidity, his Sauvignon Blanc "Constantia" also produced in stainless steel tanks, is more balanced and more harmonious and is reminiscent of the "great" wines of the Loire. In the nose this wine shows an intensive aroma of grass, gooseberry, green figs, green pepper and a touch of passion fruit. On the palate it presents a similarly complex aromatic play like in the nose. It offers a harmonious and long-lasting finish while leaving an aroma of gooseberries and a breath of flint stone.

Two more Sauvignons come from the Vergelegen vineyard in Stellenbosch, which was founded about 1700 by Adriann van der Sta, son of the first governor of Capetown. Since the middle of the 80s an investor from the mining business is responsible for this winery, which is a listed and protected building, brought back to its former glory by a loving restoration. The Vergelegen wines carry the signature of Andrä von Rensburg, who is a perfectionist in his work. Thus his wines are distinguished by finesse and structure together with fruit and accessibility. The grapes for his Sauvignon Blanc come from vineyards in Somerset West on the west coast and are fermented in stainless steel tanks. In the nose this wine has intensive aromas of gooseberry, figs, passion fruit, elder flowers, freshly cut grass and green pepper. On the palate this wine is no less expressive and the balance between full body and fresh acidity is perfect. The Vergelegen Sauvignon Blanc Reserve is produced from grapes which are harvested on the south-western slopes of Schaapenberg near False Bay. Here "Reserve" does not mean the wine is produced in barriques, but a longer storage of the wine with yeast to gain more and more complex aromas. The grapes are first carefully squeezed; after a must fermentation of about 18 hours follows a light pressing. Then the pure juice is fermented at 14°C in stainless steel tanks for 7 to 21 days, finally the wine matures for seven more months together with yeast in stainless steel tanks. This way Andrä von Rensburg achieves more complex wines with more intensive aromas. In the nose the Reserve delivers intensive aromas like green figs, gooseberries, guava, and a hint of green pepper and a mineral note reminiscent of flint stone. On the palate it is mouth-filling and powerful, but very elegant with it. Especially the mineral taste is very noticeable. The aftertaste is almost as full and creamy as the taste on the palate.

Other top Sauvignon Blanc wines come from the wineries "Steenberg", "Kleine Zalze", or "Mulderbosch". Mountain Steen is the oldest farm in Constantia. It was founded as long ago as in 1682, even before Simon van der Sta had built the first mansion house in Constantia. The flagship of the winery is undoubtedly the Sauvignon Blanc which is produced as a Reserve by cellarer John Loubser. With him, too, "Reserve" does not mean the wine is produced in wooden barrels, but that this wine is made from the best grapes of the best vineyards only. The Reserve convinces in the nose with an expressive and at the same time nuance-rich aroma whose spectrum includes fresh grass, green asparagus, stinging nettles, citrus fruits, some spices like white pepper, and minerals reminiscent of flint stone. On the palate the same complex impression is given. The acidity is well integrated and fresh, the finish indescribably long while reflecting the whole wine once again.

SAUVIGNON AUS AUSTRALIEN

Die Geschichte des Weinbaus in Australien spiegelt auch die Geschichte der Einwanderung und der Kultivierung des Landes wider. Begonnen hat der Weinbau schon im Jahre 1788, als mit einem Schiff, das mit 300 Sträflingen aus England kommend im Hafen von Sydney landete, auch Rebstöcke mitgebracht wurden. Gepflanzt wurden sie auf einem Areal, auf dem sich heute der Botanische Garten von Sydney erstreckt. Es sollte allerdings 200 Jahre dauern, bis sich der australische Wein auf dem Weltmarkt etablieren konnte. Die Palette der Rebsorten wird bei den Rotweinen vom Shiraz, Cabernet Sauvignon und Merlot dominiert, bei den Weißweinen ist der Chardonnay die Hauptsorte, zunehmende Bedeutung gewinnt aber der Sauvignon Blanc. Diese Rebsorte wird sowohl zu trockenen, sortenreinen Weinen gekeltert, als auch für Cuvées mit Semillon und Chardonnay verwendet. Die charakteristischen Duftnoten sind Spargel, Gras, Stachelbeere und tropische Früchte. Im Alter erinnern die australischen Sauvignon Blancs am Gaumen an Gewürze, Vanille und Toast. Es handelt sich zumeist um mittelschwere Weine, die ohne Holz ausgebaut werden.

Schwerpunkte des Sauvignon-Blanc-Anbaues in Australien liegen in den kühleren Regionen, etwa im Clare Valley, Eden Valley und den Adelaide Hills in Südaustralien. Zu den führenden Sauvignon-Blanc-Produzenten Australiens zählt Tim Knappstein. Er hat sein Weingut im Clare Valley verkauft und konzentriert sich nun auf seinen neuen Besitz in Lenswood in den Hügeln von Adelaide. Dort, in einer Gegend, wo früher ausschließlich Apfelplantagen standen, pflanzte er im Jahr 1981 neue Rebanlagen. Knappstein bewirtschaftet eine Rebfläche von 25 Hektar, wovon knapp ein Drittel dem Sauvignon Blanc vorbehalten ist. Die Trauben aus den vier Lagen seines Besitzes werden im Stahltank getrennt ausgebaut und schließlich sorgfältig cuvéetiert. Um mehr Komplexität und Gewicht in den Wein zu bekommen, fügt Tim Knappstein dem Sauvignon Blanc noch einen Schuss Semillon, zumeist drei Prozent, zu. Der „TK Sauvignon Blanc" – TK steht für Tim Knappstein – präsentiert sich mit einem ausgeprägten Duft nach tropischen Früchten. Der Wein hat mineralische Noten und weist eine frische Säure auf.

Ein weiterer Sauvignon-Blanc-Spitzenbetrieb ist das Weingut Nepenthe, das sich ebenfalls in den Adelaide Hills befindet. Nepenthe produziert den Sauvignon Blanc seit der Jungfernernte im Jahre 1997 und hat seither Maßstäbe bei der Vinifizierung gesetzt. Die Trauben für den Jahrgang 2007 wurden nach Mitternacht, in den kühlen Nachtstunden, gelesen und von Kellermeister Michael Fogarty zum Großteil in Stahltanks, aber auch zu einem Teil in Barriques vergoren. Der Wein zeigt in der Nase Düfte nach Passionsfrucht und Ananas, Aromen, die sich auch am Gaumen wiederfinden.

Ebenfalls in den Adelaide Hills befindet sich das Weingut Alta Vineyards, in dem sich Sarah Fletcher der Vinifizierung von Sauvignon Blanc widmet. Auch ihre Weine fanden sich schon wiederholt in den Siegerlisten von Weinverkostungen. „Mein Ziel ist, Weine aus Trauben zu keltern, die in einem kühlen Klima reifen und im Endeffekt sowohl einen ausgeprägten Sortencharakter als auch die Landschaft reflektieren." – Zu den zehn besten im Privatbesitz stehenden Weingütern Australiens zählt jenes von Grant Burge, das erst im Jahre 1988 gegründet wurde. Nach seinen Weinen herrscht regelmäßig große Nachfrage. Das gilt auch für den Sauvignon Blanc, den er aus Trauben aus hervorragenden Weingärten von Dennis und Val Kraft keltert. Der Sauvignon Blanc, der sowohl im Stahltank als auch zu einem kleinen Anteil in Barriques ausgebaut wird, zeigt in der Nase den Duft nach einem tropischen Fruchtsalat, aber auch nach frisch geschnittenem Gras. Weitere bekannte Sauvignon-Blanc-Produzenten in Australien sind auszugsweise die Chain of Ponds, Henschke Vineyards, Leabrook Estate, Paracombe Wines, Pike and Joyce oder Shaw and Smith.

SAUVIGNON FROM AUSTRALIA

The history of wine growing in Australia also mirrors the history of the early settlers and the European culture they brought with them. The growing of wine started as early as 1788, after a ship from England landed in Sydney harbour with 300 convicts and their wardens; with this ship the first grapevines arrived on the fifth continent as well. They were planted in an area, where today the Botanic Gardens of Sydney can be found. It would take another 200 years though until Australian wines were able to establish themselves on the world market. The pallet of grapevines for red wine is dominated by Shiraz, Cabernet Sauvignon and Merlot, while the leading white wine is Chardonnay, with Sauvignon Blanc gaining more and more importance. This variety of grapes is used to produce dry and pure wines as well as blends with Semillon and Chardonnay. These wines range from light yellow to yellow. Characteristics in their aroma are asparagus, grass, gooseberries, and tropical fruit. More mature Australian Sauvignon Blancs display an aroma reminiscent of spices, vanilla, and toast. They are usually medium rich wines, produced without the use of wooden barrels.

The centre of Sauvignon Blanc-growing in Australia has in the cooler regions of the continent like Clare Valley, Eden Valley and the Adelaide Hills in South Australia. One of the leading Sauvignon Blanc-producers of Australia is Tim Knappstein. He sold his winery in Clare Valley, which still carries his name and is now concentrating on his new estate called Lenswood in the Adelaide Hills. In an area, where at one time apple plantations ruled supreme, he planted brand new vineyards in 1981. Knappstein administers an area of 51 acres of vineyards, of which just about one third is designated to Sauvignon Blanc. The grapes of four different locations of his estate are produced separately in stainless steel tanks and are carefully blended later on. To increase the complexity and weight in his wines, Tim Knappstein adds a shot of Semillon, usually 3 percent, to his Sauvignon Blanc. The "TK Sauvignon Blanc" – TK stands for Tim Knappstein – presents itself with a distinctive aroma of tropical fruits, while the taste is reminiscent of minerals and displays a fresh acidity.

A further name among the elite of Sauvignon-Blanc producers is the Nepenthe winery also situated in the Adelaide Hills. Nepenthe has been producing Sauvignon Blanc since its virgin harvest in 1997 and has been setting new standards in the vinifying of this variety ever since. Nepenthe Sauvignon Blanc 2006, for instance, won Gold at the Adelaide Hills Wine Show. The grapes for the vintage 2007 were harvested during the cool hours after midnight and subsequently fermented by cellarer Michael Fogarty to a large part in stainless steel tanks, and a smaller portion in French barriques. This wine displays aromas of passion fruit and pineapple, which are repeated on the palate.

Also in the Adelaide Hills is the Alta Vineyards winery, where Sarah Fletcher is responsible for vinifying the Sauvignon Blanc. "My aim is to produce wines from grapes ripening in a cool climate, which at the end display a definitive character as well as reflect their terroir." One of the ten best private wineries of Australia is the one owned by Grant Burge, which was founded only in 1988. There is an enormous and consistent demand for his wines. The same can be said of his Sauvignon Blanc, which he produces from the excellent vineyards of Dennis and Val Kraft. The Sauvignon Blanc, mainly produced in stainless steel tanks, with only a small fraction made in new French barriques, has an aroma of tropical fruit salad and to a lesser extent freshly cut grass.

Further well known Sauvignon Blanc producers in Australia are, to name a few, Chain of Ponds, Henschke Vineyards, Leabrook Estate, Paracombe Wines, Pike and Joyce or Shaw and Smith.

SAUVIGNON AUS NEUSEELAND

Wiewohl die Sauvignon Blancs aus Australien von guter Qualität sind, stehen sie doch bereits im Schatten jener Sauvignon Blancs, die in Neuseeland gekeltert werden. Die meisten Weingüter liegen auf der Südinsel, wo der während der Eiszeit abgelagerte Kieselboden, das frische Klima und die Niederschläge in den Sommermonaten die Produktion von Weißwein begünstigen. Vor allem die Sauvignons von Claudy Bay haben es schon zu Weltruhm gebracht. Die Claudy Bay Vineyards, die erst 1985 von den australischen Cape Mentelle Vinyards gegründet wurden, mittlerweile Teil der Moet Hennesy Gruppe sind, bewirtschaftet 200 Hektar Rebflächen im Wairau Valley sowie im nahegelegenen Renwick und in den Brancott- und Omaka-Valleys im Gebiet von Marlborough. Zusätzlich bezieht das Weingut noch Trauben von vier Traubenlieferanten, die in der Weingartenbewirtschaftung eng mit Sionán Harnett, der Weingartenmanagerin von Claudy Bay, zusammenarbeiten. Für die Weinbereitung bei Claudy Bay ist Kellermeister Kevin Judd verantwortlich. Er war es, der den Claudy Bay Sauvignon Blanc weltweit in die

Schlagzeilen brachte. Kevin Judd ist aber auch ein leidenschaftlicher Fotograf, dessen Landschaftsbilder schon in zahllosen Publikationen veröffentlicht wurden. Ausserdem hat ein Buch unter dem Titel „The Colour of Wine" herausgebracht, in dem er auf künstlerische Weise die besten Weine der Welt farblich präsentierte.

Kevin Judd sieht im Wairau Valley in Marlborough eines der besten Anbaugebiete für den Sauvignon Blanc, der von ihm in zwei Linien vinifiziert wird. Die Trauben für den „Cloudy Bay Sauvignon Blanc 2007" wurden etwas früher als normal am 28. März während der kühlen Nacht- bzw. Morgenstunden mit Maschinen gelesen und in den Keller gebracht, wo die Trauben gerebelt und direkt in die Tankpresse gefüllt wurden. Die Vergärung erfolgte in rostfreien Stahltanks. Nach der Vergärung blieb der Wein für zwei weitere Monate auf der Hefe, bevor er im Juli cuvéetiert und im August in Flaschen gefüllt wurde. Der Wein, 13,5 Vol% Alkohol, 7,4 Gramm Säure, erinnert in der Nase an reife Pfirsiche, Passionsfrucht, Mango und Zitrusfrüchte mit einem Hauch von Fenchel. Am Gaumen zeigt er sich reich und saftig und mit einer feinen Säure wie von einem Apfelsorbet sowie einem langen Abgang.

Der zweite Sauvignon Blanc von Cloudy Bay ist der „Te Koko". Die Trauben für diesen Wein stammen aus eigenen Cloudy Bay-Weingärten sowie von zwei Lieferanten in Fairhall und der Wairau. Der Boden dieser Rebflächen besteht hauptsächlich aus Kies und erfordert eine Bewässerung der Rebstöcke. Die Trauben für den To Koko-Jahrgang 2005 wurden Ende April bei kühlen Nachttemperaturen gelesen und sogleich in die Tankpresse gefüllt. Bemerkenswert ist, dass ein Teil der Ernte in ganzen Trauben und ein Teil gerebelt verarbeitet wurden. Nach der Presse wurde der Saft direkt in französische Barriques gefüllt, ein Teil davon neue Fässer, und einer langsamen Spontanvergärung unterzogen. Der Hauptvergärung, die bis Weihnachten dauerte, folgte eine malolaktische Vergärung. Der Wein blieb dann bis zum Oktober des folgenden Jahres auf der Hefe im Fass, bevor er in Flaschen gefüllt wurde. Der Wein gefällt in der Nase durch seinen verführerischen Mix aus Mango und Ananas, in die auch würzige Noten von Thymian, Salbei, Ingwer und rauchiger Eiche einfliessen. Nach der dreijährigen Lagerzeit im Keller ist der Holzton wunderbar eingebunden. Der vollmundige Körper zeigt am Gaumen feinen Zitrus-Geschmack, der von mehligen Pistazien überlagert ist, sowie einen feinen Eichenton.

Höchste Bewertungen erhält seit Jahren auch der Sauvignon Blanc aus dem Weingut Staete Landt, das in Marlborough 52 Acre Weingärten bewirtschaftet. Die Sauvignon-Reben stehen in sechs verschiedenen Quartieren, die separat gelesen und zum Teil in Stahltanks und zum Teil in gebrauchten französischen Barriques ausgebaut werden. In der Nase sind Aromen nach Passionsfrucht und Stachelbeeren dominant, die sich auch am Gaumen in der Begleitung von feinen mineralischen Noten und einem Hauch von trockenem Gras wiederfinden.

Zu den größten Weingütern Neuseelands, die im Familienbesitz stehen, zählt jenes der Familie Babich, das schon im Jahre 1916 gegründet wurde. Heute produziert Babich seine Weine an zwei Standorten. In der Babich Winery Henderson in Aukland und in Marlborough im Weingut der Rapaura Vinters, die Babich mit zwei weiteren Weinbaubetrieben bewirtschaftet. Kellermeister Adam Hazledine keltert eine ganze Reihe von Sauvignon Blancs in verschiedenen Preisklassen. Der reinsortige Sauvignon Blanc von „Hawke's Bay" und der „Lone Tree Hawker's Bay" gefallen durch ihr Aroma nach Stachelbeeren und geschnittenem Gras mit einem Unterton von tropischen Früchten. Der Sauvignon Blanc „Marlborough" verbindet im Aroma Wildkräuter mit tropischen Früchten und grünen Äpfeln. Der Sauvignon Blanc „Black Label Marlborough" wurde erstmals im Jahre 2005 gekeltert und wird ausschließlich für Restaurants und Bars produziert. Der Großteil der Ernte wurde im Stahltank vergoren, ein kleiner Teil in gebrauchten Barriques. Für die „Babich Winemakers Reserve" wurden Trauben aus Wairau, Awatere und Brancott Valleys herangezogen, wobei die Trauben aus Awatere, Brancott und die Mehrheit der Wairau Trauben im Stahltank vergoren wurden und ein kleiner Teil in Barriques kam, um den Wein Gewicht und Komplexität zu geben.

Feine Sauvignon Blancs kommen außerdem von der Drylands Winery im Wairau Valley, deren älteste Rebflächen schon 1980 bepflanzt wurden. Die Trauben für den Jahrgang 2007 wurden im April gelesen, nach unterschiedlichen Quartieren getrennt verarbeitet und ausgebaut, um so eine schöne Bandbreite für eine gelungene Rebsortencuvée zu erhalten. Der Wein hat ein Bukett von Stachelbeere und Passionsfrucht und gefällt am Gaumen mit seiner tropischen Frucht und Würze.

Der Dog Point Vineyard wird von Ivan und Margret Sutherland bzw. James und Wendy Healy betrieben. Ihr Sauvignon Blanc, der ausschließlich im Stahltank ausgebaut wurde, zeigt in der Nase eine Mischung aus frischen Zitronen und tropischen Früchten, am Gaumen eine elegante Balance aus Frucht und Säure.

SAUVIGNON FROM NEW ZEALAND

Even though the Australian Sauvignon Blancs are of good quality, they are overshadowed by the Sauvignon Blancs produced in New Zealand. Most of the winemaking estates are situated on the South-Island, where the soil consisting to a large part of sediments from the ice age, the fresh climate, and the rainfall during the summer months are all highly beneficial to the production of white wines. Above all others, the Sauvignons of Cloudy Bay have become world famous. The Cloudy Bay Vineyards, founded only in 1985 by the Australian Cape Mentelle Vinyards, and who have in the meantime become part of the Moet Hennesy Group, administer 400 acres of vineyards in the Wairau Valley as well as in the nearby Renwick and in the Brancott- and Omaka-Valleys in the area around Marlborough. On top of that, the winery acquires grapes from four suppliers of grapes, who work closely together in the administration of the vineyards with Sionán Harnett, the manager of the vineyards owned by Cloudy Bay. Winemaker Kevin Judd is responsible for the wine production at Cloudy Bay. It was he, who made Cloudy Bay Sauvignon Blanc hit the headlines worldwide. Kevin Judd is also a passionate photographer, whose photographs of landscapes have been published in numerous magazines. And if that was not enough, he also had his own book published: entitled "The Colour of Wine", he presents the world's best wines in an artistic and colourful way.

Kevin Judd views the Wairau Valley in Marlborough as one of the best areas for growing Sauvignon Blanc, which he produces in two lines. The grapes for the "Cloudy Bay Sauvignon Blanc 2007" were mechanically harvested slightly earlier than usual on the 28th March during the cool night and the early hours of the morning and transported into the wine cellar, where the grapes were placed directly into the tank press after having been destemmed. The free-running and lightly-pressed juice was cold settled for 48 hours then racked and inoculated with neutral yeast strains. Fermentation took place in stainless steel tanks. After having been fermented the wine was kept for two further months on the yeast before being blended in July and bottled in August. The aroma of this wine, which includes 13,5 vol% alcohol and 7,4 gramm acid, is reminiscent of ripe peaches, passion fruit, mango and citrus fruits with a hint of fennel. On the palate it represents itself rich and fruity and slightly acidic like an apple sorbet, and with a long finish.

The second Sauvignon Blanc by Cloudy Bay is called "Te Koko". The grapes for this wine come from Cloudy Bay's own vineyards as well as from two suppliers in Fairhall and the Wairau. The soil of these vineyards is mainly made up of gravel which requires watering of the vines. The grapes for the To Koko vintage 2005 were harvested at cool temperatures during the night and immediately placed into a tank press. Noticeable is the fact, that one part of this harvest was processed using grapes including the stem, while another part was destemmed before processing. After pressing, the juice was put directly into French barriques, some of them being brand-new, and submitted to a slow spontaneus fermentation process. The main fermentation lasting up to Christmas was followed by a malolactic fermentation. The wine was kept in barrels on the yeast until October of the following year before finally being bottled. This wine possesses a delightful aroma originating from a seductive mix of mango and pineapple infused with the flavours of spices like thyme, sage, ginger and a hint of smoky oak. After three years of storage in the wine cellar the wood-aroma has blended in beautifully. The full-flavoured body displays fine citrus – tastes for the palate, layered with floury pistachios and a hint of fine oak.

Among the largest wine making estates of New Zealand, which are owned by single families is the one of the Babich family, which was founded in 1916. Today Babich produces his wines in two locations, one being the Babich Winery Henderson in Aukland and the other, situated in Marlborough, the winery of Rapaura Vinters, which Babich administers with two further wineries. Cellarer Adam Hazledine produces a whole range of Sauvignon Blancs at different prices. The pure Sauvignon Blanc from "Hawke's Bay" and the "Lone Tree Hawker's Bay" please with their aroma of gooseberries and freshly cut grass with a hint of tropical fruits. The aroma of the Sauvignon Blanc "Marborough" combines wild herbs with tropical fruits and green apples. The Sauvignon Blanc "Black Label Marlborough" was first made in 2005 and is produced exclusively for restaurants and bars. The largest part of the harvest was fermented in stainless steel tanks, a small part in used barriques. For the "Babich Winemakers Reserve" grapes from Wairau, Awatere and Brancott Valleys were used, the grapes from Awatere, Brancott and most of the Wairau grapes were fermented in stainless steel tanks, a small part was put into french barrels to add weight and complexity to the wine. Drylands Winery in the Wairau Valley, whose oldest vineyards were planted in 1980 already, also produces fine Sauvignon Blancs. The grapes for the vintage 2007 were harvested in April, and according to their locations separately produced to obtain a beautiful spectrum for a successful blend. This wine offers a bouquet of gooseberries and passion fruit and is a pleasure for the palate with its tropical fruit and zest.

Ivan and Margret Sutherland and James and Wendy Healy, respectively administer the Dog Point Vineyard. Their Sauvignon Blanc, exclusively produced in stainless steel tanks, presents an aroma blended from fresh lemons and tropical fruits and has an elegantly balanced taste of fruit and acidity for the palate.

Weingärten o *Vineyards*
Surface area: 140 hectares, Grapes were sourced from estate and grower vineyards located in the Rapaura, Fairhall, Renwick and Brancott sub-regions of the Wairau Valley.
Weine o *Wines*
Sauvignon Blanc, Sauvignon Blanc Te Koko
Alter der Reben o *Average age of the vines*
10-22 years
Pflanzdichte o *Density of plantation*
7,000 vines per hectare for the new plantings (less than 10 years old)
Hektarerträge o *Average yield per hectar*
8.4 Tonnes/hectare (3.4 Tonnes/acre)
Jahresproduktion o *Annual production*
Cloudy Bay Sauvignon Blanc: 60,000 cases
Eigentümer o *Owner*
LVMH - Lois Vuitton-Moët Hennessy
Visiting policy/Contact
By appointment only
Weinverkaufspreise o *Average price*
Variable depending on vintage: € 23,50 / 35,-
Restaurant Weinkarte o *Winelist*
Fat Duck (London), El Bulli (Barcelona) and worldwide in the best restaurants on the winelist for new sealand Sauvignon Blanc
Besondere Jahrgänge o *Great recent vintages*
2006, 2000, 1999, 1998, 1996, 1995

Cloudy Bay Vineyards

Jackson Road, PO Box 376,
Blenheim, Marlborough
Tel: +64 (0) 3 520 9140 Fax: 9040
www.cloudybay.co.nz.
e-mail: @.co,nz

DIE ÖSTERREICHISCHE
SAUVIGNON-BLANC-GESCHICHTE

Die Geschichte des Sauvignon Blanc in Österreich ist untrennbar mit der Geschichte dieser Rebsorte in der Steiermark verbunden. Über das Wie und Wann die Sauvignon Blanc Reben den Weg in die Steiermark gefunden hat, können nur Vermutungen angestellt werden. Schriftliche Belege gibt es dafür nicht. Eine These meint, dass sich im Zuge der Französischen Revolution Adelige auf ihrer Flucht vor dem Schafott mit Reben im Gepäck im Gebiet der heutigen Untersteiermark angesiedelt haben. Wahrscheinlicher ist, dass es Erzherzog Johann zu verdanken war, der 1822 in Pickern bei Marburg (heute Maribor in Slowenien) einen Besitz erwarb und dort zahlreiche bis dahin unbekannte Rebsorten, darunter den Rheinriesling, Traminer, Burgunder oder Sylvaner aus dem Ausland einführen ließ. Schon dreißig Jahre später, im Jahre 1854, wurden im Lande nicht weniger als 425 verschiedene Rebsorten gezählt, die hier zu Versuchszwecken angepflanzt waren. Welche Bedeutung Erzherzog Johann und sein Weingut in Pickern für die Entwicklung des steirischen Weines hatte, zeigt der Bericht über die X. Versammlung der deutschen Landwirte", die 1846 in Graz abgehalten wurde. Dabei wurden der Prüfungskommission 223 Weinsorten aus der Monarchie und Deutschland vorgelegt. 156 davon kamen aus der Steiermark, 120 Sorten aus Erzherzog Johanns Gut Pickern. Wesentliche Bedeutung dürfte der Sauvignon Blanc damals freilich noch nicht gehabt haben. Im „Atlas der werthvollsten Traubensorten" von Herman Goethe, dem damaligen Direktor der Steiermärkischen Landes-Obst- und Weinbauschule in Marburg an der Drau, aus dem Jahre 1873, wurden zwar 27 der wichtigsten Traubensorten für den Weinbau in Deutschland und Österreich beschrieben, der Sauvignon Blanc war aber nicht darunter. Erst in der Ampelographie aus dem Jahre 1876 hat Hermann Goethe diese Sorte berücksichtigt.

Der Name Muskat Sylvaner für den Sauvignon Blanc wurde gegen Ende des 19. Jahrhundert in Marburg geprägt. Das Verhältnis zwischen Deutschland und Frankreich war damals nach kriegerischen Auseinandersetzungen sehr angespannt, was auch auf die österreichische Monarchie seine Auswirkungen hatte. Folglich durfte selbst dem Namen nach nichts was gut war an Frankreich erinnern. So haben sich die deutsch und slowenisch sprechenden Weinbauern zusammengesetzt um einen neuen Namen zu kreieren. Der Begriff „Muskat-Sylvaner" entstand. Wohl deshalb, weil einerseits die Sauvignon-Trauben wie jene des Muskat ein superspezifisches Bukett aufweisen, andererseits der Sauvignon-Stock im belaubten Zustand durchaus mit dem Sylvaner-Stock zu verwechseln ist. Unterschiede gibt es in der Behaarung der Triebspitzen, die beim Sauvignon stark weißwollig und beim Sylvaner hingegen grün sind.

Nach dem Ersten Weltkrieg, als Österreich die Untersteiermark an das heutige Slowenien abtreten musste, ging ein Großteil der Rebflächen – insgesamt etwa 30.000 Hektar – an den südlichen Nachbarn verloren. Im nunmehr verbliebenen Rest des steirischen Weinlandes von nicht einmal 2.000 Hektar, waren die Rebanlagen kaum sortenrein ausgepflanzt. In ein und demselben Weingarten wuchsen viele verschiedene Weißweine wie Muskateller, Sylvaner, Riesling und andere gemeinsam oft auch mit roten Sorten. Geerntet wurden die Sorten manchmal getrennt, zumeist aber wurden sie als Mischsatz ausgebaut wobei die Sauvignon-Trauben als Geschmacksbetoner verwendet wurden. Einzelne Betriebe haben aber schon damals die Bedeutung der Sauvignonrebe erkannt und den Wein reinsortig vinifiziert. So wurde bereits um 1930 in der Gräflich Woracziczky'schen Gutsverwaltung in Langegg sortenreiner Sauvignon Blanc in Flaschen gefüllt. Als einer der Sauvignon-Pioniere im steirischen Weinland hat sich Peter Dreisiebner einen großen Namen gemacht. Der anerkannte Weinbaufachmann hatte früh damit begonnen, noch gemischt ausgepflanzte Sauvignon-Reben zu selektieren, in eigenen Quartieren auszupflanzen und zu vermehren. In seinen alten Aufzeichnungen findet sich ein Leseberich, wonach am 20. Oktober 1942 15 Hektoliter Sauvignon (!) mit 21 KMW (104 Öchsle) gelesen wurden.

1942 war auch das Jahr, in dem Josef Melcher mit Pfropfreben aus der Weinbauschule Marburg in seinem Gamlitzer Weingarten in der Riede Sonneck eine Muskat-Sylvaner Anlage auf einer Fläche von 7.000 Quadratmetern anlegte. Diese älteste noch existierende Sauvignon-Anlage in der Steiermark steht noch immer im Ertrag. Nach dem Zweiten Weltkrieg stieg das Interesse an dieser Sorte. In den 50er-Jahren betrieb das Weingut Melcher auch eine eigene Rebschule. Der damalige Verwalter und Kellermeister des Gutes, Josef Puschnig, hat aus dem Sonneck-Weingarten in den nächsten Jahren elf Klone selektiert und diese auch weiter vermehrt. Aus dieser Rebschule bezogen schließlich viele an Sauvignon-Trauben interessierte Winzer, wie Ökonomierat König, Eduard Tscheppe und viele andere ihre Edelreiser.

Eine zweiter wichtiger Sauvignon-Standort war das Landesweingut Schlossberg bei Leutschach, wo unter dem Verwalter Jakob Pichler und später Erich Dietinger schon „grasige" Sauvignons gekeltert wurden, die viele Preise erringen konnten. „Die Schlossberger hatten immer den besseren Sauvignon als wir", erinnert sich Werner Surmer, der ab 1969 an der Landesweinbauschule Silberberg unterrichtete, „Unser Sauvignon hatte immer weniger Aromen". Das hat Surmer keine Ruhe gelassen. Er ist auf die Suche nach geeigneten Reben gegangen, hat im Weingarten von Franz Hirschmugl in Kitzeck Edelreiser geschnitten, weitere aus Klosterneuburg, Pickern und von Peter Dreisiebner geholt, gemischt ausgepflanzt und weiter selektiert. Schon früh hat auch Robert Eder, der der Weinbauschule Silberberg in den Jahren von 1966 bis 2000 als Direktor vorstand, die Bedeutung des Sauvignons für die Steiermark erkannt. „In den Sechziger-Jahren war der Sauvignon Blanc bzw. Muskat-Sylvaner ein Wein für eine Minderheit. Der Wein fand mehr Ablehnung als Begeisterung. Ich war einer der Begeisterten und habe Winzern, die dabei waren, ihre Rebanlagen umzustellen, geraten, wenigstens zwei, drei Prozent ihrer Flächen mit Sauvignon Blanc zu bepflanzen". Der Rat ist auf fruchtbaren Boden gefallen. Mittlerweile beträgt der Anteil des Sauvignon Blanc an der gesamtsteirischen Rebfläche von etwa 4.400 Hektar etwa zehn Prozent. Das macht mehr als 400 Hektar.

Einen besonders wichtigen Anteil am kometenhaften Aufschwung des Sauvignon Blanc in der Steiermark hat die Landwirtschaftliche Fachschule Haidegg in Graz. In dieser Institution hat sich Direktor Franz Strempfl seit den Siebzigerjahren intensiv mit der Klonenzüchtung des Sauvignon Blanc beschäftigte. „Fritz Melcher hat mein Interesse an dieser Sorte geweckt". Aus Melchers Weingarten und vom Landesgut Schlossberg wurden einzelne Stöcke („Mutterstöcke") vier bis fünf Jahre hindurch nach ihren Selektionszielen wie regelmäßige Durchschnittserträge, entsprechende Gradation, Gesundheit und Frohwüchsigkeit bzw. Sortenechtheit untersucht. Entsprach der Einzelstock den Selektionskriterien, wurde er weitervermehrt. Zu Vergleichszwecken wurden auch selektionierte Klone aus Frankreich, Südtirol und dem Friaul angefordert, ausgepflanzt und verglichen. Dabei wurden große Unterschiede festgestellt. Man fand Stöcke mit hohem Ertrag und Stöcke, deren Trauben ein großes Bukett lieferten. In Summe also die natürliche Voraussetzung für einen großen Wein. Aber auch in Sachen Krankheitsvorbeugung war man in Haidegg schon in den Achzigerjahren höchst aktiv. „Unsere Stecklinge wurden in Töpfe gepflanzt und wuchsen in einer Klimakammer bei etwa 40° Celsius", erklärt Strempfl, „das ist eine Temperatur, die die Pflanzen gerade noch aushalten, nicht aber Viren, die in der Pflanze enthalten sind". Der zugewachsene Pflanzenteil war somit virenfrei und wurde wieder vermehrt. Die Selektionsarbeiten werden in Haidegg nach wie vor betrieben. Wie sagt Franz Strempfl? „Einen guten Klon herauszubringen ist die Arbeit einer ganzen Generation". Heute verfügen die steirischen Winzer über hervorragende Klone. Klone, die zu unterschiedlichen Bodenstrukturen und unterschiedliche Kleinklimata passen. Dieses so gewonnene hervorragende Traubenmaterial und das fachliche Wissen der Winzer sind die Basis für den Erfolg des steirischen Sauvignon Blanc.
Die Erfolge der steirischen Winzer mit der Rebsorte Sauvignon Blanc fanden klarerweise auch das Interesse in den übrigen Weinbauregionen Österreichs, im Burgenland, in Niederösterreich und selbst in Wien.

THE HISTORY OF SAUVIGNON

The history of Sauvignon Blanc in Austria is inseparably connected with the history of this variety in Styria. The answer to how and when Sauvignon Blanc vines found their way to Styria, can only be of speculative nature. There is no written documentation available.
One theory is that at the time of the French Revolution royals fleeing the guillotine brought some vines with them and settled down in the area today, known as Lower Styria (Untersteiermark). The more likely explanation is that it was due to the Styrian archduke Johann acquiring a property in Pickern near Marburg (today Maribor in Slovenia) in 1822 and started importing numerous until then unknown vines, among them Rheinriesling, Traminer, Burgundy or Sylvaner. Already thirty years later, in 1854, there were no less than 425 different varieties of grapes, which had been planted for experimental purposes. The importance of Archduke Johann and his wine manufacturing estate in Pickern for the development of Styrian Wine is shown in a review about the „10th Convention of German farming associations", held in Graz in 1846. The board of examiners inspected 223 different varieties of grapes from the Austrian Hungarian Empire and Germany. 156 came from Styria alone and of these120 came directly from Archduke Johann's estate In Pickern.
In these days Sauvignon Blanc was certainly not very important. Even though Herman Goethe, the then director of the Styrian Agricultural College (Steiermärkische Landes- Obst- und Weinbauschule) in Marburg at the Drau described 27 of the most important varieties of grapes for wine growers in Germany and Austria in his "Atlas of the most prestigious grapes", published in 1873, the Sauvignon Blanc grape was not among them. Hermann Goethe only included this variety in his Ampelography of the year 1876.
The name Muskat Sylvaner for Sauvignon Blanc was coined in Marburg towards the end of the 19th century. Relations between Germany and France after the war were very tense, to say the least, and this obviously had the expected effect on the Austrian Hungarian Empire as well. The result was that nothing good was allowed to be remotely reminiscent of France, not even by name. Thus German and Slovenian speaking wine producers met in order to create a new name. The term "Muskat-Sylvaner" was "born". Obvious reasons for this name were that on the one hand Sauvignon grapes like Muskat grapes have a specific bouquet and that on the other hand Sauvignon-vine leaves can easily be mistaken for Sylvaner-vine leafs. Differences exist in the hairiness of the sprouts, as the Sauvignon plants have woolly, white leaves while leaves of the Sylvaner plants are green. After WWI, when Austria lost Lower Styria to today's Slovenia, a large part of the vineyards – altogether about 60.000 acres – became the property of the southern neighbour. In the remaining rest of the Styrian wine growing area of not even 4.000 acres single-variety vineyards hardly existed. Most vineyards were a mixed affair of different varieties of white grapevines resulting in wines as diverse as Muskateller, Sylvaner, Riesling, Morillon and others. Often they were even planted together with red grapevines. Even though they were harvested separately most of the time they were produced as blends with Sauvignon grapes not being to provide the taste. Individual wine makers recognized the importance of Sauvignon vines even then and produced this wine purely. At the estate of Count Woracziczky in Langegg Sauvignon Blanc wine was bottled pure as early as 1930. Being one of the pioneers of Sauvignon Blanc, Peter Dreisiebner made quite a name for himself amongst Styrian wine growers and connoisseurs. The accredited wine-growing expert had begun early on to separate the mixed plants of Sauvignon-grapes, plant them in their own vineyards and increase their numbers. In his chronicles one can find a detailed account about the harvesting of "15 Hektoliter Sauvignon (!) with 21 degrees KMW – 104 Öchsle" on 20th October 1942.
1942 was also the year, in which Josef Melcher built a Muskat-Sylvaner vineyard the size of 7.000 square metres with grapevines obtained from the Marburg Wine College in his Gamlitz

estate in Sonneck. This oldest, still existing Sauvignon vineyard in Styria is still profitable today. After the World War II the interest in this grapevine rose considerably. In the fifties the Melcher Winery had their own vine nursery. The then administrator and cellarer of the estate, Josef Puschnig, succeeded not only in cultivating eleven clones from the Sonneck-vineyard in the following years, but also increased their numbers. Many a wine grower interested in Sauvignon grapes like Ökonomierat Friedrich König, Eduard Tscheppe and many others initially acquired their precious vines from this vine nursery.

A second important Sauvignon-base was the country estate Schlossberg close to Leutschach, where under the guidance of the relentless administrator Jakob Pichler and later Erich Dietinger "grassy" Sauvignons were produced, which won quite a few prizes. "The Schlossbergers always had a better Sauvignon than we could produce", remembers Werner Surmer, who was teaching at the School for Agriculture and Oenology Silberberg from 1969, "Our Sauvignon always had less aroma, one was not even able to guess the brand." Surmer found no peace. So he went to look for suitable vines; He acquired special vines from Hirschmugl in Kitzeck, collected more noble cuttings from Klosterneuburg, Pickern and from Peter Dreisiebner, planted them together and carned on selecting them. "Since then Silberberg has produced passable Sauvignons too". Robert Eder, director of the School for Agriculture and Oenology Silberberg from 1966 to 2000, too, recognized the importance of Sauvignon for Styria early on. "In the sixties Sauvignon Blanc or Muskat-Sylvaner was a wine enjoyed only by a minority. People more often rejected this wine than they were enthusiastic about it. I was one of those enthusiasts and therefore I tried to convince wine growers, who were in the process of changing their vineyards, to plant at least two or three percent of their growing areas with Sauvignon Blanc". His advice obviously fell on fertile soil as today Sauvignon Blanc vineyards cover ten percent of the whole Styrian wine growing area of about 8.800 acres. That counts for more than 800 acres.

A very important part in the comet - like rise of Sauvignon Blanc in Styria played the Agricultural College Haidegg in Graz. The director of this institution, Franz Strempfl, had been concentrating intensively on the cultivation of clones of Sauvignon Blanc since the seventies. "Fritz Melcher drew my interest towards this variety of grapes." From Melcher's vineyard and also from the country estate Schlossberg individual mother vines were studied along with criteria for selection like consistent average yield, according gradation, health and early growth and authenticity over a period of four to five years. After this the numbers of the individual vines meeting the selection criteria were increased. In order to compare the vines, selected clones from France, South Tyrol, and Friaul were obtained, planted and checked against each other. In doing this big differences were discovered. There were vines with high yields, others whose grapes delivered a big bouquet. All in all the natural requisites for a grand wine were found. In the prevention of diseases, too, scientists in Haidegg were actively involved in the eighties. „Our cuttings were planted in pots und flourished in climatic chambers with a temperature of about 40 degrees Celsius", Strempfl explains, "this is a temperature in which plants can just about survive but not a virus that might be present in the plants." The new plants were therefore cleared of any virus and their numbers could be increased. The selection work is still going on in Haidegg. How does Franz Strempfl put it? "To succeed in cultivating a good clone is the work of a whole generation". Today Styrian wine producers have excellent clones at their disposal, clones that fit in with varying soil structures and different local climates. These excellent grapevines and their fruits gatheret in that way, and the technical know-how of the wine producers are the basis for the worldwide success of Styrian Sauvignon Blanc wines.

The success of the Styrian winegrowers with the variety Sauvignon Blanc naturally also attracted a lot of interest in the remaining wine-growing regions of Austria, such as Burgenland, Lower Austria, and even in Vienna.

Sauvignon Blanc im Burgenland

Die Freistadt Rust hat viele Vorzüge, einer davon ist das aussergewöhnliche Kleinklima das vom Neusiedlersee geprägt wird. **Hans Feiler:** „Unsere Region hat die klimatischen Voraussetzungen für die Ruster Trilogie: Weiß, Rot und Edelsüß. Wir keltern erstklassige Weißweine, produzieren Rotweine, die sich mit den großen der Welt messen können. Und dann noch unsere edelsüßen Weine, die zu den besten der Welt zählen." Der Beweis für diese Worte ist schnell angetreten. **Robert Wenzel,** aktuell mit einem trockenen Sauvignon 2007 erntet vom Sauvignon immer wieder edelsüße Ruster Ausbrüche, Alfred Gabriel war mit Sauvignon Blanc 2000 im Weinsalon 2001 vertreten, **Hermann Hammer,** aktuell der trockene Sauvignon Blanc 2007 war schon 2x mit Sauvignon Blanc Ludmaisch 2000 und 2003 im Weinsalon der Jahre 2001 und 2004 präsent. **Peter Schandl** vinifizierte 2003 vom Sauvignon eine feinwürzige und frisch wirkende Auslese. **Ernst Triebaumer** erntete 1999 einen Sauvignon Blanc Ausbruch Essenz, dieser Süßweine zählt zu den Besten die jemals in Rust produziert wurde. **Hans Feiler** erhielt im Jahre 1991 zu seinem 50. Geburtstag ein persönliches Geschenk von Mutter Natur: Die edelfaulen Trauben für seinen Sauvignon Blanc Ruster Ausbruch. Ein Wein der auch nach mehr als 17 Jahren unglaublich gut schmeckt und dem man sein Alter nicht anmerkt.

Mit seinem Sauvignon Blanc war **Günther Schönberger** aus Mörbisch schon mehrmals im Österreichischen Weinsalon vertreten, zuletzt im Jahre 2004. **Franz Schindler** wiederum besticht mit seinem Sauvignon Ausbruch.

Die Weingärten von Donnerskirchen haben auf Grund der nur an den Hängen des Leitha Gebierges anzu-findenden Bodenstruktur eine eigene Weinstilistik, die sich auch in der Aromatik des Sauvignon auswirkt. **Andreas Liegenfeld's** Sauvignon Blanc 2007 ist ein intensives Fruchtbündel und **Ludwig Neumayer** kam als erster Donnerskirchner im Jahre 2000 mit seinem Sauvignon 1999 in den Weinsalon. **Julius Karner** und **Leo Sommer** waren mit ihren Sauvignon Blanc 2004 im Österreichischen Weinsalon 2005 vertreten.

Die Sauvignon-Trauben des **Esterhazy'schen** Weingutes wachsen in Weingärten in der näheren Umgebung von Eisenstadt, der Sauvignon Blanc Premium 2003 war im Weinsalon 2004.

Das Weingut **Rosi Schuster** in St. Margarethen keltert Jahr für Jahr für die Region herausragende trockene Sauvignons. Hannes Schuster: „Der Sauvignon-Weingarten liegt außerhalb von St. Margarethen in Rich-tung der ungarischer Grenze. Ein ausgesprochen guter Standort für diese Rebsorte, zwischen 19,5° und 20°KMW Zucker wiegen die Sauvignon Trauben zur Ernte. Die Aromen entwickeln sind bei einer so hohen Reife schon mehr nach tropischen Früchten."

Johann Weisz aus Purbach am Neusiedlersee ist mit seinem Sauvignon 2006 im Österreichischen Wein-salon 2007: Ein Sauvignon mit stachelbeerigen Duft, dem saftigen Säurespiel, viel Fülle und schöner Struktur. In Großhöflein finden sich gleich mehrere ausgezeichnete Sauvignon Blanc-Produzenten, die aber auf Grund der Berühmtheit ihrer Rotweine eher etwas Unbeachtet bleibt.

Der Römerhof der Familie **Kollwentz** (Seite 56) war zweimal mit dem Sauvignon Blanc Steinmühle im Österreichischen Weinsalon, 2002 und 1999. **Josef Leberl** (Seite 57) und **Zöchmeister** sind weitere erwähnenswerte Sauvignon Blanc-Produzenten in Großhöflein.

Aus der Weinbauregion Neusiedlersee waren **Hans und Christine Nittnaus** aus Gols mit ihren Sauvignon Blanc 2004 im Weinsalon 2005. **Josef Umathum** aus Frauenkirchen (Seite 59) erntet die Trauben für seinen Sauvignon in Jois.

Sauvignon Blanc in Niederösterreich
In diesem Jahr ist für die Region Carnuntum das Weingut **Artner** aus Höflein bei Bruck an der Leitha mit dem Sauvignon Bühlweingarten im Österreichischen Weinsalon 2007 vertreten.

Weitere ausgezeichnete niederösterreichische Sauvignon Blanc-Produzenten sind:

Weinviertel: **Manfred Bannert**, Obermarkersdorf (Sauvignon Blanc Nussberg 2003 im Weinsalon 2004), **Julius und Erika Klein**, Pernersdorf, **Markus Laurer**, Deinzendorf, **Hauser**, Poysdorf (Sauvignon Blanc 2001 im Weinsalon 2002), **Nebenführ Erich**, Unterretzbach, **Edmund und Ulrike Rücker**, Unterretzbach, **Ludwig Hofbauer**, Unterretzbach, (Sauvignon Blanc 1999 im Weinsalon 2000), **Norbert Fidesser**, Platt (Sauvignon Blanc Außerm Holz 2001 im Weinsalon 2002), **Gerhard Gschweicher**, Röschitz, **Erwin Poller-Pollerhof**, Röschitz, **Franz Stift**, Röschitz, **Pfaffl Roman**, Stetten, **Franz Prechtl**, Zellendorf, **Josef Scherer**, Gunters-dorf (Sauvignon Blanc 2004 im Weinsalon 2005), **Herbert Studeny jun**, Obermarkersdorf Sauvignon Blanc 2001 im Weinsalon 2002, Sauvignon Blanc 1999 im Weinsalon 2000), **Helmut Taubenschuss**, Poysdorf, **Alois Schwarz**, Schrattenberg, **Setzer**, Hohenwarth.

Carnuntum: **Oppelmayer**, Göttlesbrunn (Sauvignon Blanc 1999 im Weinsalon 2000 und Sauvignon Blanc 2001 im Weinsalon 2000, Sauvignon Blanc 2004 im Weinsalon 2005).

Thermenregion: **Othmar Biegler**, Gumpoldskirchen, **Bernhard Ceidl**, Baden, **Georg Nigl**, Perchtoldsdorf, **Schödinger-Lerchenfelderhof**, Tattendorf (Sauvignon Blanc 2000 im Weinsalon 2001), **Leopold Aumann**, Tribunswinkel (Sauvignon Blanc 2001 im Weinsalon 2002).

Kamptal: **Jurtschitsch Sonnhof**, Langenlois (Sauvignon Blanc Fahnberg), **Maria und Ludwig Hiedler**, Langenlois (Sauvignon Blanc Steinhaus), **Karl Steininger**, Langenlois (Sauvignon Blanc 1998 im Weinsalon 1999), **Steinschaden Erwin**, Langenlois, **Weingärtnerei Josef Aichinger** in Schönberg/Kamp, **Johann Topf**, Strass (Sauvignon Blanc Hasel), **Heinrich Weixelbaum**, Strass (Sauvignon Blanc Wahre Werte), **Reinhard Waldschütz**, Strass (Sauvignon Blanc Prestige 2000 im Österreichischer Weinsalon 2001).

Traisental: **Neumayer Ludwig**, Inzersdorf ob der Traisen (Sauvignon Blanc Der Wein vom Stein 2007, Sauvignon Blanc 1999 im Weinsalon 2000), **Markus Huber**, Reichendorf (Sauvignon Blanc 2006 im Wein-salon 2007).

Wagram: **Franz Leth**, Fels am Wagram (Sauvignon Blanc Brunnthal 2000 im Weinsalon 2001), **Gerhard und Horst Kolkmann**, Fels am Wagram, **Stephan Mehofer**, Neudegg.

Kremstal: **Moser Sepp**, Rohrendorf (Sauvignon Blanc Schnabel 1998, Weinsalon Salonsieger 1999), **Vorspannhof – Mayr**, Dross, 13,5% **Thiery-Weber**, Rohrendorf, **Winzerhof Müller**, Krustetten, **Malat**, Palt, (Sauvignon Blanc Brunnkreuz 2000 im Weinsalon 2001 und im Wein-salon 2005), **Martin Nigl**, Senftenberg, **Winzer Krems**, Krems, (Sauvignon Blanc Kellermeister Privat), **Unger Petra**, Furth, (Sauvignon Blanc Hintere Point 2007).

Wachau: **Stierschneider Karl**, Weissenkirchen, (Sauvignon Blanc 2007), **Lehensteiner Andreas**, Weißenkirchen (Sauvignon Blanc 2007), **F. X. Pichler**, Loiben (Sauvignon Blanc 2007), **Lagler**, Spitz (Sauvignon Blanc Hartberg 2007), **Karl Bracher**, Spitz/Donau (Sauvignon Blanc 2007).

Sauvignon Blanc in Wien
Die Wiener Weinhauer **Michael Edlmoser** aus Maurerberg (Sauvignon Blanc Reisberg) und **Richard Zahel** aus Wien-Mauer (Sauvignon Blanc Classic) sind die besten Vertreter bei dieser Rebsorte.

Sauvignon Blanc in der Steiermark

Der Aufschwung des Sauvignon Blanc in der Steiermark ist engagierten Weinbauern zu verdanken, die das Portential dieser Rebsorte früh erkannten. Bis in die 80er-Jahre des vorigen Jahrhunderts war die gängige Bezeichnung für den Sauvignon Blanc ja noch Muskat-Sylvaner gewesen, aber bald setzte sich der französische Name durch. Und es dauerte nicht lange, bis auch die internationale Fachwelt auf die besondere Qualität des steirischen Sauvignon Blanc aufmerksam wurde. Im Jahre 1992 organisierte ein Feinschmeckermagazin einen internationalen Sauvignon Blanc Vergleich, bei dem von einer Fachjury mehr als 100 Weine dieser Rebsorte verkostet wurden. Das Ergebnis war für die Steiermark mehr als eindrucksvoll. Unter den zehn besten Sauvignons fanden sich gleich zwei Weine von Manfred Tement. Er stellte mit seinem „Sauvignon Blanc Kabinett 1990" den Siegerwein vor den Weinen des Chateau Ste. Michelle aus Washington und der Domaine Vacheron aus Sancerre. Rang vier teilten sich ein Pouilly Fumé von Jean-Claude Chatelain, ein Sauvignon Blanc von Francesco Gravner aus dem Friaul und ein Sauvignon Blanc von der Domaine de Ladoucette aus Sancerre. Auf Platz sieben im Ranking wurde der zweite Wein von Manfred Tement, der Lagenwein „Zieregg/Grassnitzberg 1990" gereiht.

Seit diesem Erfolg sind die steirischen Sauvignon Blancs immer wieder im Spitzenfeld internationaler Weinverkostungen zu finden. So auch im Jahre 2004, nach einer Verkostung von Sauvignons als aller Welt, zu der August F. Winkler, einer der Altmeister der deutschen Weinjournalisten, ins bayrische Aschau geladen hatte. Die Verkosterrunde, in der sich auch Sommelière Paula Bosch befand, stellte den österreichischen Gewächsen ein hervorragendes Zeugnis aus. Unter die Top Ten wurden nicht weniger als sieben steirische Weine gereiht. Gewonnen hat damals der „Sauvignon Blanc Fahnberg 2000" vom Weingut Jurtschitsch aus Langenlois vor dem „Sauvignon Blanc Welles 2000" vom Weingut Lackner-Tinnacher und dem „Sauvignon Blanc Reserve 2000" vom Weingut Neumeister. Auf den weiteren Plätzen: Der „Sauvignon Blanc Nussberg 2001" vom Weingut Gross, der „Sauvignon Blanc 2001" von Jean-Pierre Pellegrin aus der Schweiz, der „Sauvignon Blanc Obegg 2000" vom Weingut Polz, der „Sauvignon Blanc 2002" von Cloudy Bay in Neuseeland, der „Sauvignon Blanc Merveilleux 2001" von Erwin Sabathi, der „Sauvignon Blanc Klausen 2002" von Neumeister und der „Sauvignon Blanc Sernau 2001" von Manfred Tement. „Sich bei einer internationalen Rebsorte wie dem Sauvignon Blanc so stark behaupten zu können, zeigt das hohe Qualitätsniveau unserer heimischen Winzer" erklärte Willi Klinger, der Geschäftsführer der Österreichischen Weinmarketinggesellschaft.

Und die Erfolge setzten sich fort. Beim VieVinum Paulson Tasting im Juni 2006, bei dem die älteren Jahrgänge von 2000 bis 2003 verkostet wurden, setzten sich die steirischen Weine abermals deutlich durch. Unter den Top Ten landeten wieder sieben Steirer. Gewonnen hat der „Sauvignon Blanc Moarfeitl 2001" von Neumeister, vor dem „Pessac-Leognan 2003" von Smith Haut Lafitte aus Bordeaux und dem „Sauvignon Blanc Merveilleux 2003" von Erwin Sabathi. Auf den Plätzen folgten die „Sauvignon Blanc Reserve 2003" von Hannes Sabathi, der „Sauvignon Blanc Zieregg 2000" von Manfred Tement, der „Sauvignon Blanc Hochgrassnitzberg Reserve 2003" von Polz, der „Sauvignon Blanc Ratschere Nussberg 2000" vom Weingut Gross, der „Pouilly Fumé Baron de L 2000" aus Frankreich, der „Conte della Vipera 2002 Antinori" aus Italien und der „Sauvignon Blanc Privat 2000" von Willi Sattler.

Sauvignon Blanc in Styria

The rise of Sauvignon Blanc in Styria was thanks to engaged wine growers who recognised the potential of this variety early on. Up to the 80s of the last century the popular name for Sauvignon Blanc had been Muskat-Sylvaner, but the French name soon asserted itself. And it did not take long, until the international wine experts also noticed the special quality of Styrian Sauvignon Blanc. In 1992 a magazine for gourmets organised an international comparison of Sauvignon Blanc wines, where a jury of wine experts tasted more than 100 wines of this variety. The result for Styria was very impressive. Among the ten best Sauvignons there were two wines of Manfred Tement. With his „ Sauvignon Blanc Kabinet 1990 " he supplied the winning wine ahead of the wines of the Chateau St. Michelle from Washington and the Domaine Vacheron from Sancerre. Rank four was shared among a Pouilly Fumé of Jean-Claude Chatelain, a Sauvignon Blanc of Francesco Gravner from Friaul and a Sauvignon Blanc of the Domaine de Ladoucette from Sancerre. In seventh place was the second wine of Manfred Tement, the premium wine "Zieregg/Grassnitzberg 1990".

Since then Styrian Sauvignon Blancs are constantly found among the top wines at international wine tasting events, as in 2004, when August F. Winkler, one of the doyens (Altmeister) of German wine journalists invited Sauvignon producers and wine experts from all over the world to a wine tasting event for Sauvignons to Aschau in Bavaria. The experts (Verkosterrunde) , among them Somelliere Paula Posch, issued an excellent report for Styrian plants. Among the top Ten were no less than seven Styrian wines. The winner at that time was " Sauvignon Blanc Fahnberg 2000 " produced by the winery Jurtschitsch in Langenlois ahead of "Sauvignon Blanc Welles 2000" of the winery Lackner-Tinnacher and the " Sauvignon Blanc Reserve 2000 " produced by the winery Neumeister. Other placings: The "Sauvignon Blanc Nussberg 2001" made by the winery Gross, the " Sauvignon Blanc 2001" by Jean-Pierre Pellegrin from Switzerland, "Sauvignon Blanc Obegg 2000" by the winery Polz, the " Sauvignon Blanc 2002 " all the way from Cloudy Bay in New Zealand, "Sauvignon Blanc Merveilleux 2001" by Erwin Sabathi, the " Sauvignon Blanc Klausen 2002 " by Neumeister and the "Sauvignon Blanc Sernau 2001" by Manfred Tement. „ That we were able to assert ourselves that well with an international variety like Sauvignon Blanc, shows the high level of quality of our wine producers" explained Willi Klinger, the manager director of the Austrian wine marketing association.

And the success continued. At the VieVinum Paulson Tasting in June 2006 where older wines from 2000 to 2003 were tasted, Styrian wines once again asserted themselves decisively. Among the top Ten once more there were seven wines from Styria. The winner was the "Sauvignon Blanc Moarfeitl 2001" by Neumeister, ahead of the " Pessac-Leognan 2003 " by Smith Haut Lafitte from Bordeaux and "Sauvignon Blanc Merveilleux 2003" of Erwin Sabathi. The other seven placings went to the"Sauvignon Blanc Reserve 2003 " by Hannes Sabathi, the "Sauvignon Blanc Zieregg 2000" by Manfred Tement, the "Sauvignon Blanc Hochgrassnitzberg Reserve 2003 " by Polz, the "Sauvignon Blanc Ratschere Nussberg 2000 " by the winery Gross, the " Pouilly Fumé baron de L 2000 " from France, "Conte della Vipera 2002 Antinori" from Italy and the "Sauvignon Blanc Privat 2000" by Willi Sattler.

Die Sieger der steirischen Weinbewertung „Sauvignon Blanc":

2007: **Hernach Herbert vlg. Roschitz,** Leutschach-Pößnitz
2006: **Franz Strablegg-Leitner,** Eichberg-Trautenburg (Kaiseregg Oberhube)
2005: **Adam-Lieleg,** Leutschach-Kranach (Grand Classic Privat)
2004: **Strablegg-Leitner Franz,** Eichberg-Trautenburg (Kaiseregg)
2003: **Strablegg-Leitner Franz,** Eichberg-Trautenburg
2002: **Strablegg-Leitner Franz,** Eichberg-Trautenburg
2001: **Strablegg-Leitner Franz,** Eichberg-Trautenburg
2000: **Wechtitsch Robert,** Großklein

Die Sieger der steirischen Weinbewertung „Lagenweine Sauvignon Blanc, Traminer":
2007: **Sabathi Erwin,** Leutschach
2006: **Neumeister,** Straden (Sauvignon Moarfeitl Reserve)

Ausgezeichnete steirische Sauvignon Blanc-Produzenten:

Südoststeiermark: **Breitenberger Karl,** Kaibing; **Josef Maurer, Seyfried Weinhof,** Gleisdorf (Sauvignon Blanc 2003 im Österr. Weinsalon 2004); **Erlacher,** Markt Hartmannsdorf; **Herbert Pilz,** Groß-Steinbach; **Burger,** Groß-Steinbach (Sauvignon Blanc 2006 im Österr. Weinsalon 2007); **Franz Kohl,** Groß Wilfersdorf; **Stocker Johann,** Fürstenfeld; **Hutter Franz,** Feldbach; **Neumeister,** Straden; **Winkler-Hermaden,** Kapfenstein; **Scharl Josef, Ulrich Rupert, Winzerhof Triebl,** St. Anna a. Aigen; **Frühwirth Friedrich,** Klöch-Deutsch-Haseldorf; **Günther Domittner, Walter Müller,** Klöch; **Ploder-Rosenberg, Helmut Rossmann,** St. Peter am Ottersbach; **Dieter Dorner,** Mureck.
Kitzeck Sausal: **Assigal,** Leibnitz-Seggauberg; **Harkamp,** St. Nikolai im Sausal; **Weinbauschule Silberberg,** Kaindorf bei Leibnitz; **Schneeberger,** Heimschuh; **Wechtitsch,** Großklein (Sauvignon Blanc 1999 im Österr. Weinsalon 2000); **Pugl,** Großklein; **Wechtitsch,** Großklein; **Wohlmuth,** Fresing/Kitzeck, **Branigg,** Fresing; **Christian Cramer,** Kitzeck; **Weinhof Kappel;** Kitzeck; **Schwarz Hans,** Kitzeck-Greith, **Schauer,** Kitzeck.
Südsteiermark: **Scheucher,** Labuttendorf, St. Veit am Vogau; **Gründl,** Labuttendorf; **Jöbstl Johann,** Wernersdorf/Gamlitz; **Silly Franz,** Gabersdorf; **Tement Manfred,** Berghausen; **Polz Erich und Walter,** Spielfeld; **Gross Alois, Uhl Franz, Pilch,** Ratsch (Sauvignon Blanc 2001 im Weinsalon 2002); **Kästenburg Ilse Jakope-Barthau, Bullmann-Dr. Brandstätter,** Ratsch; **Maitz Wolfgang,** Ratsch; **Potzinger Stefan, Zweytick Ewald,** Ratsch; **Weinidylle Dreisiebner, Otto Knaus,** Sulztal; **Dreisiebner Stammhaus,** Sulztal; **Schlosskellerei Melcher,** Gamlitz; **Karl Heinz Grasmuck, Stani Gustl-Nekrep,** Gamlitz; **Skoff Walter,** Gamlitz-Eckberg; **Hack-Gebell,** Gamlitz-Eckberg; **Sattlerhof, Dietrich Franz und Claudia,** Gamlitz-Sernau; **Schilhan Wilfried,** Gamlitz-Kranach; **Skoff Peter,** Gamlitz-Kranach; **Pongratz,** Gamlitz-Kranach; **Karl Bauer, Trabos,** Gamlitz-Kranachberg; **Riegelnegg Otto, Olwitschhof, Lackner-Tinnacher, Matthias Schnabl, Strauss, vlg Schopper, Johannes Söll, Adam-Schererkogel,** Gamlitz-Steinbach.
Leutschach-Glanz: **Tschermonegg Erwin,** Leutschach; **Muster-Trautenhof,** Leutschach-Pössnitz; **Puschnigg Josef,** Leutschach-Glanz; **Sabathihof,** Leutschach-Glanz; **Mahorko,** Leutschach-Glanz; **Deutschmann,** Leutschach-Glanz; **Germuth Herbert,** Leutschach-Glanz; **Birnstingl Manfred,** Leutschach-Pößnitz; **Sternat Lenz,** Leutschach; **Josef Klug,** Leutschach; **Sabathi Erwin,** Leutschach; **Lieleg-Kollerhof,** Leutschach (2003: Finale der Steirische Landesweinbewertung mit Sauvignon Blanc 2002); **Roland Weiss-Welle,** Leutschach; **Josef Zirngast,** Leutschach; **Lieschnegg Otto,** Leutschach; **Peter Masser,** Leutschach; **Roland Tauss,** Leutschach; **Andreas Fellner,** Leutschach; **Thomas Menhard,** Leutschach; **Johannes Peitler,** Leutschach; **Karl Renner,** Leutschach; **Albin und Roswitha Narat-Zitz,** Leutschach; **Ewald und Herbert Germuth,** Leutschach; **Bernhard Muster,** Leutschach; **Wilhelm Eory,** Leutschach.
Eichberg-Trautenburg: **Adam-Lieleg,** Leutschach Sauvignon Blanc 2004 im Österreichischer Weinsalon 2005, Sauvignon Blanc Privat 2005 im Österr. Weinsalon 2006), **Jaunegg Daniel,** Eichberg-Trautenburg; **Skringer Johann,** Eichberg-Trautenburg; **Anton Rothschädl,** Eichberg-Trautenburg; **Renner Karl,** Leutschach-Pössnitz; **Schwarzl Reinhold,** Leutschach.
Weststeiermark: **Langmann-Lex,** St. Stefan/Stainz, **Stefan Pauritsch,** Wies-Kogl (Sauvignon Blanc „S" 2006 im Österr. Weinsalon 2007; **Hannes Jöbstl,** Wernersdorf (Sauvignon Blanc 2007, Österreichischer Weinsalon 2000), Reiterer Christian, Wies, Kuntner Erich, Pölfing-Brunn, **Jauk Christian,** Pölfing-Brunn, **Siegfried Krottmayer,** Glirschof, Eibiswald.

RÖMERHOF KOLLWENTZ: SAUVIGNON STEINMÜHLE

Der Name Kollwentz Großhöflein steht für kräftige Rotweine, würzigen Sauvignon Blanc, hochreife Chardonnays und exzellente Süßweine. Dank des besonderen Bodens in der Ried Steinmühle ist der Sauvignon Blanc ein Paradewein der Familie Kollwentz. Die Ried Steinmühle liegt auf einem Hochplateau, das die Leitha durch Ablagerung von Schotter geschaffen hat. Durch die Nähe zur Wulka kommt es in den Morgenstunden zu starker Taubildung. Dieses spezielle Klima ist zusammen mit dem mächtigen Quarzschotter, auch als Feuerstein, Flint oder Silex bekannt, ausschlaggebend für die Fruchtigkeit des Kollwentz Sauvignon Blanc. Seine Aromenfülle reicht von Holunderblüte bis hin zu Litchi und Maracuja.

Zur Lese übernimmt Margarete Kollwentz dann das Zepter in den Weingärten. Nach genauer Anleitung werden von den Erntehelferinnen und Erntehelfern alle Trauben von Hand gelesen. Das bedeutet genaueste Selektion direkt am Rebstock, nur die vollreifen, gesunden Trauben gelangen in den Keller.

Sauvignon Blanc Steinmühle Reserve 2006: 14,0%; Sehr ausdrucksstark und markant, vom Duft bis zum Abgang. Die Aromafülle reicht von Paprikaschoten über Holunderblüten bis zu Maracuja. Am Gaumen intensiv würzig, zugleich aber elegant.

Weingärten o *Vineyards*	**Ab-Hof-Verkauf o *Sale at the premises***
21 ha (50,4 acres), Lagen: Steinzeiler, Point, Dürr, Gloria, Tatschler, Steinmühle, Föllikberg, Leithagebirge	Nach tel. Voranmeldung o By appointment only Ansprechperson: Heidi Kollwentz
Weine o *Wines*	**Weinverkaufspreise o *Average price***
Weißweine: Sauvignon Blanc Steinmühle Ch, Wr	€ 6,50/34,– • Visa, Mastercard, Bankomatkarte
Edelsüße Weine: Beerenauslesen, Sauvignon TBA	**Weitere Produkte o *Further products***
Rotweine: Steinzeiler (BF, ZW, CS), Eichkogel (BF, ZW), Point (100% Blaufränkisch), Blaufränkisch vom Leithagebirge, Zweigelt Föllikberg, Dürr (100% Pinot Noir), Cabernet Sauvignon	Faßgelagerte Weinbrände, Trebernbrände
	Vermarktung der Weine o *Sales*
	Ab-Hof-Verkauf, Fachhandel, Vinotheken und die Gastronomie österreichweit
Alter der Reben o *Average age of the vines*	Exportländer: Deutschland, Schweiz, Dänemark, Schweden, Benelux, Baltikum, USA
7-35 Jahre	
Pflanzdichte o *Density of plantation*	**Restaurant Weinkarte o *Winelist***
3.000 Stöcke/Hektar in Sauvignon Blanc-Anlagen	Taubenkobel (Schützen/Gebirge), Palais Coburg, Steirereck, Meinl am Graben (Wien), und die Gastronomie österreichweit.
Hektarerträge o *Average yield per hectar*	
Sauvignon Blanc 5.000-6.000 Liter/Hektar	
Kellermeister/Önologe o *Winemaker*	**Weingut Kollwentz – Römerhof**
Andi Kollwentz	A-7051 Großhöflein, Hauptstr. 120 Tel.: +43(0)2682-65158-0, Fax: DW -13
Besondere Jahrgänge o *Great recent vintages*	www.kollwentz.at
2007, 2006, 2005, 2004, 2003, 2001, 2000, 1997 1999: Österr. Weinsalon mit Sauvignon Blanc 1999 2002: Österr. Weinsalon mit Sauvignon Steinmühle 2001	e-mail: kollwentz@kollwentz.at

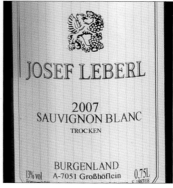

JOSEF LEBERL:
TATSCHLER SAUVIGNON

Die Ried Tatschler – die zwischen Groß- und Kleinhöflein liegt – ein Südosthang, der unmittelbar an den Wald anschließt. Braunerdeböden mit Urgestein (Glimmerschiefer) sind vorherrschend. Josef Leberl verfügt dort über einen zusammenhängenden 1,2 ha großen Weingarten, der mit Sauvignon Blanc und Welschriesling bestockt ist. Im Jahre 1986 hat Josef Leberl hier seinen ersten Sauvignon Blanc ausgepflanzt, die Edelreiser stammen aus der Südsteiermark, diesen Ursprung ist der würzige Ton im Leberlschen Sauvignon Blanc zu verdanken. Zwischen 19,5° und 20,5°KMW Zucker haben die Trauben, wenn sie geerntet werden.

„Für den Sauvignon in dieser Lage ist der ideale Lesezeitpunkt bei der beginnenden Überreife der Trauben. Dann wenn der Geschmack von den Paprikaaromen zur Holunderblüte und Stachelbeere wechselt", meint Josef Leberl. Gerald und Josef beginnen schon Anfang August mit dem Kosten der Trauben. Die Zuckergrade werden rgelmäßig gemessen, aber der Geschmack der Trauben entscheidet über den Lesetermin. „Die Fruchtigkeit ist bei Trauben, die zwischen 19° und 20°KMW wiegen, am besten."

Sauvignon Blanc Tatschler 2007: 13,0%; Der Sauvignon blanc verfügt über ein eindringliches Bukett nach weißem Spargel und Zitronenmelisse, er ist nuanciert und rund, mit feinen Zitrus- und Grapefruit-Aromen Ein vielschichtiger Sauvignon der schon fast „Neuseeländisch" wirkt.

Weingärten o *Vineyards*	**Ab-Hof-Verkauf o *Sale at the premises***
21 ha (50,4 acres), Lagen: Reisbühel, Tatschler, Haussatz, Fölligberg, Neusatz	Mo-Sa 8-18 Uhr, So und Fei nach telefonischer Voranmeldung
Weine o *Wines*	Ansprechpersonen: Gerald Leberl, Anneliese und Josef Leberl
Weißweine: Sauvignon Blanc Welschriesling, Chardonnay, Chardonnay Reisbühel	**Weinverkaufspreise o *Average price***
Edelsüße Weine: Auslesen, Sauvignon blanc Beerenauslese, Eiswein, Trockenbeerenauslese.	€ 4,50/18,– • Visa, Mastercard, Bankomatkarte
Rotweine: Zweigelt Fölligberg, Blaufränkisch,	**Weitere Produkte o *Further products***
Peccatum Leve (BF, ZW, CS), Zweigelt Alte Reben, Reisbühel (BF), Peccatum (BF, CS, Zw), Cabernet Sauvignon-Merlot, Pinot Noir, Celebro (BF, CS)	Leberl brut - Welschrieslingsekt
	Vermarktung der Weine o *Sales*
Alter der Reben o *Average age of the vines*	Ab-Hof-Verkauf, Fachhandel, Vinotheken und die Gastronomie österreichweit
4-25 Jahre	Exportländer: Deutschland, Schweiz, USA
Pflanzdichte o *Density of plantation*	**Restaurant Weinkarte o *Winelist***
3.500 Stöcke/Hektar in Sauvignon Blanc-Anlagen	Taubenkobel (Schützen/Gebirge), Esterhazy (Eisenstadt), Palais Coburg, Steirereck, Meinl am Graben (Wien) und viele mehr.
Hektarerträge o *Average yield per hectar*	
Sauvignon Blanc 4.500-5.500 Liter/Hektar	
Kellermeister/Önologe o *Winemaker*	**Weingut Josef Leberl**
Gerald Leberl	A-7051 Großhöflein, Hauptstr. 91
Besondere Jahrgänge o *Great recent vintages*	Tel.: +43(0)2682-67800, Fax: DW -14
2007, 2006, 2005, 2004, 2003, 2001, 2000, 1997	www.leberl.at
2004: Österr. Weinsalon mit Sauvignon Steinmühle 2003	e-mail: weingut@leberl.at

FEILER-ARTINGER, RUST:
FLÜSSIGES GOLD IM GLAS

Flüssiges Gold im Glas, so werden die edelsüßen Weine auch genannt. Seit vielen Jahrhunderten sind Süßweine etwas besonderes, an den Tafeln der Könige und Fürstenhäuser vergangener Zeiten genauso wie heute als krönender Abschluß eines festlichen Menüs.

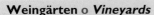

Es sind nur einige wenige Mikrolagen, in denen die Voraussetzungen für die Produktion des „edelsüßen Goldes" besonders ideal sind. Die Möglichkeit der Ernte dieser Beeren haben einige, doch dann kommt noch die Kunst der Vinifikation dazu, dem Handwerk, wie man diese „Geschenke der Natur" zu den Weinen macht, die unvergleichlich in der Weinwelt sind. Die Ried Mitterkräften verfügt über eine stärkere Hangneigung, der Boden ist leichter, er hat weniger Lehmanteil und etwas mehr Kalk. Das ergibt die gute Wasserspeicherfähigkeit, und durch die Hangneigung kann die Kaltluft abfließen. Der Sauvignon Blanc erreicht hier eine reife, stachelbeerähnliche, fast exotische Fruchtausprägung. Die Herbstnebel sorgen alljährlich für eine schöne Botrytisbildung, in drei von zehn Jahren kann man hier vom Sauvignon Botrytistrauben für edelsüße Weine ernten.

Sauvignon Blanc Ruster Ausbruch 1991: Sehr Bernsteinfarben, in der Nase mit Karamel und dunklem Honig, dabei auch noch typische Sauvignon Aromen von Holunder und Stachelbeeren. Am Gaumen leichtfüßig und aufgrund der hohen Säure sehr lebendig.

Weingärten o Vineyards	**Ab-Hof-Verkauf o Sale at the premises**
29 ha (70 acres), Rieden: Umriss, Gemärk, Kräft'n, Greiner, Satz, Vogelsang, Gugel	Montag bis Samstag 8-19 Uhr
	Ansprechpersonen: Inge Feiler, Gertrude Artinger
Weine o Wines	**Weinkellerführung o Winery guiding tour**
Weißweine: Sauvignon Blanc, Wr, Pb, Ch, Nb, MO, Cuvée Gustav (CH, PG, NB)	nach telefonischer Voranmeldung
Rotweine: Zweigelt, Blaufränkisch, Pinot Noir, Solitaire (BF, CF, ZW), 1010 (CS, BF)	**Weinverkaufspreise o Average price**
	€ 4,25/26,– • Visa, Mastercard, Bankomatkarte
Edelsüße Weine: Welschriesling Auslese, Traminer Auslese, Beerenauslesen, Traminer Beerenauslesen	**Vertrieb/Vermarktung der Weine**
Ruster Ausbruch: Ruster Ausbruch, Ruster Ausbruch Pinot Cuvée, Ruster Ausbruch Muskat Ottonel, Ruster Ausbruch Essenz	Ab-Hof-Verkauf, Fachhandel, Vinotheken und die Gastronomie österreichweit
	Exportländer: Deutschland, Schweiz, Frankreich, Italien, England, Benelux, Norwegen, Schweden, Singapure, USA
Alter der Reben o Average age of the vines	**Restaurant Weinkarte o Winelist**
3-50 Jahre	Steirereck , Meinl am Graben, Coburg (Wien), Pfefferschiff (Söllheim, Salzburg), Taubenkobel (Schützen am Gebirge) und viele mehr.
Pflanzdichte o Density of plantation	
3,500 Stöcke/Hektar in Sauvignon Blanc-Anlagen	
Hektarerträge o Average yield per hectar	
Sauvignon Blanc Ausbruch 200-300 Liter/Hektar	**Weingut Feiler-Artinger**
Kellermeister/Önologe	A-7071 Rust, Hauptstraße 3
Kurt und Hans Feiler	Tel.: +43(0)26 85-237-0, Fax: -22
Besondere Jahrgänge o Great recent vintages	www.feiler-artinger.at
2007, 2006, 2004, 2003, 2001, 2000, 1999, 1997	e-mail: office@feiler-artinger.at

JOSEF UMATHUM:
DER SAUVIGNON AUS JOIS

Das Weingut Umathum bewirtschaftet 15 ha Weingärten und Lagen in Frauenkirchen, 4 ha in Neusiedl am See und 7 ha in Jois. Obwohl die beiden Regionen nur einige Kilometer Luftlinie voneinander entfernt sind, sind die klimatischen Gegebenheiten unterschiedlich. In der Vegetationsperiode von Ende April bis Anfang Oktober regnet es in Jois am Nordwestufer des Neusiedler Sees durchschnittlich 350 mm, in Frauenkirchen nur etwa 250 mm. Die Vegetation, der Austrieb der Reben, startet in Jois um 3 bis 5 Tage früher als in Frauenkirchen, bis zur Blüte, Anfang Juni, ist der Wachstumsfortschritt in Frauenkirchen aber bereits weiter, die Ernte der Trauben erfolgt dann in Frauenkirchen um 5 bis 8 Tage früher als in Jois.

Dies bedeutet, daß in Frauenkirchen die früher reifenden Sorten wie Zweigelt, St. Laurent und Pinot Gris besser geeignet sind. In Jois hingegen finden Pinot Noir, Blaufränkisch und Sauvignon Blanc bessere Wachstumsbedingungen vor. Beim Sauvignon wird bei der Vinifikation in erster Linie auf die frische Frucht und pikante Säure geachtet, der Ausbau erfolgt in temperaturgeregelten Stahltanks. Alle fruchtbetonten Weißweine werden trocken ausgebaut.

Sauvignon Blanc 2007: Im Duft feine Paprikaschoten, im Bukett stark nach Stachelbeeren, Holunderblüten und Grapefruit. Am Gaumen fruchtbetont und komplex, sehr mineralisch, mit langen Abgang.

Weingärten o *Vineyards*

26 ha (62,4 acres), Ried Hallebühl, Frauenkirchner Haideboden, Vom Stein, Joiser Kirschgarten, Hackelsberg

Weine o *Wines*

Weißweine: Sauvignon Blanc
Meßwein-Wr, Pinot Gris, Gelber und Roter Traminer
Edelsüße Weine: Beerenauslesen, TBA vom Traminer
Rotweine: Ried Hallebühl (ZW, BF, CS), St. Laurent vom Stein, Blaufränkisch Joiser Kirschgarten, Haideboden (ZW, BF, CS), Pinot Noir, Zweigelt, St. Laurent, Blaufränkisch

Alter der Reben o *Average age of the vines*

5-35 Jahre

Pflanzdichte o *Density of plantation*

3,000 Stöcke/Hektar in den Sauvignon-Rebanlagen

Hektarerträge o *Average yield per hectar*

Sauvignon Blanc 5.000-6.000 Liter/Hektar

Kellermeister/Önologe o *Winemaker*

Wolfgang Dachs, Josef Umathum

Besondere Jahrgänge o *Great recent vintages*

2007, 2006, 2004, 2003, 2002, 2001

Ab-Hof-Verkauf o *Sale at the premises*

Mo-Fr 7-18 Uhr, Sa 10-17 Uhr
Ansprechpersonen: Ariane Umathum, Adele Deutsch

Weinkellerführung o *Winery guiding tour*

Nach tel. Voranmeldung o By appointment only

Weinverkaufspreise o *Average price*

€ 5,50/35,- • Visa, Mastercard, Bankomatkarte

Vertrieb/Vermarktung der Weine

Ab-Hof-Verkauf, Fachhandel, Vinotheken und die Gastronomie europa- und österreichweit
Exportländer: Deutschland, USA, Schweiz, England, Holland, Belgien, Norwegen, Finnland, Italien, Frankreich, Lettland, Hongkong, Taiwan

Restaurant Weinkarte o *Winelist*

Steirereck, Meinl am Graben, Coburg (Wien), Taubenkobel (Schützen am Gebirge), Pfefferschiff (Salzburg), und viele mehr.

Weingut Umathum

A-7132 Frauenkirchen, St. Andräer Str. 7
Tel.: +43(0)21 72 - 24 40, Fax: 21 734
www.umathum.at
e-mail: office@umathum.at

DIE GESCHICHTE DES STEIRISCHEN MUSKAT-SYLVANER/SAUVIGNON BLANC

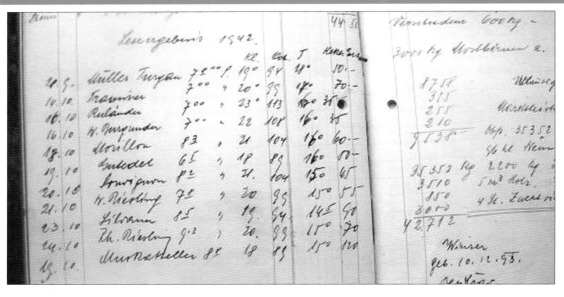

Leseaufzeichnungen von Peter Dreisiebner der Ernte 1942, bei der am 20. Oktober in Gamlitz 15 hl Sauvignon-Trauben mit 21°KMW (104 Öchsle) geerntet wurden.

A detailed account from Peter Dreisiebner about the harvesting of "15 Hektoliter Sauvignon with 21°KMW (104 Öchsle)" on 20th October 1942.

Der Sauvignon Blanc ist heute weltweit die zweitwichtigste Weißweinsorte nach dem Chardonney. Sie stammt aus Frankreich und ist auch unter den Namen Blanc Fumé, Fumé Blanc, Muskat Sylvaner, Feigentraube – um nur einige der wichtigsten zu nennen – bekannt. Über das Wie und Wann diese Rebsorte den Weg in die Steiermark gefunden hat, können nur Vermutungen angestellt werden. Schriftliche Belege gibt es dafür nicht. Eine These meint, dass sich im Zuge der Französischen Revolution Adelige auf ihrer Flucht vor dem Schafott mit Reben im Gepäck im Gebiet der heutigen Untersteiermark angesiedelt haben. Wahrscheinlicher ist, dass es Erzherzog Johann zu verdanken war, der 1822 in Pickern bei Marburg (heute Maribor in Slowenien) einen Besitz erwarb und dort zahlreiche bis dahin unbekannte Rebsorten, darunter den Rheinriesling, Traminer, Burgunder oder Sylvaner, aus verschiedenen Anbaugebieten einführen ließ. Schon dreißig Jahre später, im Jahre 1854, wurden im Lande nicht weniger als 425 verschiedene Rebsorten gezählt, die hier zu Versuchszwecken angepflanzt waren. Welche Bedeutung Erzherzog Johann und sein Weingut in Pickern für die Entwicklung des steirischen Weines hatte, zeigt der Bericht über die „X. Versammlung der deutschen Landwirte", die 1846 in Graz abgehalten wurde. Dabei wurden der Prüfungskommission 223 Weinsorten aus der Monarchie und Deutschland vorgelegt. 156 davon kamen aus der Steiermark, 120 Sorten aus Erzherzog Johanns Gut Pickern.

Wesentliche Bedeutung dürfte der Sauvignon Blanc damals freilich noch nicht gehabt haben. Im „Atlas der werthvollsten Traubensorten" von Hermann Goethe, dem Direktor der Steiermärkischen Landes-, Obst- und Weinbauschule in Marburg an der Drau, aus dem Jahre 1873, wurden zwar 27 der wichtigsten Traubensorten für den Weinbau in Deutschland und Österreich beschrie-

Sauvignon Blanc grape is at present worldwide the second most important white wine grape after Chardonney. This grape originated from France and is also known as Blanc Fumé, Fumé Blanc, Muskat Sylvaner – to name but a few. How and when these vines found their way into Styria we can only guess. Written documentation about this does not exist. One theory is, that at the time of the French Revolution royals fleeing the guillotine brought some vines with them and settled down in the area today known as Lower Styria. A more likely explanation could be the fact that the Archduke Johann in 1822 acquired an estate in Pickern near Marburg (today Maribor in Slovenia) and started to import numerous until then unknown vines, amongst them Rheinriesling, Traminer, Burgundy or Sylvaner. Already thirty years later in 1854 there were no less than 425 different varieties of grapes, which had been planted for experimental purposes. The Importance of Archduke Johann and his wine manufacturing estate in Pickern for the development of Styrian Wine is shown in a review about the "10th Convention of German farming associations", held In Graz in 1846. The board of examiners Inspected 223 different varieties of grapes from the Austrian Hungarian Monarchy and Germany. 156 came from Styria alone and of these120 came direct from Archduke Johann's estate In Pickern.

Very important was Sauvignon Blanc wine in those days certainly not. Even though Herman Goethe the then director of the Styrian Agricultural College (Steiermärkischen Landes- Obst- und Weinbauschule) in Marburg at the Drau described 27 of the most important varieties of grapes for wine growers in Germany and Austria in his "Atlas of the most prestigious grapes "published In 1873, the Sauvignon Blanc grape was not among them. He only included this variety in his Ampelography of the year 1876.

① Der Pauljörgl-Bauer Peter Dreisiebner als Erbhof-richter bei einer Sitzung des Erbhofgerichts.
② Die Ried Sonneck in Gamlitz mit einigen der im Jahre 1942 von Josef Melcher und Peter Dreisiebner ausgepflanzten Sauvignon Blanc Rebstöcken.
③ Sortenreiner steirischer Muskat-Sylvaner-Sauvignon Blanc der Gräflich Woracziczky'schen Gutsverwaltung in Langegg mit den Jahrgängen 1935, 1949 und 1967.

① Der Pauljörgl-Bauer Peter Dreisiebner als Erbhof-richter bei einer Sitzung des Erbhofgerichts.
② Die Ried Sonneck in Gamlitz mit einigen der im Jahre 1942 von Josef Melcher und Peter Dreisiebner auspflanzten Sauvignon Blanc Rebstöcken.
③ Sortenreiner steirischer Muskat-Sylvaner-Sauvignon Blanc der Gräflich Woracziczky'schen Gutsverwaltung in Langegg mit den Jahrgängen 1935, 1949 und 1967.

ben, der Sauvignon Blanc war aber nicht darunter. Erst in der Ampelographie aus dem Jahre 1876 hat Hermann Goethe diese Sorte berücksichtigt.

Der Name Muskat Sylvaner für den Sauvignon Blanc wurde gegen Ende des 19. Jahrhunderts in Marburg geprägt. Das Verhältnis zwischen Deutschland und Frankreich war damals nach kriegerischen Auseinandersetzungen sehr angespannt, was auch auf die österreichische Monarchie seine Auswirkungen hatte. Folglich durfte selbst dem Namen nach nichts was gut war an Frankreich erinnern. So haben sich die deutsch und slowenisch sprechenden Weinbauern zusammengesetzt, um einen neuen Namen zu kreieren. Der Begriff „Muskat-Sylvaner" entstand. Wohl deshalb, weil einerseits die Sauvignon-Trauben wie jene des Muskats ein sortenspezifisches Bukett aufweisen, andererseits der Sauvignon-Stock im belaubten Zustand durchaus mit dem Sylvaner-Stock zu verwechseln ist. Unterschiede gibt es in der Behaarung der Triebspitzen, die beim Sauvignon stark weißwollig und beim Sylvaner hingegen grün sind.

Das Handbuch des Weinbaues und der Kellerwirtschaft von Freiherr von Babo und E. Mach, 1909

Im Handbuch des Weinbaues und der Kellerwirtschaft von Freiherr von Babo und E. Mach aus dem Jahre 1909 ist im Kapitel über die wichtigsten Sorten der europäischen Rebe (Vitis Vinifera) unter Weißweintrauben folgende Auflistung zu finden:
1. Traubensorten für hochfeine Weißweine und solche, die einen ausgesprochenen Traubengeschmack (Bukett) besitzen
a) Sorten für bessere Lagen des nördlichen und für mittlere und selbst etwas höhere Lagen des südlichen Weinbaugebietes
Weißer Riesling, Roter Traminer, Sylvaner, Weißer Burgunder und Ruländer.

The name Muskat Sylvaner for Sauvignon Blanc was coined in Marburg towards the end of the 19th Century. Relations between Germany and France after the war were very tense to say the least and this obviously had the expected effect on the Austrian Hungarian Monarchy as well. The result was that nothing good was allowed to be remotely reminiscent of France, not even by name. Thus German and Slovenian speaking wine producers got together in order to create a new name. The term "Muskat-Sylvaner" was "born". Obvious reasons for this name were that on the one hand Sauvignon-grapes like Muskat-grapes have a super specific bouquet and that on the other hand Sauvignon-vine leafs can easily be mistaken for Sylvaner-vine leafs. Differences exist in the hairiness of the sprouts, as the Sauvignon plants have woolly white leafs while the leafs of the Sylvaner plants are green.

The wine-makers manual (Manual for wine growing and working in the wine cellar) by Baron von Babo, first published in 1909.

In the wine-makers manual (Manual for wine growing and working in the wine cellar) by Baron von Babo and E. Mach, dating from the year 1909, one can find the following listing for white whine grapes in the chapter about the most important European varieties of grapes (Vitis Vinifera):
1. Varieties of grapes for exquisite white wines and the ones that have a definitive taste of grapes.
a) Varieties for better locations of the Northern and for medium and even slightly higher locations of the Southern winegrowing areas.
White Riesling, Red Traminer, Sylvaner, White Burgundy and Ruländer.
b) Varieties mainly for the Southern and a few ideal locations of the Northern winegrowing areas.

b) Sorten hauptsächlich für das südliche und nur für einzelne vorzügliche Lagen des nördlichen Weinbaugebietes

Weißer Sauvignon, Weißer Semillion, Gelber Muskateller, Weißer Malvasia, Mosler, Terlaner und Kleinweiß.

Weißer Sauvignon und Semillion. Es sind dies zwei ganz verschiedene Sorten, welche hier jedoch gemeinsam besprochen werden sollen, da sie in ihrer eigentlichen Heimat, der „Gironde", meist in gemischtem Satze gepflanzt werden und in ihrer Mischung den ganz vorzüglichen weißen Sauternewein und dessen berühmteste Marke Chateau Yquem, von den Franzosen „Le roi des vins, le vin des rois" genannt, geben.

Weißer Sauvignon

Rebstock kräftig, Rebholz dünn, hellbraun; Blätter mittelgroß, etwas blasig, unten feinwollig, dunkelgrün, rund, meist fünflappig, Triebspitzen meist wollig; Traube klein, zylindrisch, kurzstielig, dichtbeerig; Beeren grünlich bis gelblich-weiß, etwas länglich, dickhäutig, durchscheinend, mit ausgesprochen eigentümlich würzigem Geschmack. Die Sorte ist von mittlerer Reifezeit und trägt verhältnismäßig wenig. Gegen Peronospora ist diese Rebe im Verhältnis zu anderen Sorten, auch zum Semillion, weniger empfindlich. Gegen Winterfröste scheint sie etwas empfindlicher zu sein.

Die feinen Sauterneweine sollen zu etwa 2/3 aus Semillion und 1/3 aus Sauvignon hergestellt werden. In neuerer Zeit wird in der Sauterne fast immer Spätlese vorgenommen, ähnlich wie am Rhein. Die süßen, außerordentlich würzigen, aus edelfaulen Zieben hergestellten Sauterneweine erzielen enorme Preise. Es verbindet sich auch bei ihnen der würzige Geschmack der gesunden Trauben mit den Geschmacksstoffen, welche durch die Edelfäule entstehen.

In Österreich findet man nur vereinzelt Pflanzungen dieser Rebsorte in Istrien, der Steiermark, Tirol und anderen Orten. In S. Michele besteht eine Pflanzung von Sauvignon sowie eine solche aus Semillion. Die Trauben und der junge Wein zeigen sich äußerst gewürzt und wohlschmeckend; der Most zeigte in S. Michele im 14 j. Mittel bei 18% Zucker 7 Promille Säure (im September gelesen), steigt aber im Zuckergehalt oft über 20%. Beim Lagern verliert sich aber die Blume, ähnlich wie auch beim Riesling, meist bald und wird da selten einen Wein mit so hervortretendem Gewürz erzielen, wie es auch die nichtsüßen Sauterneweine stets aufweisen.

Nach dem Ersten Weltkrieg, als Österreich die Untersteiermark an das heutige Slowenien abtreten musste, ging ein Großteil der Rebflächen – insgesamt etwa 30.000 Hektar – an den südlichen Nachbarn verloren. Im nunmehr verbliebenen Rest des steirischen Weinlandes von nicht einmal 2.000 Hektar waren die Rebanlagen kaum sortenrein ausgepflanzt. In ein und demselben Weingarten wuchsen viele verschiedene Weißweine wie Muskateller, Sylvaner, Riesling, Morillon und andere gemeinsam oft auch mit roten Sorten. Geerntet wurden die Sorten manchmal getrennt, zumeist aber wurden sie als Mischsatz ausgebaut, wobei die Sauvignon-Trauben als Geschmacksbetoner verwendet wurden. Einzelne Betriebe haben aber schon damals die Bedeutung der Sauvignonrebe erkannt und den

White Sauvignon, White Semillion, Yellow Muscatel, White Malvasia, Mosler, Terlaner and Kleinweiß. White Sauvignon and Semillion. Even though these two are very different varieties, they have to be dealt with together here, as they are mostly planted together in mixed vineyards in their native homeland, the „Gironde", and their mixture produces the excellent white Sauterne wine and its most famous make Chateau Yquem, which the French call "Le roi des vins, le vin des rois" ("the king of wines, and the wine for kings").

White Sauvignon

Characteristics are strong vines with thin stems, light brown in colour; the leafs are medium size, slightly blistered, below fine-woolly, dark green, rounded, mostly five leafs; the terminals (of the shoots) are mostly woolly; the grapes are small, cylindrical, and short stemmed, and are dense in their growth; the colour of the slightly long berries is green to green-white; They are thick skinned, translucent, with a distinctly peculiar spicy and full flavoured taste. The variety is of medium maturing time and has a relative small yield. Compared to other varieties including Semillion this grape is relatively less susceptible to peronospora, it seems to be more vulnerable though to winter frost.

2/3 Semillion and 1/3 Sauvignon grapes should be used to produce the fine Sauterne wines. More recently the harvest in the Sauterne has become a late harvest, similar to harvesting along the river Rhein. The sweet extraordinary spicy Sauterne wines made from noble rot raisins demand enormous prices. They too combine the spicy taste of healthy grapes with the aromatic substance originating from noble rot.

In Austria one can only find vineyards of this variety in Istria, Styria, Tirol and some other locations. In St. Michele there is a vineyard of Sauvignon as well as one of Semillion. The grapes and the young wines present themselves fairly savoury and palatable; the must in St. Michele showed in 14 year average at 18% sugar 7 per mille acid (read in September), but often rises in sugar content above 20%. During storage the bouquet evaporates fairly soon, similar to Riesling, and one is rarely able to produce a wine with a distinctive aroma, as is always exhibited by the not sweet Sauterne wines, too.

After WW1 when Austria lost Lower Styria to today's Slovenia, a large part of the vineyards – altogether about 60.000 acres – became the property of the southern neighbour. In the remaining rest of the Styrian wine growing area of not even 4000 acres single-variety vineyards hardly existed. Most vineyards were a mixed affair of different varieties of white grapevines resulting in wines as diverse as Muskateller, Sylvaner, Riesling, Morillon and others. Often hey were even planted together with red grapevines. Even though they were harvested separately most of the time they were produced as blends whereby Sauvignon-grapes were used to infuse taste. Individual wine makers recognized the importance of the Sauvignon vines even then and produced this wine pure. At the estate of Count Woracziczky in Langegg Sauvignon Blanc wine was bottled pure as early as 1930.

Being one of the pioneers of Sauvignon Blanc Peter Dreisiebner made quite a name for himself amongst

① *Weinlesestab aus dem Weinbaumuseum Kitzeck, in dem die besonderen Jahrgänge eingeschnitzt sind: 1863, 1867, 1868, 1870, 1873, 1878, 1879, 1882, 1904 und 1908.*
② *Werner Surma, Josef Kratzer und Anton Gumpl, Direktor des Landesweingutes und der Weinbau-schule Silberberg.*

Wein reinsortig vinifiziert. So wurde bereits um 1930 in der Gräflich Woracziczky'schen Gutsver-waltung in Langegg sortenreiner Sauvignon Blanc in Flaschen gefüllt.

Als einer der Sauvignon-Pioniere im steirischen Weinland hat sich Peter Dreisiebner einen großen Namen gemacht. Der anerkannte Weinbaufach-mann hatte früh damit begonnen, noch gemischt ausgepflanzte Sauvignon-Reben zu selektieren, in eigenen Quartieren auszupflanzen und zu ver-mehren. In seinen alten Aufzeichnungen findet sich ein Lesebericht, wonach am 20. Oktober 1942 15 Hektoliter Sauvignon (!) mit 21°KMW (104 Öchsle) gelesen wurden.

1942 war auch das Jahr, in dem Josef Melcher mit Pfropfreben aus der Weinbauschule Marburg in sei-nem Gamlitzer Weingarten in der Riede Sonneck eine Muskat-Sylvaner-Anlage auf einer Fläche von 7.000 Quadratmetern anlegte. Diese älteste noch existierende Sauvignon Blanc-Anlage in der Steier-mark steht noch immer im Ertrag. Nach dem Zwei-ten Weltkrieg stieg das Interesse an dieser Sorte. In den 50er-Jahren betrieb das Weingut Melcher auch eine eigene Rebschule. Der damalige Verwalter und Kellermeister des Gutes, Josef Puschnig, hat aus dem Sonneck-Weingarten in den nächsten Jahren elf Klone selektioniert und diese auch weiter ver-mehrt. Aus dieser Rebschule bezogen schließlich viele an Sauvignon-Trauben interessierte Winzer, wie Friedrich König vom Kittenberg (Leibnitz), Eduard Tscheppe aus Leutschach und viele andere, ihre Edelreiser.

Ein zweiter wichtiger Sauvignon-Standort war das Landesweingut Schlossberg bei Leutschach, wo un-ter dem rührigen Verwalter Jakob Pichler und später Erich Dietinger schon „grasige" Sauvignons gekel-tert wurden, die viele Preise erringen konnten. „Die Schlossberger hatten immer den besseren Sauvig-non als wir", erinnert sich Werner Surmer, der ab 1969 an der Landesweinbauschule Silberberg un-terrichtete, „unser Sauvignon hatte immer weniger Aromen, die Sorte war eigentlich nicht zu erraten." Das hat Werner Surmer keine Ruhe gelassen. Er ist auf die Suche nach geeigneten Reben gegangen, hat im Weingarten von Franz Hirschmugl in Kitzeck Edelreiser geschnitten, weitere aus Klosterneuburg, Pickern und von Peter Dreisiebner geholt, gemischt ausgepflanzt und weiter selektioniert. „Seither hat das Landesweingut Silberberg auch ausgezeichnete Sauvignons."

Styrian wine growers and connoisseurs. The accre-dited wine-growing expert had begun early on to separate the mixed plants of Sauvignon-grapes, plant them in their own vineyards and increase their numbers. In his chronicles one can find a de-tailed account about the harvesting of "15 Hektoli-ter Sauvignon(!) with 21 degrees KMW (104 Öchsle)" on 20th October 1942.

1942 was also the year, in which Josef Melcher built a Muskat-Sylvaner vineyard the size of 7.000 square metres with grapevines obtained from the Marburg Wine College in his Gamlitzer estate in Sonneck. This oldest, still existing Sauvignon-vineyard in Styria is still profitable today. After the 2nd World War the interest in this grapevine grew. In the fifties the Winery Melcher had their own vine nursery. The then administrator and cellarer of the estate, Josef Puschnig, succeeded not only in selec-ting eleven Klones from the Sonneck-vineyard in the following years, but also increase their num-bers. Many a wine grower interested in Sauvignon-grapes like Friedrich König, Eduard Tscheppe and many others initially acquired their precious vines from this vine nursery.

A second important Sauvignon-base was the coun-try estate Schlossberg close to Leutschach, where under the guidance of the relentless administrator Jakob Pichler and later Erich Dietinger "grassy" Sauvignons were produced, which won quite a few prizes. "The Schlossbergers always had a better Sauvignon than we could produce", remembers Werner Surmer, who was teaching at the school for agriculture and oenology Silberberg from 1969, "Our Sauvignon had always less aroma, one was not even able to guess the brand". Surmer found no peace. So he went to look for suitable vines; He acquired special vines from Franz Hirschmugl in Kitzeck, collected more noble cuttings from Klosterneuburg, Pickern and from Peter Dreisiebner, Gamlitz planted them together and selected them further. "Since then Silberberg produces passable Sauvignons too". Robert Eder, director of the school for agriculture and oenology Silberberg from 1966 to 2000, too, recognized the importance of Sauvig-non for Styria early on. "In the sixties Sauvignon Blanc or Muskat-Sylvaner was a wine enjoyed only by a minority. People more often rejected this wine than they were enthusiastic about it. I was one of those enthusiasts and therefore I tried to convince wine growers, who were in the process of changing

Schon früh hat auch Robert Eder, der der Weinbauschule Silberberg in den Jahren von 1966 bis 2000 als Direktor vorstand, die Bedeutung des Sauvignons für die Steiermark erkannt.

„In den Sechzigerjahren war der Muskat-Sylvaner bzw. Sauvignon Blanc ein Wein für eine Minderheit. Der Wein fand mehr Ablehnung als Begeisterung. Ich war einer der Begeisterten und habe Winzern, die dabei waren, ihre Rebanlagen umzustellen, geraten, wenigstens zwei, drei Prozent ihrer Flächen mit Sauvignon Blanc zu bepflanzen." Der Rat ist auf fruchtbaren Boden gefallen. Mittlerweile beträgt der Anteil des Sauvignon Blanc an der gesamtsteirischen Rebfläche von etwa 4.400 Hektar etwa zehn Prozent. Das macht mehr als 400 Hektar.

Einen besonders wichtigen Anteil am kometenhaften Aufschwung des Sauvignon Blanc in der Steiermark hat die Landwirtschaftliche Fachschule Haidegg in Graz. In dieser Institution hat sich Direktor Franz Strempfl seit den Siebzigerjahren intensiv mit der Klonenzüchtung des Sauvignon Blanc beschäftigt. „Fritz Melcher hat mein Interesse an dieser Sorte geweckt." Aus Melchers Weingarten und vom Landesgut Schlossberg wurden einzelne Stöcke („Mutterstöcke") vier bis fünf Jahre hindurch nach ihren Selektionszielen wie regelmäßige Durchschnittserträge, entsprechende Gradation, Gesundheit und Frohwüchsigkeit bzw. Sortenechtheit untersucht. Entsprach der Einzelstock den Selektionskriterien, wurde er weitervermehrt. Zu Vergleichszwecken wurden auch selektionierte Klone aus Frankreich, Südtirol und dem Friaul angefordert, ausgepflanzt und verglichen. Dabei wurden große Unterschiede festgestellt. Man fand Stöcke mit hohem Ertrag und Stöcke, deren Trauben ein großes Bukett lieferten. In Summe also die natürliche Voraussetzung für einen großen Wein. Aber auch in Sachen Krankheitsvorbeugung war man in Haidegg schon in den Achzigerjahren höchst aktiv. „Unsere Stecklinge wurden in Töpfe gepflanzt und wuchsen in einer Klimakammer bei etwa 40 Grad Celsius", erklärt Strempfl, „das ist eine Temperatur, die die Pflanzen gerade noch aushalten, nicht aber Viren, die in der Pflanze enthalten sind." Der zugewachsene Pflanzenteil war somit virenfrei und wurde wieder vermehrt. Die Selektionsarbeiten werden in Haidegg nach wie vor betrieben. Wie sagt Franz Strempfl? „Einen guten Klon herauszubringen ist die Arbeit einer ganzen Generation." Heute verfügen die steirischen Winzer über hervorragende Klone. Klone, die zu unterschiedlichen Bodenstrukturen und unterschiedliche Kleinklimata passen. Dieses so gewonnene hervorragende Traubenmaterial und das fachliche Wissen der Winzer sind die Basis für den weltweiten Erfolg des steirischen Sauvignon Blanc.

their vineyards, to at least plant two or three percent of their growing areas with Sauvignon Blanc". His advice obviously fell on fertile soil as by now vineyards of Sauvignon Blanc grapes cover ten percent of the whole Styrian wine growing area of about 8.800 acres. That counts for more than 800 acres.

A very important part in the comet like rise of Sauvignon Blanc in Styria played the Agricultural College Haidegg in Graz. The director of this institution Franz Strempfl had been concentrating intensively on the cultivation of clones of Sauvignon Blanc since the seventies. "Fritz Melcher drew my interest towards this variety of grapes". From Melcher's vineyard and also from the country estate Schlossberg individual mother vines were studied along criteria for selection like consistent average yield, according gradation, health and early growth and authenticity over a period of four to five years. After this the numbers of the individual vines meeting the selection criteria were increased. In order to compare the vines, selected clones from France, South Tyrol and Friaul were obtained, planted and checked against each other. In doing this big differences were discovered. There were vines with high yields, others whose grapes delivered a big bouquet. All in all the natural requisites for a grand wine were found. In the prevention of diseases too scientists in Haidegg were actively involved in the eighties. "Our cuttings were planted in pots and flourished in climatic chambers with a temperature of about 40° Celsius", Strempfl explains, "this is a temperature in which plants can just about survive but not a virus that might be present in the plants". The new plants were therefore cleared of any virus and their numbers could be increased. The selection work is still going on in Haidegg. How does Franz Strempfl put it? "To succeed in cultivating a good clone is the work of a whole generation". Today Styrian wine producers have excellent clones at their disposal, clones that fit in with varying soil structures and different local climates. These so gathered excellent grapevines and their fruits and the technical know-how of the wine producers are the basis for the worldwide success of Styrian Sauvignon Blanc wines.

STEIRISCHE WEINJAHRGÄNGE VON 1946 BIS 2007

Auf den nächsten Seiten wird ein allgemeiner Überblick und auch die Besprechung der steirischen Jahrgänge von 1935 bis 2007 gegeben. Es werden dabei einzelne Weine als Beispiele für besondere Jahrgänge beschrieben, dabei soll aber nicht vergessen werden, daß der Begriff „Jahrgang" immer einen Querschnitt der Weinregion darstellt. Es sind immer einzelne Weinhauer, die sich durch besondere Sorgfalt und Selektion ihres Lesegutes die Grundvoraussetzung für Außergewöhnliches schaffen. In den letzten Jahren hat sich die Arbeitsweise in den Weingärten und im Weinkeller verändert, dadurch ist es möglich, dass heute auch in mittelmäßigen Jahren sehr gutes Traubengut geerntet wird.

Für den Weinliebhaber soll es eine Übersicht über die Güte der Weinjahrgänge der Vergangenheit und der Gegenwart sein.

Der Doyen des steirischen Weinbaus, Fritz Melcher aus Gamlitz stellte seine persönlichen Aufzeichnungen und Erinnerungen der Jahre 1942 bis 1991 zur Verfügung. Das Wetter im Laufe des Jahres und alle Besonderheiten der Traubenernte sind darin vermerkt und bringen dem Leser einen kleinen Einblick über das bewegte Auf und Ab im Leben dieses großen steirischen Winzers.

Fritz Melcher stellte auch nach der 20-Punkte-Skala die Jahrgangsbewertungen von 1946 bis 1991 zusammen, die Johann Dreisiebner, Manfred Tement, Walter Polz und Fritz Tinnacher bis zum Jahrgang 2007 ergänzten.

Die Qualität der Weine hat sich im Laufe der Jahre durch die Weiterentwicklungen bei allen Arbeiten im Weingarten und auch in der Kellertechnologie verändert. Gegen Ende der 50er Jahre waren fast alle steirischen Weingärten von der Stockkultur auf die Hochkultur umgestellt.

Ab dem Jahre 1979 erfolgte in einigen Betrieben erstmals eine bewusste Mengenreduktion durch Ausdünnen von Trauben am Rebstock. Damals war es ein gewagter und mutiger Schritt in Richtung Qualitätstraubenproduktion. In den Jahren ab 1983 wurde diese Methode zur Qualitätssteigerung dann in vielen steirischen Weingärten durchgeführt.

Bis zum Jahrgang 1985 war der Zuckerreifegrad der Trauben das Hauptkriterium für die Bewertung eines Jahrganges.

Heute herrscht in der Steiermark ein anderes Qualitätsbewusstsein, es wurde schwieriger, einen ganzen Jahrgang anhand einiger Parameter zu beurteilen. Die heutigen Spitzenbetriebe unterscheiden sich in ihrer Arbeitsmethode wesentlich von normalen, diese bringen auf Grund ihrer aufwändigen Weingartenarbeit auch in schwierigen Jahren sehr gute Traubenqualitäten zustande. Seit der Ernte 1995 wird die Traubenlese in mehreren Durchgängen ausgeführt, es wird genauestens zwischen gesunden, physiologisch vollreifen Trauben und jenen mit dem Edelpilz „Botrytis cinerea" befallenen Beeren unterschieden und entsprechend der gewünschten Qualitätsstufe selektiv geerntet.

① Robert Eder, Manfred Tement, Fritz Melcher
② Fritz Melcher, Hans Haushofer: Die ganz großen Weinjahrgänge waren
1907, 1918, 1929, 1938, 1945, 1947, 1949 und 1952. Das Geschmacksbild
des Muskat-Sylvaner wurde von Josef Melcher immer sehr gelobt.
③ Johann Dreisiebner
④ Rudolf Lantschbauer, Sepp L. Barwirsch
⑤ Herbert Hirtner, Fritz Tinnacher
⑥ Wolfgang Maitz
⑦ Josef Puschnig, Bruno Wakonig

Steirischer Wein im Lauf der Jahrzehnte

1946	1947	1948	1949	1950	1951	1952	1953	1954	1955
18	20	17	20	17	14	16	18	16	17
1956	1957	1958	1959	1960	1961	1962	1963	1964	1965
18	16	17	19	18	19	17	18	18	13
1966	1967	1968	1969	1970	1971	1972	1973	1974	1975
18	17	18	17	17	19	15	18	15	16
1976	1977	1978	1979 ★	1980	1981	1982	1983	1984★★	1985
19	17	17	18	13	18	16	19	15	17
1986	1987	1988	1989	1990	1991	1992	1993	1994	1995
18	15	17	17	19	18	19	19	15	18
1996	1997	1998	1999	2000	2001	2002	2003	2004	2005
15	20	17	18	19	18	17	19	16	18
2006	2007								
19	19								

Zusammengestellt von Fritz Melcher, Manfred Tement, Johann Dreisiebner, Wolfgang Maitz, Walter und Erich Polz, Fritz Tinnacher und Herbert Hirtner.

Die Punktebewertung

13 außergewöhnlich klein   17 gut
14 sehr klein   18 sehr gut
15 klein   19 besonders gut
16 mittel   20 außergewöhnlich gut

★ Im Jahre 1979 erfolgte erstmals eine bewusste Mengenreduktion durch Ausdünnen von Trauben am Stock in vielen Weinbaubetrieben der Steiermark. Bei den Jahrgängen 1982, 1983 und 1984 wurde diese Methode der Qualitätssteigerung in der ganzen Steiermark durchgeführt.

★★ Bis zum Jahrgang 1984 war der Zuckerreifegrad der Trauben das Hauptkriterium für die Bewertung eines Jahrganges.

1935 Muscat-Sylvaner Czamillonberg
Gräflich Woracziczky'sche Gutsverwaltung, Langegg

Herbert Hirtner: „Cremig, weich, etwas Stearin, Kerzenwachs, trotzdem sehr gute Typizität. Braucht nach über 70 Jahren in der Flasche sehr viel Luft, um alle Aromen freizugeben. Leichter Rosinenton am Gaumen deutet auf hohe Reife hin."

1942   Fritz Melcher: „In diesem Jahr hat mein Vater gemeinsam mit Peter Dreisiebner Sauvignon-Reben von der Weinbauschule in Marburg gekauft und im Sonneck-Weingarten in Eckberg ausgepflanzt."

1945   Fritz Melcher: „Der letzte Kriegsjahrgang, ausschließlich auf Stockkulturen. Sehr geringer Ertrag. Wegen des Traubendiebstahls (Hunger) erfolgte die Lese schon Ende August bis Anfang September."

Im Jahre 1945 gab es die erste Weinernte von dem Sonneck-Muskat-Sylvaner-Trauben. 1945 war auch bis zum Jahr 2007 das früheste Jahr in dem die Vegetation als sehr früh begonnen hat. „Am 9. Mai 1945 war die Gerste und auch das andere Getreide in dieser Region mit Ähren versehen", erinnert sich Fritz Melcher an dieses Jahr.

1946   Frühester Austrieb und früheste Lese seit Menschengedenken. Auch Sorge um die Ernte, verstärkt wegen militärischer Besatzung, veranlasst schon Ende August den Beginn der Hauptlese! Gute Traubenqualität bei überdurchschnittlichem Ertrag.

1947   Auf den seit 3. Dezember tief gefrorenen Boden fällt Ende Jänner viel Schnee. Nach einem heißen Sommer wächst - seit 1917 wieder - ein „Jahrhundertwein", von dem noch lange berichtet wird. Hervorragende Spätlesen.

1947, 1949 und 1952 wurden die Traminertrauben mit 26°KMW (132 Öchsle), der Muskat-Sylvaner und Morillon mit 24,5°KMW (124 Öchsle) geerntet.

Kellermeister Schicker hat diese Weine dazu benutzt um etwas schwächere Weine damit zu verbessern.

1948   Einige Traubensorten erreichen wieder sehr hohe Zuckerwerte und bringen wunderschöne Spätlesen. Allgemein sehr blumiger und sehr haltbarer Wein, der jedoch unter den gegebenen politisch-wirtschaftlichen Verhältnissen oftmals vor seiner vollen Reife und unter seinem Wert als Zahlungsmittel Verwendung findet.

Fritz Melcher: „Ein sehr guter Jahrgang."

1949   Ein sehr guter Jahrgang, aber mit mittelmäßigen Erträgen. Wohl einer der besten Jahrgänge dieses Jahrhunderts.

1949 Sauvignon-Spätlese Czamillonberg
Gräflich Woracziczky'sche Gutsverwaltung, Langegg

Herbert Hirtner: „Im privaten Weinkeller des Grafen Woracziczky waren in den Regalen alle Sauvignon Flaschen als Muscat-Sylvaner beschriftet. Nur bei den auch dort gelagerten Etiketten waren beide Bezeichnungen vorhanden, Sauvignon Blanc und Muscat-Sylvaner."

Und dann - als die Flasche des 1949ers vorsichtig geöffnet und eingeschenkt wurde: „Mir fehlen die Worte - einfach sensationell, unglaublich - fast jugendliches Bukett, Aromabogen nach Eukalyptus, Johannisbeer, Fenchel, Dill. In dieser Form kein Limit in der Reife erkennbar."

1950   Ausgiebige Regenfälle im Juli und September geben die Voraussetzungen zur ersten größeren Ernte seit dem Krieg mit guten Qualitäten.

1951   Starke Niederschläge im Mai, Juni und Juli verursachen große Peronosporaschäden, die in manchen Weingärten die Ernte fast vernichten. Wein von mittlerer Güte.

1952   Bei durchschnittlichem Ertrag werden die Weine zwar blumig, aber nur von geringer Eigenart.

1953   Ein Spitzenjahr in der Steiermark. Der Vegetationsverlauf brachte ideale Voraussetzungen für hohe Qualitäten. Damals standen noch viele Stockkulturen, etwas über die Hälfte der Weingärten war auf Drahtrahmen umgestellt, und in der weinbaulichen Arbeitsgemeinschaft (Eduard Tscheppe, Franz Zach, Max Gschiel, Leo Hitti und Fritz König) war bereits der nächste Schritt das heiß diskutierte Thema: Soll man auf die „Lenz Mosersche Weitraumerziehung" (Hochkultur) umstellen? Im Jahr darauf hat Eduard Tscheppe die ersten derartigen Versuchsanlagen eingerichtet.

1953 Muskat Sylvaner Pössnitzberger Römerstein
Tscheppe Eduard, Leutschach

Roland Tscheppe: „Der 53er ist dank seiner hohen Ausreifung (heute Auslese) von großer Beständigkeit und hat sich langsam zu einem großartigen Wein entwickelt, der seine primären Fruchtkomponenten - eine delikate Symbiose von Stachel- und Johannisbeeren - nie verloren hat.

1954   Es ist das erste „Rekordjahr" seit dem 2. Weltkrieg. Ideal verteilte Niederschläge vor der Blüte und dann im Sommer bringen einen überreichen Ertrag. Trotz Lese bis in den November hinein gibt es nur mittelmäßige Zuckerwerte, aber aromareiche Weine.

1955   Juni, Juli und August machen mit 400 mm Regen in diesen 3 Monaten einen schon lange nicht erlebten nassen Sommer. Kleine Ernte und Weine von mittlerer Qualität.

1956   Am 2. Februar vernichten Fröste in der Wachau mit minus 23°C und im Burgenland bis minus 30°C die meisten Weinstöcke. Aufgrund der außerordentlich geringen Erträge wird der Wein sehr gut, doch für die Weinbauern ist es ein schlimmes Missjahr.

1957   Es ist zwar ein „7er Jahr" und bringt die erwarteten hohen Qualitäten, enttäuscht aber hinsichtlich der Menge.

1958   Es wird das zweite Jahr mit einer sehr großen Ernte seit dem Krieg, das dort und da aber wegen der späten Lese gute Weine bringt.

Fritz Melcher: „Eine große Traubenernte durch die Umstellung großer Teile der Weingartenflächen auf die Hochkultur. Zwischen den Reihen wurden Drahtrahmen aus den vorigen Anlagen belassen, was den Ertrag in diesem Jahr enorm steigerte."

1959   Das Jahr, in dem in den deutschen Weinbaugebieten der „Wein des Jahrhunderts" wächst, ist in der Steiermark mit viel Gewitterregen in den Monaten Mai bis Juli in Erinnerung. Meist gute, zum Teil hervorragende Weine, die sich als sehr haltbar erweisen.

1960   Die Reben hatten den strengen Winter ohne Frostschäden überstanden. Später Austrieb mit gutem Blüteverlauf, schöner Herbst, aber kleines Weinjahr mit mittleren Erträge von geringer Güte.

1961   Im Mai kaltes und regnerisches Wetter, dann sehr heißes und trockenes Jahr mit großer Traubenernte, aber säureschwachen Weinen. Karl Repolusk aus Glanz, Leutschach, stellt in diesem Jahr seine Weingärten in der Ried Oberglanz von der Stock- auf die Hochkultur um. Ausgepflanzt werden die Rebsorten Gelber Muskateller und Muskat Sylvaner.

1962   Es ist das Jahr mit den größten Schäden wegen der Verrieselung der Trauben durch schlechtes Blütewetter. In den meisten Weinbaugebieten gibt es viele Trauben mit den kleinen „Jungfernbeeren", die allerdings hohe Mostgrade und hervorragende Qualitäten bringen.

Der 24jährige Steirer Karl Repolusk legte als erster österreichischer Weinbauer die Prüfung zum Weinbaumeister mit ausgezeichnetem Erfolg ab.

1963   Ab Juli setzte eine lange Trockenperiode ein, die erst im August durch starke Niederschläge beendet wurde. Es ist schon das 3. Jahr mit einer großen Sommertrockenheit und daher geringen Erntemengen. Wieder Spitzenweine, die wie jene der Vorjahre zu den besten der 60er Jahre zählen.

1964 Nach vielen Jahren endlich wieder eine große Ernte. Nach 1954 und 1958 zum 3. Mal seit dem Krieg. Trotz des Regen können Qualitätstrauben geerntet werden, die sich zu sehr duftigen und haltbaren Weinen entwickeln. Der Jahrgang bleibt in sehr guter Erinnerung.

Fritz Melcher: „Im 64er Jahr ließ ich beim Mühlfellner in Ehrenhausen meinen ersten Stahltank für die Gärung anfertigen."

1965 In der jüngeren Geschichte der Weinjahre das mit Abstand unerfreulichste Weinjahr. Nach einem ganz späten Austrieb und feucht-kühlen Sommer konnten erst Mitte Oktober mit dem Ernten der Frühsorten begonnen werden. In der Steiermark waren die Weinbauern gezwungen, ihre Trauben teilweise bei Schneefall einbringen zu müssen.

1966 Wieder eine reiche Ernte mit guten Zuckergraden - aber geringer Säure, die die Weinbauern nach dem vergangenen Jahr schon herbeisehnt haben. Ein mittelmäßiger Jahrgang.

1967 In den Monaten Juli und August schädigten Hagelgewitter die Rebkulturen in der Südsteiermark. Nach einem sonnenreichen Sommer kommt Ende September starker Regen, der einen Botrytisbefall mit sich bringt. Es gibt gute Weine, aber ohne Besonderheit des Jahrganges.

1967 Muscat Sylvaner Czamillonberg
Gräflich Woracziczky'sche Gutsverwaltung, Langegg
Herbert Hirtner kaufte Anfang der 1980er Jahre den privaten Weinkeller des Grafen Woracziczky: „Ich habe damals alle Flaschen aufgemacht, die Weine verkostet und den Schwund mit den besten Qualitäten der selben Rebsorte und dem gleichen Jahrgang aufgefüllt und die Flaschen wieder neu verkorkt. Die Originaletiketten sind auch aus dem Keller und wurden erst jetzt aufgeklebt."
Herbert Hirtner: „Nach rund 40 Jahren ein fast jugendliches, fein dunkelfruchtiges Bukett, am Gaumen schlank, aber voll Lebendigkeit."

1968 Im Jänner kam ein Temperatursturz von bis zu minus 24°C, der schwere Frostschäden in tiefer gelegenen Weingärten brachte. Ein sehr trockenes Jahr mit nur wenig Niederschlägen. Sehr gute und aromareiche Weine.

1968 Muskat Sylvaner Pössnitzberger Römerstein
Tscheppe Eduard, Leutschach
Roland Tscheppe: „Ein Sauvignon, der auch ohne hohen Ausreifungsgrad eine sehr gute und beständige Lagerfähigkeit und Entwicklung gezeigt hat. Offensichtlich hat sich eine perfekte Säurestruktur als das Rückgrat des Entwicklungsprozesses herausgebildet, an dem sich die würzige Hollunder-Bukettnote und die jugendlich gebliebene Sortencharakteristik derart stabilisiert haben, dass niemand diesem Wein sein tatsächliches Alter ansieht.

① Franz Strablegg ② Willi Sattler
③ Johann Dreisiebner ④ Josef Ertl
⑤ Manfred Tement
⑥ Franz Strempfl, Hans Haushofer

1969 Ein zeitiges Frühjahr und eine von März bis Mitte Juli anhaltende, um diese Zeit selten erlebte Trockenheit und Hitze. Auf ausgiebigen Regen und kühlen August folgt ein herrlicher Oktober. Sehr schönes, warmes Wetter bis Mitte November, viel Botrytis in den Weingärten.
Traubenernte im Landesweingut Silberberg:
23.9. Morillon 14°KMW (67,9 Öchsle), 15.10. Riesling 18,5°KMW (91,5 Öchsle).

1970 Infolge eines nassen und kalten Winters erfolgte der Austrieb sehr spät. Durch hohe Temperaturen im Juli und Anfang August wurde der Vegetationsrückstand aufgeholt. Ein Hagel am 17. Juni im Bereich der südsteirischen Weinstraße zerstörte den größten Teil der Trauben, auch bei den Weingütern Dreisiebner und Maitz in Ratsch. Der Hagel brachte eine indirekte Ausdünnung, die später noch eine überraschend gute Ernte mit vielen Kabinett-Qualitäten brachte.
Traubenernte im Landesweingut Silberberg:
15.10. Muskat Sylvaner 15°KMW (73 Öchsle).

1970 Muskat Sylvaner
Weingut Melcher, Schloß Gamlitz
Robert Eder: „Das ganze Jahr war trocken und heiß, und es folgte ein Bilderbuchherbst, die Traubenernte war Mitte September, es konnten höchste Traubenqualitäten gelesen werden, der Riesling hatte zwar 20°KMW (99,6 Öchsle) bei der Lese, aber die Extraktwerte waren durch die Trockenheit an der unteren Grenze."

1971 Johann Dreisiebner: „Das Jahr war trocken und heiß, die Primärreife war zu Beginn der Lese nicht besonders hoch, aber letztlich erreichten wir eine gute Gradation. Einer der ganz großen Jahrgänge, wenn nicht der beste seit 1947. Nach frühem Vegetationsbeginn, einem schönen Sommer und fast heißen Oktobertagen werden besonders bukettreiche und vollreife Weine gekeltert. Spitzenweine von seltener Harmonie und Würzigkeit." Traubenernte im Landesweingut Silberberg:
13.10. Muskat Sylvaner 19°KMW (94,2 Öchsle), Rheinriesling 19°KMW (94,2 Öchsle).

1971 Muskat Sylvaner
Weingut Melcher, Schloß Gamlitz
Fritz Melcher: „Ein trockener Herbst während der ganzen Lesezeit, mit sehr hohen Lesegradationen und vor allem keine Botrytis. Der Wein besticht heute noch durch seine Würzigkeit und Dichte."

Herbert Hirtner: *„Goldgelbes, gereiftes, aber sehr typisches Sortenbukett, leicht minzige Anklänge eines elegant gereiften Altweines."*

1972   Ein mittelmäßiger Jahrgang. Ab Juli viel Regen bis in den Herbst zur Traubenernte, sodass die Reife zu wünschen übrig lässt. Ein kleiner Weinjahrgang mit dünnen und extraktarmen Weinen.

1972 Muskat Sylvaner
Weingut Melcher, Schloß Gamlitz

Fritz Melcher: *„Ein eher kleines Weinjahr, aber heute ist er gar nicht so schlecht."*

1973   Nach kühler und regnerischer 2. Julihälfte ist es im August und September wieder wärmer. Die Trauben können sich normal entwickeln, und dank der warmen Witterung im Hochsommer machte die Traubenreife gute Fortschritte.

Fritz Melcher: *„Der größte Wein meines bisherigen Lebens war eine 1973er Sauvignon Blanc Auslese mit 23,5°KMW (118 Öchsle). Voluminös, Kompakt, Harmonisch, eine unglaubliche Frucht, alles zusammen war einfach phänomenal. Leider habe ich davon keine Flasche mehr."*

Traubenernte im Landesweingut Silberberg:
3.10. Muskat Sylvaner 15,2°KMW (74,1 Öchsle).

1973 Sauvignon Blanc
Weingut Melcher, Schloß Gamlitz

Fritz Melcher: *„Der 73er war der größte Wein, den ich Zeit meines Winzerlebens gekeltert habe. Ein Hagel hat 70% der Trauben zerstört, und wir haben nur rund 1.700 Liter vom ganzen Sonneck-Weingarten geerntet."* Als wir diesen Wein 35 Jahre später verkosteten, meinten alle bewundernd: *„Dieser Sauvignon Blanc ist ein wirkliches Denkmal für die unbeschränkte Haltbarkeit dieser steirischen Rebsorte, ein zeitloses Monument".*

1974   Eine feuchte und kühle Witterung während der Rebblüte verzögert die weitere Traubenentwicklung. Wegen der verspäteten Reife ist der Lesebeginn erst um den 10. Oktober. Eine Weinlese, an die sich die Weinbauern nicht gerne erinnern. Mehrmals Regen und anfangs November mit Minusgraden erschweren die Arbeit. Die späte Lese brachte aber aromareiche Weine mit einer kräftigen Säure.

Traubenernte im Landesweingut Silberberg:
15.10. Muskat Sylvaner 13,5°KMW (65 Öchsle).

1975   Karl Repolusk stellte als erster Steirer seine Weingärten auf die neue Eindrahterziehung um. Man erhoffte sich dadurch weniger Laubarbeit. Ein niederschlagsreicher Sommer, ein heißer September, Regen im Oktober ergaben eine mengenmäßig sehr gute Ernte. Häufige Hagelschläge beeinträchtigen die Ernte in der Steiermark, besonders stark wird das Gebiet um Klöch betroffen. Sehr würzige und harmonische Weine.

Traubenernte im Landesweingut Silberberg:
16.10. Muskat Sylvaner 18°KMW (88,8 Öchsle).

1976   Nach großer Hitze und Trockenheit im Juni-Juli folgt ein naßkühles Wetter. Der Herbst bringt mehr Sonne. Anfang Oktober setzt ein starker Botrytisbefall in den Weingärten ein.

Traubenernte im Landesweingut Silberberg:
12.10. Muskat Sylvaner 21°KMW (105 Öchsle).

1976 Muskat Sylvaner
Weingut Melcher, Schloß Gamlitz

Fritz Melcher: *„Es ist wirklich ärgerlich, jetzt haben wir 6 Flaschen des 76ers geöffnet, und alle hatten einen Korkgeschmack. Erst die 7. Flasche hat gezeigt, was dieser Jahrgang zu bieten hat, und das ist großartig."*

1977   Er sollte von Anbeginn an ein sogenannter „großer Jahrgang" werden, da es ein 7er ist und nach 1917 und 1947 auch wieder 30 Jahre vergangen sind.

Traubenernte im Landesweingut Silberberg: 10.10. Muskat Sylvaner 20°KMW (99,6 Öchsle).

1977 Muskat Sylvaner
Weingut Melcher, Schloß Gamlitz

Fritz Melcher: *„Das war noch die Zeit*

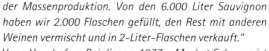

der Massenproduktion. Von den 6.000 Liter Sauvignon haben wir 2.000 Flaschen gefüllt, den Rest mit anderen Weinen vermischt und in 2-Liter-Flaschen verkauft."

Hans Haushofer:*„Bei diesem 1977er Muskat Sylvaner ist sein Alter nicht feststellbar. So frisch präsentiert sich der Wein heute im Glas."*

1978   Später Vegetationsbeginn mit richtigen „Eismännern". Austrieb sehr zögernd, vergleichbar mit dem des Jahres 1965. Im Sommer gab es einen starken Hagel, der zwischen 65% und 86% der Trauben in den Weingärten der Südsteiermark vernichtete.

Fritz Melcher: *„Muskat Sylvaner war der Bauernname, der lange für diese Rebsorte verwendet wurde."*

Herbert Hirtner: *„Der 1978er war einer der besten Jahrgänge in der steirischen Weingeschichte."*

1979   Nach spätem Austrieb folgt eine Hitzeperiode, und schon anfangs Juni beginnt die Rebblüte. Einem kühlen Juli folgen heiße August- und Septemberwochen mit viel Hagel. Kleine Erntemengen mit durchschnittlich 3.600 Liter/Hektar, doch die Weine waren von hervorragender Güte.

1979 Sauvignon Blanc
Maitz Wolfgang, Ratsch an der Weinstrasse

„Intensives, leuchtendes Farbbild in Gelbgold mit noch vielen jugendlichen Akzenten; in der Nase eine Vielzahl an Aromen, kann Primärfrucht mit reifen Paprikanoten freisetzen, am Gaumen kraftvoll, ideale Balance von leichter Restsüße und Fruchtsäure, dadurch belebend, pikant und sehr agil, ein zeitloses Vergnügen, von große Klasse."

1979 Sauvignon Blanc
Sattlerhof, Gamlitz

Von diesem Jahrgang kaufte der Tiroler Weinhändler Gottardi alle Sattlerhof-Sauvignon Blanc-Flaschen auf und verglich den steirischen Sauvignon mit den besten Sancerre-Weinen. Das war der erste Durchbruch für einen steirischen Sauvignon Blanc (Muskat Sylvaner), der VK pro Flasche war ATS 75,–, trotzdem war der Wein sehr schnell ausverkauft. Der Ab-Hof-Preis für den Pfarrweingarten war damals ATS 27,–.

1979 Sauvignon Blanc
Weingut Melcher, Schloß Gamlitz

Fritz Melchers Kommentar im Jahre 2008 über diesen Wein: *„Der ist richtig gut. Ein schönes, intensives Gelb mit deutlichen Goldakzenten; in der Nase typische Sauvignon-Noten, Würzeanteile; am Gaumen elegant, zunächst ein wenig weich, später von reifer Säure zusätzlich geadelt, langes weiniges Finish."*

Herbert Hirtner: *„Spätleseton, trotzdem reduktiv, gebündelte feste Frucht, braucht viel Luft zur vollen Entwicklung. Am Gaumen fest, mit minzigem Finale."*

1980   Was weder Väter noch Großväter mündlich oder nach Aufzeichnungen überlieferten, geschieht vom 2. bis 6. November: Frost bis minus 6°C und 20 cm Pulverschnee, mehr als die Hälfte der Ernte ist noch an den Reben! Verzweifelt wird gelesen, die hartgefrorenen Trauben lassen sich schwer pressen.

Willi Sattler: *„Ein problematisches Jahr. Anfang November gab es 20 cm Schnee. Bei diesen Bedingungen haben wir die Trauben ernten müssen und in Butten durch den Schnee getragen. Der Sauvignon wurde vielfach als „Sauvignon Blau" oder „Sauwein" bezeichnet."*

Fritz Melcher: *„In diesem Jahr hatten wir den schlechtesten Reifegrad aller Trauben, aus dem wir je einen Wein gemacht haben. Das schlechteste Jahr seit Menschengedenken. Der Welschriesling wurde mit 9°KMW gelesen, der war so sauer - nicht zum Fressen-, da haben wir einen Wein daraus gemacht. Das Rebeln der Trauben hat wie Schüsse von Schrotkugeln auf Metall geklungen."* Friedl Cramer aus Kitzeck hat mich angerufen, und er meinte schelmisch, wie es seine Art war: „Ich habe

Der Landeshauptmann der Steiermark Josef Krainer und Arnold Schwarzenegger bei der Krönung der steirischen Weinkönigin Rosalinde I. im Jahre 1986 in Leibnitz, rechts Burghardt Winkler Hermaden.

schon die 1. Kabinettqualitäten geerntet, mit 17 Promille Säure," Traubenernten im Landesweingut Silberberg: 22.10. Weißburgunder 13°KMW (62,7 Öchsle), Welschriesling 12.11. 8°KMW. Die Traubenpreise in diesem Jahr: 1 kg Welschriesling öS 6,- und 1 kg Riesling öS 8,-.

1980 Sauvignon Blanc, Wachstum Pfarrweingarten Sattlerhof, Gamlitz

Willi Sattler: *„1980 war ein problematischer Jahrgang, zu Allerheiligen gab es 40 cm Schnee. Wir haben die Trauben in den Lesebutten durch den Schnee getragen. Die Welschrieslingtrauben sind auf den Stöcken abgefroren, das Holz war noch nicht ausgereift. Der Sauvignon wurde vielfach als Sauvignon Blau oder Sauwein bezeichnet."*

1981   Große Frostschäden durch den frühen Wintereinbruch im Herbst 1980. Vom Land Steiermark gab es eine Unterstützungsaktion für die Wiederbepflanzung schwer geschädigter Anlagen. Sehr kleine Ernte. Viele Reben mussten von der Stammbasis neu heraufgezogen werden.
Traubenernte im Landesweingut Silberberg:
20.10. Welschriesling 16°KMW (78,3 Öchsle).

1982   Rekordernte durch die „verjüngten, ausgeruhten Rebstöcke". Regen während der gesamten Erntezeit „vergrößert die Saftausbeute". Traubenernte im Landesweingut Silberberg:
20.10. Welschriesling 12°KMW (57 Öchsle), mit 9-10,5 g/l Säure.

1983   Nach einem sehr heißen Sommer wieder ein „großer" Jahrgang. Viele Spät- und Auslesen werden mit besonders hohem Zuckergehalt eingebracht.
Robert Eder, Direktor der Weinbauschule Silberberg: *„Ein blauer Himmel den ganzen Herbst über. Am 20. Oktober bin ich noch in der Sulm geschwommen. Die ganze Traubenernte lag im Spätlesebereich."*
Wolfgang Maitz: *„Erster Jahrhundertwein mit sehr hohen Traubengradationen. In diesem Jahr haben wir die Bezeichnung von Muskat Sylvaner auf Sauvignon Blanc umgestellt. Einen Teil der Flaschen haben wir noch mit Muskat Sylvaner etikettiert, den Rest mit Sauvignon Blanc. Unsere Kunden haben dann von jedem je sechs Flaschen gekauft."*
Traubenernte im Landesweingut Silberberg:
20.10. Welschriesling 18,5°KMW (91,5 Öchsle).

1983 Sauvignon Blanc Pössnitzberg Römerstein Tscheppe, Leutschach

Fritz Melcher: *„Dieser über 25 Jahre gereifte Wein besticht durch seinen jugendlichen Charme und seiner Fruchtigkeit."*

1983 Muskat Sylvaner/Sauvignon Blanc Maitz Wolfgang, Ratsch an der Weinstrasse

Wolfgang Maitz: *„Der erste sogenannte Jahrhundertwein, damals ist es mit den höheren Gradationen losgegangen. Durch den strengen Winter gab es kleine Erntemengen. Wir haben damals die Hälfte der Flaschen mit dem Namen Muskat Sylvaner und die andere Hälfte als Sauvignon Blanc etikettiert. Da gab es manchmal einen 12er Karton mit 6 Flaschen Sauvignon und 6 Flaschen Muskat Sylvaner, das war eine Verwirrung."*

1983 Sauvignon Blanc Zieregg Tement Manfred, Berghausen

Manfred Tement: *„In diesem Jahr hat alles gepasst, es gab*

genügend Sonne und Wasser. Die Trauben waren nicht überreif, die Weine hatten dadurch ein gutes Säure-Zucker-Verhältnis."
Herbert Hirtner: *„Ein Superwein, wie er sich heute, im Jahre 2008, präsentiert. Die Farbe ist noch perfekt."*

1983 Sauvignon Blanc Tement Manfred, Berghausen

Herbert Hirtner: *„Schlankes, vegetables und unglaublich reintöniges Bukett. Nach 25 Jahren zeigt sich der Vertreter eines sehr heißen Jahrgangs mit weichen, leicht wachsigen Anklängen am Gaumen, noch unglaublich lebendig und mit Potenzial für viele weitere Jahre."*

1984   Ein qualitativ kleiner Jahrgang.
Traubenernte im Landesweingut Silberberg:
7.11. Welschriesling 13°KMW (62 Öchsle).

1985   Ein sehr kalter Winter, 14 Tage lang lagen die Temperatur in den Weingärten bei minus 20°C. An den Weinstöcken starke Frostschäden bei den Augen (Knospen). Beim Winterschnitt der Reben ein Zapfenschnitt statt den Streckern notwendig, weil nur die ersten zwei bis drei Augen gesund blieben. Dadurch eine kleine Ernte bei sehr hoher Qualität.
Traubenernte im Landesweingut Silberberg:
15.10. Muskat Sylvaner Schloßberg 19°KMW (94,2 Öchsle).

1985 Sauvignon Blanc Zieregg Kabinett Tement Manfred, Berghausen

Manfred Tement: *„Der letzte Wein, der in die Rheinweinflasche gefüllt wurde. Ein Sauvignon Blanc mit nunmehr 23 Jahren Flaschenreife, ein Wein mit einer schönen Frucht und einer frischen, harmonischen Säurestruktur.*

1986   Gute Ernteerträge bei sehr guter Qualität.
Traubenernte im Landesweingut Silberberg:
6.10. Muskat Sylvaner Kitzeck 19°KMW (94,2 Öchsle),
7.10. Muskat Sylvaner Schloßberg 19°KMW (94,2 Öchsle).

1986 Sauvignon Blanc Kabinett Maitz Wolfgang, Ratsch an der Weinstrasse

Wolfgang Maitz: *„Der 1986er Sauvignon ist ein Paradebeispiel für den damaligen Vinifikationstil: Ein fruchtbetonter Sauvignon - Kabinett war damals nicht aufgebessert - reif, mit moderatem Alkoholgehalt von 11vol%, einer etwas höheren Säure und ganz durchgegoren."*

1986 Sauvignon Blanc Tement Manfred, Berghausen

Manfred Tement: *„Gutes Weinjahr, damals einer der besten Sauvignons des 1986er Jahrganges, braucht viel Luft."*

1986 Sauvignon Blanc Weingut Melcher, Schloß Gamlitz

Herbert Hirtner: *„Leicht gereifte Farbe, im Bukett trotzdem gute Typizität; harzige Aromen am Gaumen, mit feinem Rosinenton ausklingend."*

1986 Sauvignon Blanc Spätlese Ried Kaltenegg Puschnig Josef, Gamlitz

Josef Puschnig: *„Einer der großen Weine der 80er Jahre. Eine frühe Rebblüte, ein warmer Sommer und eine frühe Traubenreife. Die Weine waren kraftvoll, mit viel Eleganz. Von der Menge war es eine kleine Ernte. Der Wein war in den ersten Jahren wuchtig, wurde aber mit der Zeit immer eleganter."*

1987   Traubenernte im Landesweingut Silberberg:
14.10. Muskat Sylvaner Kitzeck 17°KMW (83,5 Öchsle),
14.10. Muskat Sylvaner Schloßberg 17,5°KMW (86 Öchsle).

1987 Sauvignon Blanc
Gross, Ratsch an der Weinstrasse

Armin Tement: *„Jugendlich und glasklar im Glas, glitzernd, ein Wein mit einer ausgeprägten Strahlkraft. Frische und ausgeprägte Sauvignonfrucht."*

1987 Sauvignon Blanc Pfarrweingarten
Sattlerhof, Gamlitz

Willi Sattler: *„In diesem Jahr hat alles gepasst, es gab genügend Sonne und Wasser. Die Trauben waren nicht überreif, die Weine hatten dadurch ein gutes Säure-Zucker-Verhältnis. Wir haben den Pfarrweingarten-Sauvignon mit extralangen 60 mm Korken verschlossen, schon dadurch wollten wir auf die Besonderheit dieses Weines hinweisen."* Einzig der Preis, damalige Ab-Hof-Preis von ATS 185,- pro Flasche, sorgte für einige Aufregung.

1988   Wärmster Jänner seit Jahrzehnten und sehr warmer Februar. Mitte Juni beginnt schon die Traubenblüte. Die außerordentliche Trockenheit im Juli und September hindern die Entwicklung des reichlichen Traubenbehanges. Wieder ein sehr guter Jahrgang.
Traubenernte im Landesweingut Silberberg:
18.10. Muskat Sylvaner Kitzeck 17,5°KMW (86 Öchsle),
18.10. Muskat Sylvaner Schloßberg 17,5°KMW (86 Öchsle).

1988 Sauvignon Blanc Zieregg
Tement Manfred, Berghausen.

Manfred Tement: *„Der Wein ist heute - nach 20 Jahren - etwas darüber."*

1989   Ein spätreifendes Jahr mit extremen Niederschlagsverhältnissen: von Jänner bis März sehr mäßiger Regen, von April bis August dann fast zuviel davon. Ab Mitte Oktober dann ein „Traumwetter" mit etwas Frühnebel und tagsüber viel Sonne mit spätsommerlichen Temperaturen. Eine Jahr mit viel Botrytis, die Weine mit geringem Alkohol und Rekordextraktwerten.
Traubenernte im Landesweingut Silberberg:
23.10. Muskat Sylvaner Schloßberg 15°KMW (73 Öchsle).

1989 Sauvignon Blanc Zieregg
Tement Manfred, Berghausen

Willi Sattler: *„Ein kraftvoller, vielschichtiger und würziger Sauvignon mit noch Potenzial für eine weitere Entwicklung."*
Bei einem gemeinsamen Essen im Jahre 1989 bei Walter Bauer in Wien haben sie einen Cloudy Bay Sauvignon ohne Kommentar eingeschenkt bekommen, Walter Bauer wollte die jungen Steirer bezüglich ihres Sauvignonwissens testen. Nachdem sie aber kurz davor die Sauvignons aus der neuen Welt verkostet hatten, war ihnen das neue Geschmacksbild vertraut, und sie

① *Fritz Melcher und Hans Haushofer*
② *Herbert Hirtner* ③ *Erich Polz*
④ *Manfred Tement, Armin Tement, Walter Polz,*
   Arnold Melcher ⑤ *Bruno Wakonig*

konnten dadurch nicht irritiert werden. Das Erstaunen war nun auf der Seite des Gastgebers als der Cloudy Bay Sauvignon sofort erkannt wurde.

1989 Sauvignon Blanc
Gross, Ratsch an der Weinstrasse

Alois Gross: *„Bis in den November haben wir gekämpft, um die Sauvignontrauben in eine höhere Reife zu bekommen. Bis zu diesem Jahr wurde die Weintraubenernte meist bis Mitte Oktober abgeschlossen."*
Walter Polz: *Warmer, weicher Duft, schöne Extraktsüße, fruchtbetont, langer Abgang.*

1990   Das Jahr beginnt mit dem „wärmsten März aller Zeiten". Dem folgt ein kühler und nasser April, doch schönes Wetter im Mai–Juni führt zu einer frühen Rebblüte, die Ende Juni abgeschlossen ist. Einer der „schönsten Jahrgänge", vergleichbar mit dem 97er. Unglaublich finessenreich in Frucht und Aromatik. In diesem Jahr war die „Landesausstellung Steirische Weinkultur" auf Schloss Gamlitz.
Traubenernte im Landesweingut Silberberg:
15.10. Muskat Sylvaner Schloßberg 18°KMW (88,8 Öchsle).

1990 Sauvignon Blanc Steinbach Spätlese
Lackner-Tinnacher, Gamlitz

Fritz Tinnacher: *„Das war die erste Ernte des neu ausgepflanzten Sauvignon-Weingartens, der mit Reben, die von Josef Puschnig selektioniert wurden, angelegt wurde."*
Herbert Hirtner: *„Ausdrucksstarke saftige Nase, feine, frische Weinigkeit am Gaumen - macht Spaß, repräsentiert den Jahrgang in typischer Weise."*

1990 Sauvignon Blanc Zieregg
Tement Manfred, Berghausen

Der 1990er Zieregg Sauvignon Blanc war der Gewinner der ersten von der Zeitschrift „Feinschmecker" ausgerichteten internationalen Sauvignon Blanc-Weinkost mit den weltweit besten Weinen dieser Rebsorte.
Manfred Tement: *„Für mich war der 1990er Sauvignon Blanc bisher der beste Jahrgang."*

1990 Sauvignon Blanc
Sattlerhof, Gamlitz

Maria Sattler packte die letzte Flasche des 90er Jahrganges ohne das Wissen von Willi Sattler für die Sauvignon Weinkost ein. Als der Wein dann eingeschenkt wurde, war Willi im ersten Moment etwas traurig: *„Das war die letzte Flasche!"* War aber vom ausdruckstarken Wein im Glas sehr erfreut. „Der letzte Schluck sei dir gegönnt", lacht Winzerkollege Erich Polz, und weiter „die letzte Flasche muß nicht unbedingt schlecht sein".

1990 Weißburgunder
Repolusk, Pössnitz

Der 1990er Weißburgunder von Roland Repolusk, Glanz, wurde Weltmeister in der Kategorie der trockenen Weißweine bei der Internationalen Laibach Weinbewertung.

1991 Späte Vegetation bis Anfang August! Schwere Hagelschäden an der Südsteirischen Weinstraße. Der warme und sonnige Spätsommer und Herbst lassen einen normalen Jahrgang reifen. Traubenernte im Landesweingut Silberberg: 15.10. Muskat Sylvaner Schloßberg 17°KMW (83,5 Öchsle).

1991 Sauvignon Blanc Zieregg
Tement Manfred, Berghausen

Manfred Tement: „In diesem Herbst wurden bei der Sauvignon-ernte bewusst ein kleiner Anteil von Botrytistrauben mitgelesen, um die qualitativen und aromatischen Auswirkungen kennen zu lernen. Die Erkenntnis aus diesem Jahrgang ist, dass Botrytis-trauben seit damals penibel vermieden werden, um die typische Sauvignonaromatik nicht zu verfälschen."

1991 Sauvignon Blanc
Breitenberger Karl, Kaibing

Obwohl in einem mäßigen Jahr geerntet zeigt sich dieser Sauvignon noch immer von seiner würzigen Seite und be-merkenswert auch seine strohgelbe Farbstruktur. Die leben-dige Säure stützt den feinen Wein, mit ganz zarten Alters-anklängen im Abgang.

1992 Sehr spät einsetzende Vegetation. Die Reben sind um Georgi (23. April) noch blind. Nach schnellem Austrieb kommt es schon in der ersten Junihälfte zur Traubenblüte. Erst ein Gewitterregen Mitte Juni und ein weiterer im August brin-gen Linderung im sehr heißen Sommer. Insgesamt ein sehr trockenes Jahr, und der ganze Weinjahrgang ist von dieser Trockenheit geprägt.
Traubenernte im Landesweingut Silberberg:
23.9. MS/Sauvignon Blanc Kitzeck 18°KMW (88,8 Öchsle),
23.9. MS/Sauvignon Blanc Schloßberg 19,4°KMW (96,4 Öchsle).

1992 Sauvignon Blanc Sernauberg
Sattlerhof, Gamlitz

Willi Sattler: „Dieser Sauvignon war für mich der erste Versuch mit dem Ausbau in den Kleinfässern. Im Laufe der nächsten Monate wurde die Feinhefe immer wieder aufgerührt, die Fässer wurden nie umgezogen. Anfangs habe ich mich nicht getraut diesen Wein meinen Kollegen zum Kosten zu gegeben. Herbert Hirtner hat gewusst, dass ich einen Sauvignon in Barriques habe. Er ließ nicht locker, bis er ihn zum Kosten bekam. Wir haben ihn dann gemeinsam verkostet und den Entwicklungsverlauf beob-achtet. Nach 2 Jahren auf der Feinhefe wurde der erste steiri-sche, in Barriques ausgebaute Sauvignon Flaschen gefüllt."
Herbert Hirtner zu diesem Wein: „Es geht nicht besser! Eine unglaublich klare, lebendige und tiefe Aromatik, die nur absolut große Sauvignons besitzen. In der Farbe tiefes Grün wie feines Olivenöl. Warmes, dunkelfruchtiges, leicht von Brotrinde geprägtes, festes Bukett - am Gaumen dicht und mächtig. Einer der besten Sauvignons, die es weltweit gibt. In dieser Flaschenverfassung hätte der Wein noch das Potenzial für weitere Jahrzehnte."
Willi Sattler: „Sauvignon Blanc in Holzfässern auszubauen ist die Schwierigkeit zur 3. Potenz. Die Frage, ob Sauvignon in Holz ausgebaut werden soll oder nicht, ist mit dem 1992er beant-wortet." Eine kleine Bemerkung am Rande: Willi Sattler kauft zur Zeit die Restbestände des Sauvignon Blanc 1992, die noch zu finden sind, zum Preis von Euro 100,- die Flasche zurück.

1992 Sauvignon Blanc
Tement Manfred, Berghausen

Manfred Tement: „Weine, die in Holzfässern ausgebaut wurden, bekommen irgendwann ihre Frucht zurück, man muß nur manchmal sehr lange darauf warten!" Und weiter: „Dieser 92er

Sauvignon war zuerst so verschlossen, dass ihn einige Wein-händler zurückgegeben haben. Drei Jahre später wollten sie den Wein wieder haben. Doch dann war es zu spät, diejenigen, die das Potenzial dieses Weines erkannten und seine Reife erwarten konnten, hatten alles aufgekauft."

1992 Sauvignon Blanc
Gross, Ratsch an der Weinstrasse

Herbert Hirtner: „Warmes, dunkelfruchtiges, leicht von Brotrinde geprägtes, festes Bukett - am Gaumen dicht und mächtig. Feine Säurestruktur, noch immer Potenzial für weitere Entwicklung."

1992 Sauvignon Blanc
Tscheppe, Leutschach

Robert Eder: „Zarte Zitrusanklänge, am Gaumen nach reifen Ananas, rund und weich im Abgang, ein leichter Botrytiston."

1992 Sauvignon Blanc Zieregg
Tement Manfred, Berghausen

Herbert Hirtner: „Großer Aromabogen mit süßen Fruchtanklängen. Sehr gute Zukunft."

1992 Sauvignon Blanc
Weingut Melcher, Schloß Gamlitz

Johann Dreisiebner: „Fein und samtig, das genaue Alter dieses Weines ist nicht feststellbar, am Gaumen sehr fruchtig und kon-zentriert, mit einer hohen Säure und einem zarten Eisweinton ausgestattet, im Abgang langanhaltend und fruchtintensiv."

1992 Chardonnay Aunberg
Platzer Manfred, Tieschen

Im Jahr 1993 wurde dieser Chardonnay Sieger bei der Steiri-schen Landesweinkost und auch Salonsieger im Österreichi-schen Weinsalon. Einer der ersten Versuche von Manfred Plat-zer für den Ausbau von Chardonnay in kleinen Holzfässern mit einer 5-monatigen Reifezeit in den Fässern. Der große Erfolg dieses Chardonnay bestätigte die eingeschlagene Richtung für den weiteren Ausbau der Weißweine in kleinen Fässern.

1993 Viel Schnee in den Monaten Jänner, Februar und März geben eine gute „Winterfeuchte". Anfangs und Mitte Februar strenger Frost. Kein Schaden an den Reben. Gutes Weinjahr, zum Teil mit edelfaulen Trauben, bringen auch einige großartige Weine mit Botrytiston bzw. Auslesecharakter.
Traubenernte im Landesweingut Silberberg:
28.9. MS/Sauvignon Blanc Kitzeck 19°KMW (94,2 Öchsle),
28.9. MS/Sauvignon Blanc Schloßberg 18°KMW (88,8 Öchsle).

1993 Sauvignon Blanc Spätlese
Weingut Melcher, Schloß Gamlitz

Josef Puschnig: „Mit feiner Säure, schmalzig und sehr frisch."
Es war die erste eigenverantwortliche Traubenernte von Arnold Melcher: „Es war ein schwieriger Jahrgang, von der Lese bis dann der Wein in Flaschen gefüllt wurde. Nur die ganz gesunden Trau-ben wurden vinifiziert. Dieser Sauvignon war schon vom Jung-weinstadium an außergewöhnlich", und er sollte recht behalten.

1993 Sauvignon Blanc
Tement Manfred, Berghausen

Herbert Hirtner: „Charmantes leicht vegetables Aroma, nach weit über 10 Jahren Reife noch immer reduktiv und fest, braucht viel Luft zur Entwicklung. Mit feiner, reifer Frucht ausklingend."

1994 Ein heißer Sommer und ein Herbst mit ver-hältnismäßig wenig Regen brachten zur Lese Bilderbuchtrauben für klare und fruchtbetonte Weine.
Traubenernte im Landesweingut Silberberg:
27.9. MS/Sauvignon Blanc Kitzeck 19,5°KMW (97 Öchsle),
29.9. MS/Sauvignon Blanc Schloßberg 18°KMW (88,8 Öchsle).
1995 Ein früher Austrieb und Rebblüte, im Sommer schwere Hagelschäden im Zentrum der Südsteirischen Weinstraße.
Ein feuchter Herbst, nebelig und trüb, Mitte Oktober Einsetzen von Botrytis cinerea. Das selektive Lesen der Trauben bringt schöne Qualitäten. Traubenernte im Landesweingut Silberberg:
3.10. MS/Sauvignon Blanc Schloßberg 15,5°KMW (75,8 Öchsle),
9.10. MS/Sauvignon Blanc Kitzeck 16,5°KMW (81 Öchsle).

1996   Ein durchschnittlicher Jahresverlauf, schlechter September, sehr wenig Sonnenschein, feucht und kühl, dadurch verzögerte Reife, späte Ernte. Traubenernte im Landesweingut Silberberg: 4. und 8.10. Sauvignon Blanc Kitzeck 16°KMW (78,3 Öchsle).

1997   Durchschnittlicher Vegetationsverlauf mit einer idealen Niederschlagsverteilung, Bilderbuchherbst, sehr gesundes Traubenmaterial, ein großer Jahrgang.
Traubenernte im Landesweingut Silberberg:
30.9. Sauvignon Blanc Schloßberg 17°KMW (83,5 Öchsle),
4.11. Sauvignon Blanc Kitzeck 22°KMW (110 Öchsle).

1997 Sauvignon Blanc Zieregg
Tement Manfred, Berghausen
Manfred Tement kauft zur Zeit die Restbestände des Sauvignon Blanc Zieregg 1997, die noch zu finden sind, zum Preis von Euro 70,- die Flasche zurück.

1997 Sauvignon Blanc
Breitenberger Karl, Kaibing
Helles gelb im Glas, wundervolle Schlieren, perfekt eingebundene zarte Restsüße und ein eindrucksvolles Dufterlebnis, welches grüne Aromen in freudvoller Harmonie erleben lässt, welche im oberen Bereich der Oststeiermark auch im Spätlesebereich noch möglich sind. Absolut „Jung" geblieben mit langer Persistance versehen.

1998   Gegen Ende März gab es schon Temperaturen von fast +20°C. Späterer Austrieb, kühler Sommer, bis Ende August hatten sich die Trauben sehr gut entwickelt. Es folgten ein feuchter September und Oktober.
Traubenernte im Landesweingut Silberberg:
9.10. Sauvignon Blanc Schloßberg 17°KMW (83,5 Öchsle),
15.10. Sauvignon Blanc Kitzeck 18°KMW (88,8 Öchsle).

1999   Ein früher Austrieb und Blüte, heißes Sommerwetter mit ausreichenden Niederschlägen; schöner trockener Herbst, daher eine sehr späte Lese bei gesundem Traubenmaterial.
Traubenernte im Landesweingut Silberberg:
29.9. Sauvignon Blanc Silberberg 17°KMW (83,5 Öchsle),
2.11. Sauvignon Blanc Schloßberg 19,5°KMW (97 Öchsle).

1999 Welschriesling
Platzer Manfred, Tieschen
Manfred Platzer: Die Niederschläge kamen in diesem Jahr genau zum richtigen Zeitpunkt, das warme Wetter brachte eine späte Traubenernte Mitte Oktober. Im Jahr 2000 gewann dann dieser Welschriesling die Steirische Landesweinkost und wurde auch Salonsieger im Österreichischen Weinsalon.

2000   Sehr früher Austrieb und Rebblüte, ein heißer trockener Sommer; Anfang September starker Regen, dann ein trockener, langer Herbst. Eine starke Botrytis cinerea-Infektion der Trauben ermöglichte die Ernte von Trockenbeerenauslesen.
Traubenernte im Landesweingut Silberberg:
14.9. Sauvignon Blanc Silberberg 20°KMW (99,6 Öchsle),
28.9. Sauvignon Blanc Schloßberg 19,6°KMW (97,4 Öchsle).

2001   Ein lang andauernder Winter, nach 2000 wieder ein Jahr mit einem normalen Vegetationsverlauf – ein schöner Sommer – ermöglicht, elegante Weine zu ernten. Franz Strablegg: „Die Trauben mit 18°KMW (88,8 Öchsle) im November gelesen, ist besser als mit 20°KMW (99,6 Öchsle) im September."
Traubenernte im Landesweingut Silberberg:
8.10. Sauvignon Blanc Schloßberg 18,5°KMW (91,5 Öchsle),
10.10. Sauvignon Blanc Schloßberg 19°KMW (94,2 Öchsle).

2001 Sauvignon Blanc
Strablegg-Leitner Franz, Eichberg-Trautenburg
Steirischer Landessieger Sauvignon Blanc 2002
„In meiner Jugend waren 17°KMW (83,5 Öchsle) beim Sauvignon eine normale Erntegradation", meint Franz Strablegg.

2001 Sauvignon Blanc
Lackner-Tinnacher, Gamlitz
In einem etwas kühleren Jahr reiften die Trauben für einen Wein von ganz besonderer Sauvignontypizität - er zählt zu den besten aus dem 2001er Jahrgang.

2002   Eine frühe Rebblüte – gute Wasserversorgung und Wärme – guter Vegetationsverlauf bis August, danach setzt der Regen ein. Ein schöner Herbst beschert gute Weine, die sich durch hohe Reife und Ausgewogenheit auszeichnen.
Traubenernte im Landesweingut Silberberg:
27.9. Sauvignon Blanc Silberberg 20°KMW (99,6 Öchsle),
2.10. Sauvignon Blanc Schloßberg 19°KMW (94,2 Öchsle).

2002 Sauvignon Blanc
Strablegg-Leitner Franz, Eichberg-Trautenburg
Steirischer Landessieger Sauvignon Blanc 2003.
Herbert Hirtner: *„Sehr tiefes, wertiges Bukett mit der Typizität des Jahrgangs. Mächtige Struktur mit dunkler Frucht - nach Johannisbeerblättern ausklingend."*

2003   Sehr trockenes Jahr, der ganze Weinjahrgang ist von dieser Trockenheit geprägt. Ein früher Vegetationsbeginn, sehr frühe Blüte, extrem heißer und trockener Sommer – es wurde der früheste Erntebeginn mit Anfang September seit dem Jahr 1947. Ein kühler Herbst ermöglicht eine späte Ernte von gesunden und hochreifen Trauben.
Traubenernte im Landesweingut Silberberg:
17.9. Sauvignon Blanc Silberberg 20,3°KMW (101 Öchsle),
15.9. Sauvignon Blanc BIO Schloßberg 21°KMW (105 Öchsle).

2003 Sauvignon Blanc
Strablegg-Leitner Franz, Eichberg-Trautenburg
Steirischer Landessieger Sauvignon Blanc 2004.
Herbert Hirtner: *„Dichte, gebündelte, reife Frucht, die sich am Gaumen fortsetzt. Markante schlanke, körnige Säure, mit Luft immer besser werdend - Potenzial für viele Jahre."*

2004   Eine mittlere Blütezeit, günstige Niederschlagsverteilung im Frühjahr und im Frühsommer lassen wieder einen sehr guten Jahrgang erwarten. Bei der Lese ist es aber nur ein normaler Jahrgang, der frische Kontrastweine zum kräftigen 2003er bringt.
Traubenernte im Landesweingut Silberberg:
14.10. Sauvignon Blanc Schloßberg 16°KMW (78,3 Öchsle),
15.10. Sauvignon Blanc BIO Schloßberg 16,8°KMW (82,5 Öchsle),
29.10. Sauvignon Blanc Silberberg 17,5°KMW (86 Öchsle).

2004 Sauvignon Blanc
Strablegg-Leitner Franz, Eichberg-Trautenburg
Steirischer Landessieger Sauvignon Blanc 2005
2005   Elegante fruchtige Weine mit guter physiologischer Reife. Etwas zu viel Regen im Herbst lässt die ganz hohen Gradationen nicht zu.
Traubenernte im Landesweingut Silberberg:
29.9. Sauvignon Blanc BIO Schloßberg 17,2°KMW (84,6 Öchsle),
19.10. Sauvignon Blanc Silberberg 17°KMW (83,5 Öchsle).

2006   Ein kühler Frühling verzögerte die Vegetation, Anfang Juni stiegen die Temperaturen stark an, dass sich die Blüte in Rekordzeit vollzog. Im August kühlte es etwas ab, und der warme spätsommerliche September sorgte für eine gute Traubenreife.
Traubenernte im Landesweingut Silberberg:
13.10. Sauvignon Blanc BIO Schloßberg 19,2°KMW (95,3 Öchsle),
13.10. Sauvignon Blanc Schloßberg 18,2°KMW (89,9 Öchsle),

2006 Sauvignon Blanc
Strablegg-Leitner Franz, Eichberg-Trautenburg
Steirischer Landessieger Sauvignon Blanc 2007
2007   Ein Wunschjahrgang, der den „97er" übertreffen könnte. Die bereits befürchtete frühe Ernte trifft nicht ein, da im September ein Oktoberwetter die Weinbauern beglückt. Kalte Nächte in der Endreife bringen Weine mit einer tollen Finesse und attraktive Aromabilder bei allen Rebsorten. Von gehaltvollen, aber zugleich frischen Klassik-Weinen bis zu kräftigen, charaktervollen Lagenweinen ist alles möglich.
Traubenernte im Landesweingut Silberberg:
15.9. Sauvignon Blanc Schloßberg 18,5°KMW (91,5 Öchsle),
13.9. Sauvignon Blanc Silberberg 18,5°KMW (91,5 Öchsle),
10.10. Sauvignon Blanc Silberberg 20°KMW (99,6 Öchsle).
1.10. Sauvignon Blanc BIO Schloßberg 20,5°KMW (102 Öchsle)

Weingärten in der Ried Zieregg, Berghausen, von Manfred Tement
Bodenstruktur: Mittel- bis tiefgründige kalkhaltige, lehmige Sande aus
Kalksandstein. Zusammensetzung in 40 cm Tiefe: 37% Sand, 48% Schluff,
15% Ton; ab 75 cm angewitterter Kalksandstein; stark kalkhaltig (14,4%).

Weingärten am Hochgrassnitzberg, Spielfeld, der Familie Polz
Bodenstruktur: Tiefgründige kalkhaltige, sandige Lehme aus Sandstein/Mergel.
Zusammensetzung in 10 cm Tiefe: 49% Sand, 36% Schluff, 15% Ton;
ab 60 cm 42% Sand, 40% Schluff, 18% Ton; stark kalkhaltig (ca. 11–16%).

Weingärten in Sernau, Gamlitz, von Otto Riegelnegg
Bodenstruktur: Tiefgründige, meist kalkfreie, lehmige Sande/Sandböden aus Sandstein der Kreuzbergschichten. Zusammensetzung in 50 cm Tiefe: 61% Sand,
33% Schluff, 6% Ton; ab 80 cm angewitterter Sandstein; kalkfrei.

Weingärten am Rosenberg, St. Peter am Ottersbach, von Fredi Ploder
Bodenstruktur: Kalkfreier Kulturrohboden, mittelgründig und schwer.
Bodenentstehung: Verwitterung feiner Tertiärsedimente. Zusammensetzung
in 20 cm Tiefe: 27% Sand, 50% Schluff, 23% Ton; ab 50 cm Lehm.

MANFRED TEMENT: ZIEREGG, GRASSNITZBERG

Ein großer Wein ist wie ein Kunstwerk oder Sammlerstück

Das Weingut von Manfred Tement ist ein Familienbetrieb, der den steilen Aufstieg des steirischen Weines maßgeblich beeinflusst hat. Im Alter von 16 Jahren hat er schon seinen ersten Wein gemacht, gleich nach der Matura in Klosterneuburg im Jahre 1979 übernahm er die Verantwortung für die Weine im elterlichen Gut. „Unsere Schulen waren nicht schlecht, aber sie haben uns auch Scheuklappen aufgesetzt", erinnert sich Manfred Tement, „es hat lange gedauert, um zu erkennen, was ein guter, großer Wein ist." Die Unterschiede zwischen dem, was war und was möglich wäre, erkannte Tement durch Verkostungen von Weinen aus anderen Regionen und lernte daraus. Und bald erntete er die ersten Lorbeeren. Mit dem Jahrgang 1983 errang er als bester steirischer Betrieb gleich zehn Goldmedaillen. Heute zählt das Weingut Tement zu den Schrittmachern im steirischen Weinbau, sein Sauvignon Blanc aus der Riede Zieregg hat den internationalen Durchbruch geschafft. Die Riede Zieregg ist eine hochgelegene, steile und warme Toplage, die nach Süden und Südwesten ausgerichtet ist. Aus dieser Lage ist die Vielschichtigkeit des Sauvignon Blanc einerseits nur mit mehreren Erntedurchgängen, andererseits nur durch einen längeren Ausbau in großen und kleinen Holzfässern erreichbar. Aber auch die Sauvignons von Manfred Tement aus den Lagen Grassnitzberg oder Sernau zählen zu den steirischen Spitzengewächsen.

Der Sauvignon ist mittlerweile die Hauptsorte und macht rund 60 Prozent der Gesamtproduktion aus. „Alle Reben in meinen Weingärten habe ich selbst gepflanzt", sagt Manfred Tement, der höchstes Augenmerk auf die Weingartenarbeit legt. Jeder Stock, jede Traube bekommt den Freiraum, den er/sie braucht.

„Ein großer Wein ist wie ein Kunstwerk oder ein Sammelstück", erklärt Tement, der damit zum Ausdruck bringen will, dass die Wertigkeit eines Weines mit der Haltbarkeit steigt. „Ein junger Wein kann auch schon diese Vielschichtigkeit haben, wobei noch die Hefe nivelliert, die Wertigkeit entwickelt sich erst in einigen Jahren, was aber nicht heißt, dass ich nicht schon bei einem jungen Wein die Wertigkeit erkennen kann. Bei einem großen Wein bekommt man das größte Trinkvergnügen erst zu einem späteren Zeitpunkt. Erst im Laufe der Zeit entwickelt sich die Vielschichtigkeit."

Warum ist das so? Welche Weine gibt es auf der ganzen Welt? Was ist ein guter Wein, was ist ein großer Wein? sind Fragen, die Manfred Tement schon immer beschäftigt haben. „Durch das viele Weinkosten kommt man drauf, dass manche Weine, die in der Weinwelt von den Weinmedien hochgelobt werden gar nicht so gut sind."

Das Weingut Tement, das auch Mitglied der „Steirischen Terroir- und Klassikweingüter" ist, besticht aber nicht nur durch seine Weine, es gefällt auch durch das neue Kellergebäude, das im Jahre 2002 nach fünfjähriger Bauzeit fertiggestellt wurde. Von dort genießt man einen atemberaubenden Weitblick auf die Zieregg-Weingärten und das benachbarte Slowenien.

Auch im Weingut Tement zeichnet sich ein Generationswechsel ab. Der 21jährige Sohn Armin arbeitet bereits ganz frei im Betrieb, holt sich aber – wenn nötig – den Rat vom Vater. Der 16jährige Stefan absolviert die Landesweinbauschule Silberberg. Die Ausgangslage für Armin ist bestens. Er kann auf einer Basis aufbauen, die zu erreichen sein Vater 20 Jahre benötigt hat. Und Armin Tement, der schon als Winemaker in Südafrika gefragt ist, beschreitet zeitgemäße Wege. Er beschäftigt sich intensiv mit dem biologischen Weinbau.

MANFRED TEMENT: ZIEREGG, GRASSNITZBERG

① Vollreife Sauvignon Blanc-Trauben.
② Heidi, Manfred und Armin Tement.
③ Ein Erlebniss für alle Sinne:
Der Fasskeller des Weingut Tement
in Berghausen.
④ Sehr steil sind die Tement Zieregg-
Weingärten in Berghausen.
⑤ Von fruchtbetonten Weißweinen,
kräftigen Lagenweinen bis hin zur
Auslese, Trockenbeerenauslese und
auch Eiswein reicht die Bandbreite
des steirischen Sauvignon Blanc.
⑥ Peter Glaser, steirischer Ingeborg
Bachmann Preisträger und Autor des
Textes „Angewachsen" (Seite 4),
Heidi Tement und Silvia P. Bandini-
Glaser.

A great wine is like a piece of art or a collector's item

The estate of Manfred Tement is a family business, which has influenced the steep ascent of Styrian wine enormously. At the tender age of 16 he produced his first wine, and immediately after his A-levels in Klosterneuburg in 1979 he took on the responsibility for the wine production in the parental business. "Our schools were not bad, unfortunately they also provided us with blinkers", remembers Manfred Tement. "It took a long time to recognise a good, even a great wine". From wine tasting in other regions Tement recognised the difference between what was and what could be and learned from it. And soon he gained his first laurels. With his vintage 1983 he became the first Styrian wine producer to not only win a gold medal, but ten of them. Today Tement belongs to the trendsetters in Styrian wine production, his Sauvignon Blanc wines produced from the vineyards in Zieregg gained international acclaim. Today Sauvignon Blanc is the number one and counts for approximately 60 percent of the overall production. "Every single vineyard I designed and planted myself", says Manfred Tement, who puts his main emphasis on the work in the vineyards. Each vine gets stroked, each grape gets her own space. "A great wine is like a piece of art or a collector's item", Manfred Tement states when trying to explain, that the value of wine depends on a well-structured body, the typical taste of the grape-variety combined with an excellent acidity. "Great wine is enjoyed best at a later stage when the wine is actually more mature. Complexity comes only with time".

The wine produceing estate of Tement is not only known for ist wine, it also boasts a new winery which took 5 years to build and was finished in 2002. One can enjoy a breathtaking view over the vineyards and nearby Slovenia.

Tement too is facing a change in generations. 21 year old son Armin does work freely within the business, but asks his father for advice - when necessary. Stefan who is 16 is visiting the school for agriculture and oenology Silberberg. The starting position for Armin could not be better. He can begin from a basis which took his father 20 years to build. And Armin Tement, who has already made a name for himself as a wine consultant in South Africa, is looking at a new challenge. Armin Tement is lately showing a keen interest in cultivating ecological grapes.

Weingärten o *Vineyards*

55 ha (132 acres) + 25 ha (60 acres) Traubenlieferanten
Lagen: Zieregg, Grassnitzberg, Sulz, Wielitsch, Sernau, Steinbach, Hochkittenberg (TOMS-Weine)

Weine o *Wines*

Weißweine: Sauvignon Blanc „Steirische Klassik", Grassnitzberg Sauvignon Blanc, Sernau Sauvignon Blanc, Zieregg Sauvignon Blanc, Hochkittenberg Sauvignon Blanc,
Edelsüße Weine: Sauvignon Blanc Zieregg Auslese, BA Tement, TBA Zieregg, TBA Sulz Welschriesling
Rotweine: Zw, Zw-SWG (Selektion Wielitscher Weingärten), CAMERO-MC 50, PN, A'KIRA T.FX.T (Bf), ARACHON T.FX.T

Alter der Reben o *Average age of the vines*

3-30 Jahre

Pflanzdichte o *Density of plantation*

4,500 Stöcke/Hektar in Sauvignon Blanc-Anlagen

Hektarerträge o *Average yields*

3.500-4.500 Liter/Hektar beim Sauvignon Blanc

Kellermeister/Önologe o *Winemaker*

Manfred und Armin Tement

Besondere Jahrgänge o *Great recent vintages*

2007, 2006, 2004, 2003, 2002, 2001, 2000, 1997
1999: Österr. Weinsalon mit Sauvignon Blanc 1998
2000: Österr. Weinsalon mit Sauvignon Blanc 1999
2001: Österr. Weinsalon mit Sauvignon Blanc 2000
2004: Österr. Weinsalon mit Sauvignon Blanc 2003
2005: Österr. Weinsalon mit Sauvignon Blanc 2003
2006: Österr. Weinsalon mit Sauvignon Blanc 2005

Ab-Hof-Verkauf o *Sale at the premises*

Täglich 9-18 Uhr, nach telefonischer Voranmeldung
Ansprechperson: Heidi Tement

Weinseminare o *Wine-seminar*

Nach tel. Voranmeldung o By appointment only

Kellerführung o *Visiting policy*

Nach tel. Voranmeldung o By appointment only

Weinverkaufspreise o *Average price*

€ 5,70/25,– • Visa, Mastercard, Bankomatkarte

Weitere Produkte

DOM T.FX.T „Schlumberger", Tresterbrände: Sauvignon Blanc „Zieregg", Gelber Muskateller, ARACHON T.FX.T

Vertrieb / Vermarktung der Weine

Ab-Hof-Verkauf, Fachhandel, Vinotheken und die Gastronomie österreichweit
Exportländer: Deutschland, Schweiz, USA, Japan, Russland, Singapore, Japan und in fast jedes EU-Land

Restaurant Weinkarte o *Winelist*

Tantris, Königshof (München), Adlon, Regents (Berlin), Poletto, Luis C. Jacob, Fischer's Fritz (Hamburg), Victorians (Düsseldorf), Steirereck (Wien) und Steirereck Pogusch, Palais Coburg (Wien), Taubenkobel (Schützen/Gebirge), Meinl am Graben (Wien) und fast die gesamte Gastronomie Österreichs mit Weinkultur

Weingut Tement

A-8461 Ehrenhausen, Zieregg 13
Tel.: +43 (0)3453 41 01-0, Fax: -30
www.tement.at
e-mail: weingut@tement.at

WEINGUT FIRMENICH:
STEINBERGHOF

Weinbauer und Künstler

Hans-Dieter Firmenich war es nicht in die Wiege gelegt, dass er einst Weinbauer und Herr über den Buschenschank „Steinberghof" in Berghausen werden würde. Obwohl er am Steinberghof aufgewachsen war, wollte er ursprünglich Graphiker werden und besuchte dementsprechend die Kunstgewerbeschule in Graz. Als aber sein Großvater starb und sich die Frage stellte, wie es mit dem Weinbaubetrieb weitergehen soll, entschloss er sich doch für den Wein. Er besuchte die Weinbauschulen in Klosterneuburg und Silberberg, machte den Weinbaumeister und startete schließlich durch, wobei ihm sein Schwager Manfred Tement als Vorbild diente. „Meine Familie hatte früher großen Grundbesitz", sagt Hans-Dieter Firmenich, „jetzt sind vier Hektar Rebflächen geblieben, von denen einige Weingärten mit bis zu 25 Jahre alten Sauvignon Blanc-Reben bepflanzt sind." Von dieser Rebsorte keltert Firmenich eine Classic, die im Stahltank ausgebaut wird, aber vor der Füllung noch kurz ins große Holz kommt. Der Lagenwein vom Steinberg wird im Stahltank vergoren und dann in Barriques ausgebaut. Am Steinberg ist der Boden dermaßen karg, dass pro Stock gerade einmal ein Kilo Trauben geerntet werden kann.

Im Laufe der Jahre hat Firmenich auch den Steinberghof, das Heimathaus seiner Mutter, zu einem gehobenen Buschenschank ausgebaut, in den die steirische Identität lebendig ist. Der Buschenschank, der im alten Presshaus untergebracht ist, und in dem Ulrike Firmenich das Kommando führt, wurde mittlerweile auch schon in den Guide Michelin aufgenommen. Das kommt nicht von ungefähr, zaubert die Ulli doch eine köstliche verfeinerte, vielfältige Buschenschankküche auf den Tisch. Trotz Fulltime-Job im Betrieb hat Firmenich aber seinen Hang zur Kunst nicht abgelegt. Er entwirft Weinetiketten und hat mit seiner Arbeit schon Platz 1 beim österreichischen Weinetiketten-Grand-Prix errungen. Darüber hinaus malt er Bilder in Acryl und Tempera.

Sein besonderes Interesse gilt aber dem Motorsport, und das hat sich auch in der Vollgasbranche herumgesprochen. So wundert es nicht, dass im Steinberghof schon Bleifuß-Asse wie der frühere Formel-1-Weltmeister Phil Hill oder der mehrmalige Rallye-Weltmeister Walter Röhrl zu Gast waren. Den McLaren-Boss Ron Dennis hat der Motorsport-Fan schon mit Firmenich-Schnäpsen versorgt. Und in der ruhigen Zeit zieht sich Hans-Dieter Firmenich gerne in sein kleines, privates Motorsport-Museum zurück, wo er Bücher, Plakate, Fotos, Modelle und Rennsport-Souvenirs ausgestellt hat, und wo auch eine große Modellrennbahn aufgebaut ist.

Das Weingut wurde von Hans-Dieter Firmenich sozusagen zur autonomen Region erklärt. So wurden die Grenzen des Betriebes mit Ortstafeln markiert, die der deutschen Gemeinde Firmenich in Nordrhein-Westfalen nachempfunden wurden.

Sauvignon Blanc Steinberg: In der Nase feine, sortentypische Nuancen nach frischem Paprika und Hollerblüte, am Gaumen Stachelbeeren, etwas mineralisch, sehr schöner Trinkfluss.

Artist and wine producer

Hans-Dieter Firmenich was not born as the future wine maker and master of the Buschenschank "Steinberghof" in Berghausen. Though having grown up at the Steinberghof he originally wanted to become a graphic designer and thus he attended the School for Arts and Crafts in Graz. But when his grandfather died and the question arose what was going to happen to the winery, he decided to run the winery himself. He studied at the Technical College for Viniculture and Wine-growing in Klosterneuburg and the School for Agriculture and Oenology Silberberg, acquired the title "Weinbaumeister" and started by taking his brother in law Manfred Tement as his role model. "My family used to have a lot of property", says Hans-Dieter Firmenich, "now there are only 8 acres of vineyards left, of which about 1,5 acres are Sauvignon – grapes on up to 25 year-old vines." From this variety Firmenich produces one Classic, which is fermented in stainless steel tanks, but is transferred into large wooden barrels before being bottled. The premium wine from Steinberg is fermented in a stainless steel tank and afterwards matured in barriques. The soil on Steinberg is barren to such an extent that there it is only possible to harvest about one kilogram of grapes per vine.

Over the years Firmenich has expanded the Steinberghof and the original home of his mother, turning the second one into a sophisticated Buschenschank, which brings the Styrian identity alive. Steinberghof, now run by Ulrike Firmenich, is already included in the Michelin Guide. Despite holding down a fulltime-job running his business, Firmenich has not given up his love of art. He designs wine labels and has already won a first prize with his work at the Austrian Wine Label Grand Prix. On top of that he also paints pictures in acrylic and tempera.

His special interest in motor racing has become known in racing circles. No wonder then that motor racing aces like the former Formula 1 World Champion Phil Hill or the multiple rallye World Champion Walter Röhrl have stayed at the Steinberghof. The motor sport-fan Firmenich has also supplied McLaren-boss Ron Dennis with his homemade schnaps. When times are more quiet, Hans-Dieter Firmenich loves to retreat to his small, private motorsport-museum, where he exhibits books, posters, photos, racing-models and -memorabilia, and where he has also built an enormous model racing circuit.

Traubenernte und Vinifizierung

Sauvignon Blanc: Selektive Handlese von physiologisch reifen Trauben in den Weingärten in Brudersegg und Hochbrudersegg getrennt nach Reifefortschritt ➤ Rebeln und Maischen in Bottichen mit Luftkontakt ➤ Maischekontaktzeit mit Umrühren 10-12 Stunden ➤ Mostklärung: Vorklären des Mostes über Nacht ➤ Gekühlte Gärung in Stahltanks bei 16°C ➤ Ausbau: Jungweine in den Tanks teilweise auf der Feinhefe ➤ 3-5 Monate Reifung in Stahltanks ➤ Betonung von Fruchtaromen ➤ Flaschenfüllung.

Weingärten o *Vineyards*
4 ha, Lage Steinberg

Weine o *Wines*
Weißweine: Sauvignon Blanc Classic;
Wr, Wb, Mo, Mu, Sä, Altsteirischer Mischsatz

Alter der Reben o *Average age of the vines*
2-25 Jahre

Pflanzdichte o *Density of plantation*
4.200 Stöcke/Hektar in den Sauvignon-Weingärten

Hektarerträge o *Average yield per hectar*
Sauvignon Blanc 3.500-4.000 Liter/Hektar

Kellermeister/Önologe o *Winemaker*
Hans-Dieter Firmenich

Besondere Jahrgänge o *Great recent vintages*
2007, 2006, 2005, 2003, 2001, 2000, 1997

Buschenschank o *Where the winegrower sell*
Februar- Mitte Dezember, Do-Mo ab 12 Uhr geöffnet, Küche 12-21 Uhr, Di, Mi Ruhetag

Ab-Hof-Verkauf o *Sale at the premises*
Täglich ab 12 Uhr und nach tel. Voranmeldung, Ansprechperson: Ulrike Firmenich

Kommentierte Weinkost o *Wine-seminar*
Nach tel. Voranmeldung O By appointment only

Weinverkaufspreise o *Average price*
€ 5,50/9,80 • Visa, Mastercard, Bankomatkarte

Weitere Produkte o *Further products*
Traubensaft, Apfelsaft, Obstbrände, Weinbrände, Tresternbrand

Vertrieb/Vermarktung der Weine
Ab-Hof-Verkauf
Exportländer: Deutschland

Restaurant Weinkarte o *Winelist*
Sattlerhof (Gamlitz), Zur Traube (St. Veit am Vogau), Mayer's Graz, Gamlitzer Weinstube, Schnabelweide (Graz)

Weingut Steinberghof
Familie Firmenich
A-8461 Berghausen 62
Tel.: +43 (0)3453 24 35, Fax: 44 17
www.firmenich.at

WEINHOF KUGEL
GRASSNITZBERG, OBEGG

Vom Quereinsteiger zum Meister

Christian Kugel jun. ist zwar im elterlichen Weingut aufgewachsen, hatte zunächst aber kein gesteigertes Interesse an dem Weinbaubetrieb. Das änderte sich bald. Er fand sozusagen als Quereinsteiger den Weg zum Wein und studierte die Kellertechnik in Kursen in Klosterneuburg und Silberberg. Seit 2003 führen er und seine Frau Stefanie den Betrieb, der über Rebflächen von elf Hektar verfügt. „Wir verarbeiten ausschließlich Trauben aus unseren eigenen Weingärten", sagt Christian Kugel, „da wissen wir, was wir in den Keller bringen." Das, was in den Keller gebracht wird, ist von erstklassiger Qualität. Die Trauben reifen in bester Lage in Grassnitzberg und Obegg. Die Lage Obegg weist einen leichten, sandigen Boden auf, der von einem reinen Kalkunterboden durchzogen ist. Auf dem Grassnitzberg wachsen die Reben auf tertiären Meeressanden mit einem Muschelverwitterungsuntergrund. Christian Kugel, der in Sachen Weinbau auch in Neuseeland Erfahrungen gesammelt hat, stellt hohe Ansprüche an seine Weine. Darum beschäftigt er sich auch mit der Kultivierung von pilztoleranten Rebsorten, die sich durch besonders widerstandsfähige Eigenschaften auszeichnen und dadurch eine konsequente, naturnahe Bewirtschaftung der Weingärten ermöglichen. Der Wein aus der Rebsorte Johanitter wird als „Alius Weiß" vermarktet, jener aus der Sorte Regent als „Alius Rot".

Vom Sauvignon Blanc keltert Christian Kugel einen klassisch ausgebauten Wein, der dem traditionellen Charakter eines südsteirischen Weines entspricht und sortentypische Aromen wie schwarze Ribisel und Stachelbeeren aufweist. Für den Sauvignon Blanc Exklusiv werden nur die schönsten und physiologisch reifsten Trauben aus Einzellagen wie Obegg und Grassnitzberg verwendet. „Ich lasse die Weine, wie sie sind", sagt Kugel, „weniger ist mehr, weil ich meine Weine nicht ‚stylen' will".

Das feste Fundament des traditionellen Weinbaubetriebes haben die Senioren Christian und Ilse Kugel gebaut. Sie stehen mit ihren wertvollen Erfahrungen den Jungen nach wie vor mit Rat und Tat zur Seite. Mittlerweile rückt aber auch schon die nächste Generation nach. Die drei Kinder von Christian jun. und Stefanie Kugel, Amon, Helen und Ben, sind zwar noch schulpflichtig, zeigen aber schon reges Interesse am Weinbau.

Wer in der Weingegend länger verweilen möchte, hat dazu die Möglichkeit, sich inmitten von grünen Weingärten in der komfortablen Ferienwohnung von Kugel einzumieten.

Sauvignon Blanc 2007: 11,5%; klassisch mit mineralischer Würze, schöne sortentypische Aromen wie schwarze Ribisel, Stachelbeeren, sehr ausgewogen.

Sauvignon Blanc Exklusiv 2006: 12,5%; vollreife, konzentrierte Frucht nach schwarzen Johannisbeeren, Holunder, dicht und kraftvoll am Gaumen, mit viel Extrakt.

From outsider to master

Christian Kugel Junior did grow up in the parental winery, but showed no immediate interest in the business. That changed soon. He found his way to wine production quasi as an outsider and studied wine cellar techniques at the Federal College for Wine and Fruit Growing in Klosterneuburg and the School for Agriculture and Oenology Silberberg. Together with his wife he has been administering the winery and its 22 acres of vineyards since 2003. "We process only grapes of our own vineyards", says Christian Kugel, "we know, what we bring into our wine cellar". Whatever comes into the cellar is of first class quality. The grapes ripen in first class locations on Grassnitzberg and in Obegg. The vineyard in Obegg is made up of light sandy soil on top of pure limestone, while on Grassnitzberg the vines grow on tertiary sea sand over shell sediments and bedrock. Christian Kugel, who acquired some practice of winemaking in New Zealand as well, has high aspirations for his wines. That is the reason why he shows a real interest in the cultivation of vines tolerant to fungal deseases, which distinquish themselves by being highly resistant and therefore offer a consistent and natural management of the vineyards. The wine resulting from Johanitter grapes is marketed as "Alius Weiß", the one made from Regent grapes is called "Alius Rot".

Christian Kugel produces a "classic" Sauvignon Blanc, which corresponds to the traditional character of a southern Styrian wine and presents the typical aromas for this variety like blackcurrant and gooseberries. For the Sauvignon Blanc "Exklusiv" only the most beautiful and physiologically ripest grapes from single vineyards like Obegg and Grassnitzberg are used. "I leave my wines as they are", says Kugel, "here less is more, as I do not want to 'style' my wines".

Christian Kugel senior and his wife built the concrete base of this traditional winemaking business, and they are still lending the younger generation their support through their valuable experience. In the meantime the next generation is coming foreward. The three children of Christian jun. and Stefanie Kugel, Amon, Helen, and Ben, are still at school, but show real interest in the process of wine making.

Whoever wants to extend their stay in this winemaking area has the possibility to rent a comfortable holiday flat surrounded by green vineyards from Christian Kugel.

Traubenernte und Vinifizierung

Sauvignon Blanc: Mehrmaliges, selektives Ernten von Trauben mit 17,5°-19°KMW ➤ Rebeln und Maischen in Maischetanks ➤ Maischekontaktzeit 4-8 Stunden ➤ Pressen: schonendes Pressen, Seihmost und Pressmost gemeinsam ➤ Mostklärung: Gekühltes Klären des Mostes 12-18 Stunden ➤ Abziehen des klaren Mostes mit etwas Trub und Fruchtfleisch, zügige Gärung in Stahltanks bei 17°C, Gärstart mit Kulturhefen ➤ Ausbau: Stahltanks ➤ nach dem Gärende abziehen von der Grobhefe ➤ mit etwas Feinhefe zurück in die Tanks ➤ 1 bis 2 x umziehen ➤ 4 Monate Reifung, Betonung der Fruchtaromen ➤ Flaschenfüllung.

Sauvignon Blanc Exklusiv: Mehrmaliges, selektives Ernten der Trauben vom Grassnitzberg und Obegg mit 18,5-19,5°KMW ➤ Ausbau: die Lagen-Weine vergären in den Stahltanks ➤ nach dem Gärende abziehen von der Grobhefe ➤ mit der Feinhefe zurück in große Holzfässer ➤ Aufrühren der Feinhefe ➤ 4 Monate Fassreife, Betonung der Sekundäraromen ➤ Anfang Mai Flaschenfüllung.

Ab-Hof-Verkauf o *Sale at the premises*	
Täglich von 9-18 Uhr, So ab 13 Uhr o Day-to-day Ansprechpersonen: Stefanie und Christian Kugel	
Kommentierte Weinkost o *Wine-seminar*	
Nach tel. Voranmeldung o By appointment only	
Weinverkaufspreise o *Average price*	
€ 5,–/12,–	
Weitere Produkte o *Further products*	
Weisswein-Essig	
Gästezimmer o *Bed and breakfast*	
1 Ferienwohnung • 1 apartment	
Vertrieb/Vermarktung der Weine	
Ab-Hof-Verkauf, Fachhandel, Vinotheken und die Gastronomie österreichweit, Exportländer: Deutschland, Schweiz	
Restaurant Weinkarte o *Winelist*	
Erzherzog Johann, Landhauskeller (Graz), Blumentritt (St. Aegyd am Walde)	

Weingärten o *Vineyards*	
11 ha (26,4 acres), Lagen: Grassnitzberg, Obegg	
Weine o *Wines*	
Weißweine: Sauvignon Blanc, Sauvignon Blanc Exklusiv Wr, Wb, Mu, Mo, Gb, Tr, Sä, Alius Weiss	
Edelsüße Weine: Traminer Auslese, Sauvignon Auslese	
Rotweine: Zweigelt, Alius Rot	
Alter der Reben o *Average age of the vines*	
2-60 Jahre	
Pflanzdichte o *Density of plantation*	
3,500 Stöcke/Hektar in Sauvignon Blanc-Anlagen	
Hektarerträge o *Average yield per hectar*	
Sauvignon Blanc 4.000–5.000 Liter/Hektar	
Kellermeister/Önologe o *Winemaker*	
Christian Kugel	
Besondere Jahrgänge o *Great recent vintages*	
2007, 2003, 2001, 1997, 1987	

Weinhof Kugel
A-8471 Spielfeld, Grassnitzberg 42
Tel.: +43 (0)3453 2592, Fax: 2332
www.weinhof-kugel.at
e-mail: office@weinhof.kugel.at

Teamarbeit als Erfolgsrezept

Ein Familienbetrieb im besten Sinne des Wortes ist das Weingut Primus in Grassnitzberg in Spielfeld. Martha Polz, die gute Seele des Hauses, betreibt den beliebten und ausgezeichneten Buschenschank und die dazugehörigen gemütlichen Gästezimmer, ihre beiden Söhne Thomas und Christian sind für den Weinbau verantwortlich. Thomas kümmert sich im Betrieb um die Bewirtschaftung der Weingärten und den Weinverkauf, Christian ist für die Vinifizierung und den Ausbau des Weines zuständig. Diese bestens funktionierende Teamarbeit ist eines der Erfolgsrezepte des Weingutes. Dass das Weingut erfolgreich ist, bestätigen nationale und internationale Auszeichnungen für die Weine. Thomas und Christian Polz bewirtschaften rund zehn Hektar Weingärten in den Lagen Grassnitzberg, Sulztal und Zieregg sowie seit kurzem auch eine fünf Hektar große Riede jenseits der Grenze in Slowenien. Die Lagen des Weingutes zählen aufgrund der sehr gut exponierten Hänge und der Bodenbeschaffenheit zu den bekanntesten und besten in der Südsteiermark. Wesentliche Bedeutung im Weingut Primus hat die Sorte Sauvignon Blanc, die etwa 30 Prozent der Produktion ausmacht. Der im Stahltank ausgebaute klassische Sauvignon Blanc ist frisch und fruchtig und weist ein ausgeprägtes Sortenaroma auf. Der Lagenwein vom Grassnitzberg wird aus physiologisch hochreifen Trauben gekeltert und ebenfalls im Stahltank ausgebaut. Charakteristisch für diesen Wein sind der kräftige Körper und die sortentypische Ausdruckskraft in der Nase und am Gaumen. Der Sauvignon aus der Lage Zieregg ist besonders komplex und lagerfähig. Mehrmalige Erntedurchgänge und die anschließende Lagerung in kleinen und großen Holzfässern verhelfen dem Wein zur vollständigen Entfaltung seines Terroirs und Sortencharakters. Das „Sahnehäubchen" im Sauvignon-Programm ist die „Reserve", für die nur besonders gut selektioniertes Traubengut aus der Lage Grassnitzberg verwendet wird. Durch einen zwölfmonatigen Ausbau in kleinen Holzfässern gewinnt der Wein an Komplexität und Länge am Gaumen.

Der Wein ist aber nicht das einzige, was Christian Polz interessiert. Er befasst sich auch mit der Produktion von Essig. Sein „Edelsaurer Traminer", aus einer Beerenauslese hergestellt, wurde auf dem „Genuss-Salon Österreich" bereits ausgezeichnet. Dieser Essig und der ebenfalls von Christian Polz produzierte Sauvignon-Senf sind im Buschenschank, der im 500 Jahre alten Stammhaus der Familie Polz untergebracht ist, erhältlich.

Sauvignon Blanc Grassnitzberg 2007: 13%; sortentypische Ausdruckskraft im Duft und am Gaumen, kräftiger Johannisbeerenton und langer, delikater Abgang.

Sauvignon Blanc Zieregg 2007: 13,5%; sehr weicher Sauvignonduft, voluminös, weiche Fülle am Gaumen, saftig dicht und klar, tolle Länge.

Sauvignon Blanc Reserve 2006: 13,5%; sehr komplex, elegant, ein hochreifer Sauvignon mit viel Kraft und Schmelz, sehr lange am Gaumen.

Teamwork as the recipe for success

The winery Primus in Grassnitzberg in Spielfeld is a family business in the true sense of the word. Martha Polz, the "soul" of the estate, runs the popular and excellent Buschenschank and the adjoining comfortable guest rooms, while her sons Thomas and Christian are responsible for the wine production. Thomas looks after the vineyards and is the sales person in the business, leaving Christian to deal with the vinifying and producing of the wine. This well functioning teamwork is one of the recipes for success of this winery. And prove for the successes of the winery are the nationale and international awards for their wines. Thomas and Christian Polz administer about 20 acres of vineyards in Grassnitzberg, Sulztal and Zieregg as well as the 10 acres of recently acquired vineyards across the border in Slovenia. Because of the ideal, exposed hillsides and the excellent make-up of the soil, the vineyards of this winery are very well known and are among the best in Southern Styria. 30 percent of the wine production is designated to Sauvignon Blanc, which therefore plays an integral part in the winery Primus. The classic Sauvignon Blanc produced in stainless steel tanks is fresh and fruity and displays a distinctive aroma. For the premium wine from Grassnitzberg only physiologically absolute ripe grapes are used and this wine is produced in stainless steel tanks as well. Characteristic for this wine are the strong body and the expressiveness in aroma and taste typical for this variety. The Sauvignon resulting from the grapes of Zieregg is especially complex and keeps very well. Repeated harvesting followed by the storage in small and large oak barrels help this wine to completely develop his terroir and character. The "crème de la crème" in the Sauvignon-programme is the "Reserve", for which only specially selected grapes from Grassnitzberg are used. Being produced in small oak barrels over 12 months this wine gains complexity and length at the palate. But wine is not the only interest of Christian Polz. He also shows an interest in the production of vinegar, and his "Premium sour Traminer" vinegar, produced from the Beerenauslese, has already won an award at the "Genuss-Salon Österreich". This vinegar and the Sauvignon-Senf, also produced by Christian Polz, are available in the Buschenschank, situated in the 500-year old estate of the Polz family.

Traubenernte und Vinifizierung

Sauvignon Blanc Klassik: Mehrmaliges, selektives Ernten von Trauben mit 17-19°KMW (83-94 Öchsle) ➤ Rebeln und Maischen ➤ Maischekontaktzeit in der Presse oder Tanks 4-6 Stunden ➤ Pressen: schonendes Pressen mit wenig Druck ➤ Mostklärung: Klären des Mostes 12-24 Stunden ➤ Abziehen des klaren Mostes und gekühlte Gärung in Stahltanks bei 17°-18°C, Gärstart mit Reinzuchthefen ➤ Ausbau: Klassik-Jungweine in den Stahltanks ➤ nach dem Gärende von der Grobhefe abziehen ➤ mit der Feinhefe zurück in die Tanks ➤ 4 Monate Reifung ➤ Betonung der frischen, fruchtigen Primäraromen.

Weingärten o *Vineyards*
10 ha (22,4 acres), Lagen Grassnitzberg, Zieregg, Sulztal, Obegg

Weine o *Wines*
Weißweine: Sauvignon Blanc Klassic, Sauvignon Blanc Grassnitzberg, Sauvignon Blanc Reserve, Sauvignon Blanc Zieregg

Wr, Wb, Mu, Mo, Tr

Edelsüße Weine: Traminer Beerenauslese

Rotweine: Zw

Alter der Reben o *Average age of the vines*
3-40 Jahre

Pflanzdichte o *Density of plantation*
4,000 Stöcke/Hektar in Sauvignon Blanc-Anlagen

Hektarerträge o *Average yield per hectar*
Sauvignon Blanc 4.000-4.500 Liter/Hektar

Kellermeister/Önologe o *Winemaker*
Christian Polz

Besondere Jahrgänge o *Great recent vintages*
2007, 2006, 2004, 2003, 2001, 2000, 1999
2005: Steirischer Landessieger Hohe Prädikate mit Traminer

Buschenschank o *Where the winegrower sell*
März-Dez, Fr-Mo 14-21 Uhr geöffnet

Ab-Hof-Verkauf o *Sale at the premises*
Täglich nach tel. Voranmeldung o By appointment only
Ansprechpersonen: Martha Polz, Thomas Polz

Kellerführung o *Visiting policy*
Nach tel. Voranmeldung o By appointment only

Kommentierte Weinkost o *Wine-seminar*
Nach tel. Voranmeldung o By appointment only

Weinverkaufspreise o *Average price*
€ 4,90/15,- • Bankomatkarte

Weitere Produkte o *Further products*
Traubensaft, Muskateller Trebernbrand
Hausgemachter Senf: Kürbiskern-, Sauvignonsenf
Marmeladen: Erdbeer, Himbeer, Zwetschken, Marillen, Ringlotten, Quitten, Trauben
Edelsaurer Traminer (Trinkessig auf Balsamicobasis)

Gästezimmer o *Bed and breakfast*
3 Zimmer - 2 Appartement • 2 apartment

Vertrieb/Vermarktung der Weine
Ab-Hof-Verkauf, Fachhandel und die Gastronomie österreichweit, Exportländer: Deutschland, Schweiz

Restaurant Weinkarte o *Winelist*
Landhauskeller (Graz), Esszimmer, Pfefferschiff (Salzburg), Dengg (Innsbruck), Domicil Cooking (Kitzbühel), Forellenhof, Quellenhof (Leutasch), Interalpenhotel Telfs, Gourmethotel Unterwirt (Ebbs)

Weingut Primus
A-8471 Spielfeld, Grassnitzberg 53
Tel.: +43 (0)3453 39 11, Fax: 42 41
www.primus.cc
e-mail: weingut@primus.cc

WALTER UND ERICH POLZ: HOCHGRASSNITZBERG, OBEGG

Sehr gut bleibt, wer immer besser wird

Erich und Walter Polz übernahmen Ende der 80er-Jahre das Weingut ihrer Eltern und entwickelten es seither zu einer Größe von 70 Hektar. Mit dem Grassnitzberg und den später erworbenen Rebflächen auf dem Hochgrassnitzberg, Obegg und der Theresienhöhe bewirtschaften sie einige der besten Lagen in der Steiermark. 60 Prozent der eigenen Weingärten sind mit Sauvignon Blanc bestückt. „Wir mussten selbst auspflanzen, weil es damals keine Sauvignon-Trauben zu kaufen gab", sagt Walter Polz. Neben der „Steirischen Klassik" produzieren die Polz-Brüder auch zwei Lagenweine. Einen von der Theresienhöhe, wo die Reben in einer Höhe von 450 Metern auf einem Schieferboden wachsen, der dem Wein einen eigenständigen Charakter mit hoher Mineralik gibt, einen weiteren vom Hochgrassnitzberg, dessen Boden aus sandigem Muschelkalk besteht. Aus dem reifsten Traubenmaterial wird darüberhinaus noch eine „Reserve" gekeltert. Die Qualität der Polzweine wird bereits im Weingarten geprägt. Die ehrgeizigen Winzer haben die Bodenverhältnisse ihrer Weingärten untersuchen lassen und dadurch Aufschluss erhalten, welche Rebsorte wo auszupflanzen ist. „Wir sind bestrebt, das Terroir einer Lage im Wein deutlich herauszuarbeiten. Außerdem verwenden wir trotz höherer Kosten mehr Arbeitskraftstunden im Weingarten, um unsere Vision, hochwertigere Weine zu produzieren, verwirklichen zu können." Dazu passt auch das Motto der Polz-Brüder: „Qualität im Wein ist unsere Lebensversicherung. Sehr gut bleibt, wer immer besser wird."

Für die Polz-Brüder ist der Sauvignon Blanc zur wichtigsten Sorte im steirischen Weinbau geworden. „Das ist die einzige Sorte, mit der man ernsthaftig in Richtung Export gehen kann." Die Erfahrung gibt Erich und Walter Polz recht. Immerhin nimmt der Sauvignon bereits zwei Drittel der insgesamt jährlich exportierten 150.000 Flaschen ein. Die wichtigsten Auslandsmärkte sind für Erich und Walter Polz Deutschland, die Schweiz, Italien und Großbritannien. Wobei gerade auf Italien besonderes Augenmerk gelegt wird. Und das mit einem klaren Hintergedanken. „Wenn deutsche Weinliebhaber, die steirische Weine schätzen, nach Italien auf Urlaub fahren, sollen sie auch dort unsere Weine, die sie schon von zu Hause kennen und schätzen, auf den Weinkarten finden können."

Sauvignon Blanc Hochgrassnitzberg: 13,5%; Im Duft ein intensiver Stachelbeerton mit etwas Ribisel; würzige, bodenspezifische und mineralische Nuancen. Am Gaumen kräftig, nach reifen gelben Früchten, Holler und Cassis, sehr vielschichtig. Die feine Extraktsüße im Abgang rundet das Gesamtbild ab.

Sauvignon Blanc Grassnitzberg: 13,0%; Sehr reife Fruchttöne, warm, konzentriert und doch sehr vital, sehr schönes Trinkerlebnis.

Sauvignon Blanc Theresienhöhe: 13,0%; Ein toller, vollreifer Sauvignonduft nach Hollunder, Stachelbeeren und gelben Früchten. Im Bukett sehr mineralisch, saftig, nach schwarzen Johannisbeeren. Im Abgang ist die feine Säure, nach Grapefruit, angenehm spürbar.

Who gets better all the time stays on top

Erich and Walter Polz took over the estate of their parents at the end of the 80s and developed it to a size of 140 acres of vineyards. With Grassnitzberg and the later added vineyards Hochgrassnitzberg, Obegg and Theresienhöhe they administer some of the best vineyards in the Styrian wine growing areas. 60 percent of these vineyards are used to cultivate Sauvignon Blanc grapes. "We extended by growing our own, as one could not buy Sauvignon grapes in those days", comments Walter Polz. Besides "Steirischer Klassik" wines the Polz Brothers produce two Sauvignon Blanc-premium wines. One comes from Theresienhöhe, where the grapes grow in heights up to 450 metres, giving this wine a very unique rich mineral character, another one comes from Hochgrassnitzberg, where the soil is made up of sand, shells and lime. Furthermore the most mature grapes are used to produce a "Reserve". The quality of the Polz wines is already being shaped in the vineyards. The ambitious wine producers had the soil of their vineyards analysed in order to know which grapevines would grow best and should therefore be planted. "Our plan is to bring out the distinct taste of the terroir. Furthermore we spend more working hours in the vineyards in spite of higher costs in order to realise our vision of producing first class wines. We work to the motto: Quality in wine is our life insurance. Who gets better all the time stays on top".

According to the Polz Brothers Sauvignon Blanc has become the most important wine in Styrian wine production. „This is the only Styrian variety considert for export". Experience proves Erich and Walter Polz right. After all Sauvignon already constitutes two thirds of the 150.000 bottles of wine they yearly export. The most important export markets for Erich and Walter Polz are Germany, Switzerland, Italy and Great Britain, with an emphasis on Italy. This has a very good reason: "Wine lovers from Germany spending their holidays in Italy should be able to find our Styrian white wines on any wine list. After all they do love them already from home".

Weingärten o *Vineyards*
5 ha, Lagen Obegg, Hochgraßnitzberg

Weine o *Wines*
Weißweine: Sauvignon Blanc, Sauvignon Blanc Hochgrassnitzberg, Sauvignon Blanc Therese, Wr, Wb, Mo, Gb, Muskateller

Edelsüße Weine: Sauvignon Blanc

Rotweine: St

Stockdichte o *Density of plantation*
3,500 Stöcke/Hektar in den alten Rebanlagen; jüngere Weingärten 4,500 Stöcke/Hektar

Alter der Reben o *Average age of the vines*
7-35 Jahre

Hektarerträge o *Average yields*
Sauvignon Blanc 4.500-5.000 Liter/Hektar

Kellermeister/Önologe o *Winemaker*
Erich Polz

Weinseminare o *Wine-seminar*
Nach tel. Voranmeldung o By appointment only

Kellerführung o *Visiting policy*
Nach tel. Voranmeldung o By appointment only

Weinverkaufspreise o *Average price*
€ 5,50/25,- • Visa, Mastercard, Bankomatkarte

Besondere Jahrgänge o *Great recent vintages*
2007, 2006, 2004, 2003, 2002, 2001, 2000, 1997
2000: Österr. Weinsalon mit Sauvignon Blanc 1999
1999: Österr. Weinsalon mit Sauvignon Blanc 1998

Buschenschank
März - Juni, Sept - Okt; Fr, Sa und So 14 - 20 Uhr

Ab-Hof-Verkauf
Täglich 9-18 Uhr, nach telefonischer Voranmeldung
Ansprechperson: Peter Keller

Weitere Produkte
Vinofaktur in Vogau und Graz

Vertrieb / Vermarktung der Weine
Ab-Hof-Verkauf, Fachhandel, Vinotheken und die Gastronomie österreichweit
Exportländer: Deutschland, Schweiz, England

Restaurant Weinkarte o *Winelist*
Steirereck (Wien) und Steirereck am Pogusch, Palais Coburg (Wien), Meinl am Graben (Wien), Taubenkobel (Schützen/Gebirge), Obauer (Werfen), Johanna Meier, Trofana Royal, Paznaunstube, Tantris (München), Königshof (München), Residenz Heinz Winkler (Aschau), Adlon (Berlin), Le Val d'Or – Johann Lafer's Stromburg (Stromberg), Walserhof (Klosters), Maria Real (Vaduz), Zum Löwen, Familie Matscher (Tisens/Südtirol), Zur Rose (St. Michael, Eppan/Südtirol), The Maze, Gordon Ramsay (London), Daniel Relais and Chateaux (New York), Grand Old House (Cayman Islands).

Weingut Erich und Walter Polz
A-8471 Spielfeld, Grassnitzberg 54a
Tel.: +43 (0)3453 2301, Fax: -6
www.polz.co.at
e-mail: weingut@polz.co.at

Symphony meets Buschenschank

Gleich drei wirtschaftliche Standbeine haben sich Walter und Ulrike Neubauer in Spielfeld geschaffen. Zum einen haben sie ihre gemischte Landwirtschaft, die ursprünglich über lediglich zwei Hektar Rebflächen verfügte, auf reinen Weinbau umgestellt, zum anderen betreiben sie einen Buschenschank und darüber hinaus auch noch ein Gästehaus mit drei Komfortzimmern und einer Ferienwohnung. „Schon mein Vater hat im kleinen Rahmen Weinbau betrieben", sagt Walter Neubauer, „ich habe den Betrieb im Jahre 1984 übernommen und kontinuierlich weiter ausgebaut." Das Weingut Neubauer verfügt heute über eigene Rebflächen von acht Hektar in Grassnitzberg und Spielfeld in einer Südlage, die von Tagesanbruch bis Sonnenuntergang der Sonne ausgesetzt sind. Ein halber Hektar dieser Rebflächen ist der Sorte Sauvignon Blanc vorbehalten. Der Sauvignon vom Grassnitzberg wird klassisch im Stahltank ausgebaut, und diese klassische Linie will Weinbau- und Kellermeister Walter Neubauer auch weiterhin verfolgen. Auch die beiden Söhne des Hauses, Walter und der jüngere Matthias, helfen im Weingarten und Keller schon eifrig mit. Beide sehen ihre Zukunft im Weinbau. Walter junior besucht daher die Wein-HAK in Leibnitz, Matthias will seine Weinausbildung in Silberberg absolvieren.

Ein beliebtes Ausflugsziel in der Südsteiermark ist der Buschenschank, in dem Ulrike Neubauer mit viel persönlichem Geschmack und kulinarischem Feingefühl dirigiert. Ihre köstlichen und fein angerichteten Brettljausen sind nicht nur allerfeinste Spezialitäten, sondern auch ein wahrer Augenschmaus. Kein Wunder, dass diese Köstlichkeiten weit über den Naturpark „Südsteirisches Weinland" hinaus bekannt sind. Und wenn die Stimmung passt, greifen Walter Neubauer und sein Sohn Matthias zur Harmonika und spielen zünftig steirisch auf. Beliebt sind auch die jährlichen Konzerte, die im September im Weingarten des Betriebes stattfinden. „Symphony meets Buschenschank" heißt es dann, wenn Streicher und Bläser für einen guten Ton sorgen.

Im Gewölbekeller des alten Hauses hat Walter Neubauer einen gemütlichen Verkostraum eingerichtet, der auch für verschiedene Veranstaltungen geeignet ist. Dort treffen einander auch die Jagdfreunde des Hausherrn, und bei einem guten Glaserl werden dann noch einzelne Pirschgänge ausführlich besprochen.

Sauvignon Blanc Grassnitzberg: 12,5%; Helles Grüngelb, im Duft ein Hauch von Wiesenkräutern, mit zartem gelben Paprika und einem Stachelbeerton. Am Gaumen saftig und trinkfreudig, mit einer gut integrierten Säurestruktur, ein idealer Begleiter zu den Köstlichkeiten im Buschenschank von Uli Neubauer.

Symphony meets Buschenschank

Economically speaking Walter and Ulrike Neubauer built themselves not just one but three legs to stand on in Spielfeld. First they have the winery which originally used to be a mixed farm with only 4 acres of vineyards, then they run a Buschenschank and on top of that they also own a guesthouse with three comfortable rooms and one holiday flat. "My father already made wine in a small way, says Walter Neubauer, "I took over the business in 1984 and continued to extend it". The winery Neubauer today owns 16 acres of vineyards in Grassnitzberg and Spielfeld, which are facing south, and are therefore under the spell of the sun all day long. One acre of these vineyards is for Sauvignon Blanc only. The Sauvignon Blanc resulting from the grapes of Grassnitzberg is produced the classic way in stainless steel tanks and this classic line the wine producer and cellarer Walter Neubauer wants to follow in future. The two sons in the family, Walter and his younger brother Matthias, too, are already busy helping in the vineyard and in the wine cellar. Both view their future in the wine business. Therefore Walter junior is visiting the "Wein-HAK" in Leibnitz, while Matthias wants to graduate from the school for agriculture and oenology Silberberg.

The Buschenschank, which is Ulrike Neubauers domain, is a favourite tourist destination in Southern Styria; and she runs it with a lot of personal taste and culinary feeling. Her delicious "Brettljausen" (cold buffet) are not only exquisite specialities, but also a true feast for the eyes. No wonder her delicacies are known far beyond the nature park "Südsteirisches Weinland". On occasions when the atmosphere is right, Walter Neubauer and his son Matthias get out their harmonicas and play Styrian folk music. The yearly concerts taking place in the vineyard of the estate in September are also very popular. They call it "Symphony meets Buschenschank", when strings and winds meet to produce some good notes. In the arched wine cellar of the old house Walter Neubauer has furnished a comfortable wine tasting room also suitable for a variety of other events. It has become the meeting place of his hunting friends, too who can chat extensively about their individual adventures when stalking game while enjoying a nice glass of wine.

Traubenernte und Vinifizierung

Sauvignon Blanc: Mehrmaliges, selektives Ernten (nur morgens) von Trauben ab 17,5°KMW ➤ Rebeln und Maischen in Maischetanks ➤ Maischekontaktzeit 7-10 Stunden ➤ Pressen: schonendes Pressen, Seihmost und Pressmost getrennt verarbeiten ➤ Mostklärung: Kühles Klären des Mostes für 12-24 Stunden ➤ Abziehen des nicht ganz klaren Mostes und gekühlte Gärung in Stahltanks bei 16°-18°C, Gärstart mit Reinzuchthefen ➤ Ausbau: Grassnitzberg-Jungweine in den Stahltanks ➤ nach dem Gärende abziehen von der Grobhefe ➤ mit der Feinhefe zurück in die Tanks ➤ Aufrühren der Feinhefe solange es möglich ist ➤ 4-5 Monate Reifung, Betonung von Fruchtaromen ➤ Eine Füllfiltration und Flaschenfüllung.

Weingärten o *Vineyards*
8 ha (19,2 acres), Lagen: Grassnitzberg

Weine o *Wines*
Weißweine: Sauvignon Blanc Grassnitzberg Wr, Wb, Ch, Sä, Mu
Edelsüße Weine: Weissburgunder Spätlese, Traminer Auslese
Rotweine: Zweigelt, Bariton (Zweigelt Barrique)

Alter der Reben o *Average age of the vines*
3-30 Jahre

Pflanzdichte o *Density of plantation*
3,800 Stöcke/Hektar in Sauvignon Blanc-Anlagen

Hektarerträge o *Average yield per hectar*
Sauvignon Blanc 5.000-5.500 Liter/Hektar

Kellerführung o *Visiting policy*
Nach tel. Voranmeldung o By appointment only

Kellermeister/Önologe o *Winemaker*
Walter Neubauer mit Junior Walter Matthias

Besondere Jahrgänge o *Great recent vintages*
2007, 2006, 2005, 2003, 2001, 2000, 1997

Buschenschank o *Where the winegrower sell*
Februar-März, Sa, So ab 16 Uhr, ab Mitte April-Mitte Dez Mi-Sa ab 14 Uhr, So ab 15 Uhr geöffnet

Ab-Hof-Verkauf o *Sale at the premises*
Nach tel. Voranmeldung o By appointment only Ansprechpersonen: Ulrike und Walter Neubauer

Weinseminare o *Wine-seminar*
Nach tel. Voranmeldung o By appointment only

Weinverkaufspreise o *Average price*
€ 4,50/9,– • Visa, Mastercard, Bankomatkarte

Weitere Produkte o *Further products*
Traubensaft, Apfelsaft, Muskatellersekt

Gästezimmer o *Bed and breakfast*
3 Zimmer - 6 Betten • 1 Ferienwohnung

Vertrieb/Vermarktung der Weine
Ab-Hof-Verkauf, Fachhandel und die Gastronomie österreichweit, Exportländer: Deutschland, Schweiz, Liechtenstein

Restaurant Weinkarte o *Winelist*
Bristol (Wien), Lindenwirt (Graz)

Weingut Neubauer

A-8471 Spielfeld 51

Tel. + Fax:: +43 (0)3453 26 51

www.neubauer-weine.at

e-mail: weingut.neubauer@aon.at

WEINGUT REGELE:
SULZ, ZOPPELBERG, OBEGG

Weine vom kleinen König: Gute Weine zu erzeugen ist Handwerk, feine Weine zu vinifizieren ist Kunst

Am Beginn der Weinstraße, knapp außerhalb des Marktes Ehrenhausen, liegt das Weingut Regele, das seit 1830 im Familienbesitz steht. Bis zur Übernahme des Betriebes durch Georg Regele, der in Klosterneuburg maturierte und ebenso Weinakademiker ist wie seine Frau Ingrid, galt das Gut als Mengenproduzent. Mit der nunmehr sechsten Generation an den Schalthebeln wurde das Weingut aber kontinuierlich auf die Qualitätsschiene umgestellt. „Wir haben unsere Flächen nach und nach erneuert und erweitert", sagt Georg Regele, „heute bewirtschaften wir nun acht Hektar Weingärten auf bekannten Rieden wie Zoppelberg oder Sulz." Den Grundsatz der Familie „Gutes beginnt immer an der Wurzel" darf man im Bezug auf die penible Arbeit im Weingarten durchaus wörtlich nehmen. Vom Sauvignon Blanc werden zwei Linien ausgebaut. Neben dem klassischen Sauvignon Blanc, der aus Trauben verschiedener Weingärten gekeltert wird, hat Georg Regele auch einen Lagenwein vom Sulztaler Sulz im Sortiment. Dort wachsen die 1982 ausgepflanzten Reben in einer nach Südost ausgerichteten Steillage auf einem Kalksteinverwitterungsboden.

Im Keller des Weingutes wurden ab dem Jahrgang 2002 die alten Holzfässer durch moderne Edelstahltanks ersetzt, drei Jahre später folgte die nächste große Investition mit dem Um- und Ausbau des Kost- und Verkaufsraumes. Dort verbindet sich nun modernste Architektur mit traditionellen Elementen und bilden ein stimmiges Ambiente. Der Mix aus viel Glas und Holz zeigt die starke Verbindung zwischen Tradition und Innovation am Weingut. Auf dem Qualitätssprung, der Georg Regele mit seinen Weinen gelungen ist, will der Winzer weiter aufbauen, den Markt verbreitern und den Exportanteil vergrößern.

Im Weingut „Regele", der Name bedeutet so viel wie „kleiner König", werden neben den verschiedenen Weinen traditionellerweise auch Perlweine und Sekte produziert. Regeles Vater Franz hat 1953 mit seiner „Platscher Perle", die immer noch produziert wird, einen neuen Markt erschlossen, sein Sohn Georg stellt auch einen von Hand gerüttelten und degorgierten Chardonneysekt namens „Blanc de Blancs" her. „Gute Weine zu erzeugen ist Handwerk, feine Weine zu vinifizieren ist Kunst," erklärt Georg Regele, der in seinem Betrieb zusammen mit seiner Frau auch kommentierte Verkostungen, Sensorikschulungen und private Weinseminare anbietet. Eine gute Gelegenheit für Weinliebhaber, ihr Wissen zu erweitern.

Sauvignon Blanc Klassik: 12,0%; Elegantes, fruchtiges und sortentypisches Aromabild, am Gaumen sehr fruchtbetont mit vegetable Anklängen; fein verwobene, harmonische Struktur; angenehme Säure mit festem Körper.

Wine from the little king: To make a good wine is a craft, to produce fine wines is an art

At the very beginning of the wine road (Weinstraße), just outside of the market town Ehrenhausen, lies the winery Regele, which has been owned by the Regele family since 1830. Until the business was taken over by Georg Regele, who finished his gymnasium in Klosterneuburg with the Matura and is just like his wife Ingrid a wine academic, the estate was known for mass-produced wines. With the sixth generation on the controls the products of this winery have been continuously driven towards quality. "We have rejuvenated and enlarged our vineyards bit by bit", says Georg Regele, "today we administer 16 acres of vineyards in well known wine growing areas like Zoppelberg or Sulz". The motto of the family "Good things start at the roots" one can take literally as far as the concentrated work in their vineyards goes. Two different Sauvignon Blanc wines are on offer. Besides the classic Sauvignon Blanc blended from grapes of various vineyards, Georg Regele also produces a premium wine from the Sulztaler Sulz. There the vines planted in 1982 grow on decomposed lime soil on steep hills facing southeast. The year 2002 saw the old wooden barrels in the wine cellar of the estate being replaced with modern stainless steel tanks, three years later followed the next big investment: the alteration and expansion of the wine-tasting and -sales room. There one can find a combination of cutting edge architecture and traditional elements forming a harmonious ambience. The combination of glass and wood in this winery shows a strong bond between tradition and innovation. On this quality leap of his wines the wine producer Georg Regele wants to build on, widen his market share and enlarge his export.

Besides various other wines the winery "Regele" which means "Little king", traditionally also produces a range of sparkling wines. In 1953 Regeles father Franz opened up a new market with his "Platscher Perle", which is still being made, his son Georg produces a hand shaken and disgorged sparkling Chardonney named "Blanc de Blancs". "To make a good wine is a craft, to produce fine wines is an art", declares Georg Regele, who together with his wife also offers commentated wine tasting besides sensor schooling and private wine seminars in his winery, which are good ways for connoisseurs to enhance their knowledge.

Traubenernte und Vinifizierung

Sauvignon Blanc Sulz: Handlese von physiologisch reifen Trauben mit 2 Lesedurchgängen, 19°-20°KMW ➤ Rebeln und Maischen ➤ Maischekontakt in Maischetanks bis12 Stunden ➤ Pressen: Vorentsaften und Pressen, zuerst ohne Pressdruck ➤ Mostklärung: Vorklären des Mostes durch Kühlen, bis zu 12 Stunden ➤ Gezügelte Gärung in Stahltanks bei 18°C ➤ Ausbau: Jungwein 5-6 Monate Reifung in Stahltanks, dabei 2-3 x umziehen - ganz langsam auf natürliche Art mit Hilfe der Schwerkraft klären der Weine ➤ Aufrühren der Feinhefe, teilweise BSA ➤ Betonung der Fruchtaromen steht im Vordergrund ➤ Filtration ➤ Flaschenfüllung.

Weingärten o *Vineyards*
8 ha (19,2 acres), Lagen Sulztaler Sulz, Sulz, Zoppelberg, Obegg

Weine o *Wines*
Weißweine: Sauvignon Blanc, Sauvignon Blanc Sulztaler Sulz
Wb, Mu, Ch, Mo, RR, Gb, Scheurebe, Tr, r²-Burgundercuvée
Edelsüße Weine: Traminer Ausles, Traminer Eiswein
Rotweine: Zweigelt, Zweigelt Reserve

Alter der Reben o *Average age of the vines*
5-40 Jahre

Pflanzdichte o *Density of plantation*
4,000 Stöcke/Hektar in Sauvignon Blanc-Anlagen

Hektarerträge o *Average yields*
4.000-4.500 Liter/Hektar beim Sauvignon Blanc

Kellermeister/Önologe o *Winemaker*
Georg Regele

Besondere Jahrgänge o *Great recent vintages*
2007, 2006, 2003, 2002, 2000, 1997, 1989, 1978, 1965

Ab-Hof-Verkauf o *Sale by producer*
April-Mitte Dez, täglich 10-17 Uhr, nach telefonischer Voranmeldung
Ansprechperson: Ingrid Regele

Weinverkaufspreise o *Average price*
€ 6,-/22,- • Visa, Mastercard, Bankomatkarte

Weinseminare o *Wine-seminar*
Nach tel. Voranmeldung o By appointment only

Kellerführung o *Visiting policy*
Nach tel. Voranmeldung o By appointment only

Weitere Produkte o *Other products*
Sekt, Tresterbrände

Vertrieb/Vermarktung der Weine
Ab-Hof-Verkauf, Fachhandel, Vinotheken, Lebensmittelhandel und die Gastronomie österreichweit
Exportländer: Deutschland, Norwegen

Restaurant Weinkarte o *Winelist*
Kaminstube (Deutschlandsberg), Gambrinuskeller (Graz), Stelzer (Demmerkogel), Weinlandhof (Gamlitz), alle steirischen Weingasthöfe

Weingut Regele
A-8461 Berghausen, Erwitsch 34
Tel.: +43 (0)3453 24 26-0, Fax: -10
www.regele.com
e-mail: office@regele.at

ERZHERZOG JOHANN WEINE: KLÖCHBERG, GRASSNITZBERG

Mit vereinten Kräften

"Viribus unitis", mit vereinten Kräften, war das kaiserliche Motto zu Zeiten der Monarchie, und das sagte sich offenbar auch jene Gruppe steirischer Winzer, die im Jahre 1916 den historisch prachtvollen Weinkeller des Schlosses Ehrenhausen erwarb. Bis heute werden dort die verschiedensten Trauben angeliefert und von „Erzherzog Johann Weine" sorgfältigst ausgebaut. Die Weingemeinde umfasst derzeit rund 220 oft kleine Weinbaufamilien, die durch dieses Unternehmen Arbeit, Absatzmöglichkeiten und Zukunftschancen gefunden haben. „Wir beziehen Trauben aus allen drei Weinbaugebieten im Westen, Süden und Südosten der Steiermark", erklärt Geschäftsführer Georg Pogundke, „und sind der einzige Betrieb im Lande, der sowohl einen original weststeirischen Schilcher als auch einen original Klöcher Traminer keltert." Erzherzog Johann Weine verarbeitet Trauben aus einer Rebfläche von rund 160 Hektar, wobei die besonderen Lagen der Klöchberg, Grassnitzberg, Obegg, Rosenberg und Rettenberg sind. Rund 15 Prozent dieser Fläche sind mit Sauvignon Blanc bepflanzt, aus deren Trauben Kellermeister Sieghard Kugel einen klassisch im Stahltank ausgebauten Wein keltert. „Einen Sauvignon Blanc dieser Qualität bekommt man nirgends günstiger als bei uns", stellt Pogundke fest. Das Unternehmen ist die erste Kellerei in der Steiermark, die nach dem „international food standard" zertifiziert ist. „Wir bieten somit Transparenz von der Traube bis ins Glas", sagt Pogundke, der übrigens selbst Trauben aus seinem ein Hektar großen Weingarten anliefert.

Unter der Marke Erzherzog Johann kommen ausschließlich steirische Qualitäts- und Prädikatsweine auf den Markt, die im Schlosskeller Ehrenhausen ausgebaut werden. Der Absatz erfolgt über den Lebensmitteleinzelhandel mit der Linie „Erzherzog Johann Klassisch" sowie über den Getränkefachhandel und die Gastronomie mit der Linie „Erzherzog Johann Exklusiv", die auch exportiert wird. Als Lohn für die konsequente Qualitätspolitik der Weinkellerei wurden die Erzherzog Johann Weine in den letzten Jahren bereits mit zahlreichen nationalen und internationalen Preisen ausgezeichnet. So stellten die Weine aus der Erzherzog Johann Weinkellerei schon zwei Landessieger.

Zumindest einmal im Jahr zeigt sich Geschäftsführer Georg Pogundke von seiner sportlichen Seite. Und zwar als Scheibtruhenläufer beim traditionellen Welschlauf, den er elegant, im Steireranzug gekleidet, bewältigt.

Apropos Sport: Beim 38. Ball des deutschen Sports in Wiesbaden, der mit tatkräftiger Unterstützung durch den Steiermarktourismus über die Bühne ging, genossen die prominenten Besucher von Franz Beckenbauer über Vitali Klitschko bis Franziska von Almsick auch die Erzherzog Johann Weine aus der Kellerei in Ehrenhausen.

Sauvignon Blanc Klassik: 11,5%; Helles Grüngelb, im Duft einladende grüne Fruchtnuancen, zart nach Paprikaschoten, feiner Holunder, ein sehr gefälliges Bukett. Am Gaumen harmonisch, mit einer fruchtigen Paprikawürze, schöne sortentypische Aromen wie schwarze Ribisel und Stachelbeeren, sehr ausgewogen.

United we stand

"Viribus unitis", united we stand, was the motto during the time of the Emperor in the Austrian-Hungarian Empire, and under the same motto a group of Styrian wine makers seem to have acquired the magnificent historical wine cellar of Castle Ehrenhausen in 1916. Up to now different varieties of grapes are delivered which "Erzherzog Johann Weine" meticulously transformes into various wines. This wine producing community consists of about 220 mostly small wine-making families, who have found work, opportunities to sell their products and thus better chances for their future by joining this business. "We acquire grapes from all three wine growing areas of Styria: the west, the south and the south-east of Styria", managing director Georg Pogundke explains, "and we are the only business in Styria producing an original west-Styrian Schilcher as well as an original Klöcher Traminer". Erzherzog Johann Weine processes grapes resulting from vineyards covering an area of about 384 acres, of which Klöchberg, Grassnitzberg, Obegg, Rosenberg, and Rettenberg are special locations. About 15 percent of this area is designated to Sauvignon Blanc, the grapes of which the wine cellarer Sieghard Kugel uses to produce a classic wine in stainless steel tanks. "One can not obtain a Sauvignon Blanc of this quality anywhere else, but with us", Pogundke proudly observes. "Our business is the first wine cellar in Styria with the certificate of the "international food standard". "We offer transparency from the grape right to the glass (of wine)", says Pogundke, who himself supplies grapes from his 2-acre vineyard.

Under the trademark "Erzherzog Johann" only quality- and premium wines produced in the wine cellar of Ehrenhausen castle are supplied. The line "Erzherzog Johann Klassisch" is sold by the food retail trade, while the line "Erzherzog Johann Exklusiv", which is also exported, is sold through a specialised network of beverages dealers and the gastronomy. The consequent politics of quality of this winery have paid off, as Erzherzog Johann wines have won numerous national and international prizes in recent years. The wines of the Erzherzog Johann wines have already collected the title of county winner (Landessieger) twice.

At least once a year managing director Georg Pogundke shows himself from his sporty side, as a wheelbarrow runner, to be exact, at the traditional Welschlauf, which he manages to do stylishly in his Styrian suit.

Weingärten o *Vineyards*	**Ab-Hof-Verkauf o *Sale at the premises***
160 ha (384 acres), Lagen: Weingärten von Klöch bis Deutschlandsberg	Vinothek Ehrenhausen, April-Dez täglich 8-17 Uhr Ansprechpersonen: Christa Tschernko
Weine o *Wines*	**Weinseminare o *Wine-seminar***
Weißweine: Sauvignon Blanc	Nach tel. Voranmeldung **o** By appointment only
Wr, RR, Wb, Ch, Gb, GewTr, Sä 88	**Kellerführung o *Visiting policy***
Edelsüße Weine: Klöcher Traminer Auslese, Traminer Eiswein,	Nach tel. Voranmeldung **o** By appointment only
Rotweine: Zweigelt, Blauer Wildbacher, Pinot Noir	**Weinverkaufspreise o *Average price***
Alter der Reben o *Average age of the vines*	€ 5,25/16,50 • Visa, Mastercard, Bankomatkarte
3-40 Jahre	**Weitere Produkte o *Further products***
Pflanzdichte o *Density of plantation*	WB Hauersekt, Morillon Hauersekt, Kernöl, Traubenessig
3,500-4.500 Stöcke/Hektar in Sauvignon Blanc-Anlagen	**Vertrieb/Vermarktung der Weine**
Hektarerträge o *Average yields*	Ab-Vinothek-Verkauf, Fachhandel, Lebensmittelhandel
4.500-5.500 Liter/Hektar beim Sauvignon Blanc	Exportländer: Deutschland, Belgien, England, Holland, China (Shanghai)
Kellermeister/Önologe o *Winemaker*	**Restaurant Weinkarte o *Winelist***
Sieghard Kugel	Die Gastronomie österreichweit
Besondere Jahrgänge o *Great recent vintages*	
2007, 2006, 2003, 2001, 2000, 1997	**Erzherzog Johann Weine**
2006: Steirischer Landessieger mit Traminer Eiswein 2005 Mehrfacher Gewinner bei der Steirischer Landesweinkost mit verschiedenen Rebsorten	A-8461 Ehrenhausen, Hauptstraße 34 Tel.: +43 (0)3453 2423, Fax:-6 www.erzherzog.com e-mail: office@erzherzog.com

GROSS, RATSCH: NUSSBERG, KITTENBERG UND SULZ

Mir schmecken Weine, die ihre Herkunft zeigen

Die Familie Gross hat sich schon im Jahre 1907 dem Weinbau verschrieben und ist auch heute noch ein typischer Familienbetrieb. Den großen Aufschwung erlebte das Gut durch Alois Gross, der seit 1981 eigenverantwortlich für die Kellerarbeit war und drei Jahre später den Betrieb von seinen Eltern übernahm. Mittlerweile ist bereits die nächste Generation am Werk. Der Klosterneuburg-Absolvent Johannes Gross, gerade erst 23 Jahre alt, trägt die Verantwortung im Weingarten und in der Kellerarbeit, seine Geschwister werden ihm bald zur Seite stehen. Schwester Veronika studiert Werbung und Marktkommunikation, und an der „Vino-HAK", einer Weinhandelsakademie, lernt Bruder Michael die Grundlagen des Weinmarketings. Er plant sein Wissen an der Universität für Bodenkultur in Wien zu erweitern.

Klarerweise steht Vater Alois Gross seinen Kindern stets mit Rat und Tat zur Seite. Vor allem im Weingarten, wo die Grundlage für die exzellenten Weine gelegt wird. Dementsprechend intensiv ist dort der Arbeitsaufwand. Für die „Steirische Klassik" werden durchschnittlich 500 Arbeitsstunden pro Hektar aufgewendet, in den Toplagen auf dem Nussberg, Sulz oder Kittenberg können es schon um die 700 Stunden sein. Der Nussberg ist eine kesselförmige Süd-Südwestlage mit einem Kalkmergelboden und Hangneigungen bis zu 30 Grad. Auch die Riede Sulz ist eine nach Süd-Südwest ausgerichtete Steillage. Sie hat einen Boden aus Lehm auf kalkhaltigem Schlier mit Sand- und Konglomerateinschlüssen. Auf der Riede Kittenberg, einer Hanglage im Sausal, wiederum wächst auf Verwitterungsböden mit Muschelkalkauflage ein besonders mineralisch würziger Sauvignon Blanc. „Mir schmecken Weine, die ihre Herkunft zeigen", sagt Johannes Gross, und sein Vater pflichtet bei: „Einen perfekten Wein erkennt man daran, dass eine Flasche rasch ausgetrunken ist." Neben der „Klassik" und den Lagenweinen macht Gross in klimatisch außergewöhnlichen Jahren wie 1997, 2000, 2001 oder 2006 noch einen „Sauvignon blanc Privat". Dieser wird aus gesunden, überreifen Trauben der Lagen Nussberg und Sulz mit einem Zuckergehalt von 23°KMW (116,1°Öchsle) in einem eigenen Erntedurchgang gelesen und extra vergoren. Vom Sauvignon Blanc Privat 2006 ist Johannes Gross begeistert. „Von dem lege ich mir ein paar Flaschen zur Seite, um sie zu meinem 50. Geburtstag zu genießen." Das wird im Jahr 2034 sein.

Sauvignon Blanc Sulz 2007: 13,2%; ein Sauvignon mit einem würzigen, stachelbeerigen Duft, einem saftigen Säurespiel, viel Fülle und schöner Struktur.

Sauvignon Blanc Ratscher Nussberg: 14,0%; Der Duft ist intensiv, nach reifen, grünen Paprika und Brennessel, sehr vielschichtig, mit etwas Luft entwickelt er sehr schnell sein großes Potenzial. Am Gaumen kraftvoll, mit Paprika-, Stachelbeer- und etwas Johannisbeeretönen, der lange, delikate Abgang erfreut jeden Sauvignon-Liebhaber.

I like wines which show their origin

The Gross family started to growing and cultivating wine as long ago as 1907 and has stayed a family business until today. The big boom of this estate came with Alois Gross, who has been responsible for the work in the wine cellar since 1981 and took over the family business three years later. Meanwhile the next generation is working the vineyards. Responsibility for the vineyards as well as the work in the wine cellar now rests on the shoulders of 23 year-old Klosterneuburg-graduate Johannes Gross, soon to be joined by his sister and his brother. Sister Veronika is studying Advertising and Marketing besides attending the "Vino-HAK", while brother Michael is learning the basics of wine-marketing and plans to further his knowledge by attending the University of Agriculture in Vienna.

Obviously father Alois Gross is always there for his children to advise and to lend a helping hand with the business above all in the vineyards where the basics for excellent wines are taught and where the work effort accordingly is very intense. The cultivation of the grapes for the "Steirische Klassik" wines demands on average 500 working hours per one hectare (2,4 acres), in the higher situated vineyards like Nussberg, Sulz, or Kittenberg it might even be 700 hours. The vineyards in Nussberg are in a basin of lime and marl soil facing south southwest with slopes up to 30 degrees. The same goes for the vineyards Sulz having similar properties and growing on soil consisting mainly of clay and lime with some sand and conglomerates of stone. The sloped vineyards in Kittenberg (Sausal, near Leibnitz) on the other hand grow on decomposites of shell and lime, and this results in an especially mineral and full-flavoured Sauvignon Blanc wine. "I like wines which show their origin", declares the young winemaker Johannes Gross, and his father agrees: "One recognizes a perfect wine at the pace a bottle gets finished." Besides "Klassik" and the premier wines, Gross occasionally produces one more wine, the "Sauvignon Blanc Privat", but only in climatically superior years like 1997, 2000, 2001, or 2006. This wine made from overmature grapes of the vineyards Nussberg and Sulz and with a sugar content of 23°KMW (116 Öchsle) is harvested and fermented in one go. Johannes Gross is delighted with his Sauvignon blanc Privat 2006. "I'll have to put aside a few of these bottles and enjoy them when I celebrate my 50th birthday". That will be in 2034.

Traubenernte und Vinifizierung

Sauvignon Blanc Steirische Klassik: Mehrmaliges selektives Handlesen (nur vormittags), Traubengradation 17,5°-19°KMW ➤ Rebeln und Einmaischen ➤ Maischekontaktzeit in Maischetanks 4-6 Stunden ➤ Pressen: Vorentsaften in der Presse ➤ Mostklärung: Entschleimen des Mostes mit Kühlung für 12 Stunden ➤ Gärführung: Einleiten der ersten Gärung mit Reinzuchthefen ➤ Gärtemperatur im Stahltank nie mehr als 20°C, absenken auf 17°C ➤ Ausbau: Steirische Klassik-Jungweine in den Niro-Stahltanks für 4-6 Monate ➤ Betonung von Fruchtaromen ➤ Flaschenfüllung.

Sauvignon Blanc Sulz, Kittenberg: Gärung in großen Holzfässern so langsam wie nur möglich ➤ Ausbau in großen Holzfässern.

Sauvignon Blanc Nussberg: Gärung und Ausbau in 600-Liter-Holzfässern. 12-18 Monate Fassreife.

Weingärten o *Vineyards*

30 ha (72 acres), Lagen Ratscher Nussberg, Sulz, Kittenberg

Weine o *Wines*

Weißweine: Sauvignon Blanc Steirische Klassik, Sauvignon Blanc Kittenberg, Sauvignon Blanc Sulz, Sauvignon Blanc Ratscher Nussberg

Wr, Wb, Mo, Mu, Tr, Sä, Gb, GTr

Edelsüße Weine: Beerenauslese, Eiswein

Rotweine: Zweigelt

Alter der Reben o *Average age of the vines*

3-25 Jahre

Pflanzdichte o *Density of plantation*

3,500 Stöcke/Hektar Sauvignon Blanc Kittenberg

4,500 Stöcke/Hektar Sauvignon Blanc Sulz und Nussberg

Hektarerträge o *Average yields*

Sauvignon Blanc 4.500-5.000 Liter/Hektar Sulz

Sauvignon Blanc 4.500-5.000 Liter/Hektar Nussberg

Kellermeister/Önologe o *Winemaker*

Hannes Gross

Besondere Jahrgänge o *Great recent vintages*

2007, 2006, 2005, 2003, 2001, 2002, 2001, 2000, 1997, 1994

2004: Österr. Weinsalon mit Sauvignon Blanc Sulz 2003

2005: Österr. Weinsalon mit Sauvignon Blanc Sulz 2004

Ab-Hof-Verkauf o *Sale at the premises*

Täglich 10-19 Uhr, nach telefonischer Voranmeldung

Ansprechperson: Alois Gross, Aurelia Neubauer

Weinseminare o *Wine-seminar*

Nach tel. Voranmeldung o By appointment only

Weinkellerführung o *Winery guiding tour*

Nach tel. Voranmeldung o By appointment only

Weinverkaufspreise o *Average price*

€ 6,30/45,- • Visa, Mastercard, Bankomatkarte

Weitere Produkte o *Further products*

Traubensaft, Tresternbrände, Kernöl

Vertrieb/Vermarktung der Weine

Ab-Hof-Verkauf, Fachhandel, Vinotheken und die Gastronomie österreichweit

Exportländer: Deutschland, Schweiz, England, Benelux, Dänemark, Tschechien, USA

Restaurant Weinkarte o *Winelist*

Tantris (München), Steirereck, Meinl am Graben, Palais Coburg (Wien) und Steirereck Pogusch, Taubenkobel (Schützen/Gebirge), Obauer (Werfen), Post (Lech)

Weingut Gross

A-8461 Ehrenhausen, Ratsch an der Weinstraße 26

Tel.: +43 (0)3453 25 27, Fax: 21 7 28

www.gross.at

e-mail: weingut@gross.at

Schade, dass man Wein nicht streicheln kann

Ewald Zweytick ist ein Winzer, der seinen Weg absolut geradlinig geht. Das war freilich nicht immer so. Zwar haben schon sein Großvater und Vater in Ratsch an der Weinstraße Weinbau betrieben, er selbst hatte zunächst aber anderes im Sinn. Dementsprechend abwechslungsreich liest sich sein beruflicher Werdegang. Gelernter Automechaniker, Fenstermonteur, UNO-Soldat und schließlich Arbeit in einer Batterie-Fabrik. Dass er dann doch zum Weinbauer wurde, hat er letztendlich seinem Bruder Hannes zu verdanken, der nur dann eine Politikerlaufbahn einschlagen wollte, wenn Ewald dafür das Weingut bewirtschaftet. Und so sieht die Situation heute aus. Hannes Zweytick sitzt als Nationalratsabgeordneter im österreichischen Parlament, Ewald Zweytick bewirtschaftet seine eigenen Rebflächen und die seines Bruders. „Vor allem die Weingartenarbeit habe ich von meinem Vater gelernt, im Keller standen mir bei allen offenen Fragen liebe Freunde wie Alois Gross oder Manfred Tement mit Rat und Tat zur Seite", sagt Ewald Zweytick, der heute 13 Hektar Rebfläche in den Lagen Stermetzberg und Sulz bewirtschaftet. In seiner Arbeit ist Zweytick absolut kompromisslos. Vor allem, wenn es um die Sorte Sauvignon Blanc geht. „Der Sauvignon Blanc ist der größte Wein, den wir in Österreich haben", sagt Zweytick, „das muss ein voller, dichter Wein sein. Ich kann keinen leichten Sauvignon machen. Mit nur 11,5 Vol% Alkohol kommt mir kein Wein aus dem Keller. Ich fürchte mich auch nicht vor einem Sauvignon mit 14 Vol% Alkohol."

Vom Sauvignon Blanc keltert Ewald Zweytick drei Linien. Seine Klassik präsentiert sich in hellem Grüngelb mit einer ausgeprägten Fruchtwürze, die irgendwo zwischen Johannisbeere und Stachelbeere angesiedelt ist. Am Gaumen knackig, mit guter Länge und viel Potential. Dieser Sauvignon ist trotzdem ein echter Steirer. Jedenfalls so, wie Ewald Zweytick die Südsteiermark sieht. Der zweite ist der Sauvignon Blanc Stermetzberg, dessen Reben im Jahre 1989 gleich hinter dem Weinkeller ausgepflanzt wurden. Bei der Ernte 2007 hatten die Trauben, bei mehreren Lesetagen, eine Reife zwischen 19° und 20°KMW (94 und 100 Öchsle). Der Stermetzberg reift für 12 Monate in 1.500-l-Holzfässern, bevor er in Flaschen gefüllt wird. Dicht und kraftvoll, mit einer intensiven Sauvignonaromatik und im Bukett ganz zart von der Holzreifung unterstützt, präsentiert sich der 2006er im Glas.

Der Zweytick-„Überdrüber"-Sauvignon Blanc trägt den Namen „Don't Cry". Nach 30 Monaten in Barriques fasziniert der Wein durch sein tiefes Aromenspiel nach reifer Ananas, etwas gelbem Paprika und Blutorange. Nach dem Dekantieren offenbaren sich dann auch wilde Kräuter und rauchige Tabakblätter, unterlegt mit einem Hauch von weißer Schokolade. Die Aromen verbinden sich am Gaumen mit Druck, schönem Säurekern und fast salziger Mineralität. Diese Namensgebung auf „Don't Cry" erfolgte eher spontan, als sich ein Wiener Journalist über den zugegebenermaßen recht hohen Preis des exquisiten Tropfens mokierte. „Mit diesem Wein habe ich mir einen Wunsch erfüllt", sagt Zweytick, der es mit seinen Weinen ähnlich hält, wie die Schotten mit ihrem Whisky. Die sagen ja auch, „wir trinken so viel wir können, den Rest verkaufen wir." Ewald Zweytick macht den Wein, der ihm schmeckt. Den Rest verkauft er. „Schade, dass man Wein nicht streicheln kann."

It's a shame one cannot stroke wine

Ewald Zweytick is a wine maker who has opted to follow a straight path. That was not always the case. Even though his grandfather and father were producing wine in Ratsch, which is situated along the Wine Road, he had other ideas. Thus his diverse occupational history makes a chequered reading. He trained as a car mechanic, jobbed as a window fitter, became a UNO-soldier and also worked in a battery-manufacturing factory. That he did become a wine maker after all is thanks to his brother Hannes, who was only going to go into his chosen career of politics, if Ewald was going to administer the winery. And this is the situation today: Hannes Zweytick is a member of the Austrian Parliament while Ewald Zweytick administers both his own vineyards and the ones of his brother. "I learned the work in the vineyard mainly from my father, but in the wine cellar most open questions were answered by

ZWEYTICK, RATSCH: STERMETZBERG UND DON'T CRY

some special friends like Alois Gross or Manfred Tement, who assisted me with word and deed", says Ewald Zweytick, who today administers 26 acres of vineyards in Stermitzberg and Sulz. In his work Zweytick does not compromise. Especially not with Sauvignon Blanc. "Sauvignon Blanc is the grandest wine we produce in Austria, says Zweytick, "it has to be full-bodied and dense. I cannot produce a light Sauvignon. No wine leaves my wine cellar with only 11,5 % alcohol content. I am not afraid of a Sauvignon with 14 % alcohol content."

Ewald Zweytick produces his Sauvignon Blanc in two lines. His "Klassik" is presented in a light green-yellow with a distinctive fruity flavour somewhere between black currants and gooseberries. It is crisp on the palate, has a long finish and carries a lot of potential. This Sauvignon is nonetheless a truly Styrian wine, at least as far as Ewald Zweytick sees southern Styrian wine. His "over and above" Sauvignon is called "Don't Cry". After 30 months in barriques this wine fascinates with a deep play of aromas like ripe pineapple, yellow peppers and blood orange. After decantation various "new" aromas like wild herbs and smokey tobacco leaves are revealed, underlaid by a hint of white chocolate. These aromas combine strongly on the palate with a beautiful acidic core and close to salty minerals. The name „Don't Cry" came about spontaneously, when a Viennese journalist sneered at the admittedly rather high prize of this exquisite drop. "With this wine I fulfilled myself a wish", says Zweytick, who looks at his wine the same way as Scotts look at their Whisky: "We drink as much as we can, the rest we sell." Ewald Zweytick makes wine he himself likes to drink. The rest he sells. "It's a shame one cannot stroke wine."

Traubenernte und Vinifizierung

Sauvignon Blanc Stermetzberg: Mehrmaliges, selektives Ernten von Trauben mit 19°-20°KMW ➤ Rebeln und Maischen in der Tankpresse ➤ Maischekontaktzeit 6-12 Stunden ➤ Pressen: schonendes Pressen mit wenig Druck, Seihmost und Pressmost getrennt verarbeiten ➤ Mostklärung: Gekühltes Klären des Mostes über Nacht ➤ Abziehen des nicht zu fein geklärten Mostes und gekühlte Gärung in 1.500 l Fässer, Gärstart mit Spontangärung ➤ Ausbau: Jungweine in den Stahltanks ➤ nach dem Gärende abziehen von der Grobhefe ➤ mit der Feinhefe zurück in die Holzfässer um die Mikrooxydation zu nützen ➤ Aufrühren der Feinhefe ➤ 12 Monate Reifung, Betonung von Komplexität, Kraft und Fülle ➤ Klarfiltration und Flaschenfüllung.

Traubenernte und Vinifizierung

Sauvignon Blanc Don't cry: Mehrmaliges, selektives Ernten von Trauben mit mehr als 20°KMW ➤ Rebeln und Maischen in der Tankpresse ➤ Maischekontaktzeit 6-12 Stunden ➤ Pressen: schonendes Pressen mit wenig Druck, Seihmost und Pressmost getrennt verarbeiten ➤ Mostklärung: Gekühltes Klären des Mostes über Nacht ➤ Abziehen des nicht zu fein geklärten Mostes und gekühlte Gärung in 300 l Barriques, Gärstart mit Spontangärung ➤ Ausbau: Nach dem Gärende abziehen von der Grobhefe ➤ mit der Feinhefe zurück in die Barriques um die Mikrooxydation zu nützen ➤ Aufrühren der Feinhefe ➤ 30 Monate Reifung in den barriques, Betonung von Komplexität, Kraft und Fülle ➤ Flaschenfüllung wenn der Wein seine Trinkreife erreicht hat. „Er wird immer besser".

»DIMENSION STATT SENSATION«

Bekanntheit kann grausam sein. Besonders, wenn täglich eine Sensation erwartet wird. Der ultimative Wein zu jedem Gang, zu jedem Gewürz. Macht über 100 Sensationen am Tag. Aber geht es darum, Punkte oder Sensationen zu trinken? Ich meine, es geht um mehr. Es geht um Sie und Ihren Geschmack. Ich empfehle Ihnen nämlich nicht, was ich für richtig halte. Sondern was ich *für Sie* für richtig halte. Ich versuche, Ihre Vorlieben zu erspüren, Ihrem Sehnen auf den Grund zu kommen und aus unserem gewaltigen Oeuvre von über 50.000 Flaschen diejenige auszuwählen, die auf Ihren Tisch kommt. Und Ihnen dann die Dimension zu erschließen. Die Dimension Wein, die Sie verzaubert. Begeistert. Nachdenklich macht. Dann habe ich gewonnen. Und Sie auch.

Wenn der engagierte und kompromisslose Winzer auf seine Weine zu reden kommt, kann es vorkommen, dass er die Welt um sich vergisst. Diese Erfahrung musste auch schon eine Besucherin aus Deutschland in seinem Weinkeller machen, mit der er ausgiebig über Wein und seine Art der Vinifizierung sprach, ohne sich darüber Gedanken zu machen, wer sein Gegenüber war. Sein Bruder Hannes, der Nationalratsabgeordnete und Bürgermeister von Ratsch, hat ihn schließlich aufgeklärt. Es war die heutige deutsche Bundeskanzlerin Angela Merkel gewesen, die sich eingehend über den steirischen Wein aufklären ließ.

Don't Cry

Mit seinen Weinen, allen voran dem „Don't Cry", hat Ewald Zweytick den Sprung in die nobelsten Speisetempel wie das Tantris in München geschafft. Das Tantris ist immerhin ein Haus, das zu den 50 besten Restaurants weltweit zählt. Die dortige Chef-Sommelière Paula Bosch, die für die Auswahl der rund 60.000 Flaschen im Weinkeller des Tantris verantwortlich ist, hatte bei einem Besuch in der Steiermark, bei dem sie im Jaglhof ausführlich die steirischen Sauvignons verkostet hat - und auch den „Don't Cry" in ihrem Kostprogramm. Nach einem ersten fachlichen Konfrontationsgespräch mit Ewald Zweytick war sie aber von der Qualität dieses Weines doch so überzeugt, dass sie am nächsten Tag fürs Tantris geordert hat.

Natürlich hat Ewald Zweytick noch Visionen. Er hat gerade eine großartige neue Anlage mit Sauvignon bepflanzt und träumt davon, einmal ausschließlich Holzfässer in seinem Keller zu haben. „Wenn ich könnte, wie ich wollte, würde ich auf alle Stahltanks verzichten." Was seine Philosophie betrifft, gibt sich Ewald Zweytick kryptisch: „Man muss sich manchmal dorthin begeben, wo die Luft dünn ist und die Risiken größer werden. Dafür werden die Ergebnisse besser."

Bei all seinem Engagement für den Wein vergessen Ewald und Hannes Zweytick aber auch nicht auf ihre soziale Verantwortung. Darum veranstalten sie alljährlich die „Sauvignon Open". Das ist eine Benefizveranstaltung zugunsten der Leukämie-Hilfe Steiermark, bei der es darum geht, einen Golfball vom Buschenschank Zweytick weg möglichst in den Fischteich der Winzer zu schlagen. Jeder Golfball, der dazu gekauft wird, dient einem guten Zweck.

Don't Cry

When the committed and uncompromising winemaker talks about his wines, it can easily happen that he forgets the world around him. A German visitor to his wine cellar experienced this as well. He talked with her at length about wine and his way of producing it without ever wasting a thought on who was sitting opposite. His brother, the Member of Parliament, eventually introduced her. She turned out to be Angela Merkel, who today is the German Chancellor, who was eager to learn a lot about Styrian wine.

With his wines, above all his "Don't Cry", Ewald Zweytick has made it into the world of swish restaurants like the Tantris in Munich. The Tantris, after all, is on the list of the 50 best restaurants worldwide. Chef sommellier Paula Bosch, who is responsible for the selection of approximately 60.000 bottles of wine in the Tantris wine cellar, had the „Don't Cry" in her extensive tasting programme of Styrian Sauvignons at the Jaglhof when visiting Styria. After initial confrontations she had some technical discussions with Ewald Zweytick and eventually was so convinced by the quality of this wine that she put in an order for Tantris the very next day.

Naturally Ewald Zweytick has his own visions. He has just planted Sauvignon vines in a great new vineyard and dreams about one day having only oak barrels in his wine cellar. "If it was completely up to me, I would dispense with stainless steel tanks." As far as his philosophy is concerned, Ewald Zweytick shows himself cryptic: "Sometimes one has to go where the air is thin and the risks are bigger. It produces better results." With all his commitment for wine Ewald Zweytick never forgets his social responsibilities. That is the reason behind the yearly "Sauvignon Open", which he organizes and which is a benefit event for the "Leukämie-Hilfe Steiermark" (Leukaemia Help Styria). The task at this golf event is to hit a golfball outside the Buschenschank Zweytick and get it into the fishing lake of the wine maker. Each golfball sold serves a good purpose.

EWALD ZWEYTICK, RATSCH: DON'T CRY

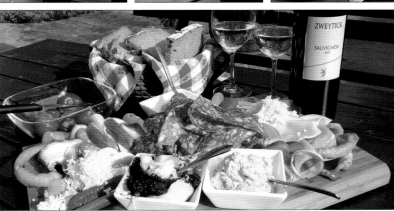

Sauvignon Blanc Don't Cry 2003: 14,0 %; Im Duft angebehm würzig und etwas rauchig, im Bukett reife Ananas, etwas gelber Paprika und Blutorange. Nach dem Dekantieren offenbaren sich dann auch wilde Kräuter und rauchige Tabakblätter, unterlegt mit einem Hauch von weißer Schokolade.
Eines aber hat er - der Don't Cry - jeder der das Etikette sieht will den Wein auch sofort kosten. Und dann ist die Flasche sehr schnell leer.
Sauvignon Blanc Stermetzberg 2007: 13,5 %;
In der Nase geprägt von dunklen Beerenfrüchten, Cassis und Stachelbeer, ein sehr facettenreiches Bukett. Am Gaumen kraftvoll und saftig, sehr gutes Entwicklungspotenzial.
Sauvignon Blanc Klassik: 13,2 %; Klassik präsentiert sich in hellem Grüngelb mit einer ausgeprägten Fruchtwürze, die irgandwo zwischen Johannisbeere und Stachelbeere angesiedelt ist. Der Duft ist so intensiv und fruchtig wie ein Stachelbeergelee.

Weingärten o *Vineyards*
13 ha (31,2 acres), Lagen Stermitzberg, Sulz

Weine o *Wines*
Weißweine: Sauvignon Blanc, Sauvignon Blanc Stermetzberg, Sauvignon Blanc Don't Cry
Wr, Wb, MT, Mo, Mu, Tr, Sä, GS, Gb
Edelsüße Weine: Weißburgunder Trockenbeerenauslese
Rotweine: Zw

Alter der Reben o *Average age of the vines*
2-22 Jahre

Pflanzdichte o *Density of plantation*
4.000 Stöcke/Hektar in Sauvignon Blanc-Anlagen

Hektarerträge o *Average yield per hectar*
Sauvignon Blanc 3.000-3.500 Liter/Hektar

Kommentierte Weinkost o *Wine-tasting*
Nach tel. Voranmeldung o By appointment only

Kellermeister/Önologe o *Winemaker*
Ewald Zweytick

Besondere Jahrgänge o *Great recent vintages*
2007, 2006, 2003, 2001, 2000, 1997

Buschenschank o *Where the winegrower sell*
April-Nov, Fr, Sa, So ab 14 Uhr geöffnet, Mo-Do nach tel. Voranmeldung o Monday-Thursday by appointment only

Ab-Hof-Verkauf o *Sale at the premises*
Nach tel. Voranmeldung o By appointment only
Ansprechpersonen: Astrid Zweytick

Weinverkaufspreise o *Average price*
€ 5,50/38,- • Bankomatkarte

Weitere Produkte o *Further products*
Traubensaft, Weinessig, Olivenöl aus Kroatien

Vertrieb/Vermarktung der Weine
Ab-Hof-Verkauf, Vinofaktur (Graz, Vogau), Fachhandel und die Gastronomie österreichweit, Exportländer: Deutschland, Schweiz, USA (L.A.)

Restaurant Weinkarte o *Winelist*
Tantris (München), Mesa (Zürich), Schwarzes Kameel, Urbaneck-Naschmarkt (Wien), Sodoma (Tulln).

Weingut Hannes und Ewald Zweytick
A-8345 8461 Ratsch an der Weinstraße 102
Tel.+Fax: +43 (0)3453 2364, Fax: 7222
www.ewaldzweytick.at
e-mail: ez@ewaldzweytick.at

WEINGUT WOLFGANG MAITZ:
HOCHSTERMETZBERG, SCHUSTERBERG

Erfolg über Generationen

Ein intaktes Familienleben im Einklang mit der Natur ist unsere Stärke", sagt Wolfgang Maitz und bringt damit das Erfolgsrezept dieses Weingutes auf den Punkt. Tatsächlich leben drei Generationen in dem Betrieb, in dem die Verantwortungsbereiche aufgeteilt sind, wie es ein modernes Unternehmen verlangt. Wolfgang Maitz, der mit seiner Frau Maria den elterlichen Betrieb im Jahre 1978 übernahm und zu einem Qualitätsbetrieb ausbaute, ist heute im Weingut für den Pflanzenschutz und die maschinelle Bewirtschaftung der Weingärten zuständig. Sein Sohn Wolfgang Maitz jun., der nach seiner Ausbildung in Silberberg eine Praxis in Südafrika absolvierte, trägt seit 2000 die Verantwortung über die Stockerziehung, die Laubarbeiten, den Ausbau der Weine im Keller sowie die Vermarktung der Produkte. Er kann dabei auf den Vorarbeiten der Generationen vor ihm aufbauen. „Meine Großeltern und Eltern haben über Jahrzehnte hinweg herausgefunden, welche Lagen welche Reben verlangen, und die Voraussetzungen für den weiteren Erfolg geschaffen." Das Weingut bewirtschaftet heute Rebflächen in den Rieden Hochstermetzberg, Schusterberg und Krois sowie Pachtweingärten in Sulztal, Wielitsch und Gieselsdorf. „Ich will einen Wein machen, bei dem man erkennt, wer er ist und woher er kommt", sagt der Kellermeister, und das gilt klarerweise auch für den Sauvignon Blanc, von dem Maitz eine klassische Linie und einen Lagenwein vom Hochstermetzberg keltert. Nur von besonderen Jahrgängen vinifiziert Maitz eine „Privat"-Edition, die im neuen großen Holzfass ausgebaut wird und ein großes Entwicklungspotential hat. Im Jahre 2001 gelang auch eine Sauvignon Beerenauslese. Der Weinbau ist aber nur ein Bereich im Betrieb. Das Konzept, „Weingut, Essen, Trinken und Schlafen beim Maitz" gilt auch in der dritten Generation. Im Weinlokal bzw. auf der wunderschönen Aussichtsterrasse sorgen sich Maria Maitz und ihre Tochter Stephanie um das Wohl ihrer Gäste. Serviert werden neben traditionellen kalten Gerichten auch hausgemachte Spezialitäten wie ein frisches Sulmtaler Backhenderl oder frischgebratene Forellen. Zum längeren Verweilen im Weingut Maitz locken die 16 Winzerzimmer, die allesamt hell und freundlich eingerichtet sind.

Der fotogene Wolfgang Maitz jun. wurde übrigens auch schon von der Österreich-Werbung als Model entdeckt. Er posiert inmitten seines Weingartens auf einem Plakat bzw. Kalenderblatt.

Sauvignon Blanc 2007: 12,5%; kräftiger roter Paprika, Rhabarber und Stachelbeer, saftig, fleischig, würzig und fest.

Sauvignon Blanc Hochstermetzberg 2006: 13,5%; rote Ribisel und Johannisbeeren, ein Hauch Dill, mit festem Kern und langem Abgang.

Sauvignon Blanc Privat 2006: 13,5%; wunderschön fruchtiger und weicher Duft, zart süßliche Frucht, süßer Senf, tiefe reichhaltige Würze, ausgeprägte Sekundäraromatik.

Success for generations

Our strength is a healthy family life in harmony with nature", says Wolfgang Maitz and thus describes the recipe of the success of this winery. Three generations share the responsibilities in this winery, as a modern business demands it. Wolfgang Maitz, who together with his wife Maria took over the winery from his parents in 1978 and made it into a top quality business, today carries the responsibility for the protection of the vines and the mechanical cultivation of the vineyards. Since the year 2000 his son Wolfgang Maitz jun., who did his practice in South Africa after his education at the School for Agriculture and Oenology Silberberg, has been responsible for the stake training, any work connected to the foliage, the wine production in the cellar and the marketing of the products. Obviously he can build upon the work done by the generations before him. "My grandparents and my parents found out over many decades which locations are best for the various vines and thus laid the foundations for future success." The winery today administers vineyards in Hochstermetzberg, Schusterberg and Krois as well as the leased vineyards in Sulztal, Wielitsch, and Gieselsdorf. "I want to produce wine that is recognized for who 'it' is and where 'it' is from", says the cellarer, and naturally this goes also for the Sauvignon Blanc, of which Maitz produces a classic line and a premium wine from Hochstermetzberg. Only from special vintages Maitz vinifies a "Privat"-Edition, which is produced in the new large wooden barrel and which promises a huge development potential. In 2001 he was even able to produce a Sauvignon Beerenauslese.

Wine making is only one aspect of the business. The concept, "the winery, eating, drinking, and sleeping at Maitz's" is still going strong in the third generation. In the wine bar or, to be precise, on the terrace with its stunning view Maria Maitz and her daughter look after the welfare of their guests. Besides the traditional cold buffet there are also homemade specialities like fresh Sulmtaler chicken in batter or roasted trout. 16 light and beautifully furnished 'Winzer'- rooms tempt visitors to stay overnight at the Maitz winery . The photogenic Wolfgang Maitz jun. has been discovered as a model and has already appeared in an advert for Austria. He is on a poster and inside a calendar posing in front of a vineyard.

Traubenernte und Vinifizierung

Sauvignon Blanc Hochstermetzberg: 3x selektives Ernten von Trauben mit 19,5-21°KMW ➤ Rebeln und Maischen ➤ Maischekontaktzeit 6-8 Stunden ➤ Pressen: schonendes Pressen ➤ Mostklärung: Gekühltes Klären des Mostes für 24 Stunden ➤ Abziehen bei Mitnahme von schwebendem Fruchtfleisch ➤ Angären in Stahltanks bei 18°C, Endgärung in Holzfässern Ausbau: auf der Grobhefe ➤ Aufrühren der Hefe bis März, April ➤ im Frühjahr umziehen ➤ im November Flaschenfüllung, 10 Monate Fassreife, Betonung der Primär- und Sekundäraromen ➤ noch weitere 4 Monate Flaschenreife, bei beginnender Trinkreife in den Verkauf.

Weingärten o *Vineyards*
15 ha (36 acres), Lagen Hochstermetzberg, Krois, Schusterberg

Weine o *Wines*
Weißweine: Sauvignon Blanc, Sauvignon Blanc Hochstermetzberg, Sauvignon Blanc Privat
Wr, Wb, Mu, Mo, Gb, Sä 88, Tr
Edelsüße Weine: Traminer Auslese, Sämling Beerenauslese, Sauvignon Beerenauslese
Rotweine: Zweigelt

Alter der Reben o *Average age of the vines*
3-25 Jahre

Pflanzdichte o *Density of plantation*
4,000 Stöcke/Hektar in Sauvignon Blanc-Anlagen

Hektarerträge o *Average yield per hectar*
Sauvignon Blanc 4.500–5.500 Liter/Hektar

Kellermeister/Önologe o *Winemaker*
Wolfgang Maitz jr.

Besondere Jahrgänge o *Great recent vintages*
2007, 2006, 2004, 2003, 2001, 2000, 1999, 1997, 1992, 1990

Weinlokal o *Where the winegrower sell*
Mitte April–Mitte Nov, Mi-Mo ab 14 Uhr, Di Ruhetag

Ab-Hof-Verkauf o *Sale at the premises*
Ganzjährig nach tel. Voranmeldung o By appointment only
Ansprechpersonen: Maria und Wolfgang Maitz

Weinseminare o *Wine-seminar*
mit Arno Berger - Weinerleben o By appointment only

Kellerführung o *Visiting policy*
Nach tel. Voranmeldung o By appointment only

Weinverkaufspreise o *Average price*
€ 5,40/19,80 • Visa, Mastercard, Bankomatkarte

Weitere Produkte o *Further products*
Traubensaft, Apfelsaft, Kürbiskernöl
Maria's Genüsse: Isabellatraubengelee, Schwarze Nüsse, Blütenhonig, Kastanienhonig
Obstbrände: Alte Apfelsorten, Maschanker, Winterbirne, Kriecherl, Hauszwetschke, Quitte,
Sekt Flaschengärung: Muskateller Brut, Morillon Brut

Gästezimmer o *Bed and breakfast*
16 Zimmer – 31 Betten • 16 apartment

Vertrieb/Vermarktung der Weine
Ab-Hof-Verkauf, Fachhandel und die Gastronomie österreichweit, Exportländer: Deutschland, Schweiz

Restaurant Weinkarte o *Winelist*
Sattlerhof (Gamlitz), Kreuzwirt (Leutschach), Hanner (Mayerling), Döllerer (Golling), Landhauskeller, Eckstein (Graz), Steirereck am Pogusch

Weingut Maitz
A-8461 Ratsch an der Weinstrasse 45
Tel.: +43 (0)3453 2153, Fax: -7
www.maitz.co.at
e-mail: weingut@maitz.co.at

STEFAN POTZINGER: SULZ, KITTENBERG, SCHLOSSBERG

Ein Steirer erobert München

Dass Stefan Potzinger einmal Winzer werden sollte, war ihm durchaus nicht in die Wiege gelegt. Das heutige Gut, das seit 1860 im Familienbesitz steht, war ja bis in die 70er-Jahre eine gemischte Landwirtschaft bzw. ein Gasthaus. „Wir waren keine Winzerdynastie, in der von vorn herein feststeht, dass der Sohn den Betrieb übernimmt", sagt Stefan Potzinger, der 1995 die Weinbauschule in Klosterneuburg absolvierte, sich zunächst mit dem Schnapsbrennen beschäftigte und 1997 mit seinem Kriecherlbrand gleich einmal Landessieger wurde. Im selben Jahr startete Potzinger seine Weinbaukarriere. „Mein Vater hat schon gute Weine gemacht, ich wollte hervorragende Weine produzieren." Und das ist ihm auf Anhieb geglückt. Sein Zweigelt wurde sofort zum Landessieger gekürt. Weinreisen nach Frankreich, Italien, Südafrika und Neuseeland öffneten dem jungen Winzer den Blick auf die internationale Weinwelt, was ihn aber seine Herkunft nicht verleugnen ließ. „Ich will Weine machen, die die Südsteiermark repräsentieren, die im Geschmack voll und bekömmlich sind." Mit diesen seinen Weinen hat Potzinger aufhorchen lassen.

Im aktuellen „kleinen Johnson" wird Potzinger in die Reihe der besten Weingüter der Steiermark gereiht. Sein guter Ruf hat auch in der Bayern-Metropole München Aufmerksamkeit erweckt. So präsentierte er seine Weine bei der großen Dallmayr-Weinprobe und ist seither ständig im Verkaufsprogramm des noblen Hauses.

Stefan Potzinger bewirtschaftet 14 Hektar Rebflächen in den Rieden Sulz, Kaltenegg, Schlossberg, Ratscher Kapun, Kittenberg, Höch/Theresienhöhe, Eichberg und Sentilij, fünf Hektar davon sind der Sorte Sauvignon Blanc vorbehalten. Die Weingärten werden naturnah bewirtschaftet, seit 1998 wird kein Kunstdünger mehr eingesetzt. Vom Sauvignon keltert Potzinger einen klassisch ausgebauten Wein, den er „Ratsch" nennt, und einen Lagenwein aus der Riede Sulz, der den Namen „Joseph" trägt. Unter diesem Namen gibt es auch eine „Reserve". Zum Verkosten und den Ab-Hof-Verkauf hat Potzinger neben dem Betrieb in Gabersdorf auch das Winzerhaus in Ratsch an der Weinstraße zur Verfügung. Dieses Anwesen aus dem 17. Jahrhundert wurde von Stefans Eltern, Herbert und Maria Potzinger, über mehrere Jahre hinweg liebevoll restauriert und verfügt über zwei wunderschöne Gästezimmer.

Sauvignon Blanc Ratsch 2007: 12,0%; eleganter Duft nach Cassis und Stachelbeeren. Saftig und animierend am Gaumen, ein echtes Trinkvergnügen für Sauvignonfreunde.

Sauvignon Blanc JOSEPH 2006: 14,0%; vielschichtiger, großer Sauvignon Blanc aus einer der ältesten, namentlich bekannten Lagen der Südsteiermark. Erstklassig vinifiziert, füllig und aromatisch, mit einer feiner Mineralik ausgestattet, sehr großes Lagerpotential.

The man from Styria conquers Munich

That Stefan Potzinger was going to be a wine producer one day was not obvious when he was still in his cradle. Todays' estate, which the family acquired in 1860, was a mixed farm as well as an inn well into the 70s. "We never were the kind of winemaking dynasty, where it is absolutely certain that the son takes over the business", says Stefan Potzinger, who graduated from the Federal College for Wine and Fruit growing in Klosterneuburg in 1995, and who was producing Brandy at first, collecting the award "Styrian county winner" with his Kriecherlbrand in 1997. In the same year Potzinger started his career as a wine producer. "My father had already made good wines, I wanted to produce excellent ones". And he succeeded right away. His Zweigelt immediately won the title Styrian county winner". Journeys to France, Italy, South Africa and New Zealand opened the eyes of the young wine producer to the international wine scene, without him denying his roots. "I want to make wines with a full taste that represent Southern Styria". With his wines Potzinger made sure he was noticed. In the current version of "Little Johnson" Potzinger takes his place amonst the best wineries in Styria. His good reputation has been noticed in the Bavarian metropolis Munich, too. He presented his wines at the prestigious Dallmayr-wine test and since then his wines are part of the sales programme of this renowned business.

Stefan Potzinger administers 28 acres of vineyards in Sulz, Kaltenegg, Schlossberg, Ratscher Kapun, Kittenberg, Höch/Theresienhöhe, Eichberg and Sentilij, of which 10 acres are designated to the production of Sauvignon Blanc. His vineyards now are run environment friendly; in 1998 already the use of artificial fertilizer was stopped. Potzinger produces one "classical" Sauvignon called "Ratsch", and one premium wine made from grapes of the vineyard Sulz with the name "Joseph". Under his name there is also a "Reserve". For wine tasting and sales on the premises, Potzinger has not only his business in Gabersdorf available, but also the winemaker house in Ratsch along the Soutstyrian Wine Road (Südsteirische Weinstraße). Stefan's parents Herbert and Maria Potzinger have lovingly restored this estate built in the 17th century over a few years. There are two beautiful guest rooms available in this building.

Traubenernte und Vinifizierung

Sauvignon Blanc Ratsch: Mehrmaliges selektives Handlesen (nur morgens) in der Ried Sulz, große Trauben für
Klassik-Weine, kleine Trauben bleiben hängen ➤ Lese:
Erste Lese Traubengradation 20°KMW ➤ Rebeln und Ein-
maischen ➤ Maischekontaktzeit in der Tankpresse bei
reifer Gerbstoffstruktur 8-12 Stunden ➤ Seihmost und
Pressmost nach Kosten und Farbe trennen ➤ Klärung des
Mostes durch natürliches Absitzen der Trubteile ➤ Ab-
ziehen des gut geklärten Mostes mit Fruchtfleisch ➤ Ein-
leiten der Gärung mit verschiedenen Reinzuchthefen ➤
Schnelles Angären, Gärtemperatur im Stahltank zu
Beginn 20°C, absenken durch Kühlung auf 17°C ➤ zum
Gärende umziehen, dabei aber aktive Hefe in den
nächsten Tank mitnehmen ➤ händisches Aufrühren der
Feinhefe ➤ Ausbau: Im Februar die verschiedenen
Jungweine zusammen ziehen und dann noch trüb in die
Stahltanks zurück ➤ bis zur Füllung trüb in den Tanks ➤
Membranfiltration vor Flaschenfüllung ➤ nur Schraub-
verschluß.

Traubenernte und Vinifizierung

Sauvignon Blanc JOSEPH: 2. Lese in der Ried Sulz für
JOSEPH 10 bis 14 Tage später, Traubengradation 21°-
22°KMW ➤ die Trauben verfügen dann über mehr gelbe
Aromen ➤ Gärung und Ausbau in 225 l Barriques (mit
wenig Toast) ➤ kein Säureabbau erwünscht.
➤ 3. Lese für Sauvignon JOSEPH, weitere 10 bis 14 Tage
später, Traubengradation bis 24°KMW ➤ sehr kalt bei der
Lese ➤ 12 Monate in den Barriques auf der Hefe ➤ nach der
Gärung meist etwas Restzucker ➤ wird dosiert zu JOSEPH
gegeben oder auch als Reserve gefüllt.

Weingärten o **Vineyards**
14 ha (33 acres), Lagen Ratsch, Sulz, Zoppelberg, Kapun, Schloßberg, Theresienhöhe, Kittenberg, Senij (Slowenien)

Weine o **Wines**
Weißweine: Sauvignon Blanc, Sauvignon Blanc JOSEPH, Ried Sulz
Wr, Scheurebe, Wb, Mu, Mo
Edelsüße Weine: JOSEPH Reserve, Rose-Beerenauslese
Rotweine: Roter Kapun, Blauer Zweigelt

Stockdichte o **Density of plantation**
4,000 Stöcke/Hektar in Sauvignon Blanc-Anlagen

Alter der Reben o **Average age of the vines**
3-45 Jahre

Hektarerträge o **Average yields**
Sauvignon Blanc 5.000-6.500 kg/Hektar

Kellermeister/Önologe o **Winemaker**
Stefan Potzinger, Hans-Peter Wippel

Besondere Jahrgänge o **Great recent vintages**
2007, 2006, 2004, 2003, 2002, 2001, 2000, 1997
2003: Steirischer Landessieger mit Morillon 2002

Ab-Hof-Verkauf o **Sale by producer**
Ratsch und Gabersdorf (0664 52 16 444)
Nach tel. Voranmeldung o By appointment only
Ansprechperson: Stefan Potzinger, Maria Potzinger

Weinverkaufspreise o **Average price**
€ 5,80/36,–

Kellerführung o **Visiting policy**
Nach tel. Voranmeldung o By appointment only

Kommentierte Weinkost o **Wine-seminar**
Nach tel. Voranmeldung o By appointment only

Weitere Produkte o **Other products**
Sauvignon Tresterbrand

Vertrieb/Vermarktung der Weine
Ab-Hof-Verkauf, Fachhandel, Vinotheken und die Gastronomie österreichweit
Exportländer: Deutschland, England

Restaurant Weinkarte o **Winelist**
Dahlmayr (München), Steirereck, Restaurant Bundes-kanzleramt (Wien), Obauer (Werfen), Landhauskeller (Graz), Bärenwirt Tripold (Bad St. Leonhard)

Weingut Stefan Potzinger
A-8424 Gabersdorf 12
Winzerhaus: 8461 Ehrenhausen, Ratsch 6
Tel. + Fax:+43 (0)3452 82277
www.potzinger.at
e-mail: potzinger@potzinger.at

Ich bin mehr für eine Lederhose als für einen Anzug

Eine neue Ära ist für das Weingut Rebenhof in Ratsch an der Weinstrasse angebrochen. In den letzten Jahren hat Dr. Eginhard Aubell, der obersteirische Besitzer des Betriebes, die Bewirtschaftung der zehn Hektar in besternLagen auf dem Witscheiner Herrenberg und Ratscher Nussberg den Brüdern Erich und Walter Polz überlassen, seit Anfang 2008 hat dort Hartmut Aubell das Sagen. Die Übernahme durch Aubell jun. schlug sich auch in baulicher Hinsicht nieder. Innerhalb eines nur halben Jahres wurde ein neues Kellergebäude aus dem Boden gestampft, das in kellertechnischer Hinsicht dem letzten Stand der Entwicklung entspricht. Was den Baustil betrifft, gab Aubell dem Architekten bodenständige Vorgaben. „Ich bin mehr für eine Lederhose als für einen Anzug zu haben", sagt Hartmut Aubell, „darum wollte ich ein Kellergebäude, das zur alten Bausubstanz des Rebenhofes passt." Der alte Herrenhof ist immerhin schon 500 Jahre alt und ist immer noch sehr ansehnlich. Das äussere Erscheinungsbild war freilich nicht die einzige Vorgabe von Aubell an den Architekten. „Das neue Kellergebäude musste so in den Berg gebaut werden, dass drei Ebenen entstehen, damit ich bei der Traubenverarbeitung ohne Pumpen zu müssen auskommen kann", erklärt Aubell und ist nun stolz darauf, dass er bei der Verarbeitung von der Traube bis zur Gärung dank natürlichem Gefälle aufs Umpumpen verzichten kann. Auch in Sachen Umweltschutz setzt Aubell in seinen neuen Weingut Maßstäbe. So wird das Brauchwasser aufbereitet und das Regenwasser von den Dachflächen in einer 50.000 Liter-Zisterne gesammelt.

Die Rebflächen des Rebenhofes liegen recht hoch und verfügen über ein vorherrschendes Mikroklima, das den Charakter der Rebenhof-Weine prägt. Die Flächen auf dem Herrenberg wurden Anfang der 80er-Jahre neu ausgepflanzt und liefern die Grundlage für einen dichten Sauvignon Blanc. Neben dem Sauvignon Blanc Herrenberg wird auch noch ein Sauvignon Blanc Klassik gekeltert.

Hartmut Aubell hat Weinbaupraxen in den Weingütern Knoll in der Wachau, bei Sepp Moser in Rohrendorf, dem Schloss Halbturn oder auf Château Hermitage in St. Emilion absolviert. Den letzten Schliff in der Kellertechnik hat sich Hartmut Aubell bei einer Praxis beim französischen „Sauvignon-Papst" Didier Dagueneau geholt. Aber auch in Sachen Weingartenbewirtschaftung hat sich Aubell einiges abgeschaut. Der Franzose verfolgt im Weinbau biodynamische Gedanken, vermeidet tunlichst Herbizide und setzt auf organische Dünger im Weingarten. Das macht nun auch Hartmut Aubell.

Vom Rebenhof genießt man übrigens einen wunderbaren Blick über die Weingärten bis nach Slowenien, ein Blick, der schon mit Filmkameras eingefangen wurde.

Sauvignon Blanc Klassik 2007: Gelbgrün, grüne vegetale Noten, bereits sehr ausgewogen, mineralisch am Gaumen, schwungvolle Struktur, feien zitronige Anklänge.

Sauvignon Blanc Herrenberg 2005: Mittleres Gelbgrün, Beerenfrucht in der Nase, zart florale Nuancen, mit fleischiger, saftiger Struktur, belebendes Säurerückgrat, Peperonata, ein Hauch Tabak, subtile Frucht, Steinobst, Quitte, reif, tief und saftig, klare Strukturen, sehr elegant.

Sauvignon Blanc Herrenberg 2003: Helles Grüngelb, in der Nase süßes Cassis, Stachelbeeraroma, am Gaumen stoffig, zarte Kräuterwürze, tolle Komplexität, cremiger Süßeschweif im Abgang.

I am more leather pants than three piece suits

A new era has started for the winery Rebenhof in Ratsch along the south styrian wine street. In the past Dr. Eginhard Aubell, the owner of this winery, left the cultivation of the 20 acres of vineyards growing on best terrain on Witscheiner Herrenberg and Ratscher Nussberg to the brothers Erich and Walter Polz, since the beginning of 2008 Hartmut Aubell is in the driving seat of the estate. The takeover by Aubell jun. was also reflected in an architectural way. Within a very short period of time a new wine cellar was built which from a technical point of view is absolute cutting edge. As far as the architectural stile was concerned Aubells instructions for the architect Igor Skacal who had already designed a highly modern building for Erwin Sabathi, were very down to earth, "I am more leather pants than three piece suit", says Hartmut Aubell, "therefore I decided on a design for a wine cellar, which would fit in with the original buildings of Rebenhof. The estate is 500 years old after all and is still presentable."

The view from Rebenhof over the styrian vineyards to Slovenia is absolutely wonderful and has played its part in various movies. The vineyards of the Rebenhof themselves lie quite high in a dominating microclimate which gives the Rebenhof-wines their character. At the beginning of the 80s new vines were planted in the vineyards in Herrenberg providing the basis for a "dense" Sauvignon Blanc wine. Besides Sauvignon Blanc there is also a "Klassik"-wine produced in Herrenberg.

The polish in his wine cellar technique Hartmut Aubell acquired by working in a practice with the French „Sauvignon-Pope" Didier Dagueneau. In matters of cultivating vineyards Aubell has equally learned by watching the Frenchman known for pursuing biodynamic thoughts, avoiding herbicides at any cost and relying on organic fertilizer in his vineyards.

Traubenernte und Vinifizierung

Sauvignon Blanc Steirische Klassik: Handlese von reifen Trauben ➤ Rebeln und Maischen ➤ Maischekontaktzeit 2-3 Stunden ➤ Vorentsaften und Pressen ➤ Pressen: Pressdruck <1 bar ➤ Mostklärung: Scharfes Vorklären des Mostes ➤ Gezügelte Gärung in Stahltanks bei 15°-18°C ➤ Ausbau: Jungwein im Tank schneller Abstich ➤ 3-5 Monate Reifung in Stahltanks oder auch Holzfässern ➤ Betonung von Primäraromen ➤ Füllfiltration ➤ Flaschenfüllung.

Sauvignon Blanc Lagenweine Herrenberg: Handlese, Traubengradation über 20°KMW (99 Öchsle) ➤ Rebeln und Maischen ➤ Maischekontaktzeit 4-6 Stunden ➤ Pressen: Pressdruck <1 bar ➤ Zügige und reduktive Verarbeitung ➤ Mostklärung: Kühlung des Mostes im Tank ➤ Scharfes Vorklären des Mostes ➤ Gärführung: Gärung in kleinen Holzfässern mit Hefekontaktzeit 2-4 Monate ➤ Fassausbau: „sur lie"-Ausbau in kleinen Fässern ➤ einmal umziehen, mit der Feinhefe zurück in die Fässer, ohne weiteres Aufrühren der Feinhefe ➤ BSA nicht erwünscht ➤ Betonung von Sekundäraromen ➤ 18-36 Monate Reifung in den Barriques ➤ leichte Filtration vor Flaschenfüllung.

Weingärten o Vineyards
12,5 ha (30 acres), Lagen Witscheiner Herrenberg, Ratscher Nussberg
Weine o Wines
Weißweine: Sauvignon Blanc Klassik, Sauvignon Blanc Herrenberg
Alter der Reben o Average age of the vines
25 Jahre Witscheiner Herrenberg
Pflanzdichte o Density of plantation
5,000 Stöcke/Hektar am Witscheiner Herrenberg
Hektarerträge o Average yields
Sauvignon Blanc 4.000 - 4.500 Liter/Hektar
Kellermeister/Önologe o Winemaker
Hartmut Aubell
Besondere Jahrgänge o Great recent vintages
2007, 2005, 2003, 2002, 2000, 1999, 1997

Ab-Hof-Verkauf o Sale by producer
Fr-Mo 10-18 Uhr, nach telefonischer Voranmeldung Ansprechperson: Hartmut Aubell
Kommentierte Weinkost o Wine-seminar
Nach tel. Voranmeldung o By appointment only
Weinkellerführung o Winery guiding tour
Nach tel. Voranmeldung o By appointment only
Weinverkaufspreise o Average price
€ 6,-/20,- • Visa, Mastercard, Bankomatkarte
Weitere Produkte o Other products
Obstbrände: Kriecherl, Zwetschke, Quitte, Kirschen, Vogelbeeren, Sauvignon Tresterbrand, Muskateller Tresterbrand, Olivenöl, Essig
Vertrieb/Vermarktung der Weine
Ab-Hof-Verkauf, Fachhandel, Vinotheken und die Gastronomie österreichweit Exportländer: Deutschland, Schweiz
Restaurant Weinkarte o Winelist
Dahlmayer, Bayerischer Hof (München), Pinte (Zürich), Didi Dorner Villa Falkenhof, Wirtshaus Steirereck am Pogusch, Lovin (Graz)

Weingut Rebenhof
Hartmut Aubell

A-8461 Ehrenhausen, Ottenberg 38
Tel.: +43 (0)3453 25 75, Fax: -0
www.rebenhof.at
e-mail: weingut@rebenhof.at

Ich strafe meine Gäste mit ewiger Treue

Auf einer Anhöhe inmitten von Weinbergen im südsteirischen Eckberg liegt das Weingut von Eva Lambauer. Auf dem Anwesen wird seit Menschengedenken Weinbau betrieben, sagt die Winzerin, diesbezügliche Aufzeichnungen reichen bis ins Jahr 1722 zurück. Heute bewirtschaftet Eva Lambauer eine Rebfläche von fünf Hektar mit Lagen in Sulz beziehungsweise in Slowenien. Auf eineinhalb Hektar steht Sauvignon Blanc, dessen Trauben im klassischen Stil ausgebaut werden. Bekannt gemacht haben das Weingut Lambauers Eltern, die um 1967 mit dem „Bacchuskeller" den ersten Buschenschank an der Weinstraße bauten, der in der Lage war, größeren Besucherzahlen Platz und Verpflegung zu bieten. Im Bacchuskeller selbst fanden bis zu 70 Personen Platz, weitere 200 im Anbau. Seit Ende des vorigen Jahrhunderts ist alles anders. „Ich habe den großen Buschenschank bis zur Kellerdecke abreissen und darauf meine 13 Gästezimmer errichten lassen", erklärt die Winzerin. Der neue Buschenschank ist nun im alten Wohnhaus untergebracht, wo sich Eva Lambauer mit feinen Weinen und erlesenen Küchenköstlichkeiten um das Wohl ihrer Gäste kümmert. „Ich strafe meine Gäste mit ewiger Treue", sagt sie, was sie aber auch von ihren Gästen sagen kann. Ihr ältester Hausgast kommt schon seit 35 Jahren jedes Jahr in ihren Betrieb. Dass die Gäste gerne kommen, liegt erstens an der Freundlichkeit der Buschenschankwirtin, zweitens am tollen kulinarischen Angebot und schließlich an den geräumigen Komfortzimmern, in denen sich Tradition und Moderne unter einem Dach finden. Die Speisekarte des Buschenschank wird saisonal geändert und beinhaltet Gerichte von Produkten, die der jeweiligen Jahreszeit entsprechen. Zu den Highlights zählen das feine Leberparfait mit Preiselbeeren, zu dem sich der hauseigene Sauvignon Blanc als Begleiter geradezu anbietet. Aber auch die gebratenen Ripperln mit Sauergemüse oder der Ziegenkäse mit Edelkastanienhonig stehen in der Gunst der Gäste ganz oben. Auf Naschkatzen wartet ein „Bürgermeisterkuchen". Das ist ein Germteigkuchen, der mit Topfen, Mohn und Nüssen gefüllt ist und früher nur zu besonderen Anlässen gereicht wurde.

Die Aufsicht im Weingarten überlässt Eva Lambauer ihrem Schwager Manfred Tement, aber ganz ohne eigene Arbeit läßt sie das Weingartenjahr doch nicht vorüber gehen. „Zumindest einen Rebstock muss ich selber schneiden und den letzten Weinstock im Weingarten selber lesen." Die Arbeit auf einem Hektar Rebfläche hat sich Lambauers Mutter ausbedungen. „Erst im Herbst, vor der Lese, gibt sie mir den Weingarten wieder zurück."

Sauvignon Blanc Klassic: 12,0%; Im Duft sehr starke Stachelbeernuancen, ein Hauch von Cassis, am Gaumen angenehm und fruchtbetont, etwas mineralisch, wunderschöner Trinkwein.

I punish my guests with perpetual loyalty

On a hill surrounded by vineyards in the southern Styrian Eckberg is situated the winery of Eva Lambauer. Within living memory this estate has always produced wine, according to the wine grower Lambauer, and the records to prove this go back as far as 1722. Today Eva Lambauer administers 10 acres of vineyards situated in Sulz and Slowenia, respectively. Three acres are dedicated to Sauvignon Blanc, which is produced the classic way. The winery became first known when Lambauer's parents built the first Buschenschank called "Bacchuskeller" along the Wine Road (Weinstraße) around 1967, designed to provide for a larger amount of visitors. "Bacchuskeller" itself held up to 70 guests with a further 200 able to be seated in the extension. Everything changed at the end of the last century. "I had the large Buschenschank demolished, keeping only the cellar, and built a guest house with 13 rooms on top of the cellar instead", declares Eva Lambauer. The new Buschenschank is now situated in the old dwelling, where Eva Lambauer spoils her guests with fine wines and exquisite gastronomic specialities cooked on the premises. "I punish my guests with perpetual loyalty", she says, and the same she can claim about her guests. Her oldest regular has been visiting her establishment for 35 years. Three facts keep the guests returning again and again: first there is the friendliness of the hostess of the Buschenschank, followed by the stunning culinary offers and last but not least the spacious and comfortable guestrooms, in which the traditional and the modern can be found under one roof. The menu of the Buschenschank undergoes seasonal changes and always includes dishes relevant to the time of year. One of the highlights must be the delicious liver parfait with cranberries, for which the homemade Sauvignon Blanc is the ideal companion. The roasted ribs with vegetables or the goat cheese with chestnut honey, too, are absolute hits with her guests. For those of her guests with a sweet tooth there is the delicious "Bürgermeisterkuchen", a cake made with yeast and filled with cottage cheese, poppy seeds and nuts, which in the past used to be prepared for special occasions only.

In the vineyards Eva Lambauer leaves her brother in law Manfred Tement in charge, but she cannot go completely without work in the vineyard for the whole year. "I have to prune at least one vine myself and the last vine to be harvested is also mine". For the work on two acres of the vineyards Lambauer's mother took on the responsibility. "Only in autumn, just before the harvest, she hands back the vineyard to me."

Weingärten o *Vineyards*	**Buschenschank o *Where the winegrower sell***
5 ha (12 acres), 3 ha davon in Slovenien, Lage Sulz	März-Dezember, Di-So ab 12-22 Uhr, Mo Ruhetag
Weine o *Wines*	**Weinseminare o *Wine-seminar***
Weißweine: Sauvignon Blanc	Nach tel. Voranmeldung o By appointment only
Wr, Wb, Mu, Altsteirischer Mischsatz, Zw	**Ab-Hof-Verkauf o *Sale at the premises***
Alter der Reben o *Average age of the vines*	Täglich 9-22 Uhr, und nach tel. Voranmeldung o
3-30 Jahre	Daily by appointment only
Pflanzdichte o *Density of plantation*	Ansprechpersonen: Eva Lambauer, Charlotte Lambauer
4.000 Stöcke/Hektar in Sauvignon Blanc-Anlagen	**Gästezimmer o *Bed and breakfast***
Hektarerträge o *Average yield per hectar*	13 Zimmer - 22 Betten • 13 apartment
Sauvignon Blanc 3.500 - 4.000 Liter/Hektar	**Vertrieb/Vermarktung der Weine**
Kellermeister/Önologe o *Winemaker*	Ab-Hof-Verkauf
Eva Lambauer	Exportländer: Deutschland, Italien, Schweiz, Holland

Weinverkaufspreise o *Average price*
€ 5,30/9,- • Visa, Mastercard, Bankomatkarte

Weitere Produkte o *Further products*
Traubensaft, Apfelsaft, Obstbrände: Kriecherlbrand,
Traubenbrand, Roter Traminer Tresterbrand

Besondere Jahrgänge o *Great recent vintages*
2007, 2006, 2003, 2001, 2000, 1997

**Weingut Eva Lambauer
Bacchuskeller**
A-8462 Gamlitz, Eckberg 37
Tel.: +43 (0)3453 25 70, Fax: -70
www.evalambauer.at
e-mail: evalambauer@bacchuskeller.at

BROLLI ARKADENHOF:
ECKBERG, PÖSSNITZBERG

Es sind eben alle meine Lieblinge

Der renommierte Brolli Arkadenhof, ein Weingut, das schon seit 1895 als Familienbetrieb geführt wird, liegt idyllisch eingebettet zwischen traumhaften Weinbergen. Von Franz Josef Brolli und seiner Frau Gene-Maria ausgehend, wurde das Weingut zu einem Qualitätsbetrieb umgewandelt, in dem nun in der fünften Generation die Kinder Reinhard und Bettina tatkräftig mithelfen. Reinhard Brolli, Jahrgang 1980, hat die Weinbauschule Silberberg absolviert und danach bei verschiedenen Weinreisen und Praxisaufenthalten, wie zum Beispiel in Stellenbosch, weitere Erfahrungen gesammelt. Er ist im Weingut für die Vinifizierung aller Weißweine zuständig, die Kelterung der Rotweine obliegt dem Vater Franz Josef Brolli. „Im Keller darf man sich ruhig etwas trauen", gesteht sich Reinhard Brolli zu, und der Erfolg gibt ihm recht. Immerhin wurde er im Jahre 2005 zum Steirischen Jungwinzer des Jahres gewählt. Das Weingut verfügt über eigene Rebflächen von 15 Hektar in den Lagen Eckberg, Obereckberg, Ratscher Herrenberg und Pössnitzberg, von denen knapp ein Viertel mit Sauvignon Blanc bepflanzt sind. Von dieser Rebsorte hat Brolli drei Linien im Programm. Einen klassisch ausgebauten Sauvignon Blanc aus der Lage Eckberg, einen Lagenwein vom Pössnitzberg, der im Stahltank ausgebaut wird und sich vielschichtig im Geschmack präsentiert, sowie den Lagenwein vom Obereckberg, der im großen Holzfass zur Reife gebracht wird. Alle seine Weine bereitet Reinhard Brolli mit größter Sorgfalt. Schließlich versucht er all seinen Weinen ein Optimum an Lebenskultur und Trinkfreude mit in die Flasche zu geben. „Es gibt kein Stiefkind im Keller", sagt er.

Vinifiziert werden die verschiedenen Weine im brandneuen Weinkeller, der nach den neuesten Erkenntnissen der Kellerwirtschaft gebaut und erst im September 2007 fertiggestellt wurde. Mit seiner markanten Architektur ist dieses Kellergebäude bereits zu einem Wahrzeichen in der Südsteiermark geworden.

Zum Weingut gehört auch ein Buschenschank, der als ein Platz für Genießer längst kein Geheimtipp mehr ist. Im Buschenschank verwöhnen Gene Brolli und ihre Tochter Bettina die Gäste mit regionalen Köstlichkeiten. Gene Brolli, die Seele des Betriebes, pflegt auch mit viel Liebe zum Detail das Ambiente rund um den Arkadenhof und berät außerdem beim Weineinkauf in der hauseigenen Vinothek.

Bei all der Arbeit, die im Weingut anfällt, bleibt für Reinhard Brolli nur wenig Zeit für Hobbies. Darum hat seine Harley Davidson vorerst auch nur wenige Kilometer auf dem Tachometer.

Sauvignon Blanc Eckberg: 12,5 vol%. Ein typischer Vertreter der steirischen Fruchtfülle, mit tiefer Aromakomplexität und vitaler Säurestruktur. Trocken, fruchtig und würzig.

Sauvignon Blanc Pössnitzberg: 13,5%; Nachhaltige Würze am Gaumen, dicht mit hoher Reife, kräftiger Johannisbeerenton, Holunder, mit langem, delikaten Abgang.

All of them are my favourites

Renowned for its 'Arkadenhof', the Brolli winery, which has been run as a family business since 1895, is idyllically surrounded by dreamy vineyards. Franz Josef Brolli and his wife Gene-Maria changed the winery into a quality business, in which the children Reinhard and Bettina, who constitute already the fifth generation of the family, are already helping in the business. Reinhard Brolli, born in 1980, is a graduate of the School for Agriculture and Oenology Silberberg who furthered his experience on various wine travels and practices like at Stellenbosch, for example. He carries the responsibility for the vinifying of all white wines, while the production of the red wines lies with father Franz Josef Brolli. "In the wine cellar one should really take chances", admits Reinhard Brolli, and his success proves him right. He did win the title "Best young wine producer of Styria" in 2005 after all. The estate owns 30 acres of vineyards situated in Eckberg, Obereckberg, Ratscher Herrenberg and Pössnitzberg, one quarter of which are planted with Sauvignon Blanc. Brolli has three different lines of Sauvignon Blanc in his programme. One classically produced Sauvignon from the vineyard in Eckberg, one premium wine from Pössnitzberg produced in stainless steel tanks, which is complex in taste, and the premium wine from Obereckberg, which is matured in large oak barrels. Reinhard Brolli produces all his wines with the greatest care. After all, he tries to infuse his wines with the optimum of living culture and drinking pleasure when they are being bottled. "All of them are my favourites", he says.

The production of the various wines takes place in the brand-new wine cellar, which has only been finished in September 2007 and is already a symbol in southern Styria because of its remarkable architecture.

Part of the winery is the Buschenschank, and it is definitely no secret anymore that this really is a place for connoisseurs. In the Buschenschank Gene Brolli and her daughter Bettina spoil their guests with regional delicacies. Gene Brolli, the soul of the business, maintains the ambience around the 'Arkadenhof' with a lot of love for detail and also gives advice to customers buying wine in the in-house vinothek.

With all that work in the winery Reinhard Brolli has very little time left for his hobbies. Therefore his Harley Davidson will stay on a very low mileage for some time yet.

Traubenernte und Vinifizierung

Sauvignon Blanc Lagenweine Eckberg: mehrmaliges Handlese, Traubengradation 18°–20°KMW ➤ Maische-kontaktzeit 4-6 Stunden ➤ Pressen: <1 bar ➤ Most-klärung: Kühlung des Mostes in Tanks ➤ Scharfes Vor-klären des Mostes ➤ Gärführung: Gezügelte Gärung in Edelstahltanks bei 15°-18°C ➤ Ausbau: Jungweine in Tanks, schneller Abstich ➤ 3-5 Monate Reifung in Stahl-tanks oder auch Holzfässern ➤ Betonung von Primär-aromen ➤ Vorfiltration, Füllfiltration ➤ Flaschenfüllung.

Weingärten o *Vineyards*
15 ha (36 acres), Lagen Eckberg, Obereckberg, Pössnitzberg, Ratscher Herrenberg

Weine o *Wines*
Weißweine: Sauvignon Blanc Eckberg, Sauvignon Blanc Pössnitzberg, Sauvignon Blanc Obereckberg Wr, Mu, Wb, Mo, RR, Tr, Scheurebe
Edelsüße Weine: Traminer Beerenauslese
Rotweine: Zw, Cuvée Bettin (CS, Bb, M), CS, PN

Alter der Reben o *Average age of the vines*
6-40 Jahre

Pflanzdichte o *Density of plantation*
4,500 Stöcke/Hektar in den alten Rebanlagen; Wein-gärten jünger als 10 Jahre mit 4,100 Stöcke/Hektar

Hektarerträge o *Average yield per hectar*
Sauvignon Blanc 3.500-4.500 Liter/Hektar

Kellermeister/Önologe o *Winemaker*
Reinhard Brolli für die Weissweine und Franz-Josef Brolli für die Rotweine

Besondere Jahrgänge o *Great recent vintages*
2007, 2006, 2004, 2003, 2001, 2000, 1997, 1996
2005: Steirischer Landessieger mit Weißburgunder 2004

Buschenschank o *Where the winegrower sell*
März - November; Di-So 9-21 Uhr, Mo Ruhetag

Ab-Hof-Verkauf o *Sale at the premises*
Täglich ab 9 Uhr
Ansprechpersonen: Bettina und Gene-Maria Brolli

Weinverkaufspreise o *Average price*
€ 5,50/20,- • Bankomatkarte

Kommentierte Weinkost o *Wine-seminar*
Nach tel. Voranmeldung o By appointment only

Weinkellerführung o *Winery guiding tour*
Nach tel. Voranmeldung o By appointment only

Weitere Produkte o *Further products*
Traubensaft, Apfelsaft, Muskatellersekt,
Edelbrände: Williams Christ, Marillen, Kriecherl,
Maschansker, Kirschbrand, Alte Zwetschke,
Golden Delicious Art Calvados, Weinbrand

Vertrieb/Vermarktung der Weine
Ab-Hof-Verkauf, Fachhandel, Vinotheken und die Gastronomie österreichweit
Exportländer: Deutschland

Restaurant Weinkarte o *Winelist*
Landhauskeller, Blounge, Stargkhe Haus (Graz), Steirerhof (Bad Waltersdorf)

Weingut Brolli – Arkadenhof
A-8462 Gamlitz, Eckberg 43
Tel.: +43 (0) 3453 2341, Fax: -4
www.brolli.at
e-mail: weingut@brolli.at

Wein ist ein Lebensbegleiter

Der Stammbaum der Familie von Johann Dreisiebner reicht bis ins Jahr 1740 zurück, ihr Stammhaus in Sulztal wurde vom Großvater des jetzigen Besitzers 1890 erworben. Johann Dreisiebner hat zwar noch die Fäden des Betriebes in der Hand, die Kompetenz im Keller und im Weingarten haben aber bereits sein Sohn Hannes und dessen Cousin Rudolf übernommen. Zu den 13 Hektar Weingärten des Gutes gehören auch die fünf Hektar in der Lage Hochsulz, die seit 1998 im Familienbesitz stehen. In idealer Höhenlage zwischen 400 und 500 Metern gedeiht dort der Wein in einem geschwungenen, großflächigen, steilen Südkessel. Der Boden besteht im Wesentlichen aus einem sandig-lehmigen Kalkmergel. Im oberen Bereich ist der Boden sandiger, im unteren Bereich lehmiger. Solche Böden liefern Weine mit einer warmen Aromatik. Aus dieser Lage stammen auch die „Hochsulz Linie" und die „Hochsulz Reserve". Das sind zwei sehr gehaltvolle Sauvignons, die einen Gegenpol zur Classic bilden, die sich durch eine würzige Frische in der Nase und eine pikante Frucht nach roter Grapefruit und weißen Johannisbeeren am Gaumen auszeichnet.

„Mir taugen kräftigere Weine", sagt Hannes Dreisiebner, der zwar die Kellerkompetenz hat, aber vom September weg regelmäßig im Weingarten zu finden ist. Schließlich liegt es in seiner Verantwortung, wann welche Trauben für welchen Wein gelesen werden. Das geschieht durch regelmäßiges Kosten der Trauben. Denn was die Traube nicht bringt, kann der Kellermeister nicht in den Wein hineinzaubern.

Hannes Dreisiebner, Jahrgang 1976, wurde der Beruf des Winzers praktisch in die Wiege gelegt. Schon im Alter von sieben Jahren hat er im Weingarten eifrig mitgeholfen, nach Absolvierung der Weinbauschule Silberberg und Erfahrungsaustausch mit der „jungen Weinbaugarde" wie Hannes Sabathi oder Stefan Potzinger begann er früh mit dem Barriques-Ausbau seiner Weißweine. Seinen ersten großen Erfolg feierte Dreisiebner, als er 2002 bei der Wahl des „Steirischen Jungwinzers des Jahres" gleich mit zwei Siegerweinen vertreten war. In seiner ganzen Weinbauphilosophie folgt Hannes Dreisiebner seinem Vater: „Wein ist ein Lebensbegleiter, wir müssen gute Lebensbegleiter produzieren."

Zum Dreisiebner Stammhaus gehört auch der als „Ausgezeichnet" klassifizierte Buschenschank, der eben erst großzügig ausgebaut wurde. Zu den Spezialitäten dieses Buschenschanks zählt ein sechsgängiges Buschenschankmenü mit Weinbegleitung, das von den Genießern wahrer Gaumenfreuden gerne bestellt wird. Für Gäste, die gerne länger im Dreisiebner Stammhaus verweilen wollen, stehen gemütliche Winzerzimmer zur Verfügung

Sauvignon Blanc Classic: 12,5%; Das mehrmaligen Lesen bringt Trauben mit unterschiedlicher Aromatik, die dann - als ein Wein vereint - eine unglaubliche Vielschichtigkeit, mehr Fruchtnuancen und Würze ins Glas bringen. Kräftige Aromen, intensiver gelber und grüner Paprika und ein herrlicher Stachelbeerton zeichnen diesen Sauvignon aus.

Sauvignon Blanc Hochsulz Reserve: 14,0%; Diese Reserve verfügt über alle Attribute die einen großen Wein ausmachen: Eine in jedem Alter spürbare Wertigkeit, ein Trinkvergnügen in jedem Stadium seiner Reife und eine Vielschichtigkeit die beim Degustieren Freude macht.

Wine is a companion for life

The family tree of Johann Dreisiebner goes back to the year 1740; the grandfather of the current owner acquired the ancestral home in Sulztal in 1890. While Johann Dreisiebner still holds the strings of the business in his hands, the responsibility in the wine cellar and in the vineyards rest firmly on the shoulders of his son Hannes and his nephew Rudolf. Included in the 26 acres of vineyards belonging to the estate are the 10 acres in Hochsulz, which have been the property of the family since 1998. In ideal heights between 400 and 500 metres the grapes flourish in a large, curved and fairly steep south-facing basin. The soil consists mainly of a mixture of sand, clay, lime, and marl. The topsoil is sandier while the lower soil includes more clay. This type of terrain gives wines a warm aroma. From the grapes of this vineyard the "Hochsulz" line of wines and the "Hochsulz Reserve" are produced. These are two very voluminous Sauvignon wines, which are at the opposite end to the "Klassik" with its distinct spicy fresh aroma for the nose and a piquant fruity taste like red grapefruit and white currant for the palate. "I prefer stronger wines", says Hannes Dreisiebner, who still has the authority in the wine cellar, but can mostly be found in the vineyards from September on. After all, it is his responsibility to decide the time when the grapes are harvested and also which grapes are picked for which wine. This decision can only be made by constantly tasting the grapes, because what is not in a grape in the first place, the winemaker cannot put into the wine by using magic.

Hannes Dreisiebner, born in 1976, found his occupation as a wine grower practically in his cradle. Even at the age of seven he was helping out in the vineyard. Having graduated from the School for Agriculture and Oenology Silberberg he exchanged know-how with "new" young wine growers like Hannes Sabathi or Stefan Potzinger and early began producing his wines in barriques. The first big success came for Dreisiebner in 2002, when two of his wines won prizes at the election of the young Styrian wine producer of the year (Steirischer Jungwinzer des Jahres). In his wine-growing philosophy Hannes Dreisiebner follows the lead of his father: "Wine is a companion for life, and we should produce good companions for life."

Traubenernte und Vinifizierung

Sauvignon Blanc Klassik: Jeder Weingarten wird 3x gelesen, Vorlese und 2. Lese für Klassik mit 17,5°-20°KMW ➤ Rebeln und Maischstandzeit in der Tankpresse 10-12 Stunden ➤ Vorentsaften und Pressen ➤ Mostklärung: Vorklären des Mostes durch Kühlen ➤ Gezügelte Gärung in Stahltanks bei 15°-18°C ➤ Ausbau: Jungwein 3-5 Monate Reifung in Stahltanks, dabei 2-3 x umziehen ➤ Betonung von Fruchtaromen (so Fasettenreich wie möglich) ➤ Flaschenfüllung.

Sauvignon Blanc Hochsulz Reserve: Die 3. Lese in den Hochsulzweingärten bringt eine Traubenreife zwischen 21° und 22°KMW, diese Trauben haben mehr Frucht und Würze ➤ die Gärung beginnt in Stahltanks und wird in Barriques beendet ➤ Aufrühren der Feinhefe ➤ 15-18 Monate Fasslagerung ➤ Flaschenfüllung.

Weingärten o *Vineyards*	
13 ha (31 acres), Lage Hochsulz	

Weine o *Wines*

Weißweine: Sauvignon Blanc Classic, Sauvignon Blanc Hochsulz, Sauvignon Blanc Hochsulz Reserve
Sauvignon Blanc Felsenriegel
Wr, Sä, Wb, Mo, Ri, Mu
Edelsüße Weine: Gelber Traminer Spätlese, Welschriesling Eiswein
Rotweine: Zweigelt, Blauer Wildbacher

Alter der Reben o *Average age of the vines*
3-25 Jahre

Pflanzdichte o *Density of plantation*
4,000 Stöcke/Hektar in Sauvignon Blanc-Anlagen

Hektarerträge o *Average yield per hectar*
Sauvignon Blanc 4.500-5.500 Liter/Hektar

Kellermeister/Önologe o *Winemaker*
Hannes Dreisiebner

Besondere Jahrgänge o *Great recent vintages*
2007, 2006, 2005, 2004, 2003, 2001, 2000, 1999
2005: Landesweinkost Finale mit Chardonnay Hochsulz Res
und Gelber Traminer Spätlese
Österr. Weinsalon mit Sauvignon Blanc 2004
2004: Landesweinkost Finale mit Sauvignon Blanc
Hochsulz Reserve und Weißburgunder Hochsulz
2003: Landesweinkost Sieger mit Gelber Traminer Reserve
Österr. Weinsalon mit Gelber Traminer Reserve 2002
2002: Österr. Weinsalon mit Chardonnay Hochsulz 2001
Landesweinkost Sieger mit Rheinriesling 2001

Buschenschank o *Where the winegrower sell*
Anfang April-Mitte Nov, Do-Di ab 14 Uhr geöffnet,
Mi Ruhetag

Ab-Hof-Verkauf o *Sale at the premises*
Täglich 10-18 Uhr o Daily 10 am-6 pm
Ansprechpersonen: Hannes Dreisiebner, Irmgard und
Johann Dreisiebner

Weinverkaufspreise o *Average price*
€ 5,50/19,- • Visa, Mastercard, Bankomatkarte

Kommentierte Weinkost o *Wine-seminar*
Nach tel. Voranmeldung o By appointment only

Kellerführung o *Visiting policy*
Nach tel. Voranmeldung o By appointment only

Weitere Produkte o *Other products*
Obstbrände, Kürbiskernöl, Produkte aus der Region

Vertrieb/Vermarktung der Weine
Ab-Hof-Verkauf, Fachhandel, Vinotheken und die
Gastronomie österreichweit
Exportländer: Deutschland, Schweiz

Restaurant Weinkarte o *Winelist*
Kreuzwirt (Leutschach), Steirerstube (Wien), Steirereck am Pogusch, Landhauskeller (Graz), Payerl (Bad Walterdorf), Gesamtsteirische Vinothek St. Anna

Weingut Dreisiebner Stammhaus
A-8461 Ehrenhausen, Sulztal 35
Tel.: +43 (0)3453 2590, Fax: -22
www.dreisiebner.com
e-mail: stammhaus@dreisiebner.com

JOSEF PUSCHNIG:
KALTENEGG, SANBERG

Schon mein Vater füllte seinen Sauvignon in Flaschen

Im Weingut von Josef Puschnig hat die Pflege der Rebsorte Sauvignon Blanc bereits eine lange Tradition. Sein Vater, Josef Puschnig sen., der in den Jahren 1948 bis 1956 Verwalter des Schloßweinguts Melcher in Gamlitz war, hat sich schon frühzeitig mit dieser Sorte befasst und dort Edelreiser selektioniert. Erst recht, als er 1959 seinen eigenen Betrieb in Glanz an der südsteirischen Weinstraße gründete und die Sauvignon-Rebstöcke selbst selektionierte und auch vermehrte. Ein würziges Bukett und der Zuckergehalt waren die Selektionskriterien der Reben, die dann in seiner Ried Kaltenegg ausgepflanzt wurden. Der Senior hatte auch einen wesentlichen Anteil daran, dass der Sauvignon Blanc seinen Siegeszug durch die Steiermark antrat. Schließlich gab er die von ihm selektionierten Weinreben auch an weitere Winzer ab.

Puschnig jun., der den Betrieb im Jahre 1983 übernahm, erinnert sich. „Zu einer Zeit, als diese Sorte allgemein noch als ‚Muskat-Sylvaner' bezeichnet wurde, hat mein Vater den Wein schon als ‚Sauvignon Blanc' in Flaschen gefüllt." Heute umfasst das Weingut auf einem Hügel hart an der Grenze zu Slowenien eine Rebfläche von fünf Hektar, die sich auf drei Rieden mit unterschiedlichen Bodenverhältnissen aufteilt. Die größte davon, die Ried Kaltenegg, ist etwa 3,5 Hektar groß und weist einen Ton-Mergel- bzw. Lehmboden auf. Die Ried Sanberg in Kranach hat einen sandigen Lehmboden und die Ried Karnerberg in Glanz, eine reine Südlage, einen lehmigen Sandboden.

Josef Puschnig hat schon 1989 begonnen, seine Rebanlagen umzustellen, und will künftig die Sortenvielfalt seines Betriebes etwas reduzieren. Sein Ziel ist, den Sauvignon Blanc so auszubauen, dass für jeden Geschmack etwas dabei ist. Von den Grünen Aromen der Steirischen Klassik angefangen, über den reiferen Wein mit Aromen von gelben Früchten bis hin zu Spätlesen, die zumindest zwei Jahre brauchen, um ihr großes Potenzial entwickeln zu können. Auch für Josef Puschnig ist die Klimaveränderung in unseren Breiten erkennbar. „Durch die frühere Reife ändert sich das Geschmacksbild der Trauben. Der Wein bietet mehr Inhaltsstoffe und mehr Geschmack am Gaumen. Man kann den Wein förmlich lutschen ..."

Das Kellergewölbe des Weinguts von Josef Puschnig datiert aus dem Jahr 1790. Im letzten Jahr wurden das Winzerhaus und der Keller modernisiert, die Holzfässer größtenteils durch Edelstahltanks ersetzt, in denen heute 90 Prozent seiner Qualitätsweine vergoren und ausgebaut werden.

Sauvignon Blanc: 12,5%; Im Duft einladend - gelbe Fruchtnuancen, kräftig nach Paprikaschoten, feiner Honig. Am Gaumen stoffig, sehr harmonisch, wunderschöner Trinkfluss und lang im Finish.

Sauvignon Blanc Kaltenegg: 13,0%; Die Ton-Mergelböden machen die Weine breiter, die Säure ist gedämpfter und der Geschmack vollmundiger. Für Liebhaber fruchtbetonter Weine eine echte Freude im Glas.

Already my father was bottling his Sauvignon

In the wine growing estate of Josef Puschnig the cultivation of Sauvignon Blanc has a long tradition. His father, Josef Puschnig sen., who was administrator of the wine growing estate Melcher in Gamlitz from 1948 to 1956, showed an early interest in this variety and therefore selected these vines. Even more so when he started his own wine production in Glanz along the Southern Styrian Wine Road (Südsteirischen Weinstraße) in 1959, not only selecting the Sauvignon vines himself, but also increasing their numbers. A full flavoured bouquet and the sugar content were his criteria for selection of the grapes being planted in his vineyard named Kaltenegg. Josef Puschnig senior was also one of the driving forces behind the success story of Sauvignon Blanc in Styria in the fifthies. After all, he did share the vines he had personally selected with other wine growers.

Puschnig Josef jun., who took over the business in 1983, remembers: „At a time when this variety was generally still labelled as 'Muskat-Sylvaner', my father was bottling this wine as 'Sauvignon Blanc'. Today the winery, which is situated on a hillside close to the Slovenian border covers an area of ten acres, divided into three vineyards with varying soil conditions. The largest of these, with the name "Kaltenegg", is about seven acres in size and consists of soil made up of clay and marl. "Sanberg" in Kranach has sand and clay soil and "Karnerberg" in Glanz, which is facing south has mainly clay soil.

Josef Puschnig started already in 1989 with the adjustment of his vines and plans to reduce the diversity of his vines even further. His aim is to produce Sauvignon Blanc in a way to cater for every taste. From the green bouquet of the Styrian Classic Sauvignon wines to the more mature wines with aromas of yellow fruit to the sweet late harvest wines, which take at least two years to achieve their potential. Josef Puschnig too recognizes the climatic changes in our latitudes.

„The early ripening changes the taste of the grapes. The wine offers more ingredients and also more flavour for the palate. One could literally suck this wine ...".

The arches in the cellar of the winery of Josef Puschnig date back to the year 1790. In the year 2007 the winery and the cellar were modernised and most of the wooden barrels replaced with stainless steel tanks, which are now used to ferment and age 90 percent of his quality wines.

Traubenernte und Vinifizierung

Sauvignon Blanc: Handlese von vollreifen Trauben, 18°-21°KMW, 2 Lesedurchgänge ➤ Rebeln ➤ Maischekontakt-zeit 4-5 Stunden ➤ Vorentsaften ➤ Pressen: Pressdruck <1 bar, Trennung von Seihmost und Pressmost ➤ Most-klärung: Vorklären des Mostes ➤ Gekühlte Gärung in Stahltanks bei 15°-18°C, Gärstart mit verschiedenen Reinzuchthefen ➤ Ausbau: Jungweine in den Tanks 3-5 Monate ➤ Betonung der Fruchtaromen ➤ Füllfiltration ➤ Flaschenfüllung.

Weingärten o *Vineyards*
5 ha (12 acres), Lagen Kaltenegg, Karnerberg, Sanberg

Weine Weine o *Wines*
Weißweine: Sauvignon blanc
Mu, Tr, Wb, Gb, Scheurebe
Edelsüße Weine: Traminer Spätlese,
Rotweine: Zweigelt, CS, Blauer Wildbacher

Alter der Reben o *Average age of the vines*
8-40 Jahre

Pflanzdichte o *Density of plantation*
3,000 Stöcke/Hektar in den alten Rebanlagen; Wein-gärten jünger als 10 Jahre mit 4,300 Stöcke/Hektar

Hektarerträge o *Average yield per hectar*
4.500 - 5.000 Liter/Hektar

Kellermeister/Önologe o *Winemaker*
Josef Puschnig

Besondere Jahrgänge o *Great recent vintages*
2007, 2006, 2003, 2002, 2001, 1997, 1986

Buschenschank o *Where the winegrower sell*
Mitte März - Nov; Do-So ab 14 Uhr

Ab-Hof-Verkauf o *Sale at the premises*
Täglich 10-18 Uhr, nach telefonischer Voranmeldung
Ansprechperson: Josef Puschnig, Melitta Trummer

Weinkellerführung o *Winery guiding tour*
Nach tel. Voranmeldung o By appointment only

Kommentierte Weinkost o *Wine-seminar*
Nach tel. Voranmeldung o By appointment only

Weinverkaufspreise o *Average price*
€ 3,90/9,50 • Bankomatkarte

Weitere Produkte o *Further products*
Traubensaft, Marmeladen: Quitten, Morillon, Traminer

Gästezimmer o *Bed and breakfast*
3 Zimmer - 6 Betten • 3 apartment

Vermarktung der Weine o *Sales*
Ab-Hof-Verkauf, Fachhandel, Vinotheken und die Gastronomie österreichweit
Exportländer: Deutschland

Restaurant Weinkarte o *Winelist*
Landhauskeller (Graz) und in zahlreichen Restaurants in Österreich

Weingut Josef Puschnig
A-8462 Leutschach, Glanz 32
Tel.: +43 (0)3454 329, Fax:
www.weingutpuschnig.at
e-mail: info@weingutpuschnig.at

Symbiose mit den Weinstöcken

Das Weingut Repolusk in Glanz an der Weinstraße ist schon seit jeher eine beliebte Einkehr für Wein-liebhaber aus nah und fern. Zahlreiche prominente Persönlichkeiten waren dort schon zu Gast, wie man an den Erinnerungsfotos an der Wand im Buschenschank erkennen kann. Selbst Bundeskanzler Julius Raab war dort zu Besuch und hat sich danach mit einem Dankschreiben eingestellt. Die Gastfreundschaft ist auch heute noch oberstes Gebot in dem Betrieb und wird von den Besitzern Roland und Barbara Repolusk tagtäglich gelebt. Roland Repolusk, der den Weinbau in Silberberg studierte, übernahm nach dem Tod seines Schwiegervaters Karl Repolusk im Jahre 1988 die Kellerverantwortung über das Weingut, das heute Trauben aus elf Hektar eigener Rebflächen verarbeitet. „Ich lebe in einer Symbiose mit dem Weinstock", erklärt der Winzer, der mit seinem Wein bereits Landessieger wurde und mehrfach im Weinsalon vertreten war. Die Liebe und Begeisterung für die Rebstöcke und den Wein wird von Roland Repolusk auch im Keller fortgeführt. Dazu hat er 1999 einen Kellerzubau mit neuen Stahltanks errichten lassen und 2006 den Holzfaßkeller renoviert, in dem nun an die 70 Fässer lagern. Vom Sauvignon keltert Roland Repolusk zwei Linien. Für die klassische Linie kommen die Trauben aus der nach Süden ausgerichteten Ried Kaltenegg, die Trauben für den Lagenwein werden in der Ried Oberglanz gelesen, die ebenfalls nach Süden schaut. Vom Sauvignon Blanc gelingt Repolusk in besonderen Jahren auch eine Trockenbeerenauslese. Die TBA vom Jahrgang 2005, die im kleinen Holzfaß vergoren und aus-gebaut wurde, besticht durch eine feine Mineralik, einem Fruchterlebnis am Gaumen und eine besondere Würze im Abgang.

Die Küchenchefin und gute Seele des Betriebes ist Barbara Repolusk. Sie gilt als „Kreateurin" von Spezialitäten und sorgt stets für Aufsehen, wenn sie in den im Gastzimmer der Buschenschank gemauerten Backofen das hausgemachte Brot einschießt. Bemerkenswert ist, dass auch die Schwestern der Frau des Hauses dem Wein verbunden sind. Die Gudrun ist Diplomsommeliere und sorgt für kommentierte Verkostungen, die Eva betreibt die Vinothek bei der Oper in Graz.

In näherer Zukunft plant Roland Repolusk keine Erweiterung des Betriebes. „Wir wollen weiterhin ein familiäres Unternehmen bleiben", sagt er und freut sich, dass ihm der Sohn Karl-Philipp bereits eifrig zur Hand geht.

Symbiosis out of the vine

The Repolusk winery in Glanz along the wine street (Weinstraße) has been a favourite retreat for connoisseurs of wine from near and far. Countless celebrities have been guests here as can be seen by the number of photographs on the wall of the Buschenschank. Even chancellor Julius Raab visited the Buschenschank and left a thank you note. Hospitality is still imperative in this business today and the owners Roland und Barbara Repolusk adhere to it strictly on an every day basis. Roland Repolusk, a graduate of the School for Agriculture and Oenology Silberberg, took over the business after the death of his father in law Karl Repolusk in 1988 and today administers an estate processing the grapes of 22 acres of his own vineyards. "I live in a symbiosis with my vines", explains the wine grower, who has already won the title county winner (Landessieger) with his wine and also participated in the Austrian Wine Salon a few times. Roland Repolusk continues his love and enthusiasm for vines and wine in the wine cellar. In 1999 he had his wine cellar extended and acquired new stainless steel tanks, followed in 2006 by the renovation of the old cellar for his wooden barrels, which now holds 70 of them. Roland Repolusk produces his Sauvignon Blanc in 2 lines. For the classic line the grapes come from the south-facing vineyard Kaltenegg, while the grapes for his premium wine are harvested in Oberglanz, a vineyard which faces south as well. In special years Repolusk is able to produce a Trockenbeerenauslese of Sauvignon Blanc. The Trockenbeerenauslese of

WEINGUT REPOLUSK: KOSCHUH, OBERGLANZ, KALTENEGG

2005, fermented and produced in small wooden barrels, impresses with fine minerals, a fruity experience on the palate and an especially strong flavour in the finish.

Chef in the kitchen and soul of the business is Barbara Repolusk. She is seen as "creator" of specialities and causes a sensation whenever she puts her home-made bread into the oven for baking in front of everyone in the Buschenschank. Worth mentioning is also the fact that both sisters of the landlady, too, have something to do with wine. Gudrun is a sommeliere with a diploma and caters at commented wine tastings, and Eva runs the vinothek next to the opera in Graz. Roland Repolusk has no plans to extend his business in the near future. "We want to stay a family business for the time being", he says and is glad about his son Karl-Philipp helping him already.

Weingärten o *Vineyards*
11 ha (26,4 acres), Lagen Oberglanz, Kaltenegg

Weine o *Wines*
Weißweine: Sauvignon Blanc Kaltenegg, Sauvignon Blanc Oberglanz
Wr, Wb, Mu, Mo, Tr
Edelsüße Weine: Sauvignon Blanc Trockenbeeren-auslese 2005, Eiswein
Rotweine: Zw, Koschuh Zweigelt

Alter der Reben o *Average age of the vines*
3-25 Jahre

Pflanzdichte o *Density of plantation*
3,300 Stöcke/Hektar in Sauvignon Blanc-Anlagen

Hektarerträge o *Average yield per hectar*
Sauvignon Blanc 3.500-4.500 Liter/Hektar

Kellerführung o *Visiting policy*
Nach tel. Voranmeldung o By appointment only

Kommentierte Weinkost o *Wine-seminar*
Nach tel. Voranmeldung o By appointment only

Kellermeister/Önologe o *Winemaker*
Roland Repolusk, Karl-Philipp Repolusk

Besondere Jahrgänge o *Great recent vintages*
2007, 2005, 2003, 2001, 1999, 1997, 1993, 1990, 1986, 1985, 1983, 1977, 1973, 1949

Buschenschank o *Where the winegrower sell*
Mitte März- Ende Nov, Do-Mo ab 12 Uhr geöffnet, Di, Mi Ruhetag

Ab-Hof-Verkauf o *Sale at the premises*
Täglich ab 9 Uhr, Di, Mi Ruhetag
Ansprechpersonen: Gudrun Hernach, Barbara Repolusk

Weinverkaufspreise o *Average price*
€ 4,70/20,- • Bankomatkarte

Weitere Produkte o *Further products*
Traubensaft, Obstbrände: Wildbirnen, Kriecherl, Maschansker, Muskateller Tresterbrand, „Koschuh", Hefebrand, Weinbrand 5 Jahre Fassgereift Kürbiskernöl

Vertrieb/Vermarktung der Weine
Ab-Hof-Verkauf, Fachhandel und die Gastronomie österreichweit, Exportländer: Deutschland, USA

Restaurant Weinkarte o *Winelist*
Didi Dorner Villa Falkenhof (Irdning), Hotel Wiesler, Stoffbauer (Graz), Hanner (Mayerling)

Weingut Repolusk
A-8463 Glanz an der Weinstrasse 41
Tel.: +43 (0)3454 313, Fax: -4
www.repolusk.at
e-mail: weingut@repolusk.at

PHILIPP HACK: SULZTAL, ECKBERG

Beifall erringt, wer Lust und Nutzen vereinigt

Philipp Hack gehört zu jener jungen Winzergeneration in der Steiermark, die es versteht, traditionellen Ausbau einerseits und moderne Kellertechnik andererseits unter einen Hut zu bringen. Dieses Geschick weiß beispielsweise auch der mit drei Hauben gekrönte Meisterkoch Didi Dorner zu schätzen, der für seinen „Falkenhof" in Irdning eine eigene Cuvée von Philipp Hack in Flaschen füllen ließ.

Das von Philipp und seiner Mutter Annemarie Hack bewirtschaftete zehn Hektar große Gut wurde bereits 1747 urkundlich erwähnt. Das historische Gemäuer ist nachweislich bedeutend älter. So ruht das stilvoll restaurierte Winzerhaus auf einem etwa 500 Jahre alten Steingewölbekeller. An der Westseite dieses Gebäudes prangt noch immer der lateinische Spruch des Dichters Horaz, den ein Vorbesitzer um das Jahr 1850 anbringen ließ und der noch heute die Philosophie des Betriebes widerspiegelt. „Omne init punctum quis miscuit utile dulci" heißt soviel wie „Beifall erringt, wer Lust und Nutzen vereinigt."

Die Sauvignon-Rebflächen des Weinguts in den Weingärten in Sulztal und Eckberg machen etwa zwei Hektar der Rebfläche aus. In der Lage Sulztal wächst der Sauvignon auf einem sandigen Schotterboden, auf den steilen Hängen des Eckberg stehen die bis zu 30 Jahre alten Rebstöcke auf einem Urgestein-Schieferboden. Von dort stammen die Trauben für kräftige fruchtbetonte und mineralische Weine.

Philipp Hack führt den Betrieb seit 2001 in Eigenverantwortung und produziert vom Sauvignon Blanc drei Linien. Einen klassischen Sauvignon Blanc und die beiden Lagenweine Sulztal und Eckberg. Die Klassik ist ein unkomplizierter Wein, der von Didi Dorner zum „Sauren Weinzerl" empfohlen wird. Bei dieser Spezialität im Buschenschank Hack-Gebell handelt es sich um einen mit Kürbiskernöl marinierten gekochten Hausschinken. Den kräftigen Lagenwein Sauvignon Sulztal sieht Didi Dorner in seinem Restaurant „Falkenhof" als idealen Begleiter zu einer gebratenen Gänseleber mit Rahmkohlkürbis, der mineralische Sauvignon Eckberg harmoniert zu einem pochierten Rindsfilet.

Philipp Hack will seine Weine komponieren. Seine Lagenweine, die in großen und kleinen Holzfässern ausgebaut werden, sollen im Ausdruck terroirbezogen und möglichst trinkreif sein, sobald sie in Flaschen gefüllt sind. Gerade vom Sauvignon verspricht sich der junge Winzer viel, darum trägt er sich mit dem Gedanken, die Erweiterungsmöglichkeiten auf dem Eckberg zu nützen.

Sauvignon Blanc Klassik: 12,5%; Im Duft feine sortentypiche Noten: Hollerblüte, frischer Paprika mit Stachelbeeraromen unterlegt. Am Gaumen Cassis, mit einer frischen Säurestruktur, sehr langanhaltender Abgang.

Sauvignon Blanc Sulztal: 13,5%; In der Nase würzige Kräuter, ein reifer Stachelbeer- und Johannisbeerduft, am Gaumen ein Fruchtbündel, gelber Paprika, leicht mineralisch, dichter Schmelz und langer, würziger Abgang.

Cheers to the one who combines pleasure with benefit

Philipp Hack is one of the young generation of wine producers in Styria who knows how to combine traditional and modern techniques in wine production. This skill is also highly regarded by chef Didi Dorner, who had a special cuvee bottled by Philipp Hack for his restaurant "Falkenhof" in Irdning.

The 20 acre estate of Philipp and Annemarie Hack was already mentioned in deeds as long ago as 1747. The historical masonry is thought to be much older. The stylishly restored estate and wine cellar, for instance, rest on top of a 500 year-old stone-arched cellar. On the western side of this building one can still find the latin proverb of the poet Horacius, which was put there by a previous owner around 1850, and up to this day reflects the philosophy of the business: "Omne init punctum quis miscuit utile dulci", which latin means "All cheers to the one who combines pleasure with benefit."

The Sauvignon Blanc vineyards of the estate, which are situated in Sulztal and Eckberg, are about four acres of the whole area. The Sauvignon vines in Sulztal prosper on terrain consisting mainly of sand and gravel, while the 30 year-old vines on the steep slopes in Eckberg grow on soil over bed rock and slate. From here strong mineral wines originate.

Philipp Hack has been running his own business since 2001 and produces three lines of Sauvignon Blanc. One classical Sauvignon Blanc and two premium wines. "Sauvignon Blanc Klassik" is an uncomplicated wine recommended by Didi Dorner when eating "Saurer Weinzerl": This speciality served in the Buschenschank Hack-Gebell is basically home-cooked ham which has been marinated in pumpkin seed oil. In his restaurant „Falkenhof" Didi Dorner sees these mature premium wines as ideal companions for fried goose liver with cabbage and cream pumpkin.

Philipp Hack wants to compose his wines. He wants his premium wines produced in big barrels to express their terroir and be ready to be consumed as soon as they are bottled. The young wine producer counts especially on his Sauvignon, for that reason he is thinking of using the possibilities of extending his vineyards in Eckberg.

Traubenernte und Vinifizierung

Sauvignon Blanc Steirische Klassik: Handlese von reifen Trauben ➤ Rebeln und Maischen ➤ Maischekontaktzeit 2-3 Stunden ➤ Vorentsaften und Pressen ➤ Pressen: Pressdruck <1 bar ➤ Mostklärung: Scharfes Vorklären des Mostes ➤ Gezügelte Gärung in Stahltanks bei 15°-18°C ➤ Ausbau: Jungwein im Tank, schneller Abstich ➤ 3-5 Monate Reifung in Stahltanks oder auch Holzfässern ➤ Betonung von Primäraromen ➤ Vorfiltration, Füllfiltration ➤ Flaschenfüllung.

Sauvignon Blanc Lagenweine: Handlese, Traubenlesegradation von 18°-20°KMW ➤ Rebeln und Maischen ➤ Maischekontaktzeit 4-6 Stunden ➤ Pressdruck <1 bar ➤ Zügige und reduktive Verarbeitung ➤ Mostklärung: Kühlung des Mostes im Tank ➤ Scharfes Vorklären des Mostes ➤ Gärung im großen Holzfass mit Hefekontaktzeit ➤ Ausbau in großen Fässern ➤ BSA nicht unbedingt erwünscht ➤ 12 Monate Fassreife ➤ leichte Filtration vor Flaschenfüllung.

Traubenernte und Vinifizierung

Sauvignon Blanc Lagenweine Eckberg: Selektive Handlese, Traubengradation über 20°KMW ➤ Rebeln und Maischen ➤ Maischekontaktzeit 4-6 Stunden ➤ Pressen: Pressdruck <1 bar ➤ Zügige und reduktive Verarbeitung ➤ Mostklärung: Kühlung des Mostes im Tank ➤ Scharfes Vorklären des Mostes ➤ Gärführung: Gärung in kleinen Holzfässern mit Hefekontaktzeit 2-4 Wochen ➤ „sur lie"-Ausbau ➤ einmal Umziehen, mit der Feinhefe zurück in die Fässer, ohne weiteres Aufrühren der Feinhefe ➤ BSA nicht erwünscht ➤ Betonung von Sekundäraromen ➤ 18-36 Monate Reifung in den Barriques ➤ leichte Filtration vor der Flaschenfüllung.

Buschenschank o *Where the winegrower sell*
März - Mitte Nov; Mo ab 18 Uhr, Di-So 13-22 Uhr
Ab-Hof-Verkauf o *Sale at the premises*
Täglich 10-18 Uhr, nach telefonischer Voranmeldung
Ansprechperson: Annemarie Hack, Philipp Hack
Weinverkaufspreise o *Average price*
€ 5,30/24,- • Bankomatkarte
Weitere Produkte o *Further products*
Traubensaft, Wildfleischspezialitäten
Weinkellerführung o *Winery guiding tour*
Nach tel. Voranmeldung o By appointment only
Vertrieb/Vermarktung der Weine
Ab-Hof-Verkauf, Fachhandel, Vinotheken und die Gastronomie österreichweit
Exportländer: Deutschland
Restaurant Weinkarte o *Winelist*
Didi Dorner Villa Falkenhof (Irdning), Gerhard Fuchs Kreuzwirt (Leutschach), Sattlerhof (Gamlitz).

Weingärten o *Vineyards*
10 ha (24 acres), Lagen Sulztal, Eckberg
Weine o *Wines*
Weißweine: Sauvignon Blanc Klassik, Sauvignon Blanc Sulztal, Sauvignon Blanc Eckberg
Wr ,Mu, Wb, Mo, Sä 88
Rotweine: Zw
Alter der Reben o *Average age of the vines*
5-30 Jahre
Pflanzdichte o *Density of plantation*
3,000 Stöcke/Hektar in den alten Rebanlagen; Weingärten jünger als 10 Jahre mit 4,100 Stöcke/Hektar
Hektarerträge o *Average yield per hectar*
Sauvignon Blanc 3.500-4.500 Liter/Hektar
Weinseminare o *Wine-seminar*
Nach tel. Voranmeldung o By appointment only
Kellermeister/Önologe o *Winemaker*
Philipp Hack
Besondere Jahrgänge o *Great recent vintages*
2007, 2006, 2004, 2003, 2002, 2001

Weingut Hack-Gebell
A-8462 Gamlitz, Eckberg 100
Tel.: +43 (0)3454 303
www.weingut-hack.at
e-mail: office@weingut-hack.at

Wohnen beim Wein

Knapp unterhalb des höchsten Punktes an der südsteirischen Weinstraße liegt auf einer Höhe von rund 540 Metern das Weingut von Erwin und Sonja Tschermonegg. Die beiden haben mit Beginn des Jahres 2003 die gesamte Verantwortung über den Familienbetrieb übernommen, werden bei ihrer Arbeit natürlich nach wie vor von Erwins Eltern Albin und Antonia tatkräftig unterstützt. In Sachen Weinbereitung kann Erwin Tschermonegg freilich schon auf die Erfahrung von 21 Ernten zurückblicken. Er durfte gleich nach Absolvierung der Weinbauschule Silberberg und einer Praxis in Neuseeland im Jahre 1985 die Kellerverantwortung in dem Familienbetrieb übernehmen und hat im Jahr darauf seinen ersten Wein gekeltert. „Mein Vater hat mich meine Vorstellungen verwirklichen lassen", sagt Tschermonegg, der seinen duftigen und klassisch ausgebauten Sauvignon Blanc besonders schätzt. Neben dem Sauvignon Classique, den Tschermonegg beispielsweise als herrlichen Begleiter zu einem Räucherfisch empfiehlt, keltert er noch den im Stahltank ausgebauten Lagenwein vom Lubekogel (herrlich zu Kalb und Geflügel) sowie jenen vom Oberglanzberg, der im großen Holzfass ausgebaut wird und perfekt zu Meeresfrüchten und Wildgeflügel passt. Das Weingut Tschermonegg bewirtschaftet heute 17 Hektar Rebflächen auf dem Lubekogel rund um das Anwesen, wo die Reben auf einem schottrigen Boden stehen, sowie auf dem Oberglanzberg, der einen Opakboden aufweist. Was das Weingut betrifft, hat Erwin Tschermonegg keine wesentlichen Expansionswünsche. „Unsere Kellerkapazität ist auf die Verarbeitung von Trauben aus rund 50 Hektar ausgelegt, größer wollen wir nicht werden", sagt der Winzer, dessen zwei Söhne Franz Josef und Lorenz schon spielerisch in den Weinbau hineinschnuppern.

Das Weingut lädt auch zum Urlaub auf dem Weinbauernhof. Die 17 Gästezimmer bieten höchste Wohnqualität und sind mit allem ausgestattet, was der verwöhnte Gast erwartet. Dazu gehören auch eine Saunalandschaft oder der auf 30°C beheizte Panoramapool, von dem aus man einen atemberaubenden Blick über das südsteirische Weinland genießen kann. Im angeschlossenen Buschenschank wird eine verfeinerte kalte Küche geboten, wer auf warme Küche reflektiert, findet im Umkreis von fünf Kilometern sieben Haubenlokale. In Sachen Marketing setzt Erwin Tschermonegg auch auf die neuen Medien. Sein Video, das er über sein Weingut produzieren ließ, hat schon mehrfach Preise erzielt.

Sauvignon Blanc Lubekogel 2007: 14% Dieser kräftige Sauvignon besticht durch seine herrliche, fast exotische Frucht und seine spürbare Mineralik. Mit seiner Dichte, Konzentration und Reife hat er ein langes Reifepotential.

Sauvignon Blanc Oberglanzberg 2007: 14,5% Durch den Ausbau in großen Holzfässern ist der Oberglanzberg immer etwas weicher als der Lubekogel. Ein kräftiger Johannisbeerenton und Stachelbeeraromen prägen diesen Wein und erfreuen den Gaumen. Sehr geschmacksintensiv, mit einem delikaten Abgang.

Living with wine

Around 540 metres above sea level and just underneath the highest point of the south Styrian Wine Road (Südsteirische Weinstraße), is the winery of Erwin and Sonja Tschermonegg. Even though they took over the whole responsibility for the family business at the beginning of 2003, they still get the full support of Erwin's parents, Albin and Antonia. As far as wine producing goes Erwin Tschermonegg is already able to look back at 21 harvests.

He was allowed to take on the responsibility of the wine cellar in the parental estate in 1985, immediately after graduating from Silberberg and his practice in New Zealand and he produced his first wine in the following year. "My father let me realise my visions", says Tschermonegg, who appreciates his aromatic and classically produced Sauvignon Blanc.

Besides his Sauvignon Classique, which Tschermonegg recommends as an exquisite companion to smoked fish, he also makes the premium wine from the grapes of Lubekogel, which is produced in stainless steel tanks (superb with veal or poultry) as well as the one resulting from the grapes of Oberglanzberg, produced in large wooden barrels, which is ideally served with seafood or game birds. The Tschermonegg winery today administers 34 acres of vineyards on Lubekogel around the estate, where the vines stand on gravel, as well as on the Oberglanzberg, where the soil consists of opaque. As far as the winery is concerned, Erwin Tschermonegg has no immediate wishes for expanding the business. "Our capacity in the wine cellar is designed for the processing of grapes from around 100 acres, we do not want to become any larger", says the wine producer, whose two sons, Franz Josef and Lorenz, playfully take their first steps in wine making already. The winery also invites people to take winery-holidays. The 17 guest rooms offer highest indoor living quality and are furnished with everything expected by the discerning guest. Included is a sauna landscape and a preheated panorama pool with a constant temperature of 30 degrees and offering a breathtaking view over the southern Styrian vineyards. In the attached Buschenschank a refined cold buffet is on offer, and whoever prefers warm food, has a choice of seven gourmet restaurants within a radius of five kilometres. In marketing Erwin Tschermonegg believes in the new media. The video about his winery he had produced has already won multiple awards.

Fotos: Groce

Weingärten o *Vineyards*
20 ha (48 acres) 15 ha (36 acres) Traubenzukauf,
Lagen: Lubekogel, Oberglanzberg

Weine o *Wines*
Weißweine: Sauvignon Blanc Classique, Sauvignon
Blanc Lubekogel, Sauvignon Blanc Oberglanzberg
Wr, Wb, Mu, Mo, Mu, Sä, Tr, Gb
Edelsüße Weine: Ruländer Auslese, Morillon Eiswein
Rotweine: Steirerblut (Zweigelt), Sankt Lorenz
(Zweigelt, St. Laurent, CS)

Alter der Reben o *Average age of the vines*
3-35 Jahre

Pflanzdichte o *Density of plantation*
4.800 Stöcke/Hektar in Sauvignon Blanc-Anlagen

Hektarerträge o *Average yield per hectar*
Sauvignon Blanc 3.500-4.000 Liter/Hektar

Kommentierte Weinkost o *Wine-seminar*
Nach tel. Voranmeldung o *By appointment only*

Weinseminare o *Wine-seminar*
Nach tel. Voranmeldung o By appointment only

Kellerführung o *Visiting policy*
Nach tel. Voranmeldung o *By appointment only*

Kellermeister/Önologe o *Winemaker*
Erwin Tschermonegg

Besondere Jahrgänge o *Great recent vintages*
2007, 2004, 2001, 1999, 1983, 1979
1999: Österr. Weinsalon mit Sauvignon Blanc 1998
2000: Steirischer Landessieger mit Ruländer 1999

Buschenschank o *Where the winegrower sell*
Ostern-Mitte Dez, Do - Di 14-22 Uhr geöffnet,
Juli, August 17-22 Uhr, Mi Ruhetag

Ab-Hof-Verkauf o *Sale at the premises*
Täglich 9-18 Uhr, Mi Ruhetag o *Daily 9am-6pm*
Ansprechpersonen: Sonja und Antonia Tschermonegg

Gästezimmer o *Bed and breakfast*
Urlaub am Weinbauernhof
17 Zimmer - 34 Betten • 17 rooms

Vertrieb/Vermarktung der Weine
Ab-Hof-Verkauf, Fachhandel und die Gastronomie
österreichweit
Exportländer: Deutschland, Schweiz, Japan, USA,
Holland, Belgien

Weinverkaufspreise o *Average price*
€ 5,60/18,- • Visa, Mastercard, Bankomatkarte

Weitere Produkte o *Further products*
Muskatellersekt, Edelbrände: Zwetschke, Winterbirne,
Kriecherl, Mc Intosh Apfelbrand, Williams Christbirne,
Kräuterbrand, Isabella Traubenbrand, Opa's Nusslikör

Restaurant Weinkarte o *Winelist*
Steirereck, Plachutta, Meinl am Graben (Wien),
Schloßbergrestaurant, Stargke Haus (Graz)

Weingut Tschermonegg
A-8463 Glanz an der Weinstraße 50
Tel.: +43 (0)3454 326, Fax: - 50
www.tschermonegg.at
e-mail: weingut@tschermonegg.at

Lohn für 20 Jahre Arbeit

Eingebettet in die sanften Hügel der südsteirischen Landschaft, liegt das Weingut von Herbert Hernach, das seit 1898 als Familienbetrieb geführt wird. Ursprünglich eine gemischte Landwirtschaft, hat Herbert Hernach im Jahre 1987 den Betrieb neu ausgerichtet und auf reinen Weinbau umgestellt. „Wir haben unsere Flächen vergrößert, den Sortenspiegel geändert, aber schon damals ein spezielles Augenmerk auf den Sauvignon gelegt", sagt Hernach, der bei den Neuanlagen Rebstöcke auspflanzte, die aus dem eigenen Weingarten vermehrt wurden. 20 Jahre später durfte er schließlich den Lohn für seine zielstrebige Arbeit kassieren. Mit seinem Sauvignon Blanc Woleschnig, der in der Nase einen Duft nach schwarzen Johannisbeeren und facettenreichen Paprikanoten aufweist, im Geschmack sehr kräftig und extraktreich ist und einen fein grasigen Abgang hat, wurde er im Jahre 2007 erst Landessieger und dann auch noch Salonsieger. Hernach, der auf seinen Weinreisen durch Südafrika auch die dortigen Sauvignons verkostet hat – die haben mir nicht so gut gefallen, weil ihnen durchwegs die fruchtige Säure fehlt –, baut seine Sauvignons nur klassisch im Stahltank aus. „Bei dieser Sorte ist es schon eine Kunst, eine grüne Note in den Wein zu bringen", sagt Hernach, „in guten Lagen reift der Sauvignon ‚davon', da braucht man schon einen Anteil an im Schatten gewachsenen Trauben." Trotz seines Erfolges ist Hernach mit beiden Beinen fest auf dem Boden geblieben. Da er seinen Wein zu 95 Prozent ab Hof verkauft, kann er die Preise knapper kalkulieren. Er begnügt sich mit seinen Rebflächen, die „in alle Himmelsrichtungen" ausgerichtet sind, und sieht keine Notwendigkeit, seinen Besitz zu vergrößern. „Ich kann nur mit einem Löffel essen und lege auch auf Lebensqualität wert", meint Hernach. Und das ist durchaus verständlich. Schließlich hat ihn seine Sandra eben erst zum Vater gemacht. Das Töchterlein Florentina ist der ganze Stolz der frischgebackenen Eltern.

Einen Wunsch hat Hernach freilich im Zusammenhang mit dem Wein. „In Zukunft will ich auch einmal einen eigenen Süßwein im Keller haben." Für seine Besucher öffnet Herbert Hernach gerne die Kellertore, um ihnen im Rahmen einer Kellerführung die Geschichte seiner Qualitätsweine näher zu bringen, deren Trauben in den Rieden Woleschnig und Kreuzweingarten heranreifen. Als Vollendung des Sortiments bietet Herbert Hernach seinen Gästen mit seinen Edelbränden wie dem Maschansker-Apfelbrand, Williamsbrand und Muskateller Trebernbrand weitere Gaumenfreuden. Wer die Gastlichkeit des Weingutes länger als nur einen Tag genießen möchte, hat die Möglichkeit, in einem der fünf gemütlichen Gästezimmer zu übernachten.

Sauvignon Blanc 2006: 12,2%; Ein Klassiker mit grasig-würziger Nase, Holunder, Brennessel und grünen Paprika.

Sauvignon Blanc 2007: 12,5%; im Duft fein grasig bis zum zarten Brennesselaroma. Frischer, spritziger und würziger Geschmack.

Sauvignon Blanc Woleschnig 2007: 13,0%; sehr reifer Wein mit einer ausgeprägten duftigen Nase nach schwarzen Johannisbeeren und facettenreichen Paprikanoten. Im Geschmack sehr kräftig, extraktreich und fein grasig im Abgang.

Reward for 20 years of work

Embedded between the smooth hills of Southern Styria is the winery of Herbert Hernach, which has been run as a family business since 1898. In 1987 Herbert Hernach changed the originally mixed farm into a new business and concentrated exclusively on the production of wine. "We enlarged our vineyards, changed the variety of our wines, but kept a keen eye on Sauvignon even then", says Hernach, who 20 years later was able to collect the rewards for his single-minded vision. In 2007 Herbert Hernach first became Styrian county winner (Steirischer Landessieger) and followed that shortly afterwards by winning the first prize in the Salon: The wine was his Sauvignon Blanc Woleschnig, which has an aroma of black currant and paprika, and a very strong and rich taste with a fine grassy finish. Hernach, who tasted various local Sauvignons travelling through South Africa – "I was not particulary impressed by them as they are lacking the fruity acidity throughout" – produces his Sauvignons only in the classic way in stainless steel tanks. "With this variety it is truly an art to bring a green note into the wine", says Hernach, "in good vineyards the Sauvignon grapes ripen 'away', one needs also grapes that have grown in shady locations". In spite of his success Hernach has both feet firmly on the ground. By selling 95 percent of his wine on his own premises he can calculate his prices lower. He is content with his vineyards, which face in all directions and sees no real reason to enlarge his property. "I can only eat with one spoon and I value quality of life", reckons Hernach. And that is quite understandable. After all, "his Sandra" has only just made him a father, and daughter Florentina is the pride of both parents.

Hernach has admittedly one wish in connection with his wine. "In the future I would like to produce also a sweet wine in my wine cellar." For his guests Hernach likes to open the doors to his wine cellar to bring the history of his quality wines closer by inviting them to a guided tour of his wine cellar and wines, for which the grapes are ripening in the vineyards Woleschnig and Kreuzweingarten. And if someone wants to enjoy the hospitality of this winery for more than just one day, there is always the opportunity to stay overnight in one of the five comfortable guest rooms.

Traubenernte und Vinifizierung

Sauvignon Blanc: Handlese von reifen Trauben, wenn möglich an kühleren Tagen, 17°-20°KMW ➤ Rebeln und Maischen ➤ Maischekontaktzeit in Maischetanks 16-12 Stunden ➤ Vorentsaften und Pressen ➤ Mostklärung: Entschleimen des Mostes mit Kühlung für 10-12 Stunden, nicht zu strenges Vorklären des Mostes ➤ Gärung: Einleitung der Gärung mit Reinzuchthefen, gezügelte Gärung in Stahltanks bei 16°-18°C ➤ Ausbau: Jungwein im Tank schneller Abstich ➤ Ausbau: 5-6 Monate Reifung in Stahltanks, mehrmaliges Umziehen der Wein, natürliches Klären der Jungweine ➤ Ausbaustil: Sortentypische Fruchtaromen im Vordergrund ➤ Füllfiltration ➤ Flaschenfüllung.

Weingärten o *Vineyards*	**Ab-Hof-Verkauf o *Sale at the premises***
5,5 ha (13,2 acres), Lagen: Woleschnigg, Kreuzweingarten	Täglich 9-18 Uhr, nach telefonischer Voranmeldung Ansprechperson: Sandra Hartl-Hernach, Theresia Hernach
Weine o *Wines*	**Weinverkaufspreise o *Average price***
Weißweine: Sauvignon Blanc Steirische Klassik, Sauvignon Blanc Woleschnigg	€ 4,10/6,80 • Bankomatkarte
Wr, Wb, Mo, Mu	**Weitere Produkte o *Further products***
Alter der Reben o *Average age of the vines*	Obstbrände: Maschansker-Apfelbrand, Williamsbirne, Muskateller-Trebernbrand
3-20 Jahre	**Gästezimmer o *Bed and breakfast***
Pflanzdichte o *Density of plantation*	Urlaub am Weinbauernhof
3.500 Stöcke/Hektar in Sauvignon Blanc-Anlagen	5 Zimmer - 10 Betten • 5 rooms
Hektarerträge o *Average yield per hectar*	**Vertrieb/Vermarktung der Weine**
Sauvignon Blanc 4.000-5.000 Liter/Hektar	Ab-Hof-Verkauf, Vinotheken und die Gastronomie österreichweit
Weinseminare o *Wine-seminar*	**Restaurant Weinkarte o *Winelist***
Nach tel. Voranmeldung o By appointment only	Steirereck Pogusch, Landhauskeller (Graz)
Weinkellerführung o *Winery guiding tour*	
Nach tel. Voranmeldung o By appointment only	
Kellermeister/Önologe o *Winemaker*	**Weingut Hernach**
Herbert Hernach	A-8463 Leutschach, Pößnitz 84
Besondere Jahrgänge o *Great recent vintages*	Tel.: +43 (0)3454 6178
2007, 2006, 2004, 2003, 2002, 2001	www.hernach-roschitz.at
2007 Steirischer Landessieger mit Sauvignon Blanc 2006	e-mail: .office@hernach-roschitz.at
2007 Österreichischer Weinsalon mit Sauvignon Blanc 2006	
2007 Salonsieger mit Sauvignon Blanc Woleschnigg 2006	

WEINGUT FUCHS: SÜDSTEIERMARK

Vom Wein beseelt

Wenn man einmal vom Thema Wein beseelt ist, kommt man davon nicht mehr los", sagt Heinrich Fuchs, der in seinem Betrieb für die Kellerarbeit verantwortlich ist. „Ich versuche stets mein Know-how zu erweitern, um noch kreativer mit dem Wein arbeiten zu können." Sein Bruder Adolf Fuchs ist für die Arbeit im Weingarten zuständig. „Ich bin dafür verantwortlich, dass die Trauben gesund und sehr rasch in den Keller kommen. So hat mein Bruder längstens eine Stunde, nachdem die Trauben geerntet wurden, diese auch für die weitere Verarbeitung in der Tankpresse." Die beiden Brüder bewirtschaften 14 Hektar Eigenflächen in Leutschach, haben aber auch ein zweites Gut mit Weingärten in Podersdorf im Burgenland, östlich des Neusiedlersees, aus denen die Trauben für ihren Rotwein kommen. Die Vinothek-Linie des Sauvignon Blanc wird im Weingut Fuchs klassisch in Edelstahltanks gekeltert, die Lagenweine werden in Eichenfässern bis zur optimalen Füllreife ausgebaut.

Das Weingut Fuchs ist ein exportorientierter Betrieb, der seine Weine in nicht weniger als 14 Länder dieser Erde liefert. Speziell beim Export stoßen Heinrich und Adolf Fuchs an ihre Grenzen. „Die Steiermark bringt in ihrer einzigartigen Vielfalt Spitzenweine hervor, aber gerade vom Sauvignon Blanc gibt es einfach zu wenig", sagt Heinrich Fuchs. Verständlich, wenn man bedenkt, dass von den steirischen Rebflächen nur zehn Prozent mit der Paradesorte Sauvignon Blanc bepflanzt sind. „Wir können oft nicht jene Mengen liefern, die von unseren Importeuren verlangt werden."

Dass Heinrich und Adolf Fuchs heute ihr Weingut in der Steiermark in der dritten Generation bewirtschaften können, haben sie ihrem Großvater zu verdanken. Er war in den 20er-Jahren des vorigen Jahrhunderts während einer Studienreise aus Deutschland in die Südsteiermark gekommen, hat das vorhandene Potenzial für den Weinbau erkannt und kaufte kurzerhand das heutige Gut in Glanz. Zunächst wurde der Wein noch fassweise verkauft, aber schon der Vater der heutigen Gutsbesitzer, Heinrich I. Fuchs, stellte den Betrieb um. Er hat sich das für den Weinbau nötige Wissen unter anderem in Australien geholt, wo er für einige Jahre im Weingut Lindemanns gearbeitet hat. Nach seiner Rückkehr in die Steiermark begann er seine Weine unter dem eigenen Namen zu vermarkten. Die dritte Fuchs-Generation lebt aber nicht in der Vergangenheit, sondern blickt zielstrebig in die Zukunft. Nur Adolf Fuchs hat noch einen Hang zur Nostalgie. Das zeigt sich in seiner Garage, wo ein 68er Ford Mustang steht.

Animated by wine

Once animated by the topic of wine, there is no escaping from it", says Heinrich Fuchs, who is responsible for the work in the wine cellar of the business. "I always try to extend my know how to be able to work more and more creatively with wine". His brother Adolf Fuchs is responsible for the work in the vineyards. "I look after the health of the grapes and I make sure they are taken into the wine cellar as quickly as possible. My brother can start with the further processing of the grapes in the stainless press tank one hour after the harvest ". The two brothers administer 28 acres of their own vineyards in Leutschach, but they also own a second estate with vineyards in Podersdorf in Burgenland, east of Lake Neusiedl (Neusiedlersee), which provides the grapes for their red wine. The Fuchs winery produces the vinothek-line of Sauvignon Blanc classically in stainless steel tanks, while the premium wines mature in oak barrels until they are perfect for being bottled. The Fuchs winery is an export-orientated business and exports wines to no less than 14 countries in the world. And in export especially Heinrich and Adolf Fuchs have reached their limit. "Styria produces a unique diversity of top wines, but just not enough Sauvignon Blanc", says Heinrich Fuchs. Which is understandable considering that only 10 % of Styrian vineyards are dedicated to the top variety Sauvignon Blanc. "We are unable to supply the quantity for export of Sauvignon Blanc required by our business partners."

It is really thanks to their grandfather that Heinrich and Adolf Fuchs are able to administer their winery in Styria in the third generation today. When he visited southern Styria as a young student from Germany in the 20's of the last century, he recognised the potential for growing grapes and bought the estate in Glanz straight away. Originally the wine was sold in barrels, but already the father of today's owner of the estate, Heinrich I. Fuchs, changed the business. He acquired a lot of the necessary knowledge for wine production in Australia, among other places, while working in the Lindemanns winery for a few years. After his return to Styria he started marketing his wines under his own name. But the members of the third Fuchs-generation are not living in the past; instead they look firmly to the future. Only Adolf Fuchs is slightly nostalgic, which is evident in his garage in the form of a Ford Mustang 68.

Traubenernte und Vinifizierung

Sauvignon Blanc: Mehrmaliges, selektives Ernten von Trauben mit 18°KMW ➤ Rebeln und Maischen in der Presse ➤ Maischekontaktzeit 2-3 Stunden ➤ Pressen: schonendes Pressen mit wenig Druck, Seihmost und Pressmost gemeinsam verarbeiten ➤ Mostklärung: Gekühltes Klären des Mostes über Nacht ➤ Abziehen des klaren Mostes und gekühlte Gärung in Stahltanks bei 15°-18°C, Gärstart mit Reinzuchthefen ➤ Ausbau: Jungweine in den Stahltanks ➤ nach dem Gärende abziehen von der Grobhefe ➤ mit der Feinhefe zurück in die Tanks ➤ 4 Monate Reifung, Betonung von Fruchtaromen ➤ Klarfiltration und Flaschenfüllung.

Sauvignon Blanc:
Kräftiges Aroma nach gelben Paprika- und Stachelbeer, mit einem sehr würzigen Duft, am Gaumen fruchtig und klar, etwas mineralisch, ein sehr schöner und trinkfreudiger Sauvignon.

Weingärten o *Vineyards*
60 ha (144 acres), Lagen: Weißweine in der Südsteiermark, Rotweine in Podersdorf (Burgenland)

Weine o *Wines*
Weißweine: Sauvignon Blanc
Wr, Wb, Mo, Mu, Tr
Rotweine: Zw, CS

Alter der Reben o *Average age of the vines*
4-30 Jahre

Pflanzdichte o *Density of plantation*
4.200 in Sauvignon Blanc-Anlagen

Hektarerträge o *Average yield per hectar*
Sauvignon Blanc 4.000-5.000 Liter/Hektar

Kellermeister/Önologe o *Winemaker*
Heinrich Fuchs

Weinverkaufspreise o *Average price*
€ 4,80/8,30

Besondere Jahrgänge o *Great recent vintages*
2007, 2006, 2004, 2001, 2000, 1997

Vertrieb/Vermarktung der Weine
Lebensmittelhandel Österreich und Deutschland, Gastronomie österreichweit

Exportländer in 14 Länder: Deutschland, Dänemark, Schweden, Holland, England, Italien, Polen, Rumänien, Ukraine, Russland, USA, Kanada, Japan, Malediven, Emirates

Weitere Produkte o *Further products*
Reserve Rotweine

Restaurant Weinkarte o *Winelist*
New York: Four Season, Balthazar, Wallse, The little Owl, The Mark, Manhatten Ocean, L'Impero, Craftbar, Hilton Emirates, Böhlerstern (Kapfenberg), Erzherzog Johann (Graz)

Weingut Fuchs
A-8463 Glanz 6
Tel.+Fax: +43 (0)3454 387
www.fuchs-weine.at
e-mail: office@fuchs-weine.at

MANFRED BIRNSTINGL: PÖSSNITZ, GROSS KARNER

Feiner Gaumen beim Verkosten

Gleich mit zwei Landessiegern kehrte Manfred Birnstingl heuer von der Landesweinkost 2008 in den elterlichen Betrieb in der Südsteiermark zurück. Seine Sauvignon Blanc Klassik wurde ebenso aufs Podest gehoben wie sein Sämling 88 Ausbruch in der Wertungsgruppe „Hohes Prädikat". Mit diesem großen Erfolg hat sich gleichsam ein Kreis geschlossen. „Mein Großvater, der den Betrieb aufgebaut hat, wurde schon 1978 bei der Landesweinkost ausgezeichnet, nun haben wir, in dritter Generation, erneut Maßstäbe gesetzt", erklärt Manfred Birnstingl. Das Weingut Birnstingl bewirtschaftet 6,5 Hektar Rebflächen, die sich auf zwei Standorte aufteilen. 1,5 Hektar in Pößnitz, in unmittelbarer Nähe des Wohnsitzes. Dort herrschen schwere, nährstoffreiche, lehmige bis tonige Böden vor. Der zweite Weingarten mit rund 5 Hektar befindet sich am Karnerberg in der Gemeinde Eichberg-Trautenburg. Sandige, schottrige bis geröllige Konglomerate bestimmen dort das Aussehen des Bodens. Beim Sauvignon, der in Pößnitz wächst, profitiert Birnstingl nicht zuletzt vom günstigen Mikroklima. „Wir haben gerade im Herbst höhere Tagestemperaturen, aber kühlere Nächte. Umstände, die für das Aroma der Trauben maßgeblich sind", sagt Birnstingl und verweist dabei auf den Einfluss der nahen Koralpe. „Von dort streichen die kühlen Winde über unsere Rebflächen." Vom Sauvignon Blanc keltert Birnstingl neben der eben erst ausgezeichneten Klassik noch einen Lagenwein vom „Gross Karner", der zehn Monate lang in Barriques ausgebaut wird.

Den Wunsch nach einem Prädikatswein, der auch noch Frucht aufweist, hat sich Manfred Birnstingl mit dem Jahrgang 2007 erfüllt. „Beim Sämling habe ich das ganze Jahr hindurch auf dieses Ziel hingearbeitet und erst am 18. November die Trauben gelesen", sagt Manfred Birnstingl. Der „Landessieger" war der Lohn für diese Arbeit, die ihm wenige hundert Liter Wein einbrachte. Wenn man so will, ist Manfred Birnstingl, der 1993 in Klosterneuburg maturierte, eigentlich ein Nebenerwerbswinzer. Schließlich ist er vorerst noch hauptamtlich im Bundesamt für Weinbau beschäftigt und in der amtlichen Kostkommission tätig. „Ich kenne praktisch alle steirischen Weine, weil ich in meiner Funktion alljährlich etwa 5.500 Proben verkosten muss." Sein sensibler Gaumen erlaubt es ihm, die feinsten Nuancen bei fremden, aber klarerweise auch bei seinen eigenen Weinen herauszukosten.

Wenn man meint, dass dem dreifachen Familienvater Manfred Birnstingl die beiden Berufe als amtlicher Verkoster bzw. Kellermeister restlos ausfüllen, irrt. Er singt außerdem als Tenor im Kirchenchor von Leutschach, was ihm – wie er scherzhaft meint – einmal wöchentlich einen sicheren Ausgang ermöglicht.

Fine palate for wine tasting

Manfred Birnstingl returned to the parental business in Southern Styria.this year with two county winners (Landessiegern) won at the county wine tasting event 2008. Besides the Sauvignon Blanc Klassik his Sämling 88 Ausbruch was chosen as well in the class "Quality wines with distinction" ("Hohes Prädikat"). With this enormous success everything has come full circle. "Already my grandfather, who built the business, was honoured 1978 at the county wine tasting (Landesweinkost), now our third generation has set new benchmarks", explains Manfred Birnstingl. The winery Birnstingl administers 13 acres of vineyards in two locations. Three acres are in Pößnitz, very close to the residence, where the soil is heavy, rich in nutrients, and a substantial proportion is made up of clay. The second vineyard with around 10 acres is situated on the Karnerberg in Eichberg-Trautenburg. Sand and gravel conglomerates are dominating the look of the soil there. With the Sauvignon, growing in Pößnitz, Birnstingl profits not least from the beneficial microclimate of this area. "In autumn we have higher temperatures during the daytime, but cooler nights. Circumstances, which are significant for the aroma of the grapes", says Birnstingl and points out the influence the nearby Koralpe has on his grapes. "From there a cool breeze blows over our vineyards." Besides the recently honoured Sauvignon Blanc Klassik Birnstingl produces also a premium wine from "Gross Karner", which matures for ten months in small oak barrels.

The desire for a premium wine, that still displays some fruit, Manfred Birnstingl accomplished with his vintage 2007. "With my Sämling I have worked a whole year towards this goal and harvested the grapes as late as the 18th November ", says Manfred Birnstingl. Becoming county winner (Landessieger) was the reward for this labour of love, which resulted in only a few hundred litres of wine. On closer inspection, winemaking for Manfred Birnstingl, who made his Matura in Klosterneuburg in 1993, is actually a secondary occupation. His main occupation, after all, is still his job in the Federal Office for wine growing (Bundesamt für Weinbau) where he is working for the official wine tasting commission. "I practically know all Styrian wines as I have to taste 5.500 samples a year in my function." His sensitive palate allows him to taste the finest nuances in wines produced by others, and naturally also in his own wines.

Whoever is of the opinion, that his two professions as official wine taster and master of his own wine cellar, respectively, are totally fulfilling for the three-time father Manfred Birnstingl is mistaken. On top of all that he sings as a tenor in the church choir of Leutschach, allowing him to go out by himself once a week – as he jokingly explains.

Traubenernte und Vinifizierung

Sauvignon Blanc: 2 - 3 maliges Handlesen der Trauben mit 18°-18,5°KMW (12,5vol%) ➤ Rebeln und Maischen ➤ Maischekontaktzeit in der Presse 4-6 Stunden ➤ Pressen: schonendes Pressen mit wenig Druck, trennen von Seihmost und Pressmost ➤ Mostklärung: Entschleimen des Mostes durch natürliches Absitzen über Nacht ➤ Abziehen des klaren Mostes und gekühlte Gärung in Stahltanks bei 16°C ➤ Gärung: Gärstart mit Reinzuchthefen ➤ Ausbau: Sofort nach Gärende abziehen und mit der Feinhefe zurück in die Stahltanks ➤ Möglichst wenig bewegen, um die natürliche Kohlensäure zu erhalten ➤ 3-4 Monate Reifung in den Stahltanks, Betonung von Fruchtaromen ➤ Kieselgurfiltration und Flaschenfüllung.

Sauvignon Blanc Gross Karner 2006: 13,5%; kräftiger, mit zartem Holz unterlegter Sauvignon mit einem vollen Johannisbeerenton, dichten Schmelz und einem langen, delikaten Finish.

Sauvignon Blanc Klassik 2007: 12,5%; Kräftige und intensive Johannisbeerenaromen und reifer, grüner Paprika im Duft und Geschmack, diese typischen, steirischen Sauvignonaromen werden von einer kräftigen, anregenden Säure mit jugendlicher Frische abgerundet.
Steirischer Landessieger Sauvignon Blanc 2008

Weingärten o *Vineyards*
6,5 ha (15,6 acres), Lagen: Pössnitz, Gross Karner

Weine o *Wines*
Weißweine: Sauvignon Blanc, Sauvignon Blanc Gross-Karner, Wr, Wb, Mo, Mu, RR, Sä
Edelsüße Weine: Sämling Ausbruch
Rotweine: Zw, CS

Alter der Reben o *Average age of the vines*
3-30 Jahre

Pflanzdichte o *Density of plantation*
3,500 Stöcke/Hektar in Sauvignon Blanc-Anlagen

Hektarerträge o *Average yield per hectar*
Sauvignon Blanc 4.000-4.500 Liter/Hektar

Kellermeister/Önologe o *Winemaker*
Manfred Birnstingl

Besondere Jahrgänge o *Great recent vintages*
2008 Steirischer Landessieger mit Sauvignon Blanc 2007
Steirischer Landessieger mit Sämling Ausbruch 2007
2007 Österreichischer Weinsalon mit Sauvignon Blanc 2006

Ab-Hof-Verkauf o *Sale at the premises*
Ganzjährig, täglich von 10-12, 14-18 Uhr
Ansprechpersonen: Helene und Paula Birnstingl

Weinkellerführung o *Winery guiding tour*
Nach tel. Voranmeldung o By appointment only

Kommentierte Weinkost o *Wine-tasting*
Nach tel. Voranmeldung o By appointment only

Weinverkaufspreise o *Average price*
€ 4,50/9,30

Weitere Produkte o *Further products*
Obstbrände: Maschanzker Apfelbrand, Quitten, Winterbirne, Zwetschke, Kriecherl, Kümmel Weinbrand, Muskateller Traubenbrand, Trersternbrand

Vermarktung der Weine o *Sales*
Ab-Hof-Verkauf und die Gastronomie österreichweit
Exportländer: Deutschland, Schweiz, Holland

Restaurant Weinkarte o *Winelist*
Jägerwirt, Moosmann (Arnfels), Tom am Kochen, Grüne Haube Resch (Leutschach), Koller (Vogau), Zimmermann (Söding), Zum Hirsch (Imst)

Weingut Familie Manfred Birnstingl

A-8463 Leutschach, Pössnitz 88
Tel.: +43(0)3454 63 92
www.birnstingl.at
e-mail: weingut@birnstingl.at

WEINGUT ELSNEGG
ECKBERG, URLKOGEL

Die Weinkönigin als Kellermeisterin

Drei Jahre lang, von 2004 bis 2007, war Regina Elsnegg steirische Weinkönigin und hat als solche Europa bereist, um bei rund 600 Veranstaltungen die Steiermark und deren Weine zu repräsentieren. Dabei hatte sie Gelegenheit, selbst viele Weine zu verkosten und Erfahrungen zu sammeln, die ihr jetzt sowohl in der Kellerarbeit im elterlichen Betrieb, aber auch im Marketing für die eigenen Weine und den Buschenschank zugute kommen. Die fachliche Kompetenz von Regina Elsnegg ist unbestritten. Die Ausbildung in der Weinbauschule Silberberg hat sie mit ausgezeichnetem Erfolg abgeschlossen, im Jahre 2006 wurde sie zur „Jungwinzerin des Jahres" gekürt, und nun ist sie auch noch „Weinbaumeisterin". Die Erfolge ihrer Tochter nehmen Engelbert und Monika Elsnegg nicht ohne Stolz zur Kenntnis. Und daher trägt sie im Weingarten und Keller auch schon die Verantwortung mit.

Das Weingut Elsnegg verfügt über zehn Hektar eigener Rebflächen in den Rieden Urlkogel, Edelbach und Eckberg, allesamt steile Lagen gleich unter dem Haus. Der Aufschwung des Gutes begann nach dem Zweiten Weltkrieg, als Reginas Großvater den Betrieb übernahm und auf Weinbau umstellte. Damals hatte er im Keller lediglich sechs Holzfässer zu je 1.200 Liter, in denen sechs verschiedene Sorten Weißwein lagerten. Ende der 60er-Jahre begann die Neuzeit im Weingut. Da wurden im Keller erstmals Edelstahltanks installiert und zu ebener Erde ein Buschenschank eingerichtet. Als Engelbert Elsnegg 1977 seine „Grundausbildung" im Weinbau in Silberberg absolvierte und 1980 Weinbaumeister wurde, hatte er gleich einmal freie Hand bei der Vinifizierung. „Mein Vater war sehr tolerant und allem Neuen gegenüber sehr aufgeschlossen", sagt Engelbert Elsnegg, „so will ich es auch meiner Tochter Regina gegenüber halten." Wie für ihren Vater hat auch für Regina Elsnegg die Sorte Sauvignon Blanc höchsten Stellenwert im Betrieb. Von dieser Sorte sind ein Hektar Rebfläche in der Paradelage Urlkogel bepflanzt, von wo die Trauben für den Lagenwein kommen. Der Sauvignon Blanc Urlkogel besticht durch seine Fruchtfülle und Dichte. Neben dem Lagenwein wird vom Sauvignon Blanc auch eine Klassik angeboten.

In einem folgt Engelbert Elsnegg dem Vorbild seines Vaters. Er stellt auch hervorragende Obstbrände her und lässt auf Bestellung Früchte in jene Flaschen hineinwachsen, in die später die Brände gefüllt werden.

Sauvignon Blanc Klassik: 12,5%; kräftiger gelber Paprika und Stachelbeerton, würzige Nase, Hauch Estragon, am Gaumen blitzsauber und klar, etwas mineralisch verwoben, wunderschöner Trinkfluss, ausgezeichnet.

Sauvignon Blanc Urlkogel: 13,0%; zarter Johannisbeerton, dichter Schmelz und langer, delikater Abgang.

From wine queen to winemaker

For a period of three years, from 2004 to 2007, Regina Elsnegg was crowned Styrian wine queen and in this capacity she travelled all over Europa to present Styria and the wines of Styria at about 600 events. In doing so she had the opportunity to taste many wines herself and collect the kind of know-how which proved invaluable not only in the wine cellar and in the parental business, but also in the marketing of both, her own wines and the Buschenschank. The technical competence of Regina Elsnegg is indisputable. She finished her studies at the School for Agriculture and Oenology Silberberg with excellence, in 2006 she was voted "best young winemaker of the year" and now she carries the title of a "Weinbaumeisterin" too. Engelbert and Monika Elsnegg are proud of the success of their daughter, and therefore she already shares the responsibility in the vineyards as well as in the wine cellar.

The Elsnegg winery owns over 20 acres of vineyards called Urlkogel, Edelbach, and Eckberg, all of which are steep and start just below the house. The rise of the estate started after World War II, when Regina's grandfather took over the business and changed it to a winery. At that time he had only six wooden barrels of 1.200 litres each in his wine cellar, holding six different varieties of white wine. At the end of the 60s a new era began for the winery. Stainless steel tanks were installed in the wine cellar for the first time and a Buschenschank was built on the ground floor. After Engelbert Elsnegg finished his "basic training" at the School for Agriculture and Oenology Silberberg in 1977 and became "Weinbaumeister" in 1980, he was given a free reign in the vinification of the wines. "My father was very liberal and open to all things new", says Engelbert Elsnegg, "and I want to be the same with my daughter". As with her father, Sauvignon Blanc has the highest status in the business with Regina Elsnegg, too. This variety of grapes was planted in two acres of vineyards in their best location in Urlkogel, from where the grapes for the premium wines come. The Sauvignon Blanc Urlkogel has a distinquished and delicate black currant aroma, is a luxury for the palate and offers a delicate finish. Besides the premium wine there is also a Sauvignon Klassik on offer.

In one aspect Engelbert Elsnegg follows the example of his father. He also produces excellent fruit brandy and on special orders grows fruits inside bottles, which will be filled at a later stage with the adequate brandy.

Fotos: Groce

Traubenernte und Vinifizierung

Sauvignon Blanc: Selektive Handlese von physiologisch reifen Trauben in den Weingärten, nur vormittag 17,5°-18,5°KMW ➤ Rebeln und Maischen in Presse und Maischetank ➤ Maischekontaktzeit 6-8 Stunden ➤ Pressen: sanftes Pressen ➤ Mostklärung: Vorklären des Mostes über Nacht, 12 Stunden ➤ Gekühlte Gärung in Stahltanks bei 16°-17°C ➤ Ausbau: Jungweine in den Tanks, teilweise für 4 Wochen auf der Feinhefe, wöchentliches Aufrühren ➤ 4-5 Monate Reifung in Stahltanks ➤ Betonung von Fruchtaromen ➤ Flaschenfüllung.

Weingärten o *Vineyards*
12 ha (28,8 acres), Lagen: Urlkogel, Eckberg, Edelbach

Weine o *Wines*
Weißweine: Sauvignon Blanc,
Sauvignon Blanc Urlkogel
Wr, Wb, Mo, Mu, Ch, RR, Gb Tr
Edelsüße Weine: Beerenauslesen, Eiswein,
Trockenbeerenauslesen
Rotweine: Zweigelt

Alter der Reben o *Average age of the vines*
5-25 Jahre

Pflanzdichte o *Density of plantation*
3.500 Stöcke/Hektar in den Sauvignon-Weingärten

Hektarerträge o *Average yield per hectar*
Sauvignon Blanc 3.000-4.000 Liter/Hektar

Kellermeister/Önologe o *Winemaker*
Engelbert und Regina Elsnegg

Besondere Jahrgänge o *Great recent vintages*
2007, 2006, 2003, 2001, 2000, 1997

Buschenschank o *Where the winegrower sell*
Ostern-November, Fr, Sa, So ab 14 Uhr geöffnet

Ab-Hof-Verkauf o *Sale at the premises*
Täglich ab 9 Uhr und nach tel. Voranmeldung,
Ansprechperson: Monika, Engelbert und Regina Elsnegg

Kommentierte Weinkost o *Wine-seminar*
Nach tel. Voranmeldung o By appointment only

Weinverkaufspreise o *Average price*
€ 5,40/11,10 • Bankomatkarte

Gästezimmer o *Bed and breakfast*
Urlaub am Weinbauernhof
4 Zimmer - 8 Betten • 4 rooms

Weitere Produkte o *Further products*
Traubensaft, Apfelsaft, Obstbrände, Weinbrände,
Tresternbrand

Vertrieb/Vermarktung der Weine
Ab-Hof-Verkauf, Fachhandel und die Gastronomie
österreichweit
Exportländer: Deutschland

Restaurant Weinkarte o *Winelist*
Corso (Wien), Goldener Hirsch (Salzburg), Schloß Fuschl (Fuschlsee), Wiesler, Landhauskeller (Graz), Golfplatz Mondsee, Wirtshaus Steirereck amPogusch.

Weingut Elsnegg
A-8462 Gamlitz, Eckberg 26
Tel.: +43 (0)3453 4812, Fax: -4
www.elsnegg.at
e-mail: weingut.elsnegg@aon.at

Wir versuchen, das Optimale aus jeder Lage herauszuholen

Zu den meistprämierten Weingütern der Steiermark zählt fraglos jenes von Walter Skoff in Eckberg bei Gamlitz. Die Weine von Walter Skoff, insbesondere seine Sauvignons, finden sich nicht zuletzt als Seriensieger bei der Austrian Wine Challenge, bei der International Wine Challenge in London oder beim Beverage Testing Institute in Chicago. Walter Skoff, der den Betrieb in der vierten Generation führt, hat das Weingut durch seine Philosophie geprägt. Sein Leitsatz „Wein ist Leben, mein Leben ist Wein", drückt die besondere Beziehung zu seinen Weinen aus, die durch ihre einzigartige Kombination aus Frucht und Terroir geprägt sind.

Der Enthusiasmus, mit dem Skoff im Jahre 1984 als 26jähriger den Betrieb von seinem Vater übernahm, hat sich ausgezahlt. Die ursprüngliche eigene Rebfläche von gerade einmal 1,7 Hektar wurde nach und nach auf 40 Hektar ausgeweitet, dazu kommen noch 45 Hektar, die teils gepachtet sind oder von Vertragswinzern bewirtschaftet werden. Bei dieser Größe ist Walter Skoff verständlicherweise froh, dass er mit seinem Sohn Joachim bereits einen Vertreter der fünften Generation zur Seite hat. Der Junior, der sich umfangreiche Erfahrungen bei renommierten Weingütern in Neuseeland, Chile und Südafrika geholt hat und sich zum Barrique-Spezialisten entwickelt hat, setzt ebenso wie sein Vater auf die Besonderheiten der einzelnen Lagen. Für die Beurteilung, welche Klone ideal für einen spezifischen Boden wären, holte er sich auch den Rat externer Spezialisten. Je nach gewollten Weintyp werden im Weingut Skoff heute unterschiedliche Bodenprofile verwendet. Je leichter und primärfruchtiger der Wein sein soll, desto leichter soll der Boden sein, während die Kraft, die Dichte und die Mineralität eher von schwereren Böden kommen müssen. „Wir versuchen auf alle Fälle, das Optimale aus jeder Einzellage herauszuholen."

Der Fokus im Weingut Skoff liegt mittlerweile auf der Sorte Sauvignon Blanc. 25 Hektar der Rebfläche sind mit dieser Sorte bepflanzt. Das Angebot an Skoff-Sauvignons läßt praktisch keine Wünsche offen. Es reicht vom leichten, trinkfreudigen „Classique" über die Lagenweine Hochsulz und Obegg bis hin zum Sauvignon Blanc Royal, für den nur die besten Trauben herangezogen werden. In besonderen Jahren, wie zum Beispiel 2006, schafft Walter Skoff vom Sauvignon Blanc auch eine Trockenbeerenauslese. Weiters im Angebot sind ein Sauvignon-Sekt und der „Skoffignon", eine leichte Cuvée aus Sauvignon Blanc und Welschriesling.

We try to get the best out of every vineyard

One of the most award-winning and therefore prestigious wine producing estates in Styria is without any doubt the one of Walter Skoff in Eckberg near Gamlitz. The wines of Walter Skoff, especially his Sauvignon Blancs, can be found as serial winners at the Austrian Wine Challenge, at the International Wine Challenge in London or at the Beverage Tasting Institute in Chicago. Walter Skoff, whose family has run the business for four generations, has shaped the estate with his philosophy. His motto "Wine is life and my life is wine" shows his special relationship to his wines, which combine a unique mix of fruitiness and terroir. The enthusiasm of the then 26 year-old Skoff, when he took over the business from his father in 1984 has paid off. The original vineyard of just about 3.5 acres was extended to 80 acres bit by bit, on top of that there are 90 acres which are partly leased or are run by contracted wine growers. Managing this kind of estate Walter Skoff is obviously glad to have a representative of the fifth generation of his family in the person of his son Joachim on his side. Skoff Junior, having gathered his enormous experience with renowned wine producers in New Zealand, Chile, and South Africa has become a barriques specialist; just like his father he is counting on the characteristics of their own vineyards. When considering which vine clone is ideal for a specific soil, he has even taken advice from external specialists. Skoff today uses different soil profiles depending on which wine he wants to cultivate. For lighter and primary aromatic wine the soil has to be lighter, while strength, density and minerality are more likely to be the result of heavier soil. "We try to get the best out of any given vineyard."

Now the focus of the Skoff estate is firmly on Sauvignon Blanc wines. 50 acres of all their vineyards consist of this variety. Skoff Sauvignons leave nothing to be desired. His range goes from the mature "Classique" via the premium wines "Hochsulz" and "Obegg" up to the "Sauvignon Blanc Royal" made from the best grapes. In very special years like 2006 Skoff also succeeds in producing Trockenbeerenauslese from Sauvignon Blanc grapes (sweet late harvest wine). Other wines on offer are a Sauvignon Blanc sparkling wine and the "Skoffignon", a light cuvèe blended from Sauvignon Blanc and Welschriesling.

Weingärten o *Vineyards*	**Buschenschank** o *Where the winegrower sell*
40 ha + 45 ha Vertragswinzer (204 acres) Lagen: Hochsulz, Obegg	Mitte März- Ende Nov; Sa, So ab 12 Uhr, Mo, Do ab 14 Uhr, Ruhetage: Di, Mi
Weine o *Wines*	**Ab-Hof-Verkauf** o *Sale by producer*
Weißweine: Sauvignon Blanc Classique, Sauvignon Blanc Hochsulz, Sauvignon Blanc Obegg, Royal Sauvignon Blanc Skoffignon, Wr, Mu, Wb, Ch, Gb, Tr	Täglich 9-18 Uhr o Daily from 9 am-6 pm Ansprechperson: Christian Frauwallner
Edelsüße Weine: Sauvignon Blanc Trockenbeeren- auslese, Riesling BA, Morillon TBA	**Weinverkaufspreise** o *Average price*
Rotweine: Zweigelt	€ 5,60/26,- o Visa, Mastercard, Bankomatkarte
Stockdichte o *Density of plantation*	**Weinseminare** o *Wine-seminar*
4,000 Stöcke/Hektar in Sauvignon Blanc-Anlagen	Nach tel. Voranmeldung o By appointment only
Alter der Reben o *Average age of the vines*	**Kellerführung** o *Visiting policy*
5-10 Jahre	Nach tel. Voranmeldung o By appointment only
Hektarerträge o *Average yields*	**Weitere Produkte** o *Other products*
Sauvignon Blanc Classic 4.000-5.000 Liter/Hektar, Sauvignon Blanc Lagen unter 3.000 Liter/Hektar	Tresterbrände: Sauvignon Blanc, Muskateller Obstbrände: Williams, Golden Delicious, Zwetschke, Kriecherl, Nuss-Likör, Weichsel-Kirsch
Kellermeister/Önologe o *Winemaker*	Sekt: Sauvignon Blanc Brut, Mousseaux de Luxe
Walter und Joachim Skoff	**Vertrieb/Vermarktung der Weine**
Besondere Jahrgänge o *Great recent vintages*	Ab-Hof-Verkauf, Fachhandel, Lebensmittelhandel, Vinotheken und die Gastronomie österreichweit
2007, 2006, 2004, 2003, 2002, 2001, 2000, 1997	Exportländer: Deutschland, Schweiz, England,
2004: Österr. Weinsalon mit Sauvignon Blanc Hochsulz 2003	Schweden, Niederlande, Südtirol, USA, Russland,
2001: Österr. Weinsalon mit Sauvignon Blanc 2000	Georgien, Emirates
2007: Austria Wine Challenge, Gold Sauvignon Blanc Royal 2005	**Restaurant Weinkarte** o *Winelist*
Austria Wine Challenge, Gold Weissburgunder 2006 Austria Wine Challenge, Gold Grauburgunder 2006 Austria Wine Challenge, Gold Sauvignon Blanc Obegg 05 Decanter World Wine Awards, London: Gold Sauvignon Blanc Classique 2006	Obauer, Steirereck, Meinl am Graben (Wien), Steirer- eck am Pogusch und die Gastronomie österreichweit

Weingut Walter Skoff
A-8462 Gamlitz, Eckberg 16
Tel.: +43 (0)3453 42 43, Fax: DW 17
e-mail: weingut@skoff.at
www.skoff.com

MELCHER SCHLOSS GAMLITZ: SONNECK

Erbe der Väter weiterentwickeln

Das Schloss Gamlitz, dessen Geschichte bis ins Jahr 1131 zurückreicht und seit Beginn des vorigen Jahrhunderts im Besitz der Familie Melcher steht, ist mit der Geschichte des steirischen Weines untrennbar verbunden. Hier hat sich Siegfried „Fritz" Melcher als Weinbaupionier einen guten Namen gemacht, hier wurden schon 1942 in der Ried Sonneck Sauvignon Blanc Reben gepflanzt, hier fand im Jahre 1990 die Steirische Landesausstellung zum Thema Wein statt, und hier führt nun Weinbaumeister Arnold Melcher das Erbe seiner Väter fort. „Als ich 1993 die Verantwortung über das Weingut übernahm, hatten wir im Weingarten zwölf verschiedene Sorten stehen", sagt Arnold Melcher, „die habe ich auf die drei Sorten Chardonnay, Sauvignon Blanc und Muskateller reduziert". Heute bewirtschaftet Melcher zwölf Hektar Rebflächen, wovon allein dem Sauvignon 4,5 Hektar vorbehalten sind. Diese Sorte liegt Arnold Melcher besonders am Herzen. „Ich will das Ideengut von Vater und Großvater weiterführen, die schon zu ihrer Zeit die Bedeutung dieser Sorte für unsere Region erkannt haben." Vom Sauvignon keltert Melcher einen klassischen Wein, den er, weil er ja Weinbaumeister ist, „Maestro" nennt. Dazu kommen noch zwei Barriques, die aus „jungen Reben" bzw. „alten Reben" vinifiziert werden. In besonders guten Jahrgängen, wie etwa 2003, gelingen auch Trockenbeerenauslesen. Die Ausbeute war damals recht gering. Aus den Trauben von einem Hektar wurden gerade einmal 600 Liter gewonnen. Als die Trauben gelesen wurden, war auch das Fernsehen dabei. Was die Zukunft betrifft, hat Arnold Melcher klare Vorstellungen: „Ich will versuchen, den Einfluss des Bodens noch mehr zum Ausdruck zu bringen."

Das Schloß Gamlitz hat aber nicht nur als Heimstätte des Weingutes einen guten Namen. Sozusagen als Erbstück der Landesausstellung von 1990 befindet sich dort ein überaus informatives Weinbaumuseum. Darüberhinaus entwickelte sich das Schloss zu einem kulturellen Zentrum, in dem Arnolds Mutter Jolanda regelmäßig Kunstausstellungen organisiert. Im wunderschönen Schlossensemble stehen für Feste und Feiern verschieden große Räumlichkeiten mit Platz bis zu 250 Personen zur Verfügung, und wenn man der Statistik Glauben schenken darf, halten im Schloss abgehaltene Trauungen besonders lange. Abgerundet wird das Angebot auf Schloss Gamlitz durch ein Restaurant, für Übernachtungen wurden 15 stimmungsvolle Gästezimmer eingerichtet.

Sauvignon Blanc: 12,5%; Die kräftigen Stachelbeeraromen umschmeicheln den Koster, ein Hauch von Grapefruit und frischen Kräutern finden sich im Duft. Am Gaumen etwas mineralisch, mit viel Frucht, trinkanimierend, ausgezeichnet.

Sauvignon Blanc Maestro-Grande: 14,0%; Im Duft intensive Stachelbeeren und vollreifer, gelber Paprika, sehr mineralisch, von präziser Textur. Am Gaumen komplex, die kräftigen Stachelbeeraromen finden sich sehr stark, sehr finessenreich und vor allem Trinkfreudig.

Developing the legacy of the forefathers

Gamlitz Castle, the history of which goes back to 1131 and which the Melcher family has owned since the beginning of the last century, is inseparably linked to the history of Styrian wine. Here Siegfried "Fritz" Melcher made his name as a pioneer amongst wine growers, here in the vineyard Sonneck, Sauvignon Blanc vines were planted as early as 1942, here they held the Styrian County Exhibition of Wine (Steirische Landesausstellung zum Thema Wein) in 1990 and here again the wine producer Arnold Melcher is continuing the legacy of his forefathers. "When I took on the responsibility over the winery in 1993, there were 12 different varieties of vines in our vineyard", says Arnold Melcher, "I reduced them to three varieties which are Chardonnay, Sauvignon Blanc and Muscat". Today Melcher administers twenty-four acres of vineyards, of which 9 acres are for Sauvignon plants only. This variety is especially close to Arnold Melchers heart. "I want to continue building on the ideas of my father and my grandfather, who recognized the importance of this variety for our region even in their time." Melcher produces one Sauvignon wine as "Klassisch" and calls it "Maestro" as he himself has a degree in wine making which makes him a "Weinbaumeister" – a maestro in wine making or a master of wine production. Furthermore there are two barriques, one vinified from "young vines", the other from "old vines".

In especially good years, like 2003 for example, he also succeeds in Trockenbeerenauslesen. The yield that year was rather small. The grapes of 2 acres of vineyards resulted in just about 600 litres of wine. At the harvest of the grapes TV was also present. As far as the future is concerned Melcher has clear perceptions: "I want to try to bring out the influence of the terroir even more."

But Gamlitz Castle is not only known as the home of an excellent winery. Quasi as a leftover heirloom of the county exhibition (Landesausstellung) of 1990 there is also a highly informative wine-growing museum. On top of that the castle has developed into a cultural centre, in which Arnold's mother Jolanda organises art exhibitions on a regular basis. In the extremely beautiful ensemble of the castle there are a variety of different-sized rooms available holding up to 250 people for all kinds of celebrations festivities and functions, and if one is to believe the statistics, couples getting married in the castle have a greater chance of a long and happy marriage. To round it off, Gamlitz Castle offers also a restaurant and 15 beautiful guest rooms to stay the night.

Weingärten o *Vineyards*

4 ha (9,6 acres) und 8 ha (19,6 acres) Traubenzukauf, Lagen: Sonneck

Weine o *Wines*

Weißweine: Sauvignon Blanc, Sauvignon Blanc Maestro-Grande, Sauvignon Blanc Junge Reben, Sauvignon Blanc Alte Reben
Mu, Wb, Ch, Mo
Roseweine: Schubert Schilcher
Edelsüße Weine: Sauvignon Blanc Trockenbeerenauslese
Rotweine: Zweigelt

Alter der Reben o *Average age of the vines*

6-66 Jahre

Pflanzdichte o *Density of plantation*

5.500 Stöcke/Hektar in Sauvignon Blanc-Anlagen

Hektarerträge o *Average yield per hectar*

Sauvignon Blanc 4.500-5.000 Liter/Hektar
Sauvignon Blanc Alte Reben 2.500 Liter/Hektar

Kommentierte Weinkost o *Wine-seminar*

Nach tel. Voranmeldung o *By appointment only*

Kellerführung o *Visiting policy*

Nach tel. Voranmeldung o *By appointment only*

Kellermeister/Önologe o *Winemaker*

Arnold Melcher

Besondere Jahrgänge o *Great recent vintages*

2007, 2006, 2003, 2002, 2001, 2000, 1997, 1996, 1993. Siehe Steirische Sauvignon Blanc Jahrgänge Seite 67

Restaurant, Gasthof o *Restaurant*

15. März-20.Dez, täglich von 9-22 Uhr geöffnet
Veranstaltungen: Summertime Blues
Hochzeiten im Schloß Gamlitz

Ab-Hof-Verkauf o *Sale at the premises*

Täglich ab 9 Uhr o Daily from 9 am
Ansprechpersonen: Familie Melcher

Weinverkaufspreise o *Average price*

€ 6,–/23,– • Visa, Mastercard, Bankomatkarte

Weitere Produkte o *Further products*

Frizzante vom Schilcher, Sekt Sauvignon Blanc, Sekt Muskateller
Obstbrände: Kriecherl, Tresterbrände

Gästezimmer o *Bed and breakfast*

15 Zimmer - 33 Betten • 15 apartments

Vertrieb/Vermarktung der Weine

Ab-Hof-Verkauf, Fachhandel, Vinotheken und die Gastronomie österreichweit
Exportländer: Deutschland, Japan, Namibia, Südwestafrika

Restaurant Weinkarte o *Winelist*

Steirereck am Pogusch, alle steirischen Weingsthöfe

Weingut Melcher, Schloss Gamlitz
A-8462 Gamlitz, Eckbergstraße 32
Tel.: +43 (0)3453 23 63, Fax: 45 50
www.melcher.at
e-mail: weingut@melcher.at

MUSTER-GAMLITZ
GRUBTHAL, MARIENWEINGARTEN

Weinbau ist kein Designerwettbewerb

Seit dem Jahr 2002 ist Reinhard Muster verantwortlich für die Kellerarbeit im elterlichen Weingut Muster.gamlitz in Grubthal. Der Betrieb verarbeitet die Reben aus 25 Hektar Weingärten in den Lagen „Grubthal", „Mariengarten", „Rieglbauer", „Schusterleit´n" und auf dem „Schlossberger Sonnegg", wobei auf letzterer fast nur Sauvignon Blanc steht. Diese Sorte scheint dem Silberbergabsolventen und Weinakademiker Reinhard Muster ein besonderes Anliegen zu sein. Schließlich hat er seine Diplomarbeit der Rebsorte Sauvignon Blanc gewidmet. Die Arbeit im Weingut ist zweigeteilt. Reinhard Musters Vater Josef sorgt im Weingarten dafür, dass nur erstklassige Trauben in den Keller kommen, wo der Junior daraus Weine in drei unterschiedlichen Linien keltert. Das gilt auch für den Sauvignon Blanc. Die Klassik ist wie üblich ein frischer, fruchtiger Wein, der im Stahltank ausgebaut wird. Die „Reverenz" ist eine ständige Selektion des Guten, reift im großen Eichenfass und soll vor allem, anders als bei den Lagenweinen, den Jahrgang charakterisieren. Der Lagenwein Sauvignon Blanc Grubthal wird nur in den besten Jahren aus handverlesenem Traubengut höchster Reife vinifiziert und in kleinen, neuen Eichenfässern vergoren und ausgebaut. Zusammen ergibt das den terroirgeprägten „Sauvignon Blanc Grubthal". Josef und Reinhard Muster arbeiten in ihrem Betrieb ausgesprochen umweltbewußt. „Wir wollen die Natur nicht belasten und ausbeuten. Die Düngung erfolgt ausschließlich durch die Rückeinbringung von Traubenrückständen", sagt Reinhard Muster, der im Jahre 2004 ein neues Presshaus errichten ließ. Dabei stand die Funktionalität im Vordergrund. Die Barriques lagern nun in jenem kleinen Keller, in dem in den 80er-Jahren alles begann. „Weinbau ist Handwerk und kein Designerwettbewerb", sagt Muster, der zwar noch Wachstumspotential für sein Weingut sieht, aber auch künftig dafür sorgen will, dass seine Weine auch seine Handschrift tragen.

Neben dem Weingut Muster.gamlitz wird auch das Weingut Muster und Dreisiebner, der traditionelle Teil des Betriebes, mitbetreut. Mit diesen beiden gleich wichtigen und gleichwertigen Marken ist es Reinhard Muster möglich, verschiedene Vermarktungskanäle zu beliefern. „Unser Ziel ist, einen Spitzenplatz unter den österreichischen Topproduzenten einzunehmen und damit die zentraleuropäische Weinlandschaft mitzugestalten", sagt Muster, der seine Weine aber auch nach Übersee, etwa nach China, Taiwan oder die USA exportiert.

Sauvignon Blanc Grubthal: 14,5%; Im Duft Gewürznoten und süße Röstaromen, am Gaumen gelbe Früchte und roter Paprika, sehr mineralisch, elegant. Mit einer eleganten Säurestruktur ausgestattet.

Sauvignon Blanc Reverenz: 13,0%; Ein kräftiger Cassiston, der von einer grasigen Note unterlegt ist, strömt aus dem Glas. Am Gaumen frisch und saftig, leicht mineralisch anmutend und mit viel Sauvignon-Rasse.

Wine making is no designer competition

Since 2002 Reinhard Muster carries the responsibility for the work in the wine cellar of the parental winery Muster.gamlitz in Grubtal. The estate processes the grapes of 50 acres of vineyards situated in "Grubthal", "Mariengarten", "Rieglbauer", "Schusterleit´n" and on the "Schlossberger Sonnegg", whereby nearly all of the last one consists of Sauvignon Blanc vines. This variety seems to be a special concern for the Silberberg graduate and wine academic Reinhard Muster. After all he did dedicate his diploma thesis to the vines of Sauvignon Blanc. The work in the vineyards has two parts. Reinhard Musters father Josef makes sure only first class grapes come into the wine cellar, where the junior produces three different lines of wines. The same goes for Sauvignon Blanc. The "Klassik" is as usual a fresh and fruity wine fermented in stainless steel tanks. The "Reverenz" is a continuous selection of the best grapes, matures in big oak barrels and is different to the premium wines insofar as it is supposed to characterise the vintage The premium "Sauvignon Blanc Grubthal" is only produced in special years from handpicked highly mature grapes and is fermented in new oak barrels, which results in the "Sauvignon Blanc Grubthal" being highly characterized by the terroir.

Josef and Reinhard Muster are absolutely conservation minded when working in their winery. "We don't want to strain and exploit nature. Fertilising is done exclusively by recycling any residues of grape processing and wine production", says Reinhard Muster, who had a new press house built in 2004. Functionality was the main aspect. The barriques are now in that small cellar where everything started in the 80s. "Weinbau is a craft and not a designer competition", says Muster, who sees potential for his winery to grow, but wants to make sure his wines carry the signature of his personal touch in the future.

The traditional part of the business, the winery Muster & Dreisiebner, is administered as well, besides the winery Muster.gamlitz. With these two equal and equally important wines it is possible for Reinhard Muster to target different marketing channels. "Our aim is to gain a top spot among Austrias wine producers and thus participate in the design of the central European wine landscape", says Muster, who nonetheless also exports his wines to China, Taiwan and the USA.

Traubenernte und Vinifizierung

Sauvignon Blanc Grubthal: Die 4. Selektion einer Lese von Trauben ab 20°KMW ➤ Rebeln und Maischen in der Presse oder Maischetank ➤ Maischekontaktzeit 8-12 Stunden ➤ Pressen: schonendes Pressen mit wenig Druck <1,2 bar, Seihmost und Pressmost gemeinsam ➤ Mostklärung: Gekühltes Klären des Mostes 24-36 Stunden ➤ Abziehen des klaren Mostes und Gärung in neuen 225-l-Barriques, Gärstart mit Spontangärung ➤ Ausbau: in den Barriques ➤ nach dem Gärende abziehen von der Grobhefe ➤ mit der Feinhefe zurück in die Barriques ➤ Aufrühren der Feinhefe zu Beginn alle 14 Tage ➤ 18 Monate Reifung, Betonung von Sekundäraromen, Lagencharakteristik ➤ Klarfiltration und Flaschenfüllung.

Weingärten o *Vineyards*
14 ha (33,6 acres), Lagen: Grubthal, Schloßberger Sonnegg, Marienweingarten

Weine o *Wines*
Weißweine: Sauvignon Blanc klassik, Sauvignon Blanc Reverenz, Sauvignon Blanc Grubthal
Wr, Wb, Ch, Sä, Mu
Edelsüße Weine: Beerenauslese, Eiswein

Alter der Reben o *Average age of the vines*
3-32 Jahre

Pflanzdichte o *Density of plantation*
3.400 Stöcke/Hektar in Sauvignon Blanc-Anlagen

Hektarerträge o *Average yield per hectar*
Sauvignon Blanc 3.500-4.500 Liter/Hektar

Kellermeister/Önologe o *Winemaker*
Reinhard Muster, Josef Muster

Besondere Jahrgänge o *Great recent vintages*
2007, 2006, 2005, 2000, 1997

Buschenschank o *Where the winegrower sell*
März-Nov, Mi-Sa 10-22 Uhr geöffnet, So, Mo, Di Ruhetag

Ab-Hof-Verkauf o *Sale at the premises*
Täglich 8-18 Uhr o Daily 8 am-6pm
Ansprechpersonen: Johanna Muster

KommentierteWeinskost o *Wine-seminar*
Nach tel. Voranmeldung o By appointment only

Weinverkaufspreise o *Average price*
€ 5,40/34,- • Visa, Mastercard, Bankomatkarte

Weitere Produkte o *Further products*
Sekt „spring", Edelbrände: Sigarro, Alter Krieche, Williams, Marille, Pfirsich, Quitte, Johannisbeere, Holunder, Himbeere, Erdbeere, Zwetschke

Vertrieb/Vermarktung der Weine
Ab-Hof-Verkauf, Fachhandel und die Gastronomie österreichweit,
Exportländer: Deutschland, Schweiz, USA, Taiwan, China (Shanghai),

Restaurant Weinkarte o *Winelist*
Steiereck, Plachutta, Fabius (Wien), Pfefferschiff, Zum Buberlgut (Salzburg), Vogelkäfig (OÖ)

Weingut Muster.gamlitz
A-8462 Gamlitz, Grubtal 14
Tel.: +43 (0)3453 2300, Fax: 2300-4
www.muster-gamlitz.at
e-mail: weingut@muster-gamlitz

Einen Wein zu trinken löst in mir ein Bild aus

Die Sorte Sauvignon Blanc hat im Weingut Sattlerhof in Sernau bereits eine lange Tradition. Schon um 1900 wurde diese Sorte dort ausgepflanzt. Damals betrug der Stockabstand aber gerade einmal 80 Zentimeter, da musste man das Gras zwischen den Rebstöcken noch mit der Sichel mähen. Wilhelm Sattler, der Vater des jetzigen Gutsherrn Willi Sattler, ließ schließlich jede zweite Reihe roden, um Platz für einen Maschineneinsatz zu gewinnen. Der Sauvignon, der damals noch als Muskat-Sylvaner bezeichnet wurde, wurde zunächst ausschließlich in Doppelliterflaschen gefüllt. Den Durchbruch schaffte Sattler mit dem Muskat-Sylvaner Ende der 70er-Jahre, als der Tiroler Weingroßhändler Gottardi diesen Wein in sein Programm aufnahm.

Das Interesse an dieser Sorte war für Willi Sattler, der seit 1981 für die Weinbereitung zuständig ist und das Gut gemeinsam mit seiner Frau Maria führt, Grund genug, sich vermehrt dem Sauvignon Blanc zuzuwenden und in geeigneten Lagen neu auszupflanzen. Heute beträgt der Sauvignon-Anteil an der Gesamtrebfläche bereits 60 Prozent.

Die besten Lagen des Weinguts sind der Sernauberg, Kranachberg und der Pfarrweingarten. Der Sernauberg ist eine Südost-Kessellage mit extrem steilen Hängen aus Korallengestein mit schottriger, lehmiger und sandiger Auflage. Der Kranachberg erstreckt sich zwischen Gamlitz und Leutschach und erreicht eine Seehöhe bis zu 580 Meter. Dort wachsen die Reben auf tertiären Sandböden mit Muschelkalk und Hellglimmer. Der Pfarrweingarten ist eine kleine, nach Süden ausgerichtete Kessellage, die ausschließlich vom Sattlerhof bewirtschaftet wird. Dieser Weingarten weist auf einer Höhe zwischen 310 und 370 Metern einen lehmigen Sandboden mit Korallenuntergrund auf.

In der Weinbereitung geht Willi Sattler seinen Weg absolut geradlinig. Weingartenmanagement und Kellerarbeit erledigt er in Personalunion. „Ich will den Wein vom Rebstock bis zur Flasche begleiten", sagt Sattler, der seinen Sauvignon sowohl als „Steirische Klassik" als auch als Lagenwein keltert. „Weintrinken löst in mir ein Bild aus. Ich spüre dabei die Landschaft und das Klima."

Der Sattlerhof ist aber nicht nur ein „Wallfahrtsort" für Weingenießer, sondern auch auch eine erste Adresse für Gourmets geworden. Neben dem Weingut steht das Genießer Hotel Sattlerhof, in dem Chefkoch Hannes Sattler Küchenköstlichkeiten auf den Teller bringt. Zwei Hauben im Gault Millau sprechen für sich.

Drinking wine gives me a vision

Sauvignon Blanc has a long tradition in the estate Sattlerhof in Gamlitz, Sernau. This variety was planted there already in 1900. Then the distance between the rows of vines was just about 80 centimetres, and the grass between the vines had to be cut with a sickle. Wilhelm Sattler sen., father of the current owner Willi Sattler, had every other row cleared in order to gain space for using machinery. Sauvignon Blanc, in those days known as Muskat-Sylvaner, was exclusively produced in two litre bottles. The big break for Sattler wines came with the Muskat-Sylvaner at the end of the 70's, when Tyrolean wholesale wine dealer Gottardi startet selling this wine.

The interest in this wine was reason enough for Willi Sattler, who is responsible for the wine production since 1981 and who runs the estate together with his wife Maria, to concentrate on Sauvignon Blanc and plant more of these vines in suitable terrain. Today Sauvignon Blanc makes up 60 percent of all his vineyards.

The best vineyards of this producer are Sernauberg, Kranachberg and Pfarrweingarten. Sernauberg is a south-eastern basin with extremely steep slopes consisting of soil made up of gravel, clay and sand over a core of coral rock. Kranachberg vineyard extends between Gamlitz and Leutschach and lies up to 580 metres above sea level. There the vines grow on tertiary sandy soil mixed with shell limestone. Pfarrweingarten is a small vineyard in a basin facing south, which is cultivated exclusively from Sattlerhof by Willy Sattler. This vineyard lying 310 and 370 metres above sea level consists of soil made up of clay and sand over a coral base.

In his wine production Willi Sattler stays on the straight and narrow. He is vineyard manager as well as wine maker. „I like to escort my wine from the grapevine to the bottle", says Sattler, who produces his Sauvignon Blanc as „Steirische Klassik" wine, as well as Premium wines. „Drinking wine gives me a vision. I can feel the terroir of growing grapes."

Sattlerhof is not only a place of „pilgrimage" for connoiseurs of wine, but also a top address for gourmets, as his brother Hannes Sattler runs the top hotel and restaurant Sattlerhof as patron and chef.

Weingärten o *Vineyards*
32 ha + 10 ha Vertragswinzer (100 acres),
Lagen: Kranachberg, Sernauberg, Pfarrweingarten

Weine o *Wines*
Weißweine: Sauvignon Blanc Sernauberg, Sauvignon Blanc Kranachberg, Sauvignon Blanc Pfarrweingarten, Sauvignon Blanc Privat
Wr, Mu, Mo, Wb, Gb
Edelsüße Weine: Sauvignon Blanc TBA
Rotweine: Zweigelt

Alter der Reben o *Average age of the vines*
5-20 Jahre

Pflanzdichte o *Density of plantation*
4.300 Stöcke/Hektar in Sauvignon Blanc-Anlagen

Hektarerträge o *Average yield per hectar*
Sauvignon Blanc 3.500-4.000 Liter/Hektar

Weinseminare o *Wine-seminar*
Nach tel. Voranmeldung o By appointment only

Kellerführung o *Visiting policy*
Nach tel. Voranmeldung o By appointment only

Kellermeister/Önologe o *Winemaker*
Willi Sattler

Besondere Jahrgänge o *Great recent vintages*
2007, 2006, 2004, 2003, 2002, 2001, 2000, 1997
Falstaff Weinguide 2008/2009:
Sauvignon Blanc Kranachberg 2007, 92-94 Punkte
Sauvignon Blanc Pfarrweingarten 2007, 90-92 Punkte
Sauvignon Blanc Sernauberg 2007, 90 Punkte
Sauvignon Blanc TBA 2006, 94-96 Punkte

Restaurant Sattlerhof
Geniesserrestaurant: Küche 18-21 Uhr, So, Mo Ruhetag
Wirtshaus Mi-So, 12-17 Uhr, Mo, Di Ruhetag

Ab-Hof-Verkauf o *Sale by producer*
Mo-Sa 10-19 Uhr, nach telefonischer Voranmeldung
Ansprechperson: Maria und Willi Sattler

Weinverkaufspreise o *Average price*
€ 5,70/25,- • Visa, Mastercard, Bankomatkarte

Weitere Produkte o *Other products*
Trebernbrände von Sauvignon und Muskateller, Kürbiskernöl, Rotwein- und Süßweinessig (gemeinsam mit Gölles)

Vertrieb/Vermarktung der Weine
Ab-Hof-Verkauf, Fachhandel, Vinotheken und die Gastronomie österreichweit
Exportländer: Deutschland, Schweiz, USA, England, Schweden und in fast jedes EU-Land

Restaurant Weinkarte o *Winelist*
Steirereck (Wien) und Steirereck Pogusch, Palais Coburg, Meinl am Graben, Schwarzes Kameel (Wien), Taubenkobel (Schützen/Gebirge), Steirereck am Pogusch, Vinofaktur (Vogau und Graz) und fast die gesamte Gastronomie Österreichs mit Weinkultur.

Weingut Sattlerhof
A-8462 Gamlitz, Sernau 2
Tel.: +43 (0)3453 25 56, Fax: 5732
e-mail: weingut@sattlerhof.at
www.sattlerhof.at

Sattlerhof, Gamlitz: Land für Geniesser

Es ist längst kein Geheimnis mehr, dass die Steiermark ein Land für Genießer ist. Das betrifft nicht nur die steirischen Weine, sondern auch die Küchenköstlichkeiten, die in den Restaurants und Gaststätten bereitet werden. Es ist schon bemerkenswert, dass sich gerade in der Weingegend eine Fülle von Feinschmecker-Lokalen findet, die mit einer oder mehreren Hauben ausgezeichnet sind. Eines dieser Gourmet-Häuser ist das Genießerhotel und Weingut Sattlerhof in Sernau, das sowohl ein klassisches Wirtshaus, als auch ein exquisites Restaurant birgt. Küchenchef Hannes Sattler hat das Gut binnen weniger Jahre zu einer

der kulinarisch interessantesten Adressen an der südsteirischen Weinstraße gemacht. Er eröffnete das Restaurant nach beruflichen Stationen in der Gastronomie in Kärnten, Stockholm, der Schweiz, den USA und auf den Bermudas im Jahre 1990 und wurde bereits im ersten Jahr mit einer Gault-Millau-Haube ausgezeichnet, die er bis heute ohne Unterbrechung hält. Aktuell, im Guide 2008, firmiert er mit zwei Hauben.

Das im gemütlichen Landhausstil gestaltete Abendrestaurant gilt mit seinen fantasievollen Küchenkreationen längst als steirischer Paradebetrieb. Die stimmungsvolle Panorama-Holzveranda bildet den richtigen Rahmen für Gerichte, die steirische Bodenhaftung mit extravagantem Esprit vereinen. Untertags speisen die Gäste im Wirtshaus mit Weingartenterrasse, wo in unkomplizierter Atmosphäre köstliche Tellergerichte und Spitzenweine auch glasweise geboten werden.

Die Küchen-Philosophie von Hannes Sattler scheint auf den ersten Blick simpel: „Bei meinem Gerichten steht der Geschmack im Vordergrund, auf dem Teller verzichte ich bewußt auf Showeffekte". Er verwendet regionalbezogene gesunde Produkte und bezieht beispielsweise das Gemüse von Biobauern.

Küchenchef Hannes Sattler verwendet bei seinen Gerichten aber auch die Energetik heimischer Heilkräuter und bietet ein spezielles „Lebenskraft Menü" an. Das Lebenskraft-Menü besteht aus „Carpaccio von Topinambur mit Wildkräutersalat", „Klare Pastinakensuppe mit Ingwer und Kerbel", „Tascherl vom Dinkel mit roten Rüben und Kren im Kräuterfond", Rollgerstlrisotto mit gebratenem Fenchel und Ofentomaten", kombinierbar mit Fisch oder Fleisch, sowie „Buttermilchmousse auf Ananas-Carpaccio mit Pina-Colada Sorbet". Die dafür verwendeten Kräuter stammen entweder aus Wildsammlungen oder biologischem Anbau.

Zum Sattlerhof gehören auch fünf Naturholz-Hotelzimmer im Hauptgebäude, im kleinen, eleganten Landhaus, das architektonisch behutsam in das Gesamtensemble integriert wurde, gewähren sechs exquisite Zimmer und drei Suiten erstklassige Wohnqualität und eine herrliche Aussicht in die hügelige Landschaft.

Land for connoisseurs

It is no secret any longer, that Styria is a land for connoisseurs. That is not only the case with Styrian wine, but also with culinary delicacies prepared in restaurants and taverns. It is remarkable that a considerable number of excellent gourmet restaurants are found exactly in the winegrowing areas. One of these gourmet-houses is the connoisseur hotel and winery Sattlerhof in Sernau, which, besides being a classic inn is also an exquisite restaurant. Chef Hannes Sattler succeeded in a short period of time in making this estate into one of the most interesting culinary addresses along the South Styrian Wine Road (Südsteirische Weinstraße). He opened the restaurant in 1990 after gastronomic stints in Kärnten, Stockholm, Switzerland, the USA and the Bermuda Islands and was honoured already in his first year with a Gault-Millautoque, an award he has been able to hang on to until today without interruption. In the Guide 2008, he is actually included with 2 Gault-Millau-toques.

The evening restaurant, fashioned in a comfortable country house style with its imaginative culinary creations has been rated as one of Styria's leading-edge enterprises for quite some time. The ambience and the panorama supplied by the wooden veranda add the right frame for dishes that combine Styrian tradition with extravagant esprit. During the day guests eat at the inn with the vineyard terrace, where delicious meals and first-class wines are offered in an uncomplicated atmosphere.

At first glance the culinary philosophy of Hannes Sattler seems quite simple: "With my dishes I put the emphasis on taste, for the food on the plates I deliberately abandon showy effects." He uses healthy regional products and acquires his vegetables, for example, from organic farmers.

Chef Hannes Sattler also employs the energy of regional medicinal herbs within his dishes and has a special "Life force menu" ("Lebenskraft Menü") on offer. The "Life force menu" consists of "Carpaccio of topinambur with wild herb salad", "Clear parsnip soup with ginger and chervil", "Spelt pockets (Tascherl vom Dinkel) with red beets and horseradish in herb-stock", "Rolled barley-risotto (Rollgerstl-Risotto) with fried fennel and oven tomatoes", combinable with fish or meat, as well as "Butter milk mousse on pineapple carpaccio with Pina-Colada Sorbet". The herbs he uses are either collected in the wild or organically grown.

The main building of the Sattlerhof also includes five attractive hotel rooms furnished in natural wood; in the small, elegant country house, which has been integrated carefully into the architecture of the whole ensemble, six exquisite rooms and three suites offer first-class living quality and a stunning view of the landscape with the hills.

KRENSUPPE
MIT ROTE-RÜBEN-ERDÄPFELNOCKERL

Krensuppe mit Rote Rüben-Erdäpfelnockerl

Zutaten für 4 Portionen

1/2 l **Schweinsfond**, 1/8 l **Obers**, 2 geschälte **Zwiebel**, 2 **Knoblauchzehen**, **Salz**, **Pfeffer**, **Muskatnuss** und etwas **Essig** zum Würzen, frisch gerissener **Kren**, **Pflanzenöl** zum Anschwitzen.

Zubereitung: Zwiebel fein schneiden, in Pflanzenöl anschwitzen ohne Farbe nehmen zu lassen, Knoblauch hineinpressen, etwas Essig dazugeben, mit Fond aufgießen und 10 Minuten leicht kochen lassen. Obers dazugeben. Mit Salz, Pfeffer und Muskatnuss würzen, mixen und Kren dazugeben. Sofort passieren und anrichten.

Rote Rüben-Erdäpfelnockerl

400 g **Erdäpfel** (mehlig), 100 g **Weizenmehl**, 30 g rote **Rübenpüree**, 30 g **Butter**, Salz.

Zubereitung: Die Erdäpfel schälen und zugedeckt in wenig Salzwasser, im Dampf garen. Danach im offenen Rohr bei 100°C auf einen Blech ausdampfen lassen. Durch die Erdäpfelpresse drücken und dann mit den restlichen Zutaten zu einer glatten Masse verarbeiten. Zugabe von Mehl hängt von der Mehligkeit der Erdäpfel ab.

Masse zu 3 cm dicken Stange förmen und davon ein cm breite Nockerl abstechen. Im kochenden Salzwasser einige Minuten garen.

Horseradish Soup with Beetroot Potato Pasta

Ingredients for approx. 4 servings

*1/2 l **pork stock**, 1/8 l **cream**, 2 **peeled onions**, 2 **cloves of garlic, salt, pepper, nutmeg** and some **vinegar** for flavouring, freshly "ripped out" **horseradish**, **vegetable oil** for sweating (the onions).*

Preparation: Cut the onion into fine slices, place them in hot vegetable oil and sweat them without browning them. Press in some garlic, add vinegar, pour in the stock and let it simmer for 10 minutes. Add the cream. Season with salt, pepper and nutmeg, mix and add the horseradish. Strain immediately and serve.

Red beets and potato dumplings

*400 g **potatoes** (floury), 100 g **wheat flour**, 30 g **red beet puree**, 30 g **butter, salt**.*

Preparation: Peel the potatoes and cook (steam) them in slightly salted water in a covered pot. Consequently place the potatoes on a metal tray and put them in the oven leaving the oven door open. Let them "steam off" at a temperature of 100°C. Squash the potatoes through a potato press and mix the mash into a smooth mass with the rest of the ingredients. The addition of flour is dependant on how floury the potatoes are.

This mass has to be formed into a 3 cm thick stick, from which 1 cm wide dumplings are cut off. Simmer in boiling, slightly salted water for a few minutes.

Sattlerhof – Gamlitz

ZANDERFILET
MIT SENF-POLENTA-KRUSTE
AUF KÜRBISGEMÜSE

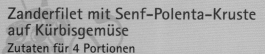

Zanderfilet mit Senf-Polenta-Kruste auf Kürbisgemüse

Zutaten für 4 Portionen

2 **Zanderfilet** à 150 g, Salz, weißer **Pfeffer** aus der Mühle, 2 EL **Dijonsenf**, 60 g **Polenta** (Sterzmehl), **Pflanzenöl**.

Zubereitung: Zanderfilet mit Wasser reinigen und abtrocknen lassen, mit einem scharfen Messer auf der Hautseite in 3 cm Abstand einschneiden, dann die Filets in je 2 Stücke portionieren, beidseitig salzen und pfeffern. Die Hautseite mit Senf bestreichen und in Polentamehl wenden. In einer Pfanne etwas Pflanzenöl erhitzen und den Fisch mit der Hautseite knusprig braten. Nach 1–2 Minuten wenden, die andere Seite braten, herausnehmen und abtropfen lassen. Auf dem Kürbisgemüse anrichten. Kürbisgemüse Rezept Seite 151.

Zander with Mustard in Corn Flour-Batter and Pumpkin Vegetables

Ingredients for approx. 4 servings

2 filets of **Zander** 150 g each, **salt, white pepper** (from a pepper grinder), 2 tablespoons of **Dijon mustard**, 60 g **corn flour, vegetable oil**.

What to do: Clean the Zander fillets with water and let them dry, use a sharp knife to make incisions every 3 cm on the skin side of the fillets, cut each fillet in half and put salt and pepper on all of them on both sides. After putting Dijon mustard on the skin-side of the fillets cover both sides with corn flour. Heat some vegetable oil in a pan, add the fish and fry the skin-side until crispy. After 1 – 2 minutes turn the fillets over and fry the other side, remove from the pan and degrease with some kitchen roll. Serve the Zander fillets with bumpkin vegetable. Pumpkin - Recipies see page 151

SAIBLINGSFILET
AUF PETERSILWURZELCREME
UND FLUSSKREBS

Saiblingsfilet mit Petersilwurzelcreme und Flusskrebsen

Zutaten für 4 Portionen

2 **Saiblingsfilet, Salz, Pfeffer,** 1/2 Liter **Fischfond.**

Zubereitung: Die Saiblinge halbieren, filetieren, entgräten und die Haut abziehen, beidseitig leicht salzen und pfeffern. Die gewürzten Saiblingsfilets im Fischfond bei 60°C etwa 5 Minuten pochieren.

Flusskrebse

4 **Flusskrebse,** etwas **Dill, weiße Pfefferkörner, Korianderkörner, Lorbeerblatt, Salz.**

Zubereitung Flusskrebse: Die abgewaschenen Flusskrebse in einen Fond von Wasser, etwas Dill, weiße Pfefferkörner, Korianderkörner, Lorbeerblatt, Salz geben und je nach Größe der Flusskrebse 2–3 Minuten kochen

Petersilwurzelcreme

300 g **Petersielwurzeln, Salz,** etwas **Zitronensaft,** 100 ml **Obers,** 50 g kalte **Butter.**

Zubereitung: Petersielwurzeln in 1 cm starke Würfel schneiden und in Salzwasser mit etwas Zitronensaft kochen. Danach Flüssigkeit abseihen und mit dem Obers mixen. Mit Salz, Pfeffer abschmecken und mit der Butter montieren.

Grüne Petersilsauce

Rezept Seite 151

Tipp: Als Dekoration in feine Streifen geschnittene, frittierte **Petersielwurzel.**

Fillet of char with root of parsley cream and crayfish

Ingredients for approx. 4 servings

2 fillets of **char, salt, pepper,** 1/2 l **fish stock**.

Preparation: Cut the chars in half, filet them, removing fish bones and skin, then put salt and pepper on both sides of the fillets. Poach the seasoned filets of char in the fish stock at 60°C for about 5 minutes.

Crayfish

4 **Crayfish,** some **dill, white pepper corns, coriander seeds, bay leaf, salt.**

Preparation: Place the washed crayfish into a pot with water and fish stock, add some dill, white pepper corns, coriander seeds, bay leaf, and salt and cook for about 2 – 3 minutes, depending on the size of the crayfish.

Root of parsley cream

300 g (root of) **parsley,** salt, some **lemon juice,** 100 ml **cream,** 50 g cold **butter.**

Preparation: Chop the (root of) parsley into 1 cm bits and cook together with some lemon juice in salt water. Afterwards strain the liquid and mix with cream. Season with salt and pepper and serve with butter.

Green parsley sauce

Recipe page 151

Tip: For decorating: deep fry finely cut strips of **root of parsley.**

HECHT IM GANZEN
GEBRATEN MIT GEMÜSE

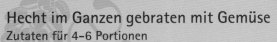

Hecht im Ganzen gebraten mit Gemüse

Zutaten für 4–6 Portionen

1 Hecht ganz mit ca. 1,5 kg, 300 g **Erdäpfel**, gewaschen und in Würfel geschnitten, 200 g **Kürbis**, 1 ganzer **Knoblauch**, 150 g **Zuckererbsenschoten**, **Olivenöl**, 3 **Estragonzweige**, **Pfeffer** aus der Mühle.

Zubereitung: Den Hecht ausnehmen, außen und innen gut waschen. Mit Salz und Pfeffer würzen, an der Oberseite die Haut alle 5 cm einschneiden und mit Knoblauchzehen spicken. Den Hecht in ein tiefes Backblech stellen. Erdäpfel, durchgeschnittenen Knoblauch und die Kürbiswürfel dazugeben. Mit Olivenöl beträufeln und im vorgeheizten Backrohr bei 180°C etwa 25 Minuten garen.

Die kurz blanchierte Zuckererbsenschoten dazugeben, frischen Estragon grob gezupft unter mischen und nochmals 10 Minuten garen. Danach noch 10 Minuten warm stellen und servieren.

Roast Pike with Vegetables

Ingredients for approx. 4 servings

1 whole **pike** of about 1,5 kg, 300 g **potatoes**, washed and diced, 200 g **pumpkin**, 1 whole garlic, 150 g of **sugar pea pods**, **olive oil**, 3 twigs of **tarragon**, **pepper** (from a pepper grinder).

What to do: Remove the inside (guts etc) of the pike, wash thoroughly inside and out. Season with salt and pepper and make incisions into the skin every 5 cm, then lard with cloves of garlic. Put the pike in a fairly deep roasting dish. Add the potatoes, the cut garlic and the diced pumpkin. Glaze with olive oil and cook for about 25 minutes in the preheated oven at 180°C.

Add the blanched sugar pea pods, mix in fresh tarragon and cook for 10 more minutes. Keep warm for another 10 minutes and serve.

Sattlerhof - Gamlitz

KANINCHENRÜCKEN
MIT GEDÄMPFTEM KÜRBIS UND THUNFISCHCREME

Kranachberg 2006

Kaninchenrücken mit gedämpftem Kürbis und Thunfischcreme

Zutaten für 4 Portionen

4 Kaninchenrückenfilets, Dijonsenf, Salz, weissen Pfeffer, Öl und Butter zum Braten.

Zubereitung: Den Kaninchenrücken salzen und mit weißen Pfeffer aus der Mühle würzen. In einer Pfanne in Pflanzenöl langsam rundherum anbraten. Heraus nehmen und an einem warmen Ort 2 Minuten rasten lassen. In Medaillons schneiden, mit Kapern und etwas Frissee-Salat anrichten.

Thunfischcreme

300 g **Thunfischfilet**, 2 **Schalotten**, gehackt, 3 **Knoblauchzehen**, geschnitten, 3 **Essiggurkerl**, 1 handvoll **Kapern**, 10 **Sardellen**, 1 **Tomate** (ohne Schale und ohne Kerne), Schale und Saft von 2 **Zitronen**, 1 TL **Kümmel** gemahlen, 1 EL **Paprikapulver**, 2 TL **Kreuzkümmel**, 1-2 TL **Curry**, 2-3 TL **Cremè Fraîche**.

Zubereitung: Thunfisch, Schalotten und Knoblauch in Olivenöl hell anrösten. Kapern, Sardellen und Tomate klein schneiden und mitrösten. Die Zitronenschale und -saft und Gewürze hinzufügen, mit Wasser oder Fischfond aufgießen und für einige Minuten köcheln lassen. Mit Salz und Pfeffer würzen und mit Essig abschmecken. Nach 30 Minuten abseihen und die Flüssigkeit beiseite stellen, auskühlen lassen. Im erkalteten Zustand mit dem abgeseiten Fond mixen. Nur soviel zugeben, das es noch eine dickflüssige Creme ergibt. Zum Schluß noch mit Cremè Fraîche aufmixen.

Gedämpfter Kürbis– Rezepte Seite 151

Saddle of rabbit with steamed pumpkin and cream of tuna

Ingredients for approx. 4 servings

*4 **saddle of rabbit-filet**, Dijon mustard, **salt**, white pepper, oil and **butter** for frying.*

Preparation: Put salt and white pepper (use a pepper grinder) on the saddle of rabbit. Put the meat into a pan with vegetable oil and fry on all sides. Remove the rabbit and let the meat rest in a warm place for 2 minutes. Cut the meat into medaillons, and serve with capers and frissee-salad.

Cream of tuna

*300 g **tuna-filet**, 2 **scallions** (chopped), 3 cloves of **garlic** (sliced), 3 pickled **gherkins**, 1 hand-full of **capers**, 10 **anchovies**, 1 **tomato** (without skin and pips), **jest and juice** of 2 **lemons**, 1 tsp of ground **caraway**, 1 tbsp of **paprika** powder, 2 tsp of **cumin**, 1-2 tsp of **curry**, 2-3 tsp of **Cremè Fraîche**.*

Preparation: Brown the tuna, scallions and garlic oil lightly in olive oil. Add the capers, anchovies and the tomato after cutting them into small bits. Put in the lemon jest and the lemon juice with the spices, pour on water or fish stock and simmer for a few minutes. Add salt and pepper and season with vinegar. Strain after 30 minutes and put the liquid aside and let it cool down. When it is cold, mix with the previously strained stock. Add only enough to make a thick cream. Finally mix in some Cremè Fraîche.

Steamed pumpkin *Recipes see page 151*

Sattlerhof - Gamlitz

KALBSRÜCKEN
MIT WEISSER BOHNENCREME UND SPECK

Kalbsrücken mit weisser Bohnencreme und Speck

Zutaten für 4 Portionen

4 Kalbsrücken-Scheiben , 100 g weiße Bohnen, 2 Rosmarinzweige, 4 Scheiben Hamburgerspeck, 1 Spritzer Essig, 1 Lorbeerblatt, weißer Pfeffer aus der Mühle, Salz, 1 Speckschwarte, 1/8 l Obers.

Zubereitung: Die Kalbsrückenscheiben mit Salz und Pfeffer würzen. In einer Pfanne Pflanzenöl erhitzen und beidseitig kurz anbraten, herausnehmen und warm stellen. Speckstreifen in der Pfanne knusprig braten und auf Küchenrolle das Fett abtupfen. Gemeinsam mit der Bohnencreme und Kalbsrücken anrichten.

Bohnencreme

Zubereitung: Zuerst die weißen Bohnen über Nacht in viel Wasser einweichen. Bohnen mit Wasser bedeckt unter Zugabe von einem halben Rosmarinzweig, spritzer Essig und Speckschwarte zugedeckt weich kochen. Danach die gekochte Bohnen passieren und die Bohnencreme mit Obers, Salz und Pfeffer fertig stellen und abschmecken.

Saddle of Veal with Cream of White Beans and Bacon

Ingredients for approx. 4 servings

*4 slices of **veal** (shoulder of veal), 100 g **white beans**, 2 twigs of **rosemary**, 4 slices of **Hamburger bacon**, 1 dash of **vinegar**, 1 **bay leaf, salt, white pepper** (from a pepper grinder), 1 **rind of bacon**, 1/8 l **cream**.*

Preparation: Season the slices of veal with salt and pepper. Heat some vegetable oil in a pan and fry the meat slightly on both sides, remove and keep warm. Fry some strips of bacon in a pan until they turn crispy, take them out and remove the excess oil with a kitchen roll. Serve together with the cream of beans and the veal.

Cream of Beans

Preparation: Soak the white beans in plenty of water overnight.

Cook the beans by covering them completely with water, add half a twig of rosemary, a splash of vinegar and a rind of bacon and cook the beans until they are soft. Then press the cooked beans through a strainer to make a fine cream and finish this cream of beans by mixing it with fresh cream and seasoning it with salt and pepper as required.

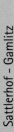
Sattlerhof – Gamlitz

LAMMRÜCKEN
MIT SCHMORGEMÜSE

Lammrücken mit Schmorgemüse

Zutaten für 6 Portionen

1 Karree vom **Weidelamm**, 1 **Rosmarinzweig**,
1 **Thymianzweig**. 5 **Salbeiblätter**, **Olivenöl** zum Anbraten, **Salz**, **Pfeffer** aus der Mühle, 1/8 l **Lammjus**,
5 **Kirschtomaten**, 2 **Mini Zucchini**, 2 **Mini Patison-
Kürbisse**, 5 **Zuckerschoten**, 5 **Knoblauchzehen** mit
Schale.

Zubereitung: Das Weidelamm-Rückenstück teilt
man in der Mitte, putzt die Rippen blank, zieht die
Haut ab und mariniert es mit Rosmarin, Knoblauch,
Salz, Pfeffer, Thymian und Olivenöl für etwa 4 Stunden.

Etwas Olivenöl in einer Pfanne erhitzen, das
marinierte Lammkarree mit der Oberseite gut
anbraten, wenden und mit dem groß geschnittenen
Gemüse und den Kräutern in das vorgeheizte Backrohr schieben. Bei 160°C etwa 8-10 Minuten (je
nach Größe des Lammkarrees) braten.

Aus dem Backrohr nehmen und 10 Minuten warm
stellen und rasten lassen. Den Bratenrückstand mit
Lammjus aufgießen, mit Butter montieren und ein-
köcheln lassen.

Mit dem Gemüse, Kräutern und Lammjus anrichten.

Mutton with Vegetables

Ingredients for approx. 6 servings

*1 loin of **lamb**, 1 twig of **rosemary**, 1 twig of **thyme**,
5 leavs of **sage**, **olive oil** for browning, **salt, pepper**
(from a pepper grinder), 1/8 l **lamb jus**, 5 **cherry
tomatoes**, 2 small **zucchini**, 2 small **Patison-
pumpkins**, 5 **sugar pea pods**, 5 **garlic cloves** (leave
in the skin).*

*Preparation: Cut the loin of lamb in halves, clean
the ribs, remove the skin and marinate in a mixture
of olive oil with rosemary, garlic, salt and pepper for
about 4 hours.*

*Heat some olive oil in a pan, fry the marinated lamb
loin on both sides and put it in a pre-heated oven
after adding the medium-cut vegetables together
with the herbs. Roast for approximately 8-10
minutes at 160°C (depending on the size of the lamb
loin).*

*Remove from the oven and keep warm for 10
minutes letting it rest. Mix some lamb jus with the
rest of the dripping, cream with butter and simmer
for a short time.*

Serve with vegetable, herbs and lamb jus.

Sattlerhof - Gamlitz

PERLHUHN
MIT EIERSCHWAMMERLN UND GEMÜSE

Perlhuhn mit Eierschwammerln und Gemüse

Zutaten für 4 Portionen

4 **Perhuhnbrüste** mit Flügelknochen, **Pflanzenöl**, 120 g **Eierschwammerl** (geputzt und halbiert), **Butter**, 60 g **Erbsen**, 60 g **Zuckererbsenschoten**, 1/4 Liter **Gemüsefond**, 60 g kalte **Butter**, 2 EL **Schnittlauch**, **Salz**, weißer **Pfeffer** aus der Mühle.

Zubereitung: Das Perlhuhn mit Salz, Pfeffer und gehacktem Rosmarin einreiben. Mit Pflanzenöl bestreichen und 5 Minuten ziehen lassen. In einer Pfanne etwas Pflanzenöl und Butter erhitzen. Das Fleisch auf allen Seiten anbraten. Und in einem vorgewärmten Backrohr bei ca.180°C etwa 4 Minuten fertig braten, danach für 10 Minuten warm stellen.

Eierschwammerl

Zubereitung: Die Eierschwammerl in Butter anschwitzen, Erbsen und Zuckererbsen dazugeben, kurz durchschwenken mit dem Gemüsefond aufgießen und mit kalter Butter montieren. Mit Salz und Pfeffer abschmecken, zum Schluss den feingeschnittenen Schnittlauch dazugeben.

Guinea Fowl with Chanterells and Vegetables

Ingredients for approx. 4 servings

4 breasts and wings of **guinea fowl**, **vegetable oil**, 120 g **chanterells** (cleaned and halved), 60 g **peas**, 60 g **sugar pea pods**, 1/4 litre **vegetable stock**, 60 g cold **butter**, 2 tablespoons of **chives**, **salt**, white **pepper** (from a pepper grinder).

Preparation: Rub the guinea fowl with salt, pepper and chopped rosemary. Brush on vegetable oil and leave for 5 minutes. Mix and heat some butter and vegetable oil in a pan. Put in the meat and fry it on all sides, then finish by roasting it for 8 minutes in a pre-heated oven at about 180°C, afterwards keep it warm for 4 minutes. Then serve.

Chanterells

Preparation: Heat the chanterells in butter, add the peas and sugar pea pods, stir a few times before adding the vegetable stock, then cream with cold butter. Season with salt and pepper and finally least add some finely cut chives.

St. Laurent | Zweigelt

REHRÜCKEN MIT NUSS-STERZ UND BALSAM-ZWETSCHKEN

Rehrücken mit Balsamico–Zwetschken und Walnuss–Sterz

Zutaten für 4 Portionen

1 kg **Rehrücken**, Dijonsenf, Salz, Pfeffer, Öl und **Butter** zum Braten, 2 Essl. **Senf**, 1 Zweig **Rosmarien**, **Wacholderbeeren, Lorbeerblätter**, 1 Zweig **Thymian**, 0,5 l **Wild–** oder **Rindsuppe**, Wurzelgemüse (Karotten, Sellerie, gelbe Rüben), **Preiselbeeren**.

Zubereitung: Den Rehrücken zuputzen (von der Silberhaut und den Sehnen befreien), mit Salz und Pfeffer würzen. In der Pfanne in etwas Öl und Butter beidseitig anbraten, im Rohr bei ca. 180°C etwa 12 Minuten braten.

Zur Hälfte der Bratzeit Rosmarien, Thymian, Wacholder dazugeben. Während des Bratens das Fleisch 2 bis 3 mal mit Rotwein, Wild - oder Rindsuppe übergießen.

Vor dem Anrichten soll der Rehrücken ca. 10 Minuten warm ruhen. Die Rückenfilets ablösen, in 4 cm schräge Scheiben schneiden und am Knochen anrichten.

Balsamico–Zwetschken und Walnuss–Sterz
Rezepte Seite 151

Saddle of Venison with Balsamic-Plums and Walnut Polenta

Ingredients for approx. 4 servings

1 kg (saddle of) **venison**, *Dijon* **mustard, salt, pepper, oil** *and* **butter** *for frying, 2 table spoons of* **mustard**, *1 twig of* **rosemary, juniper berries, bay leafs**, *1 twig of* **thyme**, *0,5 l* **game–** *or* **beef soup, root vegetable** *(carrots, celeriac, etc),* **cranberries.**

What to do: Clean the venison (clear of "silver skin" and tendons), season with salt and pepper. Fry both sides in a pan in some oil and butter, then put in the oven and leave to roast for approximately 12 minutes at about 180°C.

After about 5 minutes of roasting add rosemary, thyme, a toe of garlic, juniper, bay leafs and diced root vegetable. During roasting pour red wine, game- or beef soup over the meat 2 to 3 times.

Before serving the venison should ideally be kept warm and rest for approximately 10 minutes. Release the back fillets, cut 4 cm diagonal slices and serve on the bone.

Balsamic-Plumbs and Walnut Polenta
- Recipies see page 151

KALBSSCHULTER
MIT SERVIETTENKNÖDEL UND BUTTERGEMÜSE

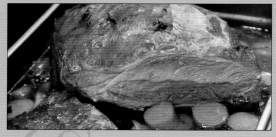

Kalbsschulter mit Serviettenknödel und Buttergemüse

Zutaten für 4 Portionen

1 **Kalbsschulter**, ca 3 kg, 300 g **Wurzelgemüse** (Sellerie, Karotten, Petersilwurzel), 1 **Zwiebel**, Salz, **Pfeffer** schwarz aus der Mühle, **Wasser** zum Aufgießen, **Pflanzenöl**, 1 EL **Mehl**, zum Binden.

Zubereitung: Die Kalbsschulter salzen und pfeffern. Wurzelgemüse und Zwiebel schälen und in 2 cm große Würfel schneiden. Das Pflanzenöl in die Bratpfanne geben, Fleisch und Wurzelgemüse dazu geben und bei starker Hitze im Rohr (220°) braten. Öfters etwas Wasser zugießen und mit dem Braten Rückstand übergießen. Nach einer Stunde Temperatur zurück nehmen und öfters übergießen.

Zubereitungszeit etwa 2,5 Stunden.

Danach das Fleisch rausnehmen und Bratensaft abseihen, eventuell mit etwas Wasser und Mehl (verquirlt) binden.

Serviettenknödel – Rezepte Seite 151

Shoulder of veal with serviette dumplings and butter vegetable

Ingredients for approx. 4 servings

*1 shoulder of **veal**, approx 3 kg, 300 g **root vegetables** (**celeriac, carrots, root of parsley**), 1 **onion**, **salt, black pepper** (use a pepper grinder), **water** (to pour on), **vegetable oil**, 1 tbsp **flour** for binding.*

Preparation: Rub the shoulder of veal with salt and pepper. Peel the onion and the root vegetables and dice the latter into approx. 2 cm cubes. Put some vegetable oil into a roasting dish, add the meat and root vegetables and roast at fairly high temperature (220°) in the oven. Pour water and the juice of the roast over it every so often. After 1 hour turn down the temperature and pour more of the roast juice over it.

Cooking time: approximately 2,5 hours.

Afterwards remove the meat and strain the roasting juice possibly binding it with some water and flour.

__Serviette dumplings__ - Recipies see page 151

Sattlerhof - Gamlitz

STEIRISCHES WURZELFLEISCH

Steirisches Wurzelfleisch (Krenfleisch)

Zutaten für 4 Portionen

1 kg **Schweineschulter** oder Schopf (Hals), Schweineknochen, 300 g **Wurzelgemüse** (Sellerie, Karotten, gelbe Rüben), 2 Lorbeerblätter, schwarze Pfefferkörner, 2 Zehen Knoblauch, 2 EL **Weißweinessig**, 3 EL geriebener **Kren**, Schnittlauch (fein geschnitten).

Zubereitung: Das Gemüse – Sellerie, Karotten, gelbe Rüben – putzen und in feine Streifen schneiden. Die Schweineknochen kurz überbrühen und sofort kalt abgespült. Das Schweinefleisch mit den Knochen in leicht gesalzenen heißen Wasser mit den Putzabschnitten vom Wurzelgemüse und den Gewürzen – Lorbeerblätter, schwarze Pfefferkörner, Knoblauchzehen – einlegen, langsam köcheln lassen und den sich bildenden Schaum abschöpfen. Das Wasser soll das Fleischstück immer knapp bedecken. Wenn das Fleisch weich wird, etwas Kochsud abseihen und die Wurzelgemüsestreifen von Sellerie, Karotten und gelben Rüben in kurzen Zeitabständen einlegen und kurz kochen.

Den Wurzelsud mit dem Weißweinessig abschmecken, das Fleisch in Scheiben schneiden und mit dem Wurzelgemüsestreifen anrichten. Etwas Suppe über das Fleisch gießen.

Zum Abschluß noch mit frisch geriebenen Kren und feingeschnittenen Schnittlauch bestreuen, Als Beilage **Salzerdäpfel**.

Styrian Style Pork and Root Vegetables with Horseradish

Ingredients for approx. 4 servings

*1 kg (2 lb.) of **pork (shoulder** or **neck), bones** of **pork**, 300 g (10 1/2 oz.) **root vegetables (celery, carrots, yellow carrots)**, 2 **bay leafs**, **black peppercorns**, 2 gloves **garlic**, 2 tablespoon of **white wine vinegar**, 3 tablespoons of **horseradish**, **chives**.(finely cut).*

What to do: After cleaning the vegetable (celeriac, carrots etc) cut them into in fine strips. Blanch the pork bones and immediately rinse them in cold water. Put the pork with the bones and the trimmings of the root vegetable and the seasoning – bay leafs, black peppercorns, cloves of garlic in slightly salted hot water, simmer slowly and remove the froth. Make sure the pork is always covered with water. When the meat is tender, strain some of the broth and add the strips of celeriac, carrots and other root vegetables and cook for a short time.

After seasoning the root-broth with white wine vinegar slice the meat and serve with the strips of root vegetable. Pour some broth over the meat. Finish off by sprinkling with freshly grated horseradish and finely cut chives. As a side dish serve salt potatoes.

Sattlerhof – Gamlitz

GEKOCHTES RINDFLEISCH
MIT KÜRBISGEMÜSE UND ERDÄPFEL

Gekochtes Rindfleisch mit Kürbisgemüse und Erdäpfel

Zutaten für 6–8 Portionen

1 **Schulterscherzel** vom Rind mit ca. 2,5 kg, 3 Liter Wasser, 250 g **Wurzelgemüse** (Karotten, gelbe Rüben, Sellerie, Petersilwurzel), 150 g **Lauch**, 2 mittelgroße **Zwiebel** mit der Schale, 12 **Pfefferkörner**, Salz, 2 **Lorbeerblätter**, etwas **Muskatnuss**.
Kochzeit etwa 3 Stunden.

Zubereitung: Das Rindfleisch (Schulterscherzel) waschen, in einem Topf das Wasser aufkochen lassen. Rindfleisch sowie Pfefferkörner, Lorbeerblätter vorsichtig in das kochende Wasser geben und danach leicht wallend kochen. Nach zwei Stunden der Kochzeit das Gemüse dazugeben (Zwiebel halbiert auf der Schnittfläche ohne Fett in der Pfanne bräunen). Zum Schluss der Kochzeit mit Salz abschmecken, das Rindfleisch quer zur Faser aufschneiden und mit den Beilagen anrichten. Mit frischem Schnittlauch bestreuen.

Rösterdäpfel

500 g speckige **Erdäpfel**, 80 g **Zwiebel**, fein geschnitten, **Pflanzenöl** zum Anrösten, Salz, Pfeffer aus der Mühle, frisch gehackte **Petersilie**.

Zubereitung: Die Erdäpfel kochen, schälen und blättrig schneiden. Den feingeschnittenen Zwiebel in Pflanzenöl leicht braun werden lassen. Erdäpfel dazugeben, leicht salzen und anbraten, etwas frisch gehackte Petersilie darüberstreuen.

Kürbisgemüse Rezept Seite 151

Boiled beaf with Pumpkin and fried Potatoes

Ingredients for approx. 6–8 servings

*1 shoulder of **beef** (approx. 2,5 kg), 3 litres of **water**, 250 g **root vegetable** (carrots, celeriac, root of parsley), 150 g **leek**, 2 medium large **onion** in their skin, 12 **peppercorns, salt**, 2 **bay leafs**, some **nutmeg**, chives.*
Cooking time is about 3 hours.

What to do: After washing the beef place it carefully in a pot with boiling water, add some peppercorns and bay leafs and cook at a medium temperature. After 2 hours cooking time add the vegetables (onion halves browned in a pan without oil) and season with salt towards the end of cooking. Cut the beef against the grain and serve with garnishes. Sprinkle some freshly cut chives over it.

Roast Potatoes

*500 g waxy **potatoes**, 80 g finely cut **onions**, **vegetable oil** for roasting, **salt, pepper** (ground with a pepper mill), fresh chopped **parsley**.*
What to do: Cook the potatoes, then peel and cut them fairly thin. Brown the finely sliced onion in vegetable oil. Add the potatoes, salt a little and fry lightly, then sprinkle on some freshly chopped parsley.

Pumpkin - Recipies see page 151

Sattlerhof - Gamlitz

GEFÜLLTE PAPRIKA
MIT PARADEISSAUCE

Gefüllte Paprika mit Paradeissauce

Zutaten für 4 Portionen

8 **Paprikaschoten** (grün, rot, gelb), 250 g **Schweinefleisch**, faschiert, 250 g **Rindfleisch**, faschiert, 200 g **Reis** gekocht, 60 g **Zwiebel**, 3 EL **Pflanzenöl**, 1 **Knoblauchzehe**, 1 EL **Petersilie**, gehackt, **Salz**, **Pfeffer** aus der Mühle, **Majoran**, gerebelt.

Zubereitung: Die Paprikaschoten mit einem spitzen Messer rund um den Deckel einschneiden, den Stiel herausziehen und die weißen Samenkörner herausputzen und waschen.

In einer Schüssel das faschierte Schweine- und Rindfleisch mit Reis und etwas Wasser locker vermengen, den feingeschnittenen Zwiebel in Pflanzenöl goldbraun anrösten, abkühlen lassen und mit den Gewürzen, den kleingeschnittenen Knoblauch, der Petersilie und dem Faschiertem gut vermischen. Die Masse in die Paprikaschoten einfüllen, die Deckel mit den Stielen als Verschluß auf die Öffnung drücken.

Die gefüllten Paprika in eine Bratpfanne einlegen, rundum mit Pflanzenöl bestreichen, und zugedeckt schwach wallend im Backrohr bei 180°C dünsten.

Paradeissauce – Rezepte Seite 151

Stuffed Peppers with Tomato Sauce

Ingredients for approx. 4 servings

*8 **peppers** (green, red, yellow), 250 g of minced pork, 250 g minced **beef**, 200 g boiled **rice**, 60 g **onions**, 3 tablespoon **oil**, 1 glove of **garlic**, 1 tablespoon **parsley**, chopped, **salt**, **black pepper**, freshly ground **majoram**, crushed.*

What to do: Use a pointed knife to make an incision around the stem of the peppers thus creating a "lid". Pull out this lid with the stem and wash the peppers after removing the (white) seeds.

Take a dish and loosely mix the minced pork, the minced beef and the rice with some water, roast the finely sliced onion in hot vegetable oil until it turns golden brown, then, after it has cooled down mix it with spices, finely cut garlic, parsley and the minced meat. After stuffing the peppers with this mixture, use the stem to press the lid firmly back into the opening of the peppers.

Put the peppers into a greased casserole, brush them lightly with vegetable oil and after covering it with a lid place the casserole in the oven and stew the stuffed peppers at a moderate heat of about 180°C (355° F).

Tomato sauce - Recipies see page 151

Sattlerhof – Gamlitz

Gansl mit Apflerotkraut und Traubenknödel

Zutaten für 4 Portionen

1 Gans , ca. 2 kg, 1 Apfel, Salz, Majoran, 1/8 l weißer Süßwein.

Zubereitung: Die bratfertige Gans mit kaltem Wasser ausspülen. Hals und Flügeln abtrennen, innere Fettpolster entfernen. Die Gans außen salzen, innen mit Salz und Majoran einreiben und mit dem Apfel füllen. In einer passenden Bratpfanne etwas Wasser geben. Die Gans mit der Brustseite nach unten auf die gehackten Flügeln und Hals-knochen legen. Zugedeckt im Rohr ca. 1,5 bis 2 Stunden bei etwa 180° bis 200°C ohne Farbe braten. Öfters begießen. Die fertig gebratene Gans 30 Minuten auskühlen lassen. Das Fleisch der Gans vorsichtig von den Brust- und Rückenknochen lösen. Die Karkassen in die Bratpfanne geben und weiterrösten, bis eine schöne braune Farbe entsteht (eventuell die Temperatur etwas erhöhen), Braten-fett abgießen und mit einem 1/8 l Süßwein ab-löschen. Kurz reduzieren und mit wenig Wasser aufgießen. Bratenrückstand lösen in einer Kasse-rolle auskochen. In der Zwischenzeit die ausgelöste Gans ca. 10 cm unterm Grill stellen und bräunen. Vorsicht, verbrennt leicht!

Saft passieren, entfetten, reduzieren lassen, abschmecken und zur knusprigen Gans servieren.

Apfelrotkraut

Zutaten für 4 Portionen

400 g Rotkraut fein gehobelt,150 g Äpfel geschält, entkernt und fein geschnitten, 250 ml Rotwein, 50 g Zwiebel, fein geschnitten, 30 g Kristallzucker, Saft von 1 Zitron und 1 Orange, Salz, Pfeffer, etwas gemahlenem Kümmel, 1 Eßl. Preiselbeeren.

Zubereitung: Die fein geschnitten Zwiebel in etwas Pflanzenöl ohne Farbe anschwitzen, den Zucker dazugeben, hellbraun rösten und dann mit dem Rotwein ablöschen. Nun das vorher mit den Gewürzen, den Orangen- und Zitronensaft marinier-te Rotkraut dazugeben. Zugedeckt etwa 30 Minuten unter öfterem Umrühren dünsten, bis alles weich ist. Kurz vor dem Fertigwerden die Äpfel und die Preiselbeeren dazugeben und abschmecken.

Traubenknödel

Zutaten für 6 Portionen (18 Knödel)

500 g gekochte, geschälte Erdäpfeln, 1 kg rohe ge-riebene, mehlige Erdäpfeln, 250 g Weinbeeren, 2 Eidotter, Salz, etwas Muskatnuß, 100 g Stärkemehl.

Zubereitung: Die fein geriebenen Erdäpfel in einem Tuch sehr gut auspressen, mit den noch heißen passierten Erdäpfeln, Eidotter, Salz, Muskatnuß und dem gesiebten Stärkemehl gut mischen.

Die Masse zu kleinen Knödeln formen, je 2 Wein-beeren in einen Knödel füllen und im gesalzenen, kochenden Wasser einlegen. Einmal kurz aufkochen und dann 15 Minuten ziehen lassen.

Sattlerhof – Gamlitz

GANSL MIT ROTKRAUT
UND TRAUBENKNÖDEL

Goose with Red Cabbage and Grape Dumlings

Ingredients for approx. 4 servings

*1 **Gans** , ca. 2 kg, 1 **apple**, **salt**, **marjoram**,
1/8 l **sweet wine**.*

What to do: Clean the ready for roasting goose thoroughly with cold water. Cut off neck and wings, and remove all the fat from the inside. After rubbing the outside of the goose with salt, do the same at the inside using salt and marjoram and stuff the goose with an apple. Put some water in a suitable roasting dish. Put the chopped off wings and neck in first and put the goose breast on top of it. Cover and roast in a preheated oven for approx. 1,5 to 2 hours at about 180° to 200°C without browning it. Add water as necessary. Cool the completely roasted goose for 30 minutes. Carefully remove the meat from the breast- and backbones. Put the carcass back into the oven and keep roasting until golden brown (you may need to put up the temperature slightly, pour off the dripping and deglaze with 1/8 l sweet wine. Reduce for a short time and add a little water. Loosen the rest of the roast and cook in a casserole. In the meantime place the meat of the goose about 10 cm under a grill and heat until golden brown. Be careful though, the meat burns easily!

Strain the juice from the casserole, degrease and reduce, then season and serve with the crispy goose.

Apple with Red Cabbage

Ingredients for approx. 4 servings

*400 g finely cut **red cabbage**, 150 g peeled **apples**, stoned and finely cut, 1/4 l **red wine**,
50 g finely sliced **onions**, 30 g granulated **sugar**,
juice of 1 **lemon** and 1 **orange**, 1 tablespoon of **cranberries, salt, pepper,** some ground **cumin**.*

What to do: Put the finely sliced onion into some hot oil and fry without browning, add the sugar and the red cabbage, which has been marinated in orange- and lemon juice. Cover and stew for about 30 minutes stirring frequently until the cabbage turns soft.

Shortly before finishing add the apples and the cranberries and season

Grape Dumplings

Ingredients for 6 portions (18 dumplings)

*500 g freshly cooked peeled **potatoes**,
1 kg raw grated, floury **potatoes**, 250 g of **grapes**,
2 **egg yolks, salt**, some **nutmeg**, 100 g **corn flour**.*

What to do: Put the finely grated potatoes in a cloth and squeeze out the water. Mix well with the still hot mashed potatoes, egg yolks, salt, nutmeg and the strained corn flour.

Form small dumplings from this mix, fill each dumpling with 2 grapes and place the dumplings into salted boiling water. Bring back to the boil and then simmer for 15 minutes.

TOPFENSOUFFLÉE
MIT ROTWEINBIRNEN

Topfensoufflée mit Rotweinbirne

Zutaten für 4 Portionen

160 g **Topfen** (20% Fett), 30 g **Kristallzucker**,
2 **Eidotter**, 4 **Eiweiß**, 40 g **Kristallzucker**, Schale
einer unbehandelten Zitrone, 1 TL **Vanillezucker**
oder das Mark von einer Vanilleschote.

Zubereitung: Die Eidotter mit 30 g Kristallzucker
schaumig rühren, Topfen dazugeben unterrühren.
Die 4 Eiweiß mit dem restlichen Kristallzucker zu
Schnee schlagen, die Zitronenschale hineinreiben
und das Mark einer Vanilleschote dazugeben.
Mit dem Schneebesen alle Zutaten vorsichtig ver-
mengen und in gebutterte, mit Kristallzucker aus-
gestreute Souflée-Förmchen zu 2/3 einfüllen. Im
Backrohr im Wasserbad bei 200°C etwa 15-20
Minuten garen.

Rotweinbirnen

300 g **Birnen**, in Würfel geschnitten, 1/4 Liter **Rotwein**, 1/8 Liter **Portwein**, 160 g **Kristallzucker**,
1 **Zimtstange**, etwas **Vanillecremepulver**.
Zubereitung: Rotwein, Portwein, Kristallzucker und
Zimtstange aufkochen und dann langsam auf 1/3
einreduzieren.
Etwas Vanillecremepulver mit Rotwein verrühren
und die Soße damit binden, die Birnenwürfel dazugeben und 10 Minuten weiter ziehen lassen.

Cottage Cheese Soufflé with Pears in Red Wine

Ingredients for approx. 4 servings

*160 g **cottage cheese** (20% fat), 30 g granulated
sugar, 2 **egg yolks**, 4 **egg whites**, 40 g granulated
sugar, untreated **lemon zest**, 1 teaspoon of **vanilla
sugar** or the marrow of 1 **vanilla pod**.*

*What to do: Mix the egg yolks with 30 g of the
granulated sugar and stir until foamy, add cottage
cheese and keep stirring. Whisk the 4 egg whites
with the rest of the granulated sugar until they
become like snow, add some grated lemon zest and
the marrow of one vanilla pod.*

*Mix all ingredients carefully with a whisk and put
the resulting mix into buttered soufflé-forms that
are sprinkled with granulated sugar:
fill only 2/3 of each form. Cook in the oven at 200°C
for about 15-20 minutes.*

Pears in Red Wine

*300 g of **diced pears**, 1/4 litre **red wine**, 1/8 litre
Port wine, 160 g granulated **sugar**, 1 **cinnamon
bark**, some **vanilla custard powder**.*

*What to do: Cook the red wine, Port wine, and some
granulated sugar and some cinnamon bark and
slowly reduce to 1/3.*

*Mix some vanilla custard powder with red wine to
bind the sauce, add the diced pear and simmer for
further 10 minutes.*

Sattlerhof - Gamlitz

Zanderfilet mit Senf-Polenta-Kruste auf Kürbisgemüse, Seite 136

500 g **Kürbis**, 1 kleine **Zwiebel**, 1 **Knoblauchzehe**, **Paprikapulver**, 1 Spritzer **Rotweinessig**, 1/2 roter **Paprika**, fein gewürfelt, 1/8 Liter **Obers**, gemahlener **Kümmel, Salz, Pfeffer, Pflanzenöl**.
Zubereitung: Den Kürbis schälen, entkernen und grob schaben. Zwiebel und Knoblauch fein schneiden in einer Pfanne in etwas Pflanzenöl anschwitzen, den geschabten Kürbis und die Paprikawürfel dazugeben und kurz durchdünsten. Mit dem Paprikapulver bestäuben, das Gemüse durchrühren und mit Essig ablöschen, Obers dazugeben und einkochen lassen. Mit Salz und Pfeffer, Kümmel und eventuell Essig abschmecken.
Zum Anrichten mit dem blanchierten Stangensellerie garnieren.

Zander with Mustard in Corn Flour-Batter and Pumpkin Vegetables, page 136

500 g **pumpkin**, 1 small **onion**, 1 clove of **garlic, paprika powder**, a dash of **red wine vinegar**, 1/2 **red pepper** diced, 1/8 litre **cream**, ground **cumin, salt, pepper, vegetable oil**.
What to do: After peeling and stoning the pumpkin, cut it into fairly thick slices. Heat finely cut onion and garlic in a pan with vegetable oil, add the pumpkin slices and the diced red pepper and braise for a short time. Dust some paprika powder over it, stir the vegetable in and cool down with vinegar, add some cream and cook. Season the vegetable with salt, pepper, cumin and possibly some vinegar.
When serving this dish, garnish with blanched celery.

Saiblingsfilet mit Petersilwurzelcreme und Flusskrebsen, Seite 137

Grüne Petersilsauce
1 kleiner Bund **Petersilie**, etwas **Zitronensaft**, 3 **Kapern**, 1 **Sardellenfilet**, 200 ml **Olivenöl, Salz, Pfeffer** aus der Mühle.
Zubereitung: Petersilie abzupfen, mit Kapern und Sardellenfilet fein hacken und anschließend mit Olivenöl, Salz und Pfeffer aufmixen.

Fillet of char with root of parsley cream and crayfish, page 137

Green parsley sauce
1 small bunch of **parsley**, some **lemon juice**, 3 capers, 1 fillet of **anchovies**, 200 ml **olive oil, salt, ground pepper** (use a pepper grinder).
Preparation: After taking the parsley leafs off the stem, chop them finely with capers and fillet of anchovies; then mix with olive oil, salt und pepper.

Balsamico-Zwetschken und Walnuss-Sterz, Seite 143

Balsamico- Zwetschken
250 g **Zwetschken** entkernt, 2 EL **Zucker**, 4 cl **Portwein** rot, 1/4 Liter **Rotwein**, 4 cl **Balsamico-Essig**, 30 g kalte **Butter**.
Zubereitung: Zucker in der Pfanne zergehen lassen, mit Portwein und Rotwein ablöschen, und um die Hälfte einreduzieren lassen. Die kalte Butter einschwenken und den Balsmico-Essig dazugeben. Dann die in Spalten geschnittenen Zwetschken unter ständigen rühren heiß werden lassen.

Walnuss-Sterz
1/4 Liter **Wasser**, 90 g **Sterzmehl** (Maisgrieß), 1/8 Liter **Milch**, 30 g **Butter, Salz, Muskatnuss** gerieben, etwas **Obers, Walnussöl**, 50 g halbe **Walnüsse**, 1EL **Zucker**.
Zubereitung: Wasser, Butter, Salz und Muskatnuss aufkochen und das Sterzmehl einrühren. Unter häufigen Rühren weich kochen und dabei Milch und etwas Obers zugeben, bis die gewünschte Konsistenz erreicht ist.
Etwas Walnussöl in den Sterz einrühren, die halben Walnüsse mit Zucker karamellisieren und erkalten lassen, klein hacken und der Sterzmasse untermengen.

Saddle of Venison with Balsamic-Plums and Walnut Polenta, page 143

Balsamic-Plumbs
250 g **plumbs** stoned, 2 tablespoons of **sugar**, 4 cl **Port wine red**, 1/4 litre **red wine**, 4 cl **Balsamic-vinegar**, 30 g cold **butter**.
What to do: Melt the sugar in a pan, add Port wine or red wine and reduce slowly by half.
Mix in the cold butter and add the Balsamic vinegar. Then heat up the sliced plumbs while constantly stirring.

Walnut Polenta
1/4 litre **water**, 90 g **corn flour**, 1/8 litre **milk**, 30 g **butter, salt, ground nutmeg**, some **cream, walnut oil**, 50 g **walnut** halves, 1 tablespoon of **sugar**.
What to do: Add butter, salt and nutmeg to the water and bring to the boil, then add the corn flour and keep stirring. Cook until soft, add milk and cream and stir until the consistency is right. Add some walnut oil into the polenta, caramelise the walnut halves with sugar and after these have cooled down, chop them into small pieces and mix in with the polenta mix.

Kalbsschulter mit Serviettenknödel und Buttergemüse, Seite 144

Serviettenknödel
250 g **Semmelwürfel**, 2 **Eier**, 200 ml **Milch**, 100 ml **Obers**, 50 g **Butter**, 1 **Zwiebel, Salz, Muskatnuß, Petersilie** gehackt.
Zubereitung: Eier, Milch, Obers, Salz und etwas geriebene Muskatnuß miteinander verschlagen, fein geschnittenen Zwiebel in Butter anschwitzen. Semmelwürfel mit der Mischung aus übrigen Zutaten gut vermengen und rasten lassen.
Klarsichtsfolie aufrollen und darauf mit der Masse eine 6-7 cm dicke Stange formen, einrollen und nochmals in Alufolie rollen. Enden gut eindrehen. Im kochendem Wasser 40 Minuten kochen lassen. Danach in ca. 1-1,5 cm Scheiben schneiden.

Shoulder of veal with serviette dumplings and butter vegetable, page 144

Serviette dumplings
250 g diced **white bread** cubes, 2 **eggs**, 200 ml **milk**, 100 ml **cream**, 50 g **butter**, 1 **onion, salt, nutmeg, chopped parsley**.
What to do: Mix and whisk the eggs, milk, cream, salt and some ground nutmeg together, then sweat some thinly sliced onion in butter. Mix the diced white bread cubes very well with the mass of the other ingredients; then put this mix aside and let it rest. Spread out some clear food wrapping film and put the mix on it forming a 6-7 cm thick stick, then roll it into the some clear food wrapping film and also into some cooking foil. Close the ends very well by twisting the cooking foil. Cook in boiling water for 40 minutes, and finish by cutting into slices of approx. 1-1,5 cm thickness.

Gekochtes Rindfleisch mit Kürbisgemüse und Erdäpfel, Seite 146

Kürbis
Muskatkürbis, 200 ml **Gemüsefond** oder nicht zu stark gesalzene **Suppe**, 200 ml **Wasser**, 3 EL **Brauner Zucker**, 1 EL **Honig**, 2 **Sternanis**, 1/2 **Chili** ohne Kerne, 1 EL **Sojasauce**.
Zubereitung: Kürbis in Scheiben schneiden und rund ausstechen. Gemüsefond und Wasser aufkochen. Restliche Zutaten zugeben und mit Salz abschmecken. Kürbisscheiben einlegen und ziehen lassen.

Boiled beef with Pumpkin and fried Potatoes page 146

500 g **pumpkin**, 1 small **onion**, 1 clove of **garlic**, **paprika powder**, a dash of **red wine vinegar**, 1/2 **red pepper** diced, 1/8 litre **cream, ground cumin, salt, pepper, vegetable oil**.
What to do: After peeling and stoning the pumpkin, cut it into fairly thick slices. Heat finely cut onion and garlic in a pan with vegetable oil, add the pumpkin slices and the diced red pepper and braise for a short time. Dust some paprika powder over it, stir the vegetable in and cool down with vinegar, add some cream and cook. Season the vegetable with salt, pepper, cumin and possibly some vinegar.
When serving this dish, garnish with blanched celery.

OTTO RIEGELNEGG, OLWITSCHHOF: SERNAUBERG

Das Hauptaugenmerk liegt auf der steirischen Linie

Für Liebhaber des Sauvignon Blancs, aber auch des Muskatellers ist das Weingut Olwitschhof von Otto und Theresia Riegelnegg längst kein Geheimtipp mehr. Aus gutem Grund. Schließlich zählen die Riegelnegg-Weine seit Jahren zu den Seriensiegern bei der steirischen Landesweinkost und sind auch Stammgast im österreichischen Weinsalon. Otto Riegelnegg, der seit nunmehr 20 Jahren für die Weinbereitung am Olwitschhof verantwortlich ist, legt sein Hauptaugenmerk auf die klassische steirische Linie. Wenn Holzfassausbau im Spiel ist, dann ist der mögliche Holzton des so gereiften Weines immer fein im Hintergrund, ohne die sortentypischen Eigenheiten zu stören.

Sechs Weingärten seiner Rebfläche von zehn Hektar auf dem Sernauberg bei Gamlitz sind mit Sauvignon Blanc bepflanzt. Aus diesen Gärten mit kalkfreiem sandigem Lehmboden erntet er die Trauben für seine drei Weinlinien. Die „Tradition" ist eine Cuvée von Weinen aus verschiedenen Quartieren. „Die im Schatten wachsenden Trauben verfügen über mehr Paprikatöne, die sonnseitigen haben mehr eine Cassis-Aromatik. Diese beiden Sauvignonaromen gehören zusammen wie Hänsel und Gretl", meint Riegelnegg. Die „Tradition" wird klassisch ohne Holzfass ausgebaut und bleibt üblicherweise bis Ostern im Stahltank. Für den Lagenwein „Sernauberg", der geschmacklich mehr in Richtung Cassis geht, verwendet er nur die reifsten Trauben aus allen Lagen. Seine „Exzellenz" wird zur Hälfte im Stahltank und zur Hälfte in 300-Liter-Holzfässern vergoren und auch in diesen Gebinden weiter ausgebaut.

Die Sauvignons von Otto Riegelnegg sind gleichermaßen gefragt wie rar. Kein Wunder, setzt der engagierte Winzer doch auf strikte Mengenbegrenzung der Trauben im Weingarten. „Mehr als 3.500 bis 4.000 Liter Wein erziele ich nicht von einem Hektar Rebfläche", sagt Riegelnegg, der vom Sauvignon Blanc gerade einmal an die 10.000 Flaschen keltert und diese Produktion regelrecht rationieren muss. Im Kostraum seines Olwitschhofs liegt sein berühmtes „blaues Bücherl" auf, in dem Vorbestellungen für seine Weine festgeschrieben werden. Schon jetzt gibt es viele Reservierungen für die nächsten Jahrgänge.

Zum Olwitschhof gehört auch das alte Wohnhaus aus dem Jahre 1808, das mit viel Gefühl renoviert wurde. Bauliches Prunkstück ist zudem der alte Gewölbekeller, in dem sich die Vinothek befindet. Dort unten, im Ambiente des Ziegelgewölbes, lassen sich die Weine besonders stilvoll verkosten.

Our focus is the classical Styrian line

For aficionados of Sauvignon Blanc as well as muscatel the Olwitschhof winery owned by Otto and Theresia Riegelnegg is no longer a secret. And for good reason. After all, the wines produced by Otto Riegelnegg have been serial winners at the yearly "Steirische Landesweinkost", the Styrian wine tasting competition, for years and are also regulars in the "Österreichischer Weinsalon". Otto Riegelnegg, who has been responsible for all the wine coming from his estate for 20 years, focuses mainly on the classical Styrian line, where the taste and aroma of the different varieties of grapes is of the most importance. When wooden barrels are being used, there will always be a fine wooden aroma in the background of the wine without spoiling the typical bouquet.

Six vineyards of his surface area of 20 acres on Sernauberg near Gamlitz are used for Sauvignon Blanc. From these vineyards made of limefree sand and clay soil come the grapes for his three different wine lines. The Sauvignon Blanc "Tradition" is a blend of grapes that have grown in different quarters. "Sauvignon grapes that have grown in the shadow have more green pepper aroma, while grapes from the sunny side tend to have a scent close to cassis and gooseberry." According to Otto Riegelnegg, these two different tastes belong to each other like Jack and Jill. "Tradition" is always fermented in temperature-controlled stainless-steel tanks without the use of wooden barrels and stored for ageing in these tanks until Easter. For his premium wine "Sernauberg", which tends to be more like cassis in taste, he only uses the ripest grapes of the best vineyards. His Sauvignon "Exzellenz" half is fermented in steel tanks, and the other half of it consequently ages in 300-litre wooden barrels.

The Sauvignons of Otto Riegelnegg are as much in demand as they are rare. No wonder, as the committed wine grower and wine maker strictly limits the production of wine coming from his vineyards. "I am unable to realize more than 3.500 to 4.000 litres of wine from one Hektar (2.4 acres) vineyards", according to Riegelnegg, who produces just about 10.000 bottles of his Sauvignon Blanc and has to ration this production downright. In the wine tasting room of his Olwitschhof there lies his famous "blue booklet", containing reservations for his wines. Even now there are many reservations for the coming vintages.

The old dwelling built in 1808, which has been lovingly restored, is part of the Olwitschhof. The old arched cellar, where the vinothek - the storage room for old wine - is situated, is a splendid piece of architecture. Wine tasting is especially stylish down in the ambience of the red brick arches.

Traubenernte und Vinifizierung

Sauvignon Blanc Tradition: Handlese der Trauben, ab 17°KMW wird gelesen ➤ Rebeln und Einmaischen ➤ Maischekontaktzeit 4-6 Stunden ➤ Vorentsaften und Pressen ➤ Mostklärung: Vorklären des Mostes durch Kühlen ➤ Langsame Gärung in gekühlten Stahltanks bei 15°-17°C ➤ Ausbau: Jungwein im Edelstahltank ➤ 3-5 Monate Reifung in Stahltanks ➤ Betonung von Primäraromen ➤ Füllfiltration ➤ Flaschenfüllung.

Sauvignon Blanc Sernauberg: mehrmaliges Handlesen, Traubengradation zwischen 18°-20°KMW ➤ Rebeln und Einmaischen ➤ Maischekontaktzeit 4-6 Stunden ➤ Vorentsaften und Pressen ➤ Mostklärung: Vorklären des Mostes durch Kühlen ➤ Langsame Gärung in gekühlten Stahltanks bei 15°-17°C ➤ Ausbau: Jungwein im Edelstahltank ➤ 4-6 Monate Reifung in Stahltanks ➤ Betonung von Primäraromen.

Traubenernte und Vinifizierung.

Sauvignon Blanc Excellenz: Handlese, Traubengradation über 20°KMW ➤ Rebeln und Einmaischen ➤ Maischekontaktzeit 6-12 Stunden ➤ Pressen ➤ Mostklärung: durch Kühlung des Mostes im Tank entschleimen ➤ Gärung: Gärung 50% im Stahltank mit kühler Temperatur bei 15°-17°C und 50% in 300 l Holzfässer ➤ Fassausbau: aufrühren der Feinhefe, BSA erwünscht ➤ einmal umziehen, mit der Feinhefe zurück in die Fässer ➤ Betonung von Sekundäraromen ➤ 10 Monate Reifung in den Kleinfässern ➤ leichte Filtration vor der Flaschenfüllung.

Weingärten o Vineyards	**Ab-Hof-Verkauf o Sale by producer**
10 ha am Sernauberg	Mo-Sa nach telefonischer Voranmeldung
Weine o Wines	Ansprechperson: Theresia Riegelnegg
Weißweine: Sauvignon Blanc Tradition, Sauvignon Blanc Sernauberg, Sauvignon Blanc Excellenz	**Weinverkaufspreise o Average price**
Wr, Wb, Mo, Mu, Sä, Tr	€ 4,80/16,– • Bankomatkarte
Edelsüße Weine: Traminer Novemberlese, Auslese, Morillon und Traminer Eiswein	**Weinseminare o Wine-seminar**
Rotwein: Zweigelt	Nach tel. Voranmeldung o By appointment only
Alter der Reben o Average age of the vines	**Kellerführung o Visiting policy**
5-20 Jahre	Nach tel. Voranmeldung o By appointment only
Pflanzdichte o Density of plantation	**Weitere Produkte o Other products**
4,000 Stöcke/Hektar in den alten Rebanlagen; Weingärten jünger als 10 Jahre mit 4,500 Stöcke/Hektar	Muskateller Sekt Brut
Hektarerträge o Average yields	**Vertrieb/Vermarktung der Weine**
Sauvignon Blanc 3.500-4.000 Liter/Hektar, 8-10 Trauben (1,5-2,0 kg) pro Rebstock	Ab-Hof-Verkauf, Fachhandel, Vinotheken und die Gastronomie österreichweit
Kellermeister/Önologe o Winemaker	Exportländer: Deutschland
Otto Riegelnegg	**Restaurant Weinkarte o Winelist**
Besondere Jahrgänge o Great recent vintages	Steirereck Pogusch, Landhauskeller (Graz), Mole West (Neusiedl am See), Vogelkäfig (Linz)
2007, 2005, 2004, 2001, 2000, 1998, 1997	
1999: Österr. Weinsalon mit Sauvignon Blanc 1998	
Mit seinem Sauvignon Blanc und Muskateller ist Otto Riegelnegg seit mehr als 10 Jahren Stammgast im Österreichischen Weinsalon	

**Weingut Olwitschhof
Otto und Theresia Riegelnegg**
A-8462 Gamlitz, Steinbach 62
Tel.: +43 (0)3454 6263, Fax: -6
www.riegelnegg.at
e-mail: olwitschhof@riegelnegg.at

KARL RIEGELNEGG: SERNAUBERG, FELSRIEGEL

Unser Weingut ist unsere Leidenschaft

Der Name Riegelnegg hat unter Weinliebhabern einen ausgezeichneten Klang. Das gilt für Otto Riegelnegg, das gilt aber auch für seinen Bruder Karl, dessen Weingut gerade einmal einen Steinwurf von Ottos Hof entfernt liegt. „Wir bewirtschaften das Riegelnegg'sche Stammhaus und sechs Hektar Rebflächen auf dem Sernauberg, wo der Boden von lehmigen Tönen bestimmt ist, und dem Weingarten auf dem zugekauften ‚Felsenriegel', wo leichtere Sande vorherrschen", erklärt Karl Riegelnegg. So vielfältig die Geschmäcker seiner Kunden sind, so vielfältig ist auch das Weinangebot von Karl Riegelnegg. „Ich wäre unglücklich, hätte ich nur vier oder fünf Sorten im Programm." Karl Riegelnegg ist ein sehr ehrgeiziger Winzer. „Ich will aus jedem Jahrgang das Bestmögliche herausholen", sagt er, und so ist es nicht verwunderlich, dass ihm immer wieder hervorragende Prädikatsweine gelingen.

Seinen ersten Sauvignon Blanc hat der Silberberg-Absolvent Karl Riegelnegg im Jahre 1996 gekeltert. Mittlerweile macht diese Rebsorte 20 Prozent seiner Weinproduktion aus. Derzeit sind zwei Sauvignons im Sortiment. Einer aus der Riede Sernauberg, der grasige Aromen und Paprika im Geschmack aufweist, und einer vom Felsenriegel, der milder im Geschmack ist und etwas Restzucker hat. Für den Weinverkauf ist Gattin Annemarie zuständig. Und wenn sich um die Mittagszeit oft Kundschaft im Kostraum drängt, kann es schon vorkommen, dass das Mittagessen für die Familie später fertig wird.

Die Familie ist groß. Karl und Annemarie Riegelnegg haben vier Kinder. Die drei Töchter Marianne, Christina und Monika sowie den nun 20jährigen Sohn Karl junior, der sozusagen in den Fußstapfen seines Vaters im Jahre 2006 die Weinbauschule Silberberg absolvierte und bereits tatkräftig im Betrieb mithilft. Die Arbeit im Weingarten ist für den Junior gleichermaßen abwechslungsreich wie interessant. „Unser Weingut ist unsere Leidenschaft", sagt Karl Riegelnegg sen. So, wie es ausschaut, wird diese Leidenschaft auch von der nachrückenden Generation geteilt.

Sauvignon Blanc Sernauberg: 12,0%; Ein feingliedriger, und trotzdem fruchtbetonter Sauvignon mit vielen Fruchtnuancen die es zu entdecken gibt.

Sauvignon Blanc Felsenriegel: 13,0%; Halbtrocken ausgebaut. Der leichte Zuckerrest verleiht dem Wein eine angenehme Fülle am Gaumen. Mittlere Grüngelb, In der Nase sehr feine Stachelbeer- und Holunderblüten, am Gaumen ein intensiver Johannisbeerenton, mit mineralischen Nuancen im Hintergrund, ein sehr eleganter Weinstil.

Vineyards are our passion

The name Riegelnegg has a good reputation among connoisseurs of excellent wines, not only for Otto Riegelnegg, but also for Karl Riegelnegg, whose vineyards are only a stone throw away from the estate of his brother Otto. "We administer the estate and 12 acres of vineyards on Sernauberg, where the soil is predominantly made up of clay, and the vineyard of the later acquired 'Rock', where a lighter sandy terrain prevails", Karl Riegelnegg explains. As diverse as the tastes of his customers Is the selection of fine wines of Karl Riegelnegg. "I would be unhappy, if my program only consisted of four or five varieties of wine." Karl Riegelnegg is a very ambitious wine producer: "I want to get the best out of every vintage", he says, so it is no wonder, that he succeeds in producing excellent quality wines quite often.

The School for Agriculture and Oenology Silberberg graduate Karl Riegelnegg produced his first Sauvignon Blanc wine in 1996. Today this type of grape constitutes 20 percent of his production. At present there are two Sauvignon Blanc wines in his assortment. One from the vineyard at Sernauberg with an aroma of fresh-cut grass and a taste of paprika, another from the 'Rock', milder in taste and with some residual sugar. His wife Annemarie carries the responsibility for the sale of the wines. And every so often his family has to go without their lunch when his wine tasting room is literally choc a block with customers at lunchtime.

And his family is big. Karl and Annemarie Riegelnegg have four children. The three daughters Marianne, Christina, and Monika as well as the now 20 year-old son Karl junior, who followed his father's example by graduating from Silberberg Wine College In 2006 and now plays a major part in the business. Working in the vineyards is equally divers and interesting for Riegelnegg junior. "Our vineyards are our passion", says Karl Riegelnegg senior. This passion seems to be shared, too, by the new 1generation.

Traubenernte und Vinifizierung

Sauvignon Blanc Sernauberg und Felsenriegel: Handlese mit 2 Lesedurchgängen ➤ Rebeln und Maischen ➤ Maischekontakt in der Presse 8-12 Stunden ➤ Vorentsaften und Pressen ➤ Mostklärung: Klären des Mostes durch Kühlen ➤ Gezügelte Gärung in Stahltanks bei 15°-18°C ➤

Ausbau: Jungwein 3-5 Monate Reifung in Stahltanks, dabei 2-3 x umziehen - ganz langsam auf natürliche Art mit Hilfe der Schwerkraft klären ➤ Betonung von Primäraromen ➤ Füllfiltration ➤ Flaschenfüllung.

Weingärten o *Vineyards*
6 ha (14,4 acres), Lagen Sernauberg, Felsenriegel

Weine o *Wines*

Weißweine: Sauvignon Blanc Sernauberg, Sauvignon Felsenriegel

Mu, Wr, Rr, Wb, Mo, Ri, Sä

Edelsüße Weine: Morillon Spätlese, Ruländer Beerenauslese, Ruländer Ausbruch, Ruländer Trockenbeerenauslese, Morillon Beerenauslese

Rotweine: Zweigelt, Blauer Wildbacher, CS

Terno (Cuvèe CS, Zw, Wildbacher)

Alter der Reben o *Average age of the vines*
7-35 Jahre

Pflanzdichte o *Density of plantation*
3,000 Stöcke/Hektar in Sauvignon Blanc-Anlagen

Hektarerträge o *Average yield per hectar*
Sauvignon Blanc 3.000-4.000 Liter/Hektar

Kellermeister/Önologe o *Winemaker*
Karl und Karl jr. Riegelnegg

Besondere Jahrgänge o *Great recent vintages*
2007, 2005, 2004, 2001, 2000, 1998, 1997

Ab-Hof-Verkauf o *Sale by producer*
Täglich 9-18 Uhr, nach telefonischer Voranmeldung Ansprechperson: Annemarie Riegelnegg

Weinverkaufspreise o *Average price*
€ 5,-/23,50 • Bankomatkarte

Kommentierte Weinkost o *Wine-seminar*
Nach tel. Voranmeldung o By appointment only

Kellerführung o *Visiting policy*
Nach tel. Voranmeldung o By appointment only

Weitere Produkte o *Other products*
Obstbrände

Vertrieb/Vermarktung der Weine
Ab-Hof-Verkauf, Fachhandel, Vinotheken und die Gastronomie, Export: Deutschland

Weingut
Karl und Annemarie Riegelnegg
A-8462 Gamlitz, Sernau 21
Tel. und Fax: +43 (0)3454 490
www.riegelnegg-karl.at
e-mail: weingut@riegelnegg-karl.at

Wir produzieren gebiets- und bodenspezifische Weine

Das Weingut Lackner-Tinnacher, das von Fritz Tinnacher und seiner Frau Wilma in Steinbach bei Gamlitz betrieben wird, kann schon auf eine lange Tradition zurückblicken. Der Besitz wurde bereits im Jahre 1770 im Josephinischen Kataster, der ersten konsequenten Landvermessung, beschrieben. Die Rede war von vier Joch Weingärten mit einem Ertrag von 55 Eimern *„guten Wein"* und fünf Eimern *„schlechten Wein"*. Zum heutigen Besitz der Familie Tinnacher gehören 18,5 Hektar hervorragender Weinlagen in Gamlitz, Steinbach und Eckberg.

Fritz Tinnacher hatte in den Jahren 1963 bis 1965 bei Peter Dreisiebner eine Weinbaupraxis absolviert. Der Weinbaufachmann Dreisiebner hatte schon frühzeitig auf die Sorte Sauvignon Blanc gesetzt und aus Stöcken, die um 1890 noch gemischt mit anderen Sorten ausgepflanzt waren, selektioniert und dann in speziellen Weingärten ausgepflanzt. Diese alten Reben, die durch Frost starke Schäden erlitten hatten, wurden von Fritz Tinnacher 1978 gerodet. Zehn Jahre später pflanzte er in seinen Lagen in Steinbach neuerlich Sauvignon Blanc, und diese Sorte macht mittlerweile den Hauptanteil an seiner Produktion aus.

Fritz Tinnacher hat sich zum Ziel gesetzt, gebiets- und bodenspezifische Weine mit feinem Charakter – nicht zu wuchtig, nicht zu laut – zu produzieren. Vom Sauvignon Blanc keltert er drei Linien. Seine „Steirische Klassik" stammt aus Weingärten in der Lage Steinbach mit eher schwerem, lehmhaltigem Boden und ist „grüner" im Geschmack. Der „Steinbach" kommt aus Gärten mit sandigem Lehmboden, ist stilistisch feiner, eleganter und tendiert im Aroma mehr zu gelben Früchten. Der „Welles" wiederum wächst an der Grenze von Steinbach und Sernau auf einem Schotterkonglomerat mit wenig Lehm. Der Wein reift nach einer Tankgärung in großen Eichenholzfässern, bietet ein reichhaltig-würziges Bukett am Gaumen mit einem Hauch von Johannisbeeren und wirkt sehr mineralisch. Bei der Ernte 2006 erntete Fritz Tinnacher auch eine Beerenauslese vom Sauvignon Blanc.

Mittlerweile steht bereits die „next Generation" in den Startlöchern. Tochter Katharina studiert an der Hochschule für Bodenkultur in Wien Weinbau und Önologie und hilft bei Präsentationen des Betriebes im In- und Ausland, etwa in Deutschland oder in den USA. Lackner-Tinnacher-Weine sind sehr gefragt. Man findet sie beispielsweise auch auf der Weinkarte in Häusern wie dem Versace-Club in Miami oder dem noblen Ritz Carlton in Wolfsburg.

We produce area and soil specific wine of fine character

The Weingut Lackner-Tinnacher, managed by Fritz Tinnacher and his wife Wilma in Steinbach near Gamlitz, has a long tradition to look back at. A description of the estate can be found as early as 1770 in the *Josephinischen Kataster*, the first consequent land survey. There one can read about the *„vier Joch"* of vineyards with a production of 55 buckets of *"good wine"* and 5 buckets of *"bad wine"*.

Today the estate of the Lackner-Tinnacher familiy consists of 18,5 hectares (37 acres) of outstanding vineyards in Gamlitz Steinbach and Eckberg. Fritz Tinnacher studied winemaking with Peter Dreisiebner between 1963 and 1965. The accredited winemaker and wine growing expert Dreisiebner was one of the first to back Sauvignon Blanc and chose these plants amongst a variety of grapevines mixed together in a vineyard that had been set up in 1890. He proceeded in planting them out in specially selected vineyards.

These ancient strong vines had to be cleared by Fritz Tinnacher in 1978 after being damaged badly by frost.

Ten years later he again planted Sauvignon Blanc in his vineyards in Steinbach and this variety has become the bulk of his production. Fritz Tinnacher, who already pays maximum attention when working in his vineyards, aims at producing soil-specific wines of fine character, very intense with beautiful fruity aromas. He produces three different Sauvignon Blancs. His "Steirische Klassik" comes from vineyards in the Steinbach valley with rather heavier clay soil and has a more "green" fruit flavour. The grapes grow on soil of a sand and clay, making this wine finer in stile, more elegant, and give it a bouquet akin towards yellow fruit. His Sauvignon "Welles" on the other hand is the result of vines growing on soil consisting mainly of gravel with very little clay. This wine matures in large oak barrels after having fermented in stainless steel tanks and offers a rich, spicy and fruity bouquet with a hint of black currants and appears very mineral. At the 2006 vintage Fritz Tinnacher succeeded in getting a Beerenauslese (late harvest wine) from his Sauvignon Blanc.

In the meantime the "next generation" is already at the starting grid. Daughter Katharina is studying agriculture at the University for Wine-growing and Oenology in Vienna and lends a helping hand at presentations in Austria and worldwide. Lackner-Tinnacher wines are in great demand. One can find them for instance on wine lists in places like the Versace-Club in Miami or the noble Ritz Carlton in Wolfsburg.

Traubenernte und Vinifizierung

Sauvignon Blanc Steirische Klassik und Steinbach: Mehrmaliges selektives Handlesen (nur morgens), Traubengradation 19°-21°KMW ➤ Rebeln und Einmaischen ➤ Maischekontaktzeit in der Tankpresse 6-12 Stunden ➤ Pressen: Vorentsaften in der Presse ➤ Mostklärung: Entschleimen des Mostes mittels Kühlung für 24-36 Stunden ➤ Gärführung: Einleiten der ersten Gärung mit Reinzuchthefen, dann mit gärendem Most weiterimpfen ➤ Gärtemperatur im Stahltank zu Beginn 20°C, absenken auf 19°C ➤ Ausbau: Jungweine in den Niro-Stahltanks für 4-6 Monate ➤ Betonung von Fruchtaromen.

Sauvignon Blanc Steinbach 2007: 12,5%

Trocken, fruchtig und würzig, sehr facettenreiche Fruchtnuancen mit Aromen nach Paprika und Stachelbeeren.

Traubenernte und Vinifizierung

Sauvignon Blanc Welles: Mehrmaliges selektives Handlesen (nur morgens), Traubengradation 19,5°-21°KMW ➤ Rebeln und Einmaischen ➤ Maischekontaktzeit in der Tankpresse 6-12 Stunden ➤ Pressen: Vorentsaften in der Presse ➤ Mostklärung: Entschleimen des Mostes mit Kühlung für 24-36 Stunden ➤ Gärführung: Gärstart in Stahltanks mit gärendem Most bei +/-19°C, bei abklingender Gärung mit der Feinhefe in große Holzfässer umziehen, um die Möglichkeiten der Mikrooxydation zu nützen ➤ Fassausbau: 6 Monate Reifung des Jungweines in den Holzfässern ➤ Betonung von Sekundäraromen.

Sauvignon Blanc Welles 2007: 13%

Feine Sortenfrucht und ganz zartes Holz, herzhaftes Sortenaroma mit saftiger Fülle, feinmineralisch und klar strukturiert.

Weingärten o *Vineyards*
18,5 ha (44,4 acres), Lagen Steinbach, Welles, Eckberg

Weine o *Wines*
Weißweine: Sauvignon Blanc Steirische Klassik, Sauvignon Blanc Welles
Wr, Wb, Mo, Gb, Riesling
Edelsüße Weine: Sauvignon Blanc Beerenauslese, Riesling BA, Morillon Trockenbeerenauslese
Rotweine: Steinbach (Cuvée aus Zweigelt und St. Laurent)

Stockdichte o *Density of plantation*
3,500 Stöcke/Hektar in den alten Rebanlagen; jüngere Weingärten 4,500 Stöcke/Hektar

Alter der Reben o *Average age of the vines*
7-35 Jahre

Hektarerträge o *Average yields*
Sauvignon Blanc 4.500-5.500 Liter/Hektar

Jahresproduktion o *Annual production*
Jahresproduktion: 100.000 Flaschen
Sauvignon Steinbach: 14.000 Flaschen

Kellermeister/Önologe o *Winemaker*
Fritz Tinnacher

Besondere Jahrgänge o *Great recent vintages*
2007, 2006, 2004, 2003, 2002, 2001, 2000, 1997
2001: Österr. Weinsalon mit Sauvignon Blanc 2000

Ab-Hof-Verkauf o *Sale by producer*
Mo-Sa 10-12 Uhr, 14-18 Uhr, So Ruhetag
Ansprechperson: Wilma und Fritz Tinnacher

Kellerführung o *Visiting policy*
Nach tel. Voranmeldung o By appointment only

Weinseminare o *Wine-seminar*
Nach tel. Voranmeldung o By appointment only

Weinverkaufspreise o *Average price*
€ 6,50/21,50 • Visa, Mastercard, Bankomatkarte

Weitere Produkte o *Other products*
Obstbrände, Destillate

Vertrieb/Vermarktung der Weine
Ab-Hof-Verkauf, Fachhandel, Vinotheken und die Gastronomie österreichweit
Exportländer: Deutschland, Schweiz, Liechtenstein, Schweden, USA

Restaurant Weinkarte o *Winelist*
Winkler (Aschau, Chiemsee), Four Seasons (New York), Versace Club (Maimi, Florida), Ritz Carlton (Wolfsburg), Landhauskeller (Graz), Vinofaktur (Graz, Vogau), Gesamtsteirische Vinothek St. Anna/Aigen.

Weingut Lackner-Tinnacher
A-8462 Gamlitz, Steinbach 12
Tel.: +43 (0)3453 21 42
www.tinnacher.at
e-mail: weingut@tinnacher.at

Altes Wissen - neue Technik

Es gibt kaum einen Weinbaubetrieb in der Steiermark, in dem sich alt und neu zu einer so bemerkenswerten Symbiose zusammenfinden wie im Weingut von Johann Jöbstl in Sernau bei Gamlitz. Alten Aufzeichnungen zufolge wurde das Gut samt Presshaus um 1840 errichtet. Von damals stammt auch die alte Baumpresse, die immer noch funktionstüchtig ist und schon als Kulisse in preisgekrönten Filmen diente.

In dem in den Kalkstein gehauenen Felsenkeller lagern auch die Holzfässer, die vom steirischen Weltmeister der Fassbodenschnitzer Christian Nehutny wunderschön gestaltet wurden. Nehutny wäre längst reif für das Guinness Buch der Rekorde. Immerhin hat er schon mehr als 2.000 Fässer mit seiner einzigartigen Handschrift künstlerisch geschnitzt.

Johann Jöbstl, der die Weinbauschule Silberberg 1976 absolvierte und den Betrieb 1991 von seinen Eltern übernahm, lebt die Geschichte des Hauses, steht aber mit beiden Beinen in der Gegenwart, nützt die moderne Kellertechnik und plant bereits für die Zukunft. So hat er im Laufe der Jahre seine Weingärten, die auf knapp 400 Meter Seehöhe liegen, mit großem Aufwand neu angelegt. „Der auf Kalkstein gelagerte Sandboden besitzt die hervorragende Eigenschaft, sich rasch zu erwärmen, und die Wärme nach Sonnenuntergang ebenso rasch wieder abzugeben, sodass es zu einer Abkühlung während der Nacht kommt", erklärt Johann Jöbstl. Dieser Wechsel von Tageswärme und Nachtkühle fördert die fruchtige Säure der Trauben. Schon früh erzielten die Jöbstl-Weine höchste Bewertungen, und das Jahr 1987 war für ihn ein ganz Besonderes. „Damals wurde ich mit meinem Welschriesling in Krems Österreichischer Bundessieger, und dort traf ich die steirische Weinkönigin Rosalinde I", erinnert sich Johann. Mittlerweile ist die damalige Weinkönigin die Königin seines Herzens und Mutter seiner Kinder Johannes, Maria, Matthias und Rosalinde.

Johann Jöbstl ist ein gläubiger Mensch. Er vertraut auch auf den Schutz von Johannes dem Täufer, dessen Statue in seinem Weingarten steht, und auf die der Zwölf Apostel, die symbolisch als Edelstahlzylinder um einen aus einem alten Kastanienbaum geschnitzten Obelisken neben seinem Weingarten am Sernauberg stehen. Auf den einzelnen Seiten dieses Obelisken hat Christian Nehutny auf Deutsch und Latein den gemeinsamen Leitspruch von Johann Jöbstl geschnitzt: Lieber ein kleiner Herr, als ein großer Knecht. Johann Jöbstls Philosophie geht aber darüber noch hinaus: „Ich will noch besser werden."

Sauvignon Blanc: 12,5%; Im Duft zart nach gelbem Paprika und Pfirsich und ein Hauch von Stachelbeeren. Am Gaumen sehr elegant, finessenreich und leicht mineralisch, sehr schöner fruchtiger Nachhall.

Ancient knowledge - new technique

There is no other wine producing business in Styria in which old and new can be found combined in such an extraordinary symbiosis as in the estate of Johann Jöbstl in Sernau near Gamlitz. According to old records the whole estate including the building containing the wine press was originally built in 1840. From those days originates the historic "oakwood basket press" which is still functioning today and has furthermore been put to good use as a backdrop for award-winning films.

The rocky cellar hewn in the limestone mountain contains wooden wine barrels decorated beautifully by the Styrian world champion in barrel carving, Christian Nehutny. Nehutny should have made it into the Guinness Book of Records a long time ago. He has, after all, decorated more than 2.000 wine barrels with his distinctive artistic carvings. Johann Jöbstl, who graduated from the School for Agriculture and Oenology Silberberg in 1976 and took over the business of his parents in 1991, on the one hand lives according to the history of his home, on the other hand he stands with both feet firmly in the present using modern techniques in his wine cellar while planning for the future. Over the years he has rejuvenated his vineyards, which are located at about 400 metres above sea level, with considerable effort. "The sandy soil over a limestone base has the extraordinary advantage of warming up rapidly but losing this warmth quickly after sunset which results in an absolute cooling-down effect during the night" Johann Jöbstl explains. This change from warm days to cool nights leads to the grapes being fruity and acity.

From the very outset Jöbstl achieved the highest appraisals for his wines and 1987 became a very special year for him. "That year I won the award for the best Austrian wine with my Welschriesling in Krems and I met the Styrian Queen of Wine, Rosalinde I", remembers Johann. Meanwhile Rosalinde, the wine queen, has not only become his personal queen of hearts, but also the mother of his children Johannes, Maria, Matthias and Rosalinde.

Johann Jöbstl is a religious man: He puts his trust for protection in John the Baptist of whom there is a statue in his vineyard, and the twelve apostles, of whom a symbolic representation in form of a stainless steel cylinder round an obelisk carved from the remaining trunk of a chestnut tree can be seen next to his vineyard in Sernauberg. On the individual sides of the obelisk Christian Nehutny carved the common motto of Johann Jöbstl in German as well as in Latin: Better (to be) a small master than a big servant. But the philosophy of Johann Jöbstl goes even further than that: "I aim at being even better."

Traubenernte und Vinifizierung

Sauvignon Blanc: Handlese, Traubengradation 19°KMW (94 Öchsle) ➤ Rebeln und Einmaischen ➤ Maischekontaktzeit in der Presse oder Maischetanks 8-10 Stunden ➤ Vorentsaften und Pressen ➤ Pressdruck ➤ Vorklären des Mostes über Nacht, Gärstart mit Reinzuchthefen ➤ Gezügelte Gärung in Stahltanks bei 15°-18°C und in 1.500 l Holzfässern ➤ Ausbau: Jungwein im Tank und auch in den Holzfässern 4 Monate ➤ Betonung von Primäraromen ➤ teilweise BSA, „wenn er passiert, dann passiert er eben" ➤ Vorfiltration, Füllfiltration ➤ Flaschenfüllung.

Sauvignon Blanc Selektion Sernauberg: Handlese, Traubengradation 20°KMW (99 Öchsle) ➤ Rebeln und Einmaischen ➤ Maischekontaktzeit in der Presse oder Maischetanks 8-10 Stunden ➤ Vorentsaften und Pressen ➤ Pressdruck <1,6 bar ➤ Vorklären des Mostes über Nacht, Gärstart mit Reinzuchthefen ➤ Gezügelte Gärung in Stahltanks bei 15°-18°C und in 1.500 l Holzfässern ➤ Ausbau: Jungwein im Tank und auch in den Holzfässern 5-6 Monate Reifung ➤ Betonung von Primäraromen ➤ teilweise BSA ➤ Vorfiltration, Füllfiltration ➤ Flaschenfüllung.

Weingärten o *Vineyards*
8,5 ha (20 acres) am Sernauberg

Weine o *Wines*
Weißweine: Sauvignon Blanc, Sauvignon Blanc Selektion
Mu, Wr, Sä, Gb, Wb, Mo
Rotweine: Zweigelt

Hektarerträge o *Average yields*
Sauvignon Blanc 3.500-4.500 Liter/Hektar

Stockdichte o *Density of plantation*
3,700 Stöcke/Hektar am Sernauberg

Kellerführung o *Visiting policy*
Nach tel. Voranmeldung o By appointment only

Kommentierte Weinkost o *Wine-seminar*
Nach tel. Voranmeldung o By appointment only

Kellermeister/Önologe o *Winemaker*
Johann Jöbstl

Besondere Jahrgänge o *Great recent vintages*
2007, 2004, 2001, 2000, 1999, 1983, 1979
2008 Steirischer Landessieger mit Muskateller 2007

Ab-Hof-Verkauf Badendorf und Gamlitz
Täglich 10-18 Uhr, nach telefonischer Voranmeldung
Ansprechperson: Rosalinde und Johann Jöbstl

Weinverkaufspreise o *Average price*
€ 5,30/9,50

Weitere Produkte o *Other products*
Obstbrände, Tresternbrand

Vertrieb / Vermarktung der Weine
Ab-Hof-Verkauf, Fachhandel, Vinotheken und die Gastronomie österreichweit , Export: Deutschland

Restaurant Weinkarte o *Winelist*
Weibls Wirtshaus (Wien), Landhaus Jöbstl (Graz), Casino Restaurant Graz, Goldener Löwe (Innsbruck)

Weingut Jöbstl
A-8462 Gamlitz, Sernau 10
Tel.: +43 (0)3453 72 65
Wohnadresse:
A-8413 St. Georgen/Stiefing, Badendorf 9
Tel.: +43 (0)31 83 84 09, Fax: 20 9 69
www.joebstl-weingut.at
e-mail: keller@joebstl-weingut.at

CHRISTIAN NECHUTNY - FASSBODENSCHNITZER

① ② ③ ④ ⑥ ⑨ *Geschnitzte Fass-*
böden im Weinkeller von
Johann Jöbstl
⑤ *Der Meister der Holzschnitz-*
kunst Christian Nechutny
neben seinem Obelisken.
⑦ *Der Wein steht immer im*
Mittelpunkt des Schaffens
⑧ *Weinkeller von Tschermonegg*

① Geschnitzte Fassböden im Weinkeller von Johann Jöbstl
② „Österreich ist frei!", Weinfass zum Gedenken an die
   schwierigen Verhandlungen zur Erlangung des Österreichischen Staatsvertrages in Weinkellern von Dürnstein.
③ Der Wein steht immer im Mittelpunkt des Schaffens.
④ Geschnitztes Fass im Weinkeller des Weingut Lambauer in
   Kitzeck.
⑤ Johann Jöbstl, Christian Nechutny und Erich Jöbstl bei der
   Fertigstellung und inoffiziellen Einweihung ihres Sernauer
   Obelisken.

LIEBER EIN KLEINER HERR,
ALS EIN GROSSER KNECHT

Dass er einmal der gefragteste Fass-Schnitzer in Lande sein würde, hat sich der Steirer Christian Nechutny nicht gedacht, als er im Jahre 1979 zum ersten Mal zum Schnitzmesser griff. „Ich habe damals im sechsten Stock eines Wohnhauses gelebt und war mit den Stahlzargen an der Wohnungstür recht unglücklich", erinnert sich Nechutny. Also hat er den Stahlrahmen mit Holz verkleidet und diesen Tür-stock mit geschnitzten Ornamenten verziert. Es hat nicht lange gedauert, und er musste auch die übrigen fünf Eingangstüren im Hause mit seiner Schnitzkunst versehen. Sein erstes Weinfass hat Christian Ne-chutny dann im Jahr 1988 für die Weinbauschule in Silberberg geschnitzt, und von da an folgte eine regel-rechte Kettenreaktion. Winzer, die das Fass sahen, wollten auch von ihm geschnitzte Fässer. Mittlerweile hat Nechutny mehr als 2.000 Fässer geschnitzt. „Praktisch alle namhaften Winzer in der Steiermark, in Nie-derösterreich und im Burgenland haben schon Fässer von mir", freut sich der Künstler, der als Autodidakt begann, mittlerweile aber schon Schnitz-Profi ist. „Zu Anfang gab's noch Verletzungen mit dem scharfen Werkzeug, jetzt bin ich aber schon vorsichtiger", sagt Nechutny, der ein großer Freund des Welschrieslings ist und pro geschnitztem Fass so fünf, sechs Flaschen Wein braucht. Die Sorge, dass ihm die Arbeit ausge-hen könnte, hat Nechutny nicht. „Wenn nur jeder steirische Winzer ein Fass von mir schnitzen ließe, wäre ich die nächsten 30 Jahre ausgelastet."

Christian Nechutny schnitzt aber nicht nur Weinfässer. Er schnitzt auch Skulpturen und widmet sich darüberhinaus auch der Malerei. Dabei arbeitet er mit Farben, die er aus Weingeläger gewinnt. „Mit diesen Bildern möchte ich jetzt eine Ausstellung machen."

CROKODILE ROCK - SCHILHAN JÄGERBERG, KRANACHBERG

Wein wie Musik

Als Repräsentanten einer neuen Winzergeneration eröffnen Monika und Wilfried Schilhan neue Welten, auch wenn die Basis ihres Schaffens die Traube bleibt. Weithin sichtbares Aushängeschild der Schilhan Weinmanufaktur ist ihr neues Kellergebäude, das wie ein Krokodil auf dem Rücken des Kranachberges kauert. Der von den Architekten Martina Kalteis und Norbert Grabensteiner gezeichnete „Crocodile Rock" ist modernste Architektur der leichten, luftigen Art und nunmehr eine imposante Bühne für die nicht minder imposanten Schilhan-Weine. Wilfried Schilhan, dessen Vater Obstbaulehrer in einer Landwirtschaftlichen Fachschule bei Hartberg war, wusste schon in jungen Jahren, dass er einmal Winzer werden würde. Nach Absolvierung der Weinbauschule in Klosterneuburg folgte zwar ein kurzes Intermezzo als Lehrer in Haidegg, aber schon 1994 machte sich Schilhan mit einer Anbaufläche von 2,5 Hektar selbstständig. Heute bewirtschaftet er 15 Hektar an den schönsten Hängen der Südsteiermark. In den Lagen Jägerberg, Kranachberg und Hochglanzberg reifen Trauben heran, aus denen er „Weine mit Seele" keltert. Und weil die Seele des Önologen Schilhan die Musik ist, komponiert er Wein wie Musik. Vielfältig wie die Musik präsentieren sich die Schilhan-Weine. Das Weinsortiment reicht von den Klassikern wie dem Welschriesling, dem gelben Muskateller, dem Sauvignon Blanc, dem Grauburgunder, dem mehrfach ausgezeichneten Gewürztraminer über einen Zweigelt bis hin zu Eiswein und Frizzante vom Schilcher. Im Orchester seines Angebotes spielt der Sauvignon Blanc eine besondere Rolle. Von dieser Sorte keltert er eine Klassik sowie Lagenweine vom Kranachberg und Jägerberg. In besonderen Jahren wird auch eine „Privat"-Edition gekeltert, die zwölf Monate im großen Holzfass reift.

Wilfried Schilhan setzt im Weingarten ausschließlich auf Handarbeit, weil er meint, dass eine Maschine nie einen erfahrenen Weingartenarbeiter ersetzen könne. In der Kellerarbeit orientiert sich Schilhan bei den einzelnen Schritten nach den Mondphasen. „Der Mond nimmt Einfluss auf den Wein, speziell wenn er im Holz liegt", sagt Schilhan, der den Wein stets nur bei zunehmendem Mond in Flaschen füllt.

Der Musik-Liebhaber Schilhan ist auch ein großer Fan des legendären Rockkönigs Elvis Presley. Daher ist es auch kein Wunder, dass er seine Süßweine „Aaron" nennt. Aaron ist schließlich der zweite Vorname des King.

Sauvignon Blanc: 12,5%; Im Duft würzig mit Nuancen von reifen Paprika und Stachelbeeren, am Gaumen sehr stoffig und klar, etwas mineralisch, sehr schöner würziger Abgang.

Sauvignon Blanc Kranachberg: 13,3%; Im Bukett kräftig nach Johannisbeeren und Paprikaschoten, am Gaumen komplex, macht viel Trinkfreude. Ein idealer Speisebegleiter.

Wine as music

Being representatives of a new generation of wineproducers, Monika and Wilfried Schilhan open up new worlds, even though the basis of their work is still the simple grape. The "emblem" of the Schilhan winery is clearly visible from afar: it is the building housing the new wine cellar which is reminiscent of a crouching crocodile on the back of the Kranachberg. "Crocodile Rock", designed by the architects Martina Kalteis and Norbert Grabensteiner, is an example of cutting edge architecture of the light and airy kind and has become an impressive stage for the no less impressive Schilhan wines. Wilfried Schilhan, whose father used to be a teacher for fruit growing at the Agricultural College (Landwirtschaftliche Fachschule) near Hartberg, knew very early that he was to be a wine maker one day. After graduating from the Federal College for Wine and Fruit growing in Klosterneuburg there followed a short stint as a teacher in Haidegg, but in 1994 Schilhan went independent with 5 acres of vineyards. Today he administers 30 acres along the most beautiful hillsides of southern Styria. From the grapes ripening in the vineyards Jägerberg, Kranachberg, and Hochglanzberg he produces "wines with a soul". And as the soul of the oenologist Schilhan is music, he composes his wine like music. And Schilhan wines are multifaceted like music. The assortment of wines stretches from the classics like Welschriesling, Yellow Muscat, Sauvignon Blanc, Grey Burgundy, the awardwinning Gewürztraminer via the Zweigelt up to ice wine and a Frizante of Schilcher. In the "orchestra" of his offers Sauvignon Blanc is a special "instrument". Of this variety he produces one "Klassik" and 2 premium wines from Kranachberg and Jägerberg. In special vintages he also makes a "Privat"-edition, which matures 12 months in a large oak barrel.

The work in Wilfried Schilhan's vineyards is exclusively done by hand as in his opinion an experienced vineyard worker can never be substituted by a machine. In the wine cellar Schilhan orientates himself on the phases of the moon when performing individual tasks. "The moon influences the wine, especially while the wine is in wooden barrels" says Schilhan, who bottles his wine only in the first phase of the moon.

The musiclover Schilhan is also a big fan of the legendary king of Rock'n Roll, Elvis Presley. No wonder he calls his sweet wines "Aaron" as Aaron was the middle name of the King.

Traubenernte und Vinifizierung

Sauvignon Blanc „Klassisch Steirisch": Mehrmaliges (2-3 mal), selektives Ernten von Trauben mit 17°-18°KMW ➤ Rebeln und Maischen in Tanks ➤ Maischekontaktzeit 6-12 Stunden ➤ Pressen: schonendes Pressen, Seihmost und Pressmost gemeinsam ➤ Mostklärung: Trubfiltration des Mostes ➤ Gekühlte Gärung in Stahltanks bei 17°C, großteils Gärstart mit Reinzuchthefen, zügige Gärung ➤ Ausbau: Jungweine in den Stahltanks ➤ nach dem Gärende schnell abziehen von der Grobhefe ➤ mit der Feinhefe zurück in die Tanks ➤ nie Filtrieren, nur 2x umziehen ➤ 4-6 Monate Reifung, Betonung von Primäraromen ➤ Kieselgurfiltration und Flaschenfüllung.

Weingärten o *Vineyards*
15 ha (36 acres), Lagen Kranachberg, Jägerberg

Weine o *Wines*
Weißweine: Sauvignon Blanc, Sauvignon Blanc Kranachberg, Sauvignon Blanc Privat
Wr, Spiegel, Wb, Mu, Mo
Edelsüße Weine: Aaron Traminer Eiswein, Aaron Traminer TBA
Rotweine: Zweigelt, Cuvest

Alter der Reben o *Average age of the vines*
3-40 Jahre

Pflanzdichte o *Density of plantation*
3,300 Stöcke/Hektar Sauvignon Blanc Kittenberg

Hektarerträge o *Average yield per hectar*
Sauvignon Blanc Lagen 3.500-4.000 Liter/Hektar

Kellermeister/Önologe o *Winemaker*
Wilfried Schilhan, Hannes Reiterer

Besondere Jahrgänge o *Great recent vintages*
2007, 2006, 2005, 2003, 2001, 2000, 1997

Ab-Hof-Verkauf o *Sale at the premises*
Mo-Fr 10-18 Uhr, Sa, So 11-18 Uhr geöffnet
Ansprechpersonen: Monica und Wilfried Schilhan

Weinseminare o *Wine-seminar*
Nach tel. Voranmeldung o By appointment only

Weinverkaufspreise o *Average price*
€ 6,50/15,- • Visa, Mastercard, Bankomatkarte

Weitere Produkte o *Further products*
Frizzante vom Schilcher, Essig aus Zweigelt, Tresterbrand

Vertrieb/Vermarktung der Weine
Ab-Hof-Verkauf, Fachhandel, Vinotheken und die Gastronomie österreichweit
Exportländer: Deutschland, Schweiz

Restaurant Weinkarte o *Winelist*
Steirereck, Plachutta (Wien), Steirereck am Pogusch

Weingut Schilhan
A-8462 Gamlitz, Kranach 8
Tel.+Fax: +43 (0)3453 6094
      +43 (0)664 130 86 28
www.weingut-schilhan.at
e-mail: office@weingut-schilhan.at

ROLAND KLAPSCH: LABITSCHBERG

Ich kenne jeden Rebstock persönlich

Das kleine - aber sehr feine - Weingut von Roland Klapsch liegt etwas versteckt auf dem Labitschberg in der Südsteiermark. Dorthin gelangt man, wenn von Gamlitz in Richtung Leutschach fährt und an der ersten Abzweigung nach der Ortsende-Tafel von Gamlitz rechts in den Labitschbergweg abzweigt. Dieser mündet – immer geradeaus – in den Simongregorweg, der wiederum bergauf direkt zum Weingut führt. Roland Klapschs Vater hat die Trauben aus dem knapp ein Hektar großen Weingarten noch verkauft, und das schien für den Sohn zunächst wenig erfolgsversprechend für die Zukunft. Aber im Alter von 21 Jahren erfolgte ein Umdenken, und der gelernte Autospengler entschloss sich, nach Silberberg zu gehen und doch Weinbau zu studieren. Nach Absolvierung der Weinbauschule sammelte er Erfahrungen bei einigen namhaften Weingütern in der Südsteiermark, um danach sein Wissen in Südafrika zu vertiefen. Ein halbes Jahr lang arbeitete er bei „Lois Vale" in Stellenbosch als Assistent Winemaker.

Wieder zurück in Österreich, führte er eine Zeit lang den elterlichen Buschenschank, um sich schließlich gänzlich dem Weinbau zu widmen. „Ich genieße die Arbeit und das Leben im Einklang mit der Natur", sagt Roland Klapsch, der viel Zeit in seinen Weingärten verbringt. „Ich weiß, was dort vorgeht, ich kenne praktisch jeden einzelnen meiner Rebstöcke persönlich." Vom Sauvignon Blanc keltert Roland Klapsch einen klassisch ausgebauten Wein, von dieser Sorte führt er aber auch einen Traubenbrand. Bei den geringen Mengen, die in seinem Gut gekeltert werden, sieht Klapsch auch keine Notwendigkeit, einen neuen Keller zu bauen. Auch was die Erweiterung seiner Rebflächen betrifft, gibt er sich eher zurückhalten.d „Erweitern ja, aber nur so viel, wie ich selbst bewältigen kann ...". Zuletzt hatte er aber im Weingut Unterstützung: Eine Praktikantin aus Finnland sammelte hier Weingartenerfahrungen.

Das Weingut von Roland Klapsch verfügt auch über einen Buschenschank, der allerdings nur bei vorheriger Bestellung geöffnet ist. Reservierungen werden ab 25 Personen entgegengenommen. Im Buschenschank können bis zu 70 Personen feiern, bei schönem Wetter bieten im Gastgarten und auf der Terrasse bis zu 90 Sitzgelegenheiten genügend Platz für Feste aller Art. Darüber hinaus verfügt das Weingut auch noch über vier Gästezimmer, die am Fuße des Klapschberges liegen und einen Blick auf die eigenen Fischteiche eröffnen.

Sauvignon Blanc: 12,5%; Helles Grüngelb, im Duft ein Hauch gelber Paprika und ein intensiver Stachelbeerton. Am Gaumen saftig, mit einer gut integrierten Säurestruktur, sehr trinkfreudig, ein idealer Speisebegleiter.

I know each of my vines personally

The small, but exquisite winery of Roland Klapsch is somewhat hidden on top of Labitschberg in southern Styria. To find it, one has to get onto the road from Gamlitz towards Leutschach and take the first turning to the right after the 'end of Gamlitz' – sign into Labitschbergweg, which leads straight ahead to Simongregorweg, which leads uphill and directly to the winery. Roland Klapsch's father used to sell the grapes of his 2-acre vineyard and that initially did not look very promising for the future to the young Klapsch. But at the age of 21 the trained mechanic had a rethink and decided to attend the School for Agriculture and Oenology Silberberg and study wine production after all. After graduating from the School for Agriculture and Oenology Silberberg, he collected more experience at some well-known wineries in southern Styria and deepend his know-how further in South Africa. He worked at "Lois Vale" in Stellenbosch as a assistant winemaker for six months.

Back in Austria he ran the Buschenschank of his parents for some time before he fully dedicated himself to wine making. "I enjoy working and living in harmony with nature", says Roland Klapsch, who spends o lot of time in his vineyard. "I know what is going on there and practically know each single one of my vines personally." Roland Klapsch produces his Sauvignon Blanc as a classic wine, but he also makes a grape brandy from this variety. As he only produces a small amount of wine in his winery, Klapsch sees no necessity to build a new wine cellar, and as far as the extension of his vineyards is concerned he shows himself reserved. "To extend, yes, but only by an amount I can cope with myself." Recently he had some support in his vineyard: A trainee from Finland was collecting experience in vineyard work. The winery of Roland Klapsch includes a Buschenschank, which opens only when there are at least 25 bookings. The Buschenschank is big enough for 70 persons, when the weather allows it there are seats for 90 more people available outside in the garden and on the terrace for all kinds of celebrations. Furthermore, the winery is able to provide 4 guest rooms at the foot of the Klapschberg offering a beautiful view over the fishponds owned by this winery.

Traubenernte und Vinifizierung

Sauvignon Blanc: Mehrmaliges, selektives Ernten von Trauben mit 18°KMW ➤ Rebeln und Maischen in der Presse ➤ Maischekontaktzeit 2-3 Stunden ➤ Pressen: schonendes Pressen mit wenig Druck <1,2 bar, Seihmost und Pressmost gemeinsam ➤ Mostklärung: Gekühltes Klären des Mostes über Nacht (8°-10°C) ➤ Abziehen des klaren Mostes und gekühlte Gärung in Stahltanks bei 18°-20°C, Gärstart mit Reinzuchthefen ➤ Ausbau: Klassik-Jungweine in den Stahltanks ➤ nach dem Gärende abziehen von der Grobhefe ➤ mit der Feinhefe zurück in die Tanks ➤ Aufrühren der Feinhefe solange es möglich ist ➤ 4 Monate Reifung, Betonung von Primäraromen ➤ Klarfiltration und Flaschenfüllung.

Weingärten o *Vineyards*
3 ha (7,2 acres), Lage Labitschberg
Weine o *Wines*
Weißweine: Sauvignon Blanc, Wr, Mu, Chardonnay Labitschberg Privat Rotweine: Zw, Euphonie (Cuvèe)
Alter der Reben o *Average age of the vines*
12-25 Jahre
Pflanzdichte o *Density of plantation*
4.500 Stöcke/Hektar in Sauvignon Blanc-Anlagen
Hektarerträge o *Average yield per hectar*
Sauvignon Blanc 3.500-4.000 Liter/Hektar
Kellermeister/Önologe o *Winemaker*
Roland Klapsch
Besondere Jahrgänge o *Great recent vintages*
2007, 2006, 2003, 2001, 2000, 1999, 1992

Buschenschank o *Where the winegrower sell*
Ganzjährig ab 25 Personen nach tel. Voranmeldung o *By appointment only*
Ab-Hof-Verkauf o *Sale at the premises*
Täglich ab 9 Uhr nach tel. Voranmeldung o *By appointment only* Ansprechperson: Roland Klapsch
Kommentierte Weinkost o *Wine-seminar*
Nach tel. Voranmeldung o *By appointment only*
Weinverkaufspreise o *Average price*
€ 5,50/25,-
Weitere Produkte o *Further products*
Sauvignon Grappa, Muscat Royal, Obstbrände: Apfel, Zwetschke im Eichenfass gereift
Gästezimmer o *Bed and breakfast*
4 Zimmer - 8 Betten • *4 apartment*
Vertrieb/Vermarktung der Weine
Ab-Hof-Verkauf und die Gastronomie österreichweit, Exportländer: Deutschland, Schweiz, Italien, Finnland
Restaurant Weinkarte o *Winelist*
Alte Post, Römerhof, Koh Samui (Leibnitz), Steirereck am Pogusch, Höhenwirt (Wörthersee), Berau (Wolfgangsee).

Weingut Roland Klapsch

A-8462 Gamlitz, Labitschberg 8
Tel.: +43 (0)664 182 2931
www.klapsch.eu
e-mail: weingut@klapsch.eu

HANNES SABATHI: KRANACHBERG, STEINBACH

Export ist wichtig, um die Steiermark ins Bewußtsein zu bringen

Mit seinen 27 Jahren zählt Hannes Sabathi zu den jungen Erfolgswinzern in der Südsteiermark. Dem Silberberg-Absolventen wurde 1998, gleich nach Beendigung der Weinbauschule, die Kellerarbeit im elterlichen Betrieb übertragen. Die fehlende Praxis holte er sich auf vielen Reisen durch die Weinwelt. Und dabei wurde er speziell von den weißen Burgundern der Burgund und den Sauvignon Blancs der Loire geprägt. „Mich hat der sorgfältige Umgang mit dem Wein aus besonderen Lagen fasziniert." Kein Wunder, dass Hannes Sabathi, der seit 2004 die Vollverantwortung über das Gut auf dem Kranachberg in Gamlitz trägt, seinen Sauvignon Blanc in drei verschiedenen Linien, „Classic", „Lage" und „Reserve", ausbaut. Als „Classic" kommt der in Stahltanks vergorene und ausgebaute Wein in die Flasche, die Lagenweine, die in großen Holzfässern ausgebaut werden, stammen aus den Weingärten auf dem Kranachberg, dem Jägerberg und Steinbach, die zu den besten Lagen zählen, die die Südsteiermark zu bieten hat. Die rund acht seiner insgesamt 13 Hektar Rebflächen liegen auf der Großlage Kranachberg, wo die Reben auf einem kalkfreien Schotter-Sand-Gemisch wachsen. Die Lagen Jägerberg und Steinbach sind tiefgründiger und weisen lehmigen Sand auf. Sabathis Rebanlagen sind zum Teil 20 bis 40 Jahre alt. „Die kommen jetzt ins beste Alter, weil alte Weinstöcke gemütlicher wachsen. Junge Stöcke wachsen eher ‚pubertierend', da muss man im Weingarten ordnend eingreifen."

Nur in sehr, sehr guten Jahren entschließt sich Hannes Sabathi, aus den Trauben vom Kranachberg eine „Reserve" zu machen, die in Barriques ausgebaut wird. Die erste Reserve gelang Sabathi im Jahre 2000. Der Wein reifte eineinhalb Jahre in den neuen Kleinfässern und hat jetzt den ersten Reifepunkt, bei dem nicht mehr ein Holzton, sondern die Rebsortencharakteristika und die Mineralität geschmacklich im Vordergrund stehen. In diesem Jahr kommt auch der 2006er „Reserve" auf den Markt.

„Große Weine brauchen Holzunterstützung", sagt Hannes Sabathi und trifft damit auch den Geschmack vieler Weinliebhaber. Von seinen rund 30.000 Flaschen Sauvignon Blanc geht ein Gutteil in den Export nach Deutschland, England und in die Schweiz. „Der Export ist wichtig, um die Steiermark ins Bewußtsein zu bringen", sagt er und nützt die Besuche der großen Weinmessen, um dort Kontakte zu knüpfen.

Sauvignon Blanc Lage: 13,5%; Die Lagenweine von Hannes Sabathi verfügen über eine besondere Typizität, eine intensive Mineralik und die typisch steirische Stilistik, nach reifen Stachel- und Johannisbeeren, vielschichtig und trinkfreudig.

Sauvignon Blanc Reserve: 13,5%; Der Duft der dem Glas entströmt erinnert an gelbe Birnen, Mandeln und reifen Äpfel, der erste Schluck ist opulent, weich und vielversprechend. Ein besonderer Sauvignon, der über alle Charakterzüge eines großen Weines verfügt.

Export is important to get international awareness

Being only 27 years old Hannes Sabathi is one of the young successful winemakers in southern Styria. Straight after graduating from the School for Agriculture and Oenology Silberberg 1998 he started work in the parental wine cellar – His lack of experience he made up by travelling the world of wine. He became especially fond of the Pinot Blanc of Burgundy and the Sauvignon Blancs of the Loire Valley. "I was fascinated by the delicate handling of wine from special vineyards ". No wonder that Hannes Sabathi, who has carried the sole responsibility for the estate on Kranachberg in Gamlitz since 2004, produces his Sauvignon Blanc in three different wines lines, "Klassik", "Lagen", and "Reserve". The fermented and in stainless steel tanks produced wine is bottled and labelled "Klassik"; the premium wines, produced in large wooden barrels, are from the vineyards of Kranachberg, Jägerberg, and Steinbach, which are among the best southern Styria has to offer. Approximately eight of his 26 acres (13 hectares) of vineyards are situated in Kranachberg, where the vines are growing on lime-free soil consisting mainly of a gravel and sand mix. The vineyards Jägerberg and Steinbach consist of deeper soil and contain a mixture of clay and sand. Sabathi's vineyards are in part 20 to 40 years old. "They are just entering 'the best age', as old vines grow more unhurriedly as opposed to young vines growing sort of 'pubescent', one has to intervene and organize the vineyards."

Only extremely good years make it possible for Hannes Sabathi to decide to produce the "Reserve", which matures in small oak-barrels using grapes of the vineyard Kranachberg. The first of these "Reserve" wines Sabathi was able to do was in 2000. The wine matured in the new small oak-barrels for one and a half years and reached the point, where character and minerality of the wine dominate the taste rather than the "wooden aroma". This year will see the "2006 Reserve". "Great wines need the support of fine oak wood", says Hannes Sabathi and scores with the taste buds of many a connoisseur. A large part of the 30.000 bottles Sauvignon Blanc is exported to Germany, England, and Switzerland. "Export is important to get international awareness for Styria", he says using his visits to big wine fairs to get new contacts.

Weingärten o *Vineyards*
13 ha (31,2 acres), Lagen: Kranachberg, Steinbach, Jägerberg

Weine o *Wines*
Weißweine: Sauvignon Blanc Klassik, Sauvignon Blanc Kranachberg, Sauvignon Blanc Reserve
Wr, Wb, Mo, Mu, Scheurebe, Gb
Rotweine: Zweigelt

Alter der Reben o Average age of the vines
5-20 Jahre

Pflanzdichte o Density of plantation
4,000 Stöcke/Hektar in den alten Rebanlagen; Weingärten jünger als 10 Jahre mit 4,500 Stöcke/Hektar

Hektarerträge o *Average yields*
Sauvignon Blanc 3.500-4.000 Liter/Hektar, 8-10 Trauben (1,5-2,0 kg) pro Rebstock

Kommentierte Weinkost o *Wine-seminar*
Nach tel. Voranmeldung o By appointment only

Kellerführung o *Visiting policy*
Nach tel. Voranmeldung o By appointment only

Kellermeister/Önologe o *Winemaker*
Hannes Sabathi

Besondere Jahrgänge o *Great recent vintages*
2007, 2005, 2004, 2001, 2000

Buschenschank
März bis November, Fr-Mo 12-22 Uhr

Ab-Hof-Verkauf
Täglich 10-18 Uhr, nach telefonischer Voranmeldung
Ansprechpersonen: Hannes Sabathi und Manuela Marko

Weinverkaufspreise o *Average price*
€ 5,70/14,50

Weitere Produkte o *Further products*
Traubensaft, Kernöl

Vertrieb/Vermarktung der Weine
Ab-Hof-Verkauf, Fachhandel, Vinotheken und die Gastronomie österreichweit
Exportländer: Deutschland, Schweiz, England

Restaurant Weinkarte o *Winelist*
Indochine, Schwarzes Kameel (Wien), Steirereck am Pogusch, Magazin, Riedenburg (Salzburg), Der Steirer-Wiesler (Graz), Gesamtsteirische Vinothek St. Anna, Vinofaktur Vogau und Graz

Weingut Sabathi am Kranachberg
A-8462 Gamlitz, Kranachberg 51
Tel.: +43(0)3453 - 29 90, Fax: DW -29
GPS: N 46°43,203' O(E)15°29,564'
www.sabathi-weine.at
e-mail: office@sabathi-weine.at

PETER SKOFF: KRANACHBERG, JÄGERBERG

Ein besonderer Genuss ist unsere Motivation

Hoch oben auf dem Kranachberg, scheinbar am Ende der Welt, liegt das Weingut von Peter Skoff, das neuerdings als „Domäne Kranachberg" firmiert. Der aus dem Französischen stammende Begriff Domäne steht für kleine, aber feine Güter, die höchste Qualitäten hervorbringen. „Genau diese haben wir für unsere Namensbezeichnung als Vorbild genommen", sagt Markus Skoff, den den Betrieb gemeinsam mit seinen Eltern führt. Der Betrieb steht seit dem Jahre 1922 im Familienbesitz und verfügt derzeit über 16 Hektar Rebflächen, deren steile Lagen rund ums Haus nach Süden ausgerichtet sind. Rund ein Viertel dieser Fläche ist der Sorte Sauvignon Blanc gewidmet. „Unsere Weingärten liegen in einer optimalen Höhe zwischen 400 und 500 Metern, also über der Nebelgrenze", sagt Markus Skoff, der die Weinbauschule in Klosterneuburg absolviert und danach eine Praxis im französischen Elsass gemacht hat. „Wir bemühen uns, die Qualitätsschraube kontinuierlich nach oben zu drehen", erklären Vater und Sohn Skoff, und diese Bemühung ist durchaus von Erfolg geprägt. Besonders, was die Sorte Sauvignon Blanc betrifft, der in der Domäne Kranachberg die komplette Bandbreite gewidmet ist. Die Palette reicht von der Sauvignon Klassik über den Lagenwein vom Kranachberg bis hin zu den „Sauvignons für Spezialisten", der „Reserve", die aus Trauben von bis zu 20 Jahre alten Rebstöcken gekeltert wird, und dem „Finum", deren Trauben von jungen Rebstöcken stammen. Dieser „Finum" ist das „Liebkind" von Senior Peter Skoff und soll beweisen, dass man kräftige Weine auch ohne Ausbau im Holz erzielen kann. Wie selbstverständlich steht auch eine Sauvignon Blanc Beerenauslese im Programm.

Die qualitätsorientierte Arbeit in der Domäne Kranachberg schlägt sich auch in den verschiedenen Weinbewertungen nieder. In der „Königsdisziplin" der Lagenweine waren Peter und Markus Skoff mit ihrem Sauvignon Blanc Kranachberg schon mit den Jahrgängen 2003 und 2004 im Finale der Landesweinkost, jetzt, 2008, hat es mit dem Jahrgang 2005 endlich zum Sieg gereicht.

Bemerkenswerterweise hat Markus Skoff auch eine Rotweincuvée mit Namen „Gemini" im Programm. „Gemini" deshalb, weil er Vater der Zwillingstöchter Antonia und Pauline ist. „Zunächst bestand die Cuvée nur aus Blauem Wildbacher und Zweigelt, nun kam mit dem Merlot eine dritte Sorte dazu", sagt Markus Skoff, und das erklärt sich, weil es mittlerweile eine dritte Tochter namens Cäcilia gibt.

Zur Domäne Kranachberg, die am Sauvignonweg liegt, gehören auch ein Buschenschank, der von Anna und Franziska Skoff geführt wird. Ihr Motto: „Genuss ist unsere Motivation."

Sauvignon Blanc Klassik: 12,0%; Würzig-aromatischer Duft, saftig und frisch am Gaumen. Aromen Paprika vermischt mit Ribiselblätter - unterstützt von eine fruchtigen Säure, sehr langer Abgang.

Sauvignon Blanc Kranachberg: 13,5%; Üppige Aromatik nach Paprikaschoten und schwarzen Johannisbeeren mit feinnerviger Säure und dichtem Körper. Ein wahres Kraftbündel mit viel Potenzial, eine Offenbarung für jeden Sauvignonfan.

Exceptional pleasure is our motivation

The winery of Peter Skoff is located high up on Kranachberg, seemingly at the end of the world. Nowadays it is run under the title "Domain Kranachberg". The term "domain" originates from the French word for a small, but fine estate, which makes products of the highest quality. "We took this as the exact model when we chose our own name", says Markus Skoff, who runs the business together with his parents. The winery has been owned by the family since 1922 and currently administers more than 32 acres of South facing vineyards situated in steep locations around the house. Around one quarter of this area is designated to Sauvignon Blanc. "Our vineyards are at an optimal height of 400 and 500 metres above sea level, practically above the fog line", says Markus Skoff who, after graduating from the Federal College for Wine and Fruit Growing in Klosterneuburg, did his practice in the French Alsace. "We attempt to constantly improve our quality", explain father and son Skoff and their efforts are definitely crowned by success. Especially as far as Sauvignon Blanc is concerned, to which the whole of the Domain Kranachberg is designated. The palette ranges from Sauvignon Klassik via the premium wine from Kranachberg up to the "Sauvignons for Specialists", like the "Reserve", produced from grapes of up to 20 year-old vines, and the "Finum" which is made from grapes of young vines. This "Finum" is the "darling" of Peter Skoff sen. and is supposed to prove that strong wines can be produced without having to be matured in wooden barrels. It goes without saying that the programme includes a Sauvignon Blanc Beerenauslese.

The quality-orientated work in the Domain Kranachberg is also noticeable in the various wine evaluations. In the prime discipline of premium wines Peter and Markus Skoff made it twice to the finals of the county wine tasting (Landesweinkost). Both times it was with their

"Sauvignon Blanc Kranachberg", first in 2003 and the second time in 2004. Now, in 2008, with their vintage 2005, they finally won the event.

Worth mentioning is the fact that Markus Skoff also has a red wine blend called "Gemini" in his programme. Why "Gemini" - well, he is the father of twin daughters, Antonia and Pauline, after all. "At the beginning the cuvée was made up of the Blauer Wildbacher and Zweigelt, now with the Merlot we have added a third variety", says Markus Skoff, and this is self-explanatory, as in the meantime a third daughter named Cäcilia was born.

Included in the Domain Kranachberg, which is situated on Sauvignonweg, is also a Buschenschank, which is run by Anna and Franziska Skoff. Their Motto: "Indulgence is our motivation." And with indulgence they mean their wine and the delicious snacks, as well as the magnificent view and the possibility to stay overnight in one of the five guestrooms.

Weingärten o _Vineyards_	**Buschenschank o _Where the winegrower sell_**
16 ha (38 acres), Lagen Kranachberg, Jägerberg	Palmsonntag-Mitte Nov, 14-21 UhrFr, So 14-18 Uhr
Weine o _Wines_	**Ab-Hof-Verkauf o _Sale by producer_**
Weißweine: Sauvignon Blanc Klassik, Sauvignon Blanc Kranachberg, Sauvignon Blanc Finum	Täglich ab 9 Uhr, im Winter nach telefonischer Voranmeldung
Wr, Wb, Mo, Mu, GTr, Gb, Vielfalt (Cuvèe)	Ansprechperson: Anna und Franziska Skoff
Roseweine: Schilcher Klassik	**Weinverkaufspreise o _Average price_**
Edelsüße Weine: Sauvignon Blanc Beerenauslese, Gewürztraminer Beerenauslese	€ 5,-/16,- **o** Visa, Mastercard, Bankomatkarte
Rotweine: Zweigelt, Merlot, Gemini No. 4	**Weitere Produkte o _Other products_**
Alter der Reben o _Average age of the vines_	Sekt Morillon, Sauvignon Tresterbrand, Muskateller Tresterbrand, Pflaumenbrand
5-25 Jahre	**Gästezimmer o _Bed and breakfast_**
Pflanzdichte o _Density of plantation_	5 Zimmer - 18 Betten • 5 apartment
3.800 Stöcke/Hektar in Sauvignon Blanc-Anlagen	**Vertrieb/Vermarktung der Weine**
Hektarerträge o _Average yields_	Ab-Hof-Verkauf, Fachhandel, Vinotheken und die Gastronomie österreichweit
Sauvignon Blanc 3.500-4.500 Liter/Hektar	Exportländer: Deutschland, Schweiz
Kommentierte Weinkost o _Wine-seminar_	**Restaurant Weinkarte o _Winelist_**
Nach tel. Voranmeldung **o** By appointment only	Plachutta, Umar (Wien), Eckstein (Graz), Zur Hube (Sausal), Tom's (Leutschach)
Kellerführung o _Visiting policy_	
Nach tel. Voranmeldung **o** By appointment only	
Kellermeister/Önologe o _Winemaker_	
Markus Skoff und Peter Skoff	**Weingut Peter Skoff**
Besondere Jahrgänge o _Great recent vintages_	**Domäne Kranachberg**
2007, 2006, 2005, 2003, 2000, 1997, 1992, 1986, 1983	A-8462 Gamlitz, Kranachberg 50
2008 Steirischer Landessieger Kategorie Lagenweine Sauvignon Blanc mit Sauvignon Blanc Kranachberg Reserve 2005	Tel.: +43 (0)3454 61 04, Fax: DW 4
	e-mail: weingut@peter-skoff.at
	www.peter-skoff.at

Kraftvoll im Weinbau

Wir haben das Glück, in einem der schönsten Weinanbaugebieten Europas arbeiten zu dürfen", sagen Ewald Krainer und sein Sohn Stephan, die in ihrem Weingut Toso in Kranach bei Leutschach für die Vinifizierung verantwortlich sind. Beide lassen sich in ihrer Arbeit nicht von Modeströmungen beirren, sondern gehen zielstrebig ihren Weg und bleiben ihrer Linie treu. „Wir vinifizieren unsere Weißweine ausschließlich in der Stilistik der steirischen Klassik", sagt Ewald, auch wenn jeder einzelne Jahrgang den Weinen einen besonderen Charakter verleiht, muss für ihn die fruchtbetonte steirische Stilistik immer klar erkennbar sein. Das gilt natürlich auch für den Sauvignon Blanc, der sich im Weingut Toso mit viel frischer Frucht - der Geschmacksbogen spannt sich Vielschichtig von grünen bis zu gelben Aromen - und einer kühlen Mineralik präsentiert.

Der Name Toso leitet sich vom Vulgonamen der Familie Krainer ab, die seit Jahrhunderten ihre Wurzeln am Kranach hat. Ewald Krainer hat die Weinbauschule Silberberg absolviert, kam aber erst „im reifen Alter", wie er meint, in den elterlichen Betrieb zurück. Er bewirtschaftet 3,5 Hektar Rebfläche auf der Höhe des Karnerberg, wo die Reben auf einem lehmigen Sandboden stehen. In bereits vierter Generation tritt nun Junior Stephan in die Fußstapfen seines Vaters. So wie sein Vater Ewald Krainer hat auch er auch die Weinbauschule Silberberg besucht und so wie sein Vater sieht auch er den Weinbau gleichermaßen als Beruf wie auch als Berufung. Der Junior ist höchst engagiert, hat bei bekannten Winzern in der Steiermark, wie Erwin Sabathi oder Georg Regele, Erfahrungen gesammelt und sich in Kalifornien bei berühmten Weingütern wie etwa Robert Mondavi umgesehen. Das dort erworbene Wissen wird von ihm ergebniswirksam im eigenen Betrieb in die Praxis umgesetzt. Die konsequente Arbeit im Weingarten ist damit ebenso gemeint, wie die Kellerarbeit und ein entsprechendes Marketing. Nicht ohne Stolz vermerkt Ewald Krainer, dass die Handschrift des Sohnes bereits in den Toso-Weinen erkennbar ist. Stephan Krainer sieht die Situation im steirischen Weinbau realistisch: „Die Spitze der wirklich guten Weinbaubetrieb im Land wird immer breiter, da heißt es Vollgas zu geben und immer am Puls der Zeit bleiben. Vater und Sohn Krainer sind Zweirad-Liebhaber und beide haben Motoräder in der Garage stehen, die sie ab und zu anwerfen, wenn es die Arbeit im Weingut erlaubt. Der Vater schwört auf Maschinen aus Bayern, der Junior setzt lieber auf japanische Technologie.

Sauvignon Blanc: 12,0%; Im Duft ein Früchtekorb mit gelben Früchten, im Aroma ein kräftiger gelber Paprika- und Stachelbeerton, eine würzige Nase, am Gaumen klar, leicht mineralisch,, und vor allem ein wunderschöner Trinkfluss.

Successfully in the production of wine

We are lucky to be allowed to work in one of the most beautiful wine growing areas of Europe", say Ewald Krainer and his son Stephan, who are responsible for the wine production in the winery Toso in Kranach near Leutschach. Both of them don't allow fashionable trends to irritate them in their work, but are determined to go their own way and stay truthful to themselves. "We produce our white wines exclusively in the style of the Styrian Klassik", says Ewald, and even though every single vintage provides the wines with their special character, the emphasis on the fruity character of the Styrian style has to be clearly recognisable. That goes naturally also for the Sauvignon Blanc, which the winery Toso presents tasting of a multitude of fresh fruit – from various green to yellow aromas, mixed with cool minerals.

The name Toso originates from the Vulgo - name of the Krainer family, whose roots in Kranach go back hundreds of years. Ewald Krainer is a graduate of theschool for agriculture and oenology Silberberg, but only returned "in a ripe age", as he refers to it, to the parental business. He administers 7 acres of vineyards on top of the Karnerberg, where the vines grow on soil made up of clay and sand. Being part of the fourth generation, junior Stephan is following in the footprints of his father. Like his father he too is a graduate of the Technical College for Viticulture and Wine-growing Silberberg and like his father he sees working with wine as a profession as well as a calling. And Junior is highly motivated after having gained experience in wine production with established wine growers of Styria like Erwin Sabathi or Georg Regele and also having had a good look at famous wineries in California such as the estate of Robert Mondavi. And now he translates his acquired knowledge successfully in his own business with consistent work in the vineyards as well as in the wine cellar and last but not least the appropriate marketing. Not without pride Ewald Krainer mentions, that the personal touch of his son is already noticeable in the Toso wines. Stephan Krainer looks at the wine producing situation in Styria in a realistic way: "The elite of excellent wine producers in our country is growing larger, that means having to accelerate and always be up to date. And father and son accelerate in more ways than one as both are aficionados of mororcycles who love to ride their bikes whenever they get some free time betweeen working in their winery. While the father likes bikes made in Bavaria, the junior prefers Japanese technology.

Traubenernte und Vinifizierung

Sauvignon Blanc: Mehrmaliges, selektives Ernten von Trauben mit 18°KMW ➤ Rebeln und Maischen in der Presse ➤ Maischekontaktzeit 2-3 Stunden ➤ Pressen: schonendes Pressen mit wenig Druck <1,2 bar, Seihmost und Pressmost gemeinsam ➤ Mostklärung: Gekühltes Klären des Mostes über Nacht (8°-10°C) ➤ Abziehen des klaren Mostes und gekühlte Gärung in Stahltanks bei 18°-20°C, Gärstart mit Reinzuchthefen ➤ Ausbau: Die Klassik-Jungweine in den Stahltanks ➤ nach dem

Gärende abziehen von der Grobhefe ➤ mit der Feinhefe zurück in die Tanks ➤ Aufrühren der Feinhefe solange es möglich ist ➤ 4 Monate Reifung, Betonung von Primäraromen ➤ Klarfiltration und Flaschenfüllung.

Weingärten o Vineyards
3,5 ha (8,4 acres), Lagen: Karnerberg

Weine o Wines
Weißweine: Sauvignon Blanc
Wr, Wb, Mu, Ch, Tradition
Rotweine: Zweigelt

Alter der Reben o Average age of the vines
5-20 Jahre

Pflanzdichte o Density of plantation
3.800 Stöcke/Hektar in Sauvignon Blanc-Anlagen

Hektarerträge o Average yield per hectar
Sauvignon Blanc 4.000-4.500 Liter/Hektar

Kellermeister/Önologe o Winemaker
Ewald und Stefan Krainer

Besondere Jahrgänge o Great recent vintages
2007, 2006, 2003, 2000, 1997

Ab-Hof-Verkauf o Sale at the premises
März-Dez, täglich 9-18 Uhr o day-to-day 9 am-6 pm
Ansprechpersonen: Ingrid und Ewald Krainer

Weinverkaufspreise o Average price
€ 5,-/7,80

Weitere Produkte o Further products
Johannisbeersirup, Holunderblütensirup, Melissensirup

Vertrieb/Vermarktung der Weine
Ab-Hof-Verkauf, Fachhandel, Lebensmittelhandel und die Gastronomie österreichweit, Exportländer: Deutschland

Restaurant Weinkarte o Winelist
Fischerwirt (Gratkorn), Im Fünften (Graz), Tom am Kochen (Gamlitz, Leutschach), Kulturzentrum Leibnitz

---

Weingut TOSO, Familie Krainer
A-8345 8463 Leutschach, Kranach 75
Tel.+Fax: +43 (0)3454 6853,
　　　　　+43 (0)664 501 33 34
www.weingut-toso.at
e-mail: toso@lion.cc

Ich muß die Stärken meiner Lagen erkennen und umsetzen

Die Sorte Sauvignon Blanc hat in dem seit 1992 von Erwin Sabathi geführten Weingut in Leutschach eine lange Tradition: „Schon mein Großvater Hans Sabathi hat diesen Wein, der damals noch Muskat Sylvaner genannt wurde, unter dem Namen ‚Sorgenbrecher' vertrieben, und meinem Vater gelang mit dem Jahrgang 1968 ein ganz besonderer Wein, der im Jahr darauf bei der Internationalen Weinmesse in Laibach zum Weltmeister gekürt wurde."

Auf der Siegerstraße bewegen sich auch die Weine, insbesondere die Sauvignon Blancs, die nunmehr Erwin Sabathi im Team mit seinen Brüdern Gerd und Christoph in die Flasche bringt. Die Erfolgsliste ist mittlerweile gewaltig lang. Mehrfacher Steirischer Landessieger und Österreichischer Weinsalonsieger finden sich dort ebenso, wie die Bewertungen „Exceptional" bei Verkostungen des Beverage Testing Institute in Chicago.

Die Erfolge Erwin Sabathis kommen nicht von ungefähr. Qualitätsorientierte Arbeiten in den Weingärten (der Zuständigkeitsbereich von Bruder Gert Sabathi), die letztendlich die Basis für hochwertiges Lesegut bilden, sind die oberste Priorität für die Vinifizierung. Die Trauben werden ausschließlich händisch in mehreren Durchgängen in Kleinkisten gelesen und anschließend rasch und unversehrt zur weiteren Verarbeitung in den neuen, modernen Weinkeller transportiert. Dieser Weinkeller, der vom Architekten Igor Skacel entworfen wurde, erhielt 2005 die „Viktor-Geramb-Medaille" für gutes Bauen in der Steiermark.

Die Trauben für die Sabathi-Weine kommen von den Stammrieden Pössnitzberg, Poharnig und Jägerberg. Die Riede Pössnitzberg liegt auf einer Seehöhe von 430 bis 500 Meter und ist eine kesselförmige Süd-/Südostlage mit Hangneigungen bis zu 80%. Der Boden setzt sich aus kalkhaltigem Opak-Schiefer im Oberhang und entkalkter Felsbraunerde im Muldenbereich zusammen. Die optimale Sonneneinstrahlung aufgrund der enormen Steilheit sowie die Thermik von den slowenischen Tälern ergeben sehr dichte, mineralische Weine mit einer exotisch-süßlichen Frucht. Die Sauvignon-Palette von Erwin Sabathi reicht von der Klassik über die vom Terroir geprägten Lagenweine mit beachtlicher Langlebigkeit bis zum „Merveilleux", für den nur die reifsten Trauben aus verschiedenen Quartieren herangezogen werden. Nur in ganz großen Jahren, wie etwa 2006 oder 2007, keltert Erwin Sabathi einen „Pössnitzberg Limited". Die Trauben dafür stammen von den ältesten Stöcken (25 bis 40 Jahre alt) der besten Parzellen auf dem Pössnitzberg. Erwin Sabathi bringt es auf den Punkt: „Als Winzer muss ich die Stärken meiner Lagen erkennen und in meinen Weinen umsetzen."

I have to identify the strenght of my vineyards

„As a winemaker I have to identify the strength of my vineyards and act accordingly." Sauvignon Blanc has a long tradition in the wine growing estate in Leutschach run by Erwin Sabathi since 1992: "My grandfather Hans Sabathi was distributing this wine which in those days was still called Muskat Sylvaner as 'Sorgenbrecher' ('trouble-solver'), while my father was very successful with the vintage 1968, which was chosen as world champion at the wine fair in Ljubljana (former Yugoslavia) the following year."

Also on the road to success are the wines Erwin Sabathi is producing together with his brothers Gerd and Christoph, especially the Sauvignon Blancs. Meanwhile the list of successes is long. One can find multiple winners at the "Österreichischer Weinsalon" besides ratings like "Exceptional" at wine tasting at the Beverage Testing Institute in Chicago.

Success is no coincidence with Erwin Sabathi. Quality orientated work in the vineyards (the domain of Gert Sabathi), which ultimately forms the basis for outstanding grapes, is the top priority for the vinification. The grapes are strictly hand-picked in small containers at various stages and are quickly transported to the new modern wine cellar for further processing. This wine cellar designed by architect Igor Skacel was awarded the „Viktor-Geramb-Medaille" for excellent architecture in Styria in the year 2005.

Grapes for Sabathi wines originate from the vineyards Pössnitzberg, Poharnig and Jägerberg. Pössnitzberg is situated 430 bis 500 metres above sea level and is in the form of a basin facing south-southeast with slopes as steep as 80°. The soil of the upper hillside consists of chalk, lime and slate, while the soil lower down is lime-free. The enormous steepness as well as the thermal from the Slovenian valleys are perfect for optimal solar radiation resulting in very dense, mineral wines with exotic-fruity character.

The Sauvignons of Erwin Sabathi range from the "Steirische Klassik" wines via the premium wines resulting from the terroir of the different vineyards to the "Merveilleux", which is produced only from the ripest grapes of various vineyards. Only in great vintage years, like 2006 or 2007, Erwin Sabathi produces a wine named "Pössnitzberg Limited". The grapes for this wine are picked from 40 year-old vines of the best plots on Pössnitzberg. As Erwin Sabathi pinpoints his view: "As a wine grower and winemaker I have to identify the strength of my vineyards and act accordingly by transferring this knowledge into my wines."

Traubenernte und Vinifizierung

Sauvignon Blanc: Mehrmaliges, selektives Ernten von Trauben mit 18°KMW ➤ Rebeln und Maischen in der Presse ➤ Maischekontaktzeit 2-3 Stunden ➤ Pressen: schonendes Pressen mit wenig Druck, Seihmost und Pressmost getrennt ➤ Mostklärung: Gekühltes Klären des Mostes über Nacht (8°-10°C) ➤ Abziehen des klaren Mostes und gekühlte Gärung in Stahltanks bei 18°-20°C, Gärstart mit Reinzuchthefen ➤ Ausbau: Klassik-Jungweine in den Stahltanks ➤ nach dem Gärende abziehen von der Grobhefe ➤ mit der Feinhefe zurück in die Tanks ➤ Aufrühren der Feinhefe solange es möglich ist ➤ 4-5 Monate Reifung, Betonung von Fruchtaromen ➤ Klarfiltration und Flaschenfüllung.

Sauvignon Blanc Pössnitzberg 2006: 13,9%; ein vielschichtiger Sauvignon, mit intensiver Johannisbeerfrucht, tiefgründig und mächtig, konzentriert, mit Nuancen von Feuerstein, Honigmelonen und Fenchel im Geschmack.

Weingärten o *Vineyards*
19 ha (45,6 acres), Lagen: Pössnitzberg, Poharnig, Jägerberg

Weine o *Wines*
Weißweine: Sauvignon Blanc Klassik, Sauvignon Blanc Poharnig, Sauvignon Blanc Merveilleux, Sauvignon Blanc Pössnitzberg

Alter der Reben o *Average age of the vines*
7-45 Jahre

Pflanzdichte o *Density of plantation*
3,500 Stöcke/Hektar in Sauvignon Blanc-Anlagen

Hektarerträge o *Average yield per hectar*
Sauvignon Blanc 5.000-6.000 Liter/Hektar

Kellermeister/Önologe o *Winemaker*
Erwin Sabathi

Besondere Jahrgänge o *Great recent vintages*
2007, 2005, 2004, 2001, 2000, 1998, 1997
1999: Österr. Weinsalon mit Sauvignon Blanc 1998
2000: Österr. Weinsalon mit Sauvignon Blanc 1999
2006: Österr. Weinsalon mit Sauvignon Blanc 2005
2007: Österr. Weinsalon mit Sauvignon Blanc 2006

Ab-Hof-Verkauf o *Sale at the premises*
Mo-Sa 10-12, 14-17 Uhr, So+Fei 10-12
Aktuelles auf der Homepage: sabathi.com
Ansprechpersonen: Alexandra und Erwin Sabathi

Weinkellerführung o *Winery guiding tour*
Nach tel. Voranmeldung o By appointment only

Buschenschank o *Where the winegrower sell*
Gegenüber des Weinkellers, März bis November, Fr-Mo 12-22 Uhr

Weinverkaufspreise o *Average price*
€ 6,-/30,- • Bankomatkarte

Weitere Produkte o *Further products*
Obstbrände: Quitte, Pfirsich, Birne, Zwetschke, Trebernbrand

Vermarktung der Weine o *Sales*
Ab-Hof-Verkauf, Fachhandel, Vinotheken und die Gastronomie österreichweit
Exportländer: Deutschland, Schweiz, England

Restaurant Weinkarte o *Winelist*
Schwarzes Kamel, Steirereck (Wien) und Steirereck am Pogusch und die gute Gastronomie österreichweit.

Weingut Sabathi Erwin

A-8463 Leutschach, Pössnitz 46
Tel.: +43(0)3454 - 265, Fax:
www.sabathi.com
e-mail: weingut@sabathi.com

STERNAT-LENZ, LEUTSCHACH: REMSCHNIGG

Bauernhof der Vielfalt

Nach dem frühen Tod seines Vaters musste Rupert Sternat schon als 18jähriger den elterlichen Betrieb am Remschnigg bei Leutschach übernehmen. „Der Betrieb, der von meinem Großvater gekauft worden war, war immer schon eine gemischte Landwirtschaft mit einem Hausweingarten gewesen", erklärt Rupert Sternat, der die Weinbauschule in Silberberg absolviert hat und seinen Besitz auf Weinbau ausgerichtet hat. „Meinen ersten Qualitätswein habe ich vor 23 Jahren gekeltert", erinnert sich Sternat, „das war ein Weißburgunder, und wir hatten noch nicht einmal eine eigene Presse." Von da an wurde in den Keller investiert, die Rebfläche auf nunmehr zwei Hektar ausgeweitet und auch ein Buschenschank eingerichtet. Die Weine, die er mittlerweile mit Unterstützung seines Sohnes Herbert vinifiziert, können sich durchaus sehen lassen. Herbert, der ebenso wie sein Vater in Silberberg war und nun Weinbau- und Kellermeister ist, erreichte im Jahre 2007 immerhin Rang drei bei der Kür des steirischen Jungwinzers des Jahres, und mit ihrem klassischen Sauvignon Blanc errangen Vater und Sohn Sternat bei der Landesweinkost 2008 einen Finalplatz.

Das Weingut Sternat-Lenz liegt am Remschnigg im „westlichsten Zipfel" der Gemeinde Schlossberg auf einer Seehöhe von 480 Metern und empfiehlt sich als „Bauernhof der Vielfalt". Die Gäste, die bei uns Urlaub am Bauernhof machen, haben alle Möglichkeiten, bäuerliches Leben hautnah zu erleben. Wer will, kann bei der Gartenpflege oder Viehfütterung ebenso mitmachen, wie die Kunst des Brotbackens erlernen. „Wir leben ziemlich autark", sagt Sternat, „bei uns wächst außer Bananen und Orangen fast alles. Selbst das Holz für die Einrichtung im Buschenschank in unserem 200 Jahre alten Gutshaus stammt aus dem eigenen Wald."

Der Buschenschank liegt im Aufgabenbereich von Erika Sternat. Die gelernte Köchin bringt Köstlichkeiten wie den „Naturparkteller" auf den Tisch. Dabei handelt es sich um Schaf- und Ziegenkäsevariationen, die mit einem Kürbiskernöl-Pesto verfeinert werden. Besonders beliebt sind weiters die köstlichen Mehlspeisen, die Erika Sternat zaubert. Auch die Tochter des Hauses, Angelika Sternat, zieht es in die Gastronomie. Sie hat Gleichenberg absolviert und wird künftig in Wien im Meinl am Graben arbeiten.

Hausherr Rupert Sternat hat nicht nur eine gute Hand, wenn es um die Weinbereitung geht, sondern auch dann, wenn er als Maler an der Staffelei sitzt. „Das Malen und Zeichnen habe ich offenbar von meinem Vater geerbt, der selbst als bildender Künstler talentiert war." Wie ja überhaupt die Gegend um Leutschach und Arnfels ein guter Boden für Künstler zu sein scheint. Schließlich sind dort auch ein Gerald Brettschuh, Kurt Klöckl, Susanne Sölls oder Peter Stelzl zu Hause.

Farm of diversity

After the early death of his father, Rupert Sternat had to take over the parental business in Remschnigg near Leutschach at the age of 18. "The business bought by my grandfather has always been a mixed farm with a house-vineyard", explains Rupert Sternat, who is a graduate of the School for Agriculture and Oenology Silberberg, and who has changed his property into a winery. "I produced my first quality wine 23 years ago", remembers Sternat, "It was a White Burgundy and we did not even own our own press." Since then he has invested into the wine cellar, extended the vineyards to four acres and furnished a Buschenschank as well. The wines which he produces by now with the support of his son Herbert are no mean feat. Herbert, who like his father before him attended the School for Agriculture and Oenology Silberberg, and who is now master of winemaking and cellarer, was in 3rd place at the contest for the Young Styrian Winemaker of the year 2007 and father and son Sternat reached the final at the county wine evaluation in 2008 with their classic Sauvignon Blanc.

The Sternat-Lenz winery is 480 metres above sea level on Remschnigg in the "most western part " of the municipality Schlossberg, and commends itself as a "farm of diversity". "Guests who want to spend their holidays on our farm have every opportunity to experience life on a farm close up. Whoever wants to, can participate in looking after the garden (vineyard) or the feeding of the animals as well as learn the art of baking bread. "We live rather self-sufficient", says Sternat. "We grow nearly everything apart from bananas and oranges. Even the wood for the interior of the Buschenschank in our 200 year-old manor house came from our own forest."

The Buschenschank is the responsibility of Erika Sternat, who trained as a chef and serves delicacies like the "Nature Park plate" ("Naturparkteller"). This is a plate of sheep- and goat cheese variations, which are refined with pumpkinseed oil and pesto. Also extremely popular are the delightful cakes, which Erika Sternat magically produces. Daughter Angelika Sternat, too, seems to have found her calling into gastronomy. She graduated from the College of Hotel Management in Gleichenberg and is going to work for Meinl am Graben in Vienna.

Landlord Rupert Sternat has not only got a good hand in producing wines, but also when he changes into an artist sitting in front of his easel. "I obviously inherited painting and drawing from my father, who was a talented artist himself." The region around Leutschach and Arnfels seems to be a good area for artists, as Gerald Brettschuh, Kurt Klöckl, Susanne Sölls and Peter Stelzl live there as well.

Traubenernte und Vinifizierung

Sauvignon Blanc: Mehrmaliges, selektives Ernten von Trauben mit 17°-19°KMW ➤ Rebeln und sofort Pressen ➤ Pressen: schonendes Pressen mit wenig Druck <1,2 bar, Seihmost und Pressmost gemeinsam ➤ Mostklärung: Natürliches Klären des Mostes über Nacht, 12-24 Stunden ➤ Abziehen des klaren Mostes und gekühlte Gärung in Stahltanks bei 18°-20°C, Gärstart mit Reinzuchthefen ➤ Ausbau: Jungweine in den Stahltanks ➤ nach dem Gärende abziehen von der Grobhefe ➤ mit der Feinhefe zurück in die Tanks ➤ Aufrühren der Feinhefe ➤ 4-6 Monate Reifung, Betonung von Fruchtaromen ➤ 1. Filtration und Flaschenfüllung.

Sauvignon Blanc: 12,0%; Kräftiger Paprika und Stachelbeerton, würzige Nase, ein Hauch Holunderblüten, am Gaumen fruchtig und klar, schöner Trinkfluss, ein guter Speisebegleiter.

Weingärten o _Vineyards_	
2 ha (4,8 acres), Lagen: Remschnigg	

Weine o _Wines_	
Weißweine: Sauvignon Blanc	
Wr, Wb	
Roseweine: Schilcher	
Rotweine: Blauer Wildbacher	

Alter der Reben o _Average age of the vines_
3-23 Jahre

Pflanzdichte o _Density of plantation_
4,000 Stöcke/Hektar in Sauvignon Blanc-Anlagen

Hektarerträge o _Average yield per hectar_
Sauvignon Blanc 4.000-4.500 Liter/Hektar

Kellermeister/Önologe o _Winemaker_
Herbert Sternat

Besondere Jahrgänge o _Great recent vintages_
2007, 2006, 2002, 2000, 1997
2008: Im Finale der Steirischer Landesweinkost mit Morillon 2007

Buschenschank o _Where the winegrower sell_
März-Anfang Dez, Fr-Di ab 12-20 Uhr geöffnet,
Ruhetage: Mi, Do

Ab-Hof-Verkauf o _Sale at the premises_
Ganzjährig täglich ab 9 Uhr und nach tel. Voranmeldung o _By appointment only_
Ansprechpersonen: Erika und Rupert Sternat

Weinkellerführung o _Winery guiding tour_
Nach tel. Voranmeldung o _By appointment only_

Kommentierte Weinkost o _Wine-seminar_
Nach tel. Voranmeldung o _By appointment only_

Weinverkaufspreise o _Average price_
€ 5,60/7,80

Weitere Produkte o _Further products_
Frizannte vom Schilcher,
Obstbrände: Maschanzker, Zwetschke, Birne

Vermarktung der Weine o _Sales_
Ab-Hof-Verkauf und die Gastronomie österreichweit
Exportländer: Deutschland, Schweiz

Restaurant Weinkarte o _Winelist_
Moosmann (Arnfels); Käsehof Abel (Leutschach) und
Golfrestaurant Don Carlos (Eugendorf Salzburg)

Weingut Sternat-Lenz

A-8463 Leutschach, Remschnigg 17
Tel. und Fax: +43(0)3455 7693
www.sternat-lenz.com
e-mail: weingut@sternat-lenz.com

DANIEL JAUNEGG: KNILY, MURI

Nütze den Tag

Das Weingut Jaunegg in Eichberg-Trautenburg ist im Vergleich zu anderen in der Region ein verhältnismäßig junger Betrieb. Johann und Johanna Jaunegg haben ihren ersten Wein erst 1975 in die Flasche gebracht, erst fünf Jahre später stand das Weingut im Vollerwerb. „Bis dahin haben wir Wein ohne eigenen Keller gemacht", erinnert sich Daniel Jaunegg, der 2002 die gesamte Verantwortung für die Vinifikation und Stilistik der Weine von seinem Vater übertragen bekam. Der junge Kellermeister legt sehr hohe Maßstäbe an sich und seine Weine. Sein Wahlspruch ist „Carpe Diem". „Nütze den Tag" gilt vor allem dem Wein. Seine Qualitätsphilosophie betrifft sowohl die Arbeit im Weingarten als auch jene im Keller. Er ist davon überzeugt, dass nur gedeiht, was sich auch weiter entwickelt. Daniel Jaunegg bewirtschaftet heute eine eigene Rebfläche von acht Hektar in den Lagen Knily, Schlossberg und Muri, wovon zwei Hektar dem Sauvignon Blanc vorbehalten sind. Von dieser Sorte vinifiziert er drei Linien. Eine Klassik und zwei Lagenweine aus den Rieden Knily und Muri, die nicht nur in Bouteillen, sondern auch in Magnumflaschen gefüllt werden. Die Riede Knily ist eine extrem steile Lage mit einer Neigung von 60 Prozent und hat einen leichten Boden aus Schotter und Sand. Aus der Lage Muri, die ähnliche Bodenverhältnisse aufweist, stammt das beste Traubenmaterial seines Gutes. Daniel Jaunegg hat mit seinen Silberberg-Jahrgangskollegen wie Hannes Sabathi oder Wolfgang Maitz stets Weine verkostet, Vergleiche angestellt und zu ergründen versucht, wie andere Betriebe zu ihren besonderen Ergebnissen kommen. Heute gibt sich der junge Winzer durchaus selbstbewusst. „Am besten orientiere ich mich an mir selbst. Ich will eine gewisse Frucht und harmonisch ausgewogene Trinkfreude im Glas." Seine Zukunftspläne sind klar umrissen. „Ich will nicht um jeden Preis wachsen. Wenn schon, dann nur wenn sich die Möglichkeit von wirklich guten Lagen ergeben sollte." Einige solcher Lagen hätte er aber schon im Auge.

Eine große Investition tätigte das Weingut Jaunegg im Jahre 2004, als die Errichtung eines neuen Kellergebäudes anstand. Daniel Jaunegg überließ die Gestaltung dem Grazer Architekten Igor Skacel, der auch den Keller von Erwin Sabathi und Hartmut Aubell gezeichnet hat. Die eigenwillige Dachkonstruktion des Jaunegg-Kellers lockt regelmäßig auch Architektur-Touristen in die Südsteiermark. Daniel Jaunegg und dem Architekten ging es darum, etwas zu gestalten und zu bauen, was es vorher in diesem Landstrich noch nicht gab. Entstanden ist ein lichtdurchflutetes Domizil für den steirischen Wein, das zum einen im dramatischen Kontrast zur Landschaft steht, zum anderen den Eindruck eines kompakten Weingutes vermittelt, das einen effizienten und effektiven Produktionsprozess ermöglicht.

Make the most of the day

Compared to others the wine producing estate Jaunegg in Eichberg-Trautenburg is a relative young business. Johann and Johanna Jaunegg bottled their first wine in 1975, and only five years later their estate was run as a winery only. "Until then we made our wine without having our own wine cellar", remembers Daniel Jaunegg, who in 2002 was given the entire responsibility for the production and styling of the wines by his father. The young winemaker sets high benchmarks for himself and his wines. His motto is "carpe diem". "Make the most of the day" is primarily meant for the work on his wine. His philosophy on quality counts for the work in the vineyards as well as the work in the wine cellar. He is convinced that only things that develop further have a chance to grow. Daniel Jaunegg today administers his own vineyards of 16 acres in the locations Knily, Schlossberg, and Muri, where 4 acres are reserved for Sauvignon Blanc. He produces three lines of this variety. One Klassik and two premium wines from the vineyards in Knily and Muri, which are not only filled in bottles but also magnum bottles. The vines in the vineyard Knily grow on extremely steep slopes of 60 percent, which are made up of light soil consisting mainly of gravel and sand. From the vineyard Muri with very similar soil come the best grapes of his estate. With his Silberberg colleagues like Hannes Sabathi or Wolfgang Maitz, Daniel Jaunegg has always participated in wine tasting, made comparisons and tried to find out how other wine makers reached their end results. Today the young wine producer shows absolute confidence: "The best way to orientate myself is by watching myself. I want a certain fruitiness with harmony and happiness in a glass of wine." His plans for the future are absolutely clear. "I do not want to enlarge my business at any price. If at all, then only if the possibility arises to acquire extremely fertile vineyards". He might even have on his mind a few of these locations.

The estate Jaunegg made a big investment in 2004, when the need for a new wine cellar arose. Daniel Jaunegg left the design up to the Grazer architect Igor Skacel, who had already drawn the plans for the wine cellars of Erwin Sabathi and Hartmut Aubell. Thus the unconventional roof construction of the Jaunegg wine cellar attracts architectural tourists also to the south of Styria on a regular basis.

Traubenernte und Vinifizierung

Sauvignon Blanc Knily: Handlese, Traubengradation 20°KMW ➤ Rebeln und Einmaischen ➤ Maischekontakt-zeit in der Presse oder Maischetanks 12-15 Stunden ➤ Vorentsaften und Pressen ➤ Vorklären des Mostes über Nacht (12 Stunden), mit Trubanteil zum Gären in Stahl-tanks und in 1.500 und 3.000 l Holzfässer ➤ Gärung: Gärstart mit Reinzuchthefen ➤ Gezügelte Gärung in Stahltanks bei 16-18°C ➤ Ausbau: Jungwein in Stahl-tanks und auch in den Holzfässern 7-8 Monate, Auf-rühren der Feinhefe ➤ Betonung von Primäraromen ➤ Füllfiltration ➤ Flaschenfüllung.

Weingärten o Vineyards
8 ha (19 acres) 4 ha (8,5 acres) Traubenzukauf,
Lagen: Knily, Muri, Arnfelser Schlossberg

Weine o Wines
Weißweine: Sauvignon Blanc Klassik, Sauvignon Blanc Knily, Sauvignon Blanc Muri
Wr, Daniels Cuvèe, Sä, Wb, Mo, Mu, Ch
Rotweine: Zweigelt, Blauer Wildbacher, Schlossberg

Alter der Reben o Average age of the vines
3-30 Jahre

Stockdichte o Density of plantation
4,000 Stöcke/Hektar in Sauvignon Blanc-Anlagen

Hektarerträge o Average yields
Sauvignon Blanc 4.000-5.000 Liter/Hektar

Kellermeister/Önologe o Winemaker
Daniel Jaunegg

Besondere Jahrgänge o Great recent vintages
2007, 2006, 2005, 2004, 2001, 2000, 1997
2006: Österr. Weinsalon mit Sauvignon Blanc 2005
         Steirischer Landessieger mit Weißburgunder 2005
2003: Steirischer Landessieger mit Morillon Klassik 2002

Buschenschank o Where the winegrower sell
Mitte April-Mitte Juni, August-Oktober,
Mi-Sa ab 14 Uhr geöffnet

Ab-Hof-Verkauf o Sale at the premises
Täglich, Mo-Sa 8-18 Uhr, So 9-12 Uhr
Nach tel. Voranmeldung o By appointment only
Ansprechpersonen: Familie Daniel Jaunegg

Kommentierte Weinkost o Wine-seminar
Nach tel. Voranmeldung o By appointment only

Kellerführung o Visiting policy
Nach tel. Voranmeldung o By appointment only

Weinverkaufspreise o Average price
€ 5,30/20,40 • Bankomatkarte

Weitere Produkte o Other products
Frizzante vom Schilcher, Obstbrände, Tresternbrand

Vertrieb / Vermarktung der Weine
Ab-Hof-Verkauf, Fachhandel, Vinotheken und die Gastronomie österreichweit,
Export: Deutschland, England, USA

Restaurant Weinkarte o Winelist
Johanna Maier, Hanner (Maierling), Bauer, Meinl am Graben, Weibls Wirtshaus (Wien), Landhauskeller, Eckstein (Graz), Vinofaktur (Vogau, Graz), Gesamt-steirische Vinothek St. Anna

Weingut Jaunegg, vlg Koglmuri
A-8463 Leutschach, Eichberg-Trautenburg 160
Tel.: +43 (0)3455 6754, Fax: -4
www.jaunegg.at
e-mail: weingut@jaunegg.at

WEINGUT SKRINGER
EICHBERG TRAUTENBURG

Das Beste ist gerade gut genug

In steilen Lagen, hoch über der Marktgemeinde Leutschach, befinden sich die acht Hektar Weingärten von Johann Skringer. „Wir produzieren ausschließlich Weißweine, wobei der Sauvignon Blanc eindeutig unsere Hauptsorte ist", sagt Skringer, der den Betrieb in der dritten Generation führt. Großvater und Vater haben das Anwesen noch als gemischte Landwirtschaft betrieben, Johann Skringer hat sich aber gänzlich dem Weinbau verschrieben. Seine besten Rieden sind eine Top-Kessellage auf dem Eichberg, die einen rein sandigen Boden aufweist, und Flächen in Trautenburg, wo die Reben auf einem lehmigen Sand mit Kalk-einschlüssen wachsen. Die Philosophie des Silberberg-Absolventen Johann Skringer ist klar umrissen: „Ich möchte die Bodenständigkeit qualitativ hochwertig in den Wein bringen. Das Beste ist gerade noch gut genug." Die Umsetzung seiner Weinbauphilosophie gelingt ihm vorzüglich. Nicht zuletzt deshalb, weil er schon in seinen Weingärten, wo er Unterstützung von seinem Vater bekommt, penibel auf Qualität achtet. „Meine Hektarerträge kann man geradezu mit der Apothekerwaage messen."

Vom Sauvignon vinifiziert Johann Skringer drei Linien. Neben seiner Klassik stehen noch zwei Lagenweine im Programm. Jener vom Eichberg wird im Stahltank vergoren und kommt bis zur Füllung in großes Holz, der Sauvignon aus der Lage Trautenburg wird ausschließlich in großen Fässern vergoren und ausgebaut. In ganz kleinen Mengen ist Skringer in den letzten Jahren auch eine Trockenbeerenauslese gelungen, die im „ganz kleinen Holz" ausgebaut wird. Auf der „leichten Seite" vinifiziert Skringer auch noch eine Cuvée aus Welschriesling und Sauvignon Blanc, die er als „Sowieso" vermarktet.

Im Bezug auf die Zukunft ihres Weingutes haben Johann Skringer und seine Frau Annemarie, die für den Verkauf der Weine zuständig ist, klare Vorstellungen. „Flächenmäßig möchten wir nicht mehr wachsen, dafür steht der Bau eines neuen Kellergebäudes an. Den plane ich so, dass man mit wenig Personal auskommt. Und der Arbeitsbereich muss hell sein, ich möchte möglichst auch die Sonne sehen"...

Sauvignon Blanc 2007: 12,5%; Helles gelbgrün, in der Nase intensive Stachelbeerfrucht, am Gaumen feine mineralische Noten, fruchtbetonte Opulenz, im Abgang lang anhaltend.

Sauvignon Blanc Eichberg 2007: 13,0%; Vielschichtige, würzige Fruchtnase nach Johannis-beeren und gelben Paprika. Kühlfruchtige Sauvignonaromatik, die mit der Flaschenreife noch schöner zum Ausdruck kommt.

Sauvignon Blanc Trautenburg 2007: 13,0%; Sehr würzige Aromatik nach Stachelbeeren und gelbe Paprika, fein und druckvoll am Gaumen.

The best is just about good enough

The 16 acres of vineyards belonging to Johann Skringer are situated at steep locations, high above the market town of Leutschach. "We produce white wines exclusively, with Sauvignon Blanc definitely is being our main attraction", says Skringer, who administers the parental business in its third generation. Grandfather and father still ran the estate as a mixed farm, but Johann Skringer is completely dedicated to wine growing. His best vineyard is the top-location in a basin on Eichberg, with soil consisting mainly of sand, and locations in Trautenburg, where the vines grow on a mixture of sand and clay with lime pockets. The philosophy of the School for Agriculture and Oenology Silberberg-graduate Johann Skringen is clear: "I would like to capture our soil in a high quality way inside our wine. The best is just about good enough." And he succeeds in implementing his philosophy extremely well. And not only because he already checks everything for absolute quality in his vineyards, where he gets the support of his father. "One can literally weigh my harvest per acre with the precision scales of a chemist."

Johann Skringer produces three lines of Sauvignon Blanc. Besides his "Klassik" there are two premium wines in his program. While the Sauvignon Blanc from "Eichberg" is fermented in stainless steel tanks and stays in large wooden barrels until being bottled, the Sauvignon from the vineyard "Trautenburg" is exclusively fermented and produced in large wooden barrels. In the past few years Skringer has succeeded in producing a very small amount of "Trockenbeerenauslese" which is matured in small oak barrels. On the "light side" Skringer also produces a cuvée blended from Welschriesling and Sauvignon Blanc, which he markets as "Sowieso".

As far as the future of their winery goes, Johann Skringer and his wife Annemarie, who is responsible for the selling of their wines, share clear ideas. „As far as the area is conerned we do not want to grow any bigger. We do need a new wine cellar, though, which I am planning in a way, so very few personnel can run it. And the area where the wine gets manipulated has to be light. I want to see the sun while I am atwork with the wine."

Traubenernte und Vinifizierung

Sauvignon Blanc Steirische Linie: Mehrmaliges, selektives Ernten von Trauben mit 17,5°-19,5°KMW ➤ Rebeln und Maischen in der Presse oder Tanks ➤ Maischekontaktzeit 6-12 Stunden ➤ Pressen: schonendes Pressen mit wenig Druck, Seihmost und Pressmost getrennt verarbeiten ➤ Mostklärung: Gekühltes Klären des Mostes über Nacht (12 Stunden) ➤ Abziehen des nicht zu klaren Mostes und gekühlte Gärung in Stahltanks bei 17°-18°C, Gären mit verschiedenen Reinzuchthefen ➤ Ausbau: Klassik-Jungweine in den Stahltanks ➤ nach dem Gärende abziehen von der Grobhefe ➤ mit der Feinhefe zurück in die Tanks ➤ Aufrühren der Feinhefe ➤ 4-5 Monate Reifung, Betonung der Fruchtaromen ➤ 1 Filtration und Flaschenfüllung.

Weingärten o *Vineyards*
7,5 ha (19 acres), Lagen: Eichberg Trautenburg

Weine o *Wines*
Weißweine: Sauvignon Blanc, Sauvignon Blanc Eichberg, Sauvignon Blanc Trautenburg
Wr, Sowiso, Wb, Mo, Mu, Gb
Edelsüße Weine: Sauvignon Blanc Trockenbeerauslese

Alter der Reben o *Average age of the vines*
5-30 Jahre

Pflanzdichte o *Density of plantation*
4.000 Stöcke/Hektar in Sauvignon Blanc-Anlagen

Hektarerträge o *Average yield per hectar*
Sauvignon Blanc 3.500-4.000 Liter/Hektar

Kellermeister/Önologe o *Winemaker*
Johann Skringer

Besondere Jahrgänge o *Great recent vintages*
2007, 2006, 2003, 2002, 2000, 1997, 1995, 1994

Ab-Hof-Verkauf o *Sale at the premises*
Weinverkostung Mitte April-Ende Juni
Mo-Fr 10-18 Uhr, Sonn- und Feiertage 10-14 Uhr o
By appointment only
Ansprechpersonen: Johann und Anneliese Skringer

Kommentierte Weinkost o *Wine-seminar*
Nach tel. Voranmeldung o By appointment only

Weinverkaufspreise o *Average price*
€ 5,30/19,50 • Visa, Mastercard, Bankomatkarte

Weitere Produkte o *Further products*
Schilchersekt

Vertrieb/Vermarktung der Weine
Ab-Hof-Verkauf, Fachhandel und die Gastronomie österreichweit
Exportländer: Deutschland, Schweiz

Restaurant Weinkarte o *Winelist*
Döllerer (Kellau), Meinl am Graben, Zawadill (Wien), Schenkenfelder (Linz), Kehlberghof, Kohlbacher (Graz), Eberhard (St. Michael ob Leoben)

Weingut Skringer
A-8453 Eichberg-Trautenburg 28
Tel.: +43 (0)3456 2666, Fax: 30956
www.skringer.at
e-mail: weingut@skringer.at

Steirischer Seriensieger mit dem Sauvignon Blanc

Natürlich bedurfte es einer peniblen Weingarten- als auch Kellerarbeit, um mit seinem Sauvignon Blanc in den Jahren 2001, 2002, 2003, 2004 und 2006 den Steirischen Landessieger stellen zu können. Franz Strablegg verweist dabei aber auch auf die für ihn und seine Weine günstigen natürlichen Bedingungen. Seine Weingärten in der Lage Eichberg und der Riede Kaiseregg bestehen zu rund 90 Prozent aus Steilhangflächen, die arbeitsmäßig zwar sehr aufwändig sind, andererseits aber durch den optimalen Sonneneinfall eine hervorragende Traubenqualität bieten. „Wir haben hier warme Tage und nächtens kühle Winde von der Koralpe herunter, also ideale klimatische Verhältnisse für den Sauvignon Blanc", stellt Franz Strablegg fest, der schon im Weingarten nichts dem Zufall überlässt. „Ich schneide jeden einzelnen Sauvignon-Stock selbst, da lass ich niemanden dazu." Selbstverständlich sorgt Strablegg auch für eine Ertragsreduzierung. Dadurch erreicht er beim Sauvignon eine höhere Traubenreife und fördert eine reifere Aromatik.

Franz Strablegg, der in der Weinbauschule Silberberg Jahrgangskollege etwa von heute renommierten Winzern wie Erich Polz, Alois Gross oder Willi Sattler war, ist seit nunmehr 30 Jahren im Weinbau tätig. „Mein Vater hat mich schon frühzeitig mitarbeiten lassen, so konnte ich die eben gelernte Theorie in die Praxis umsetzen."

Gerade beim Sauvignon Blanc kann man eine interessante Entwicklung verfolgen. Strablegg erinnert sich, dass in nunmehr seinem Betrieb im Jahre 1978 1.600 Liter vom „Muskat Sylvaner", wie damals der Sauvignon Blanc bezeichnet wurde, ausgebaut wurde. „Der Wein war brennesselig zum Quadrat und nur zum Verschneiden mit anderen Weinen zu gebrauchen." Heute ist das anders. Heute geht der Trend zu warmen Aromen wie dem gelben Paprika, was nicht zuletzt durch die Klimaveränderung gefördert wird. Ein Sauvignon Blanc ohne Kabinettreife wäre in den letzten 15 Jahren eine Blamage gewesen. „Früher konnten wir davon ausgehen, dass wir im Schnitt alle zehn Jahre ein tolle Ernte haben, allein im neuen, jungen Jahrtausend hatten wir 2000, 2003 und 2007 hervorragende Jahrgänge."

Für Franz Strablegg ist die Entwicklung noch nicht abgeschlossen. „In zehn Jahren werden wir den Sauvignon Blanc wieder etwas anders keltern. Wahrscheinlich werden wir beim Gären der Moste den Einfluss der Reinzuchthefen zurücknehmen und das eigentliche Terroir der Weingärten mittels Spontangärungen noch mehr in den Vordergrund stellen ..."

Serial winner with his Sauvignon Blanc

Of course it took painstaking work in the vinyards as well as in the wine cellar in order to become Steirischer Landessieger (Styrian county winner) with his Sauvignon Blanc in the years 2001, 2002, 2003, 2004 and 2006. Franz Strablegg points out to the favourable natural conditions for his wines . His vineyards in Eichberg and Kaiseregg consist approximately 90 percent of steep slopes, which on the one hand makes work more difficult; on the other hand they offer an excellent quality of grapes resulting from the optimal angle of the sunshine. "We get warm days, while cold winds blow down from the nearby mountains at night, ideal climatic conditions for Sauvignon Blanc", states Franz Strablegg, who leaves nothing to chance in his vineyards. "I prune each individual Sauvignon vine myself, I don't let anybody else near them". Naturally Strablegg also strives to reduce his wine production. This enables him to achieve a higher maturity of the grapes with his Sauvignon and therefore boost a maturer aroma.

Franz Strablegg, who attended the School for Agriculture and Oenology Silberberg at the same time as today's renowned winemakers like Erich Polz, Alois Gross or Willi Sattler, has been working in the wine making industry for 30 years now. "My father allowed me to participate in the production of his wine early on, thus enabling me to translate the theory of my studies into practice."

Especially with Sauvignon Blanc one can see an interesting development. Strablegg remembers producing 1.600 litres of "Muskat Sylvaner", as Sauvignon Blanc was called in those days, in 1978. "The taste of that wine was extremely acidic like stinging nettles and could only be used to blend with other wines."

FRANZ STRABLEGG-LEITNER: EICHBERG, KAISEREGG

Today things are different. The trend is towards a warm aroma like yellow peppers or gooseberries, which is also assisted by the change in our climate. "Sauvignon Blanc without the grape ripeness of 16°KMW would have been a disgrace in the past 15 years. Years ago it was save to assume a fantastic harvest every ten years. Since the beginning of this still very young millenium we have already had vintage years in 2000, 2003 and 2007."

As far as Franz Strablegg is concerned, development is not yet finished. "In ten years time we will have a different method to produce Sauvignon Blanc . Most likely we will reduce yeast during fermentation while promoting the actual terroir of our vineyards even more..."

Traubenernte und Vinifizierung

Sauvignon Blanc: Mehrmaliges selektives Handlesen, Traubengradation 18°-19°KMW ➤ Rebeln und Maischen ➤ Maischestandzeit 5-8 Stunden, bei höherer Reife längere Standzeiten, bis zu 18 Stunden ➤ Scheitermost getrennt Vergären und Pressen ➤ Trubmost in Entschleimungstanks, abkühlen auf 15°C bis max. 24 Stunden ➤ Gezügelte Gärung bei 18°-20°C ➤ Gärstart mit Hefeeinsatz ➤ 3-5 Monate Reifen der Weine in Stahltanks ➤ Betonung von Fruchtaromen ➤ Füllfiltration ➤ Flaschenfüllung.

Sauvignon Blanc Kaiseregg: Mehrmaliges selektives Handlesen, Traubengradation über 20°KMW ➤ Rebeln und Maischen ➤ Maischekontaktzeit in der Presse oder Maischetanks 6-12 Stunden ➤ Vorentsaften in der Presse ohne Pressdruck ➤ Entschleimen des Mostes mit Kühlung für 24-36 Stunden ➤ Gärung in 300 l Barriques, „sur lie"-Aufrühren der Feinhefe bis April ➤ Ausbau: 6 Monate Reifung der Weine in den Barriques ➤ BSA erwünscht ➤ Betonung von Sekundäraromen ➤ Füllfiltration ➤ Flaschenfüllung.

Weingärten o *Vineyards* 13 ha (31,2 acres), Lage Eichberg, Ried Kaiseregg	**Buschenschank o *Where the winegrower sells*** März-Juni, Sept-Okt; Fr, Sa und So 14-20 Uhr
Weine o *Wines* Weißweine: Sauvignon Blanc, Sauvignon Kaiseregg Wr, Wb, Mo, Mu	**Ab-Hof-Verkauf o *Sale by producer*** Täglich 10-18 Uhr, nach telefonischer Voranmeldung Ansprechperson: Franz Strablegg
Alter der Reben o *Average age of the vines* 10-40 Jahre	**Weinverkaufspreise o *Average price*** € 5,-/15,-
Stockdichte o *Density of plantation* Kaiseregg Weingarten: 3,500 Stöcke/Hektar	**Weinseminare o *Wine-seminar*** Nach tel. Voranmeldung o By appointment only
Hektarerträge o *Average yield per hectar* Sauvignon Blanc 4.500-5.000 Liter/Hektar	**Kellerführung o *Visiting policy*** Nach tel. Voranmeldung o By appointment only
Kellermeister/Önologe o *Winemaker* Franz Strablegg	**Weitere Produkte o *Other products*** Traubensaft, Fruchtsäfte, Wildfleisch, Schinken, Würste
Besondere Jahrgänge o *Great recent vintages* **2006:** Steirischer Landessieger mit Sauvignon Blanc 2005 Österr. Weinsalon, Salon-Sieger mit Sauvignon Blanc 2005 **2004:** Steirischer Landessieger mit Sauvignon Blanc 2003 Österr. Weinsalon, Salon-Sieger mit Sauvignon Blanc 2003 **2003:** Steirischer Landessieger mit Sauvignon Blanc 2002 Österr. Weinsalon, Salon-Sieger mit Sauvignon Blanc 2002 **2002:** Steirischer Landessieger mit Sauvignon Blanc 2001 Österr. Weinsalon, Salon-Sieger mit Sauvignon Blanc 2001 **2001:** Steirischer Landessieger mit Sauvignon Blanc 2000 Österr. Weinsalon mit Sauvignon Blanc 2000	**Vertrieb/Vermarktung der Weine** Ab-Hof-Verkauf, Fachhandel, Vinotheken und die Gastronomie österreichweit Exportländer: Deutschland, Schweiz, England
	Restaurant Weinkarte o *Winelist* Winkler (Aschau, Chiemsee), Schwarzes Kamel (Wien), Steirereck am Pogusch.

Weingut Strablegg - Leitner
A-8454 Arnfels, Eichberg-Trautenburg 54
Tel. und Fax: +43(0) 3455 429
www.rebenland.at/strablegg-leitner

WEINGUT WILDBACHER: EICHBERG-TRAUTENBURG

Wein für perfekten Trinkgenuss gabs nicht

Das elterliche Weingut Wildbacher, das von Thomas und Brigitte Wildbacher im Jahre 1996 übernommen wurde, befindet sich am Eichberg, einem der schönsten Plätze der Südsteiermark. Ewas abseits des touristischen Trubels, aber doch nur wenige Autominuten nach Arnfels, Gamlitz oder an die Südsteirische Weinstraße, kann man dort die intakte Natur, Erholung und die Weine des Gutes genießen. Thomas Wildbacher bewirtschaftet sechs Hektar Rebflächen in typisch steirischen, extrem steilen Lagen, wobei er schon im Weingarten durch Ertragsbegrenzung und sorgfältigen Umgang mit der Natur dafür sorgt, dass nur beste Trauben in den Keller kommen. „Wir ‚veredeln' dann das optimale Traubenmaterial zu Weinen für einen perfekten Weingenuss", sagt Wildbacher, der dazu auf eine moderne Kellertechnik zurückgreifen kann. Das typisch steirische Sortiment erfreut durch seine ausgeprägte Fruchtigkeit. „Der klassisch steirische Ausbau im Stahltank wird in unserem Weingut in allen Bereichen großgeschrieben", erklärt der Winzer, und das gilt klarerweise auch für den Sauvignon Blanc. Von dieser Sorte hat Wildbacher eine Rebfläche von zwei Hektar.

Unterstützung im Weingarten und Keller hat Thomas Wildbacher bereits durch seine Tochter Stefanie, die gerade die Weinbauschule in Silberberg absolviert und schon von klein auf Interesse am Weinbau zeigte. „Die Arbeit im Weingarten hat mir immer schon Freude bereitet", meint Stefanie, aber auch die Geheimnisse der Kellerwirtschaft wollten ergründet werden. Wenn man schon den Namen Wildbacher trägt, ist es naheliegend, dass man auch einen Schilcher im Programm hat. Und diesen Wein, sowie den Schilchersturm, vermarktet Thomas Wildbacher im Herbst an einem eigenen Stand beim Wiener Stephansdom. „Das machen wir schon seit dem Jahr 1985", sagt Wildbacher, der sich dort über mangelnde Kundenfrequenz nicht zu beklagen braucht. Der Schilcherstand hat sich längst zu einem beliebten Treffpunkt entwickelt, an dem neben vieler anderer Prominenz auch schon Bürgermeister Michael Häupl auf einen Schluck vorbeigeschaut hat. Höhenflüge strebt Thomas Wildbacher keine an. Weder solche mit dem Flugzeug noch mit seinem Betrieb. „Ein kontinuierliches Wachstum ist mir lieber", sagt er, und da pflichtet ihm seine Frau Brigitte bei, die die vier geräumigen und großzügig ausgestatteten Gästezimmer des Weingutes Wildbacher betreut.

There was no wine for the perfect drinking pleasure

The parental wine making estate Wildbacher, taken over by Thomas and Brigitte Wildbacher in 1996, is situated in Eichberg, one of the most beautiful locations in southern Styria. Away from all the mayhem of tourism, but only minutes by car from Arnfels or Gamlitz on the South Styrian Wine Road (Südsteirische Weinstraße), one can relax in the beauty of untouched nature and enjoy the wines of the estate. Thomas Wildbacher administers 12 acres of vineyards on typical Styrian extremely steep hills. In order to get only the best grapes into his wine cellar he already starts limiting the yield in his vineyards by handling his vines carefully. "We use these refined grapes to produce wines for the perfect wine experience", says Wildbacher, who is backed up by cutting edge wine making equipment in his wine cellar. This typical Styrian wine assortment is enjoyed for its distinctive fruitiness. "The classical Styrian production in stainless steel tanks is of utmost importance in all aspects of our winery", explains the wine maker, and the same clearly also goes for his Sauvignon Blanc. Four acres of his vineyards are reserved for this variety.

Thomas Wildbacher already gets support in his vineyards and in the wine cellar from his daughter Stefanie, who is a student at the School for Agriculture and Oenology Silberberg and who has shown an interest in wine growing from early childhood. "I have always liked to work in the vineyards", explains Stefanie, "but the secrets of the wine cellar were also intriguing".

Carrying the name Wildbacher one has to have Schilcher wine in the programme. Thomas Wildbacher sells this wine together with his "Schilchersturm" at his own stall in Vienna next to the Wiener Stephansdom in autumn. "We have been doing this since 1985", says Wildbacher, who cannot complain about lack of clients. The Schilcher stall has developed into a favourite meeting point, where amongst many other celebrities, even mayor Michael Häupl has been seen to have a sip of wine.

High-flying escapades are not for Thomas Wildbacher, neither in an airoplane nor with his business. "I prefer continuous growth", he says, and his wife Brigitte, who looks after the four substantial and generously furnished guest rooms of the winery Wildbacher, agrees.

Traubenernte und Vinifizierung

Sauvignon Blanc: Mehrmaliges selektives Handlesen, Traubengradation 21°KMW ➤ Rebeln und Maischen ➤ Maischestandzeit 5-8 h, je reifer, je länger, bis zu 18 Stunden ➤ Scheitermost getrennt Vergären und Pressen ➤ Trübmost in Entschleimungstanks, abkühlen auf 15°C bis max. 24 Stunden ➤ Gezügelte Gärung bei 18°-20°C ➤ Gärstart mit Hefeeinsatz ➤ 3-5 Monate Reifen der Weine in Tanks ➤ Vorfiltration, Füllfiltration ➤ Flaschenfüllung.

Weingärten o *Vineyards*

6 ha (14,4 acres), Lagen: Eichberg Trautenburg, Remschnigg (Schloßberg, Leutschach)

Weine o *Wines*

Weißweine: Sauvignon blanc
Wr, Mo, Mu, Ch, Sä
Rotweine: Zw, Blauer Wildbacher

Alter der Reben o *Average age of the vines*

3-20 Jahre

Stockdichte o *Density of plantation*

3,300 Stöcke/Hektar in Sauvignon Blanc-Anlagen

Hektarerträge o *Average yield per hectar*

Sauvignon Blanc 4.000–5.000 Liter/Hektar

Kellermeister/Önologe o *Winemaker*

Thomas Wildbacher, Stefanie Wildbacher

Besondere Jahrgänge o *Great recent vintages*

2007, 2006, 2003, 2000

Ab-Hof-Verkauf o *Sale by producer*

Täglich 9-18 Uhr, nach telefonischer Voranmeldung
Ansprechperson: Brigitte Wildbacher

Weinverkaufspreise o *Average price*

€ 4,70/7,20

Kommentierte Weinkost o *Wine-seminar*

Nach tel. Voranmeldung o By appointment only

Kellerführung o *Visiting policy*

Nach tel. Voranmeldung o By appointment only

Weitere Produkte o *Other products*

Traubensaft, Schilchersturm, Kernöl

Vertrieb/Vermarktung der Weine

Ab-Hof-Verkauf, Fachhandel und die Gastronomie österreichweit
Exportländer: Deutschland

Restaurant Weinkarte o *Winelist*

Restaurant Ofenloch, Immervoll, Scherer, Hopferl, Cafe Europa (Wien)

Weingut Thomas und Brigitte Wildbacher

A-8454 Arnfels, Eichberg-Trautenburg 56
Tel. + Fax: +43 (0)3455 20 723 oder
+43 (0)664 300 2596
e-mail: thomas.wildbacher@aon.at
www.weinlandgast.com/wildbacher

① Nimm Platz und lass dich verwöhnen
② Saure Variationen in Aspik mit Kürbiskernöl
③ Ein köstlich belegtes Brot mit Rohschinken
④ Herstlicher Sonnenschein am Schererkogel
⑤ Mediterranes Flair am Kogelberg bei Leibnitz
⑥ Käferbohnen mit Zwiebel, Kernöl und Essig.
⑦ Ausgezeichneter steirischer Buschenschank
⑧ Eine saure Presswurst mit Kürbiskernöl
⑨ ⑩ Verschiedene kalte Fleischspezialitäten:
   Würstel, Aufstriche, Käse, Gemüse und eine
   Portion Krenn darf nicht fehlen.

Die steirischen Buschenschänken – Zentren des Genusses

Die Buschenschänken in der steirischen Weingegend sind längst ein Markenzeichen für dieses Bundesland geworden. Sie sind ein unverzichtbarer Teil des Genusslandes geworden und runden das umfassende kulinarische Angebot der Steiermark in vorzüglicher Weise ab. Per Gesetz ist der Name Buschenschank für bäuerliche Betriebe geschützt, sodass sich die Buschenschänken eindeutig von Heurigenbetrieben unterscheiden lassen. Waren die Buschenschänken früher in erster Linie dafür bekannt, dass neben den Eigenbauweinen und Säften vornehmlich deftige Jausen angeboten wurden, hat sich das in den letzten Jahren deutlich gewandelt. Nicht zuletzt deshalb, weil in den Buschenschänken neuerdings nicht nur Produkte aus eigener Produktion angeboten werden dürfen, sondern auch zugekaufte Produkte. Auch der Wellness-Gedanke hat in den Buschenschänken bereits Platz gegriffen. Neben den traditionellen Jausenspezialitäten wie Selchfleisch, Selchspeck, Würstel oder Verhackert hat die neue, leichte Küche im ausgezeichneten steirischen Buschenschank Einzug gehalten. Käferbohnen und Sulzerl findet man ebenso auf den Speisekarten, wie Variationen von Aufstrichen, Salate aus eigenen Gärten, verschiedene Käse, Forellen oder Wild. Das „Körberl", bestückt mit verschiedenen Brotsorten und eine feine Auswahl an „Mehlspeisen", ergänzt den kulinarischen Genuss. Unter dem Begriff „Neue Jausen" findet man in einzelnen Buschenschänken beispielsweise feine Gerichte wie eine geräucherte Forelle mit Krennmousse, ein Fischsulzerl mit Essig und Kernöl, eine Hendlleberterrine mit Muskatellergelee oder saure Variationen auf bunten Blattsalaten mit Schafkäse und Rindfleischsulzerl. Und weil ja bekanntlich auch das Auge man isst, werden die Gerichte so schön und geschmackvoll angerichtet, dass einem schon beim Anblick das Wasser im Munde zusammenläuft.

Im Weinland Steiermark gibt es über 800 Weinbaubetriebe, die einen Buschenschank führen. 65 davon dürfen das Prädikat „Ausgezeichnet" verwenden. Das Ziel der ausgezeichneten Buschenschänken ist, ihren Gästen eine hervorragende Qualität und breite Auswahl an regionalen Weinen und Produkten anzubieten. Besonders Wert wird auf Glaskultur, das Ambiente, die Qualität und Herkunft der Produkte gelegt. Im ausgezeichneten Buschenschank kann man als Gast sicher sein, Weine aus eigener Erzeugung und Jausenspezialitäten vom eigenen Betrieb, oder aus der unmittelbaren Nachbarschaft, kredenzt zu bekommen.

The Styrian Buschenschank – Centres of indulgence

The Buschenschank in the Styrian wine growing areas has long ago become a trademark of this county. They have become an indispensable part of the land of pleasure and round off the comprehensive culinary offers of Styria in an excellent way. The name Buschenschank is protected by law and is reserved for farming businesses only, therefore it is quite easy to differentiate between a Buschenschank and a Heurigenbetrieb. If the name Buschenschank was once associated first and foremost with offering predominantly hefty snacks besides home-made wines and juices, it has clearly changed in recent years. Not only because a Buschenschank nowadays is allowed to offer not only its own goods, but also acquired products. The wellness-idea too has moved into the Buschenschank. Besides the traditional specialities like smoked meat, smoked speck, sausages or "Verhackert", a new, lighter cooking has arrived in the "excellent" Styrian Buschenschank. Käferbohnen (phaseolus coccineus - bug peans) and jelly can be found on the menu just as variations of spreads, salads from their own gardens, different cheeses, trout or game. Baskets filled with different varieties of bread and a fine selection of cakes complement the culinary indulgence. In the "new" Buschenschank one can find "innovative snacks": delicious dishes such as smoked trout with horseradish mousse for example, jellied fish with vinegar and pumpkinseed oil, chicken liver terrine with muscatel jelly or sour variations of lettuce with sheep milk cheese and beef in aspic. As it is a well-known fact that we do eat with our eyes as well, the dishes are served in a beautiful and tasteful way, and their sight alone is a mouth-watering experience.

The wine land Styria comprises more than 800 wineries which run a Buschenschank. 65 of these are allowed to use the attribute "excellent". The aim of the Buschenschank is to offer customers outstanding quality and a wide range of regional wines and products. Special value is placed on glass culture, the ambience, quality and origin of the products. In an "excellent" Buschenschank guests can be certain to be served wines from the winery's own production and home-made snack specialities, or at least coming from the close neighbourhood.

① Hirschschinken und Wildwürste.
② Sausaler Reindling (Gugelhupf).
③ Zweierlei vom steirischen Fischen:
Eine geräucherte Forelle mit Preiselbeer-
Obers und Forellensulz mit Kernöl.

Die „Ausgezeichneten steirischen Buschenschänken" in den Weinbauregionen der Südoststeiermark: Vom Thermenland bis zur Römerweinstrasse

Bernhart Ferdinand und Christine
8333 Riegersburg, Hofberg 61
Tel.: +43 (0)3153/8379, Fax: - 4
e-mail: bernhart@buschenschank.at

Breitenberger Karl und Elisabeth
8221 Kaibing, Kaibing 71
Tel.: +43 (0)3113/8771-0, Fax: -71
e-mail: karl@breitenbergerwein.at

Weinhof Franz Brunner
8262 Ilz, Kleegraben 15
Tel.: +43 (0)3385/7715, Fax: - 4
e-mail: info@weinhof.cc
www.weinhof.cc

Burger Hans
8265 Großsteinbach, Gschmaier 84
Tel.: +43 (0)3386/8602, Fax: - 4
www.burger-weine.at

Frühwirth Friedrich
8493 Klöch, Deutsch Haseldorf 46
Tel.: +43 (0)3475/2338, Fax: - 4
e-mail: weingut@fruehwirth.at

Giessauf-Nell
8493 Klöch 63
Tel.: +43 (0)3475/7265, Fax: - 4
e-mail: giessauf-nell@aon.at
www.giessauf-nell.at

Kuruzzenschenke
Konrad Josef und Silvia
8350 Fehring, Burgfeld 40
Tel.: +43 (0)3155/3089, Fax: - 4
e-mail: j.konrad@inode.at
www.kuruzzenschenke.at

Kahr Martin und Marianne
8350 Fehring, Petzelsdorf 28
Tel.: +43 (0)3155/2044, Fax: - 4
e-mail: office@weinbau-kahr.at

Lamprecht Günter
8350 Fehring, Weinberg 140
Tel.: +43 (0)3155/2545
e-mail: lamprecht@buschenschank.at

Lang Johann und Irmtraud
8222 St. Johann/Herberstein,
Hoferberg 27
Tel.: +43 (0)3113/8560, Fax: - 4
e-mail: lang.johann@aon.at

Weingut Leitgeb
8343 Trautmannsdorf 104
Tel.: +43 (0)3159/2885, Fax: 3688
e-mail: info@weingut-leitgeb.at
www.weingut-leitgeb.at

Loder-Taucher, Gansrieglhof
8160 Weiz, Poschitz 18a
Tel.: +43 (0)3172/30700,
Fax: 03178/2677-9
e-mail: info@gansrieglhof.at

Maurer Josef, Maurer am Hohenberg
8200 Gleisdorf Hohenberg 34
Tel.: +43 (0)3112/2005, Fax: - 4
e-mail: office@weingut-maurer.com

Weinhof und Buschenschank Urbi
Niederl Manfred
8082 Kirchbach, Breitenbuch 55
Tel.: +43 (0)3116/2340, Fax: 27532
e-mail: urbi@buschenschank.at

Scharl Weinhof
8354 St. Anna/Aigen, Plesch 1
Tel.: +43 (0)3158/2314, Fax: - 33
e-mail: weinhof-scharl@utanet.at
www.weinhof-scharl.at

Seyfried Franz und Elisabeth
8200 Gleisdorf, Kaltenbrunn 11
Tel.: +43 (0)3112/2982, Fax: - 4

Tauchmann Johann
8362 Söchau, Trautendorf 37
Tel.: +43 (0)3387/2486, Fax: 2486

Weinhof der Vielfalt
Windisch Siegfried
8263 Großwilfersdorf, Herrnberg 22
Tel.: +43 (0)3385/7459, Fax: 7450
e-mail: office@windisch-wein.at
www.windisch-wein.at

Wonisch Josef
8493 Klöch 65
Tel.: +43 (0)3475/2347, Fax: - 4
wonischweine@aon.at

Weingut Familie Markowitsch
8490 Bad Radkersburg, Altneudörfl 144
Tel. + Fax: +43 (0)3476/2839 oder
0664/5226419
http://www.bro.at/markowitsch/
e-mail:
buschenschank.markowitsch@aon.at

Weinbauregion Südsteiermark

Assigal August und Maria
8430 Leibnitz, Seggauberg 45
Tel.: +43 (0)3452/86811, Fax: - 4
e-mail: weingut-assigal@aon.at

Dreisiebner Stammhaus
8461 Ehrenhausen,
Sulztal/Weinstr. 35
Tel.: +43 (0)3453/2590, Fax: - 22
e-mail: stammhaus@dreisiebner.com

Eory Wilhelm und Erika
8463 Leutschach, Pößnitz 65
Tel.: +43 (0)3454/360, Fax: - 4
e-mail: weingut.eory@aon.at
www.weingut.eory.at

Germuth Stammhaus, vlg. Loppitsch
8463 Leutschach, Glanz 24
Tel.: +43 (0)3454/383, Fax: 70022
e-mail: weingut@germuth.com
www.germuth.com

Gnaser-Wolf Franziska
8462 Gamlitz, Grubtal 31
Tel.: +43 (0)3453/5115, Fax: - 20
e-mail: office@gnaser-wolf.at
www.gnaser-wolf.at

Gründl, vlg. Oberer Hofer
8423 Labuttendorf, Labuttendorf 27
Tel.: +43 (0)3184/2318 2318

Gutjahr Waltraud und Josef, vlg. Kreuzwirt
8442 Kitzeck, Neurath 33
Tel.: +43 (0)3456/3152 , Fax: 30952
e-mail: weingut.gutjahr@aon.at
www.weingut-gutjahr.at

Weingut Hack-Gebell
8462 Gamlitz, Eckberg 100
Tel.: +43 (0)3454/303, Fax: - 4
office@weingut-hack.at
www.weingut-hack.at

Jöbstl-Arbeiter, vlg. Bockmoar
8410 Wildon, Bockberg 1
Tel.: +43 (0)3182/2534 , Fax: - 4
e-mail: weingut@bockmoar.at

Familie Kieslinger
8430 Leibnitz, Kogelberg 36
Tel.: +43 (0)3452/82780, Fax: - 20
e-mail: weingut@kieslinger.org
www.kieslinger.org

Kohlroser Franz & Rosa
8480 Mureck, Oberrakitsch 51
Tel.: +43 (0)3472/8640, Fax: - 4
kohlroser@styrian.net
www.buschenschank-kohlroser.at

Familie Kolb, vlg. Schneiderannerl
8443 Gleinstätten, Sausal 27
Tel.: +43 (0)3457/2581, Fax: - 4
e-mail: kolb@schneiderannerl.at
www.schneiderannerl.at

Kolleritsch Rudolf
8480 Mureck, Hauptplatz 4
Tel.: +43 (0)3472/2233, Fax: - 4
e-mail: office@kolleritsch.eu
www.kolleritsch.eu

Kratzer Herbert und Petronella
8451 Heimschuh, Kittenberg 16
Tel.: +43 (0)3452/86055 , Fax: 82905
e-mail: buschenschank@kratzer.cc

Labanz Peter Christian
8455 Oberhaag 34
Tel.: +43 (0)3455/6172, Fax: - 4
e-mail: wein@labanz.at
www.labanz.at

Lambauer Georg und Elisabeth
8442 Kitzeck, Greith 19
Tel.: +43 (0)3456/2235, Fax: 27497
e-mail: info@weingut-lambauer.at

Lamprecht Egon und Heidi
8463 Leutschach, Pössnitz 41
Tel.: +43 (0)3454/342 , Fax: - 4
e-mail: weingut.lamprecht@aon.at

Zur Laube, Familie Luttenberger
8423 St. Veit / Vogau, Seibersdorf 19
Tel.: +43 (0)3453/2459, Fax: - 4
e-mail: luttenberger@zurlaube.at
www.zurlaube.at

MUSTER.gamlitz Josef und Reinhard
8462 Gamlitz, Grubtal 14
Tel.: +43 (0)3453/2300, Fax: - 4
e-mail: weingut@muster-gamlitz.at

**Weingut Pichler-Schober,
Familie Pichler, vlg. Hosn**
8505 St. Nikolai i. Sausal, Mitteregg 26
Tel.: +43 (0)3456/3471, Fax: - 4
e-mail: weingut@pichler-schober.at
www.pichler-schober.at

Polz Martha
8471 Spielfeld, Graßnitzberg 53
Tel.: +43 (0)3453/3911, Fax: 4241
e-mail: weingut-primus@gitrade.com

Pronegg, vlg. Lorenz
8442 Kitzeck, Einöd 8
Tel.: +43 (0)3456/2311, Fax: - 4
e-mail: weingut.lorenz@aon.at
www.weingut-lorenz.at

Pugl Josef
8452 Großklein, Nestelberg 32
Tel. und Fax: +43 (0)3456/2662
e-mail: wein@weingut-pugl.com

Reiterer Reimund
8442 Kitzeck, Einöd 10
e-mail: weingut.reiterer@aon.at

Repolusk, vlg. Koschuh
8463 Leutschach, Glanz/Weinstr. 41
Tel.: +43 (0)3454/313, Fax: - 4
e-mail: weingut@repolusk.at
www.repolusk.at

Geniesserhof Schauer Karl und Elisabeth
8442 Kitzeck, Greith 21
Tel.: +43 (0)3456/3521, Fax: - 4
e-mail: office@weingut-schauer.com
www.weingut-schauer.com

Schneeberger, Familie Reschleitenbauer
8451 Heimschuh, Pernitsch 19
Tel.: +43 (0)3452/83934, Fax: 86398
e-mail: schneeberger.weine@aon.at

Schwarz Hans und Rosemarie
8442 Kitzeck, Weingut Greith 35
Tel.: +43 (0)3456/3064 oder
0664/2067973, Fax: 27452
e-mail: weingut-schwarz@aon.at
www.schwarz-kitzeck.at

Strauss Herbert Weinbau
8505 St. Nikolai i.Sausal, Petzles 6
Tel.: +43 (0)3456/3485, Fax: - 4
e-mail: wein@buschenschank-strauss.at
www.buschenschank-strauss.at

Temmel Familie, vlg. Felberjörgl
8442 St.Andrä-Höch 47
Tel.: +43 (0)3456/3189 03456/3189
e-mail: info@felberjoergl.at
www.felberjoergl.at

Tinnauer Johann und Rosa
8462 Gamlitz, Labitschberg 42
Tel.: +43 (0)3453/2391, Fax: - 23
e-mail: weingut-tinnauer@aon.at

Familienweingut Trabos, vlg. Sobetz
8462 Gamlitz, Kranachberg 30
Tel.: +43 (0)3454/430, Fax: 6830
e-mail: trabos@aon.at
www.trabos.at

Trummer Johann, vlg. Lenzbauer
8422 St. Nikolai/Dr., Pessaberg 26
Tel.: +43 (0)3184/2426, Fax: 40612
e-mail: trummer@wein.st

Tschermonegg, Wohnen beim Wein
8463 Leutschach, Glanz/Weinstrasse 50
03454/326, Fax: - 50
e-mail: weingut@tschermonegg.at
www.tschermonegg.at

Warga-Hack Rainer
8442 Kitzeck, Gauitsch 20
Tel.: +43 (0)3456/2282, Fax: - 20
e-mail: warga-hack@warga-hack.at
www.warga-hack.at

Weiss-Welle Roland und Edith
8463 Leutschach, Glanz 28
Tel.: +43 (0)3454/243, Fax: - 4
e-mail: info@weiss-welle.at
www.weiss-welle.at

Weinbauregion Weststeiemark

Bauer Josef, vlg. Prall
8562 Mooskirchen, Rubmannsberg 19
Tel.: +43 (0)3137/2681, Fax: 27281
e-mail: buschenschank.bauer@aon.at
www.bauer-schnaps.at

**Deutschmann Eva und Franz,
Gamser Winzerstube**
8524 Bad Gams, Bergegg 35
Tel.: +43 (0)3463/2453, 0676/5956500
e-mail: info@gamser-winzerstube.at
www.gamser-winzerstube.at

Dokter Franz
8563 Ligist, Steinberg 8
Tel.: +43 (0)3143/3848 - 4
e-mail: dokter@buschenschank.cc

Hiden Franz und Maria, vlg. Höllerhansl
8511 St. Stefan ob Stainz, Hochgrail 66
Tel.: +43 (0)3463/81817, Fax: 82447
e-mail: weingut.hiden@aon.at
www.weingut-hiden.at

Jauk Florian und Josefa
8530 Deutschlandsberg, Schloßweg 45
Tel.: +43 (0)3462/4431, Fax: 44314
www.buschenschank-jauk.at

Klug Fritz und Gabriele, vlg. Voltl
8511 St. Stefan/Stainz, Steinreib 14
Tel.: +43 (0)3463/6464 , Fax: - 4
e-mail: weinbau.klug@aon.at

Krainer Klaus und Christa Krainerhof
8511 St. Stefan/Stainz, Zirknitz 9
Tel.: +43 (0)3463/82250, Fax: - 13
e-mail: krainer@krainerhof.at

**Machater Maria und Armand,
vlg. Florlwirt**
8511 St. Stefan/Stainz, Gundersdorf 3
Tel.: +43 (0)3463/81649, Fax: - 4
e-mail: machater@aon.at
www.buschenschank-florlwirt.at

Stocker Vinzenz und Anna, vlg. Berner
8152 Stallhofen, Neudorf 8
Tel.: +43 (0)3137/3305, Fax: - 4
e-mail: office@buschenschank-
stocker.at
www.buschenschank-stocker.at

WEINGUT GRÜNDL: STERMETZBERG, KRANACHBERG

Qualität geht vor Quantität

Das Weingut und der ausgezeichnete Buschenschank von Josef „Peppi" Gründl und seiner Frau Christine in Labuttendorf zählt zu den renommierten Betrieben in der Südsteiermark. Die praktizierte Philosophie lässt sich kurz auf einen Nenner bringen: Qualität geht immer vor Quantität. Die fünf Hektar Weingärten des Weingutes Gründl vulgo Obererhofer befinden sich in einer der besten Lagen in der Südsteiermark, und zwar in der Ried Stermitzberg in Ratsch an der Weinstraße. Die Rebflächen steigen steil auf bis in eine Höhe von 380 Metern. Die Böden bestehen aus mächtigen Sedimentschichten, die sich über Jahrmillionen im einstigen meerbedeckten südsteirischen Becken abgesetzt haben. Dort reifen auch die Trauben des Sauvignon Blanc, die nach der Lese zur Weiterverarbeitung in den Weinkeller nach Labuttendorf gebracht werden. Moderne Kellertechnologie sichert Josef Gründl einen konstanten, qualitätsorientierten Ausbau seiner Weine. Die Weißweine, wie der Sauvignon Blanc, werden klassisch im Stahltank ausgebaut, der Ausbau der Weine in temperaturkontrollierten Edelstahltanks fördert vor allem den reintönigen Sortencharakter. Besondere Rotweine – wie sein Zweigelt – reifen in großen Holzfässern oder in Barriques.

Bei der Gestaltung der gesamten Weinlinie wird bereits Sohn Stefan Gründl immer mehr in die Verantwortung genommen. Und der Silberberg-Absolvent und Weinbaumeister kann schon auf eine ganze Reihe von Erfolgen verweisen. So holte er 2007 Silber beim Jungwinzer-Wettbewerb der Steiermärkischen Sparkasse und schon zweimal Gold bei der Austrian Wine Challenge. „Die Preise sind eine Bestätigung unserer konsequenten Arbeit", sagen Vater und Sohn Gründl, „wir arbeiten ja, damit aus dem Endprodukt – dem Wein – etwas Gescheites wird." Die beiden Generationen im Weingut Gründl ziehen an einem Strang: „Wir überlegen immer gemeinsam, was man noch besser machen kann."

Chefin im „Ausgezeichneten Buschenschank" ist Christine Gründl. Sie und ihr Team betreuen die Gäste sowohl kulinarisch als auch vinologisch auf höchstem Niveau. Es lohnt sich beispielsweise, von der pikanten Eierschwammerl-Terrine – verfeinert mit erstklassigen steirischen Ölen – oder vom zarten, kalten Schweinemedaillon aus eigener Veredelung zu kosten. Selbstverständlich wird auch das traditionelle Buschenschankangebot wie Kübelfleisch, Zunge, Haussalat oder verschiedene Aufstriche von Christine Gründl „geadelt". Die Palette der feinen Mehlspeisen wird nach Laune der Chefin zusammengestellt. Das Motto lautet: „Hauptsache, es schmeckt." Und das tut es.

Quality before quantity

The winery with the excellent Buschenschank of Josef "Peppi" Gründl and his wife Christine in Labuttendorf is one of the most renowned businesses in southern Styria. The practised philosophy is short and sweet: Quality always comes before quantity. The 10 acres of vineyards of the winery Gründl vulgo Obererhofer are situated in one of the best locations in southern Styria in Stermitzberg in Ratsch along the Wine Road (Weinstraße). They are fairly steep and are situated up to 380 metres above sea level. The soil in the southern Styrian basin once covered by the sea consists of massive layers of sediments formed over millions of years. The grapes for the Sauvignon Blanc, too, ripen there and are transported to the wine cellar in Labuttendorf for further processing. Modern technology in the wine cellar makes sure Josef Gründl's wine production is consistent and quality-orientated. The white wines including Sauvignon Blanc are produced the "classic" way in temperature-controlled stainless steel tanks, which promotes the unique character of each variety. Special red wines – like his Zweigelt – are matured in large oak barrels or in French barriques.

Son Stefan Gründl shares more and more of the responsibility in the design of all different lines of wines. And the Silberberg-graduate and master in winemaking is able to point out a fair number of successes: in 2007 he collected the silver medal at the contest for young wine makers (Jungwinzer-Wettbewerb) of the Steiermärkischen Sparkasse and two gold medals at the Austrian Wine Challenge. "These prizes are a confirmation of our consequent work", say father and son Gründl, "we work hard to achieve a proper end result". Both generations at the winery Gründl pull together in the same direction: "We always consider any improvements together".

Christine Gründl is boss in the renowned Buschenschank . She and her team look after the guests at the highest level in a culinary way and as far as wine is concerned. It is well worth, for instance, to try the savoury chanterelle–terrine refined with first class Styrian cooking oils or the tender, cold pork medaillons from meat processed on the premises. This place is not about the latest trends. Here the motto is: "It is important that it tastes good." And that it definitely does.

Traubenernte und Vinifizierung

Sauvignon Blanc Stermetzberg: Mehrmaliges Handlese von reifen Trauben 17°-18,5°KMW ➤ Rebeln und Maischen ➤ Maischekontaktzeit in Tank 6-12 Stunden ➤ Vorentsaften und Pressen ➤ Mostklärung: Weniger starkes Vorklären des Mostes mit Kühlung ➤ Gezügelte Gärung in Stahltanks bei 16°-18°C ➤ Ausbau: Jungwein im Tank schneller Abstich ➤ 4-5 Monate Reifung in Stahltanks ➤ Betonung von Fruchtaromen ➤ Füllfiltration ➤ Flaschenfüllung.

Sauvignon Blanc Stermetzberg: 12,5%; Feine Anklänge von frischem Heu und Brennesseln, am Gaumen feinwürzig mit sortentypischem Geschmack nach reifen Paprika und Stachelbeeren.

Weingärten o *Vineyards*
5 ha (12 acres), Lagen Stermetzberg, Ratsch

Weine o *Wines*
Weißweine: Sauvignon Blanc Stermetzberg
Wr, Mu, Tr, Sä, RR, PB, Gb, Ch
Rotweine: Zweigelt

Alter der Reben o *Average age of the vines*
5-23 Jahre

Pflanzdichte o *Density of plantation*
3.600 Stöcke/Hektar in Sauvignon Blanc-Anlagen

Hektarerträge o *Average yield per hectar*
Sauvignon Blanc 3.800 - 4.000 Liter/Hektar

Kellermeister/Önologe o *Winemaker*
Stefan und Josef Gründl

Besondere Jahrgänge o *Great recent vintages*
2007, 2006, 2005, 2003, 2000
2007: Österr. Weinsalon mit Welschriesling 2006
Welschriesling Stermetzberg 2006 Sieger bei der Weintrophy

Buschenschank o *Where the winegrower sell*
Ganzjährig geöffnet, Mi-Mo 14.30-22 Uhr, Di Ruhetag

Ab-Hof-Verkauf o *Sale at the premises*
Mi-Mo ab 9 Uhr und nach tel. Voranmeldung
Ansprechperson: Christine Gründl

Weinverkaufspreise o *Average price*
€ 4,80/6,80 • Visa, Mastercard, Bankomatkarte

Kommentierte Weinkost o *Wine-seminar*
Nach tel. Voranmeldung o By appointment only

Vertrieb/Vermarktung der Weine
Ab-Hof-Verkauf, Fachhandel, Vinotheken und die Gastronomie österreichweit
Exportländer: Deutschland

Restaurant Weinkarte o *Winelist*
Blounge, Stargkhe Haus (Graz), Goldenen Löwen (Ehrenhausen), Neuhold (Landscha), Johann's (Bruck/Mur), Roanwirt Hötzl (St. Lorenzen)

Weingut Gründl, vlg Obererhofer
A-8423 Labuttendorf , Hauptstraße 45
Tel.und Fax: +43 (0)3184 2318
www.gruendl-labuttendorf.at
e-mail: info@gruendl-labuttendorf.at

CARPE VINUM - HOLGER HAGEN: KRANACHBERG, ECKBERG

Die Südsteiermark war die erste Wahl

Ich habe mich für diesen Flecken Erde entschieden, um sein Schönstes in den Vordergrund zu stellen – Wein zu machen und als Mensch in seiner Natur zu leben", sagt der aus Bayern in die Südsteiermark gekommene Winzer Dipl. Ing. Holger Hagen. Die Entscheidung, seine Weinzukunft in der Steiermark zu suchen, ist Hagen nicht schwer gefallen. Als Liebhaber von leichten fruchtigen Weinen war für den Geisenheim-Absolventen die Steiermark auf dem Gebiet des Weißweines erste Wahl. „Wenn ich in der Nähe etwas Gutes machen kann", sagt der gebürtige Bayer, „muss ich nicht auf einen anderen Erdteil gehen." Für Holger Hagen ist Wein eines der wertvollsten Kulturgüter, das die Lebensqualität steigert. Demnach muss der, wer Lebensqualität fördern will, danach trachten, dass das Produkt bekömmlich ist. Solch bekömmliche Produkte keltert Hagen seit dem Jahr 2006 aus Trauben, die aus acht Hektar Rebflächen in besten Lagen im südsteirischen Weinland, auf dem Eckberg, Hocheckberg, Sernauberg, Kranachberg in Gamlitz und dem Hochgrassnitzberg (Spielfeld) stammen. Dazu bewirtschaftet er auch noch 3,5 Hektar Weingärten in Slowenien. Vom Sauvignon Blanc vinifizieren Hagen und und sein Kellermeister Timo Saier eine im Stahltank ausgebaute Klassik, deren Trauben vom Kranachberg stammen, und einen Lagenwein vom Hochgrassnitzberg, der teils im Stahl und teils im großen Holzfass ausgebaut wird. Im Weinbau setzen der engagierte Winzer und sein Kellermeister auf eine möglichst naturnahe Bewirtschaftung der Rebflächen. „Wir sorgen mit organischer Düngung, die wir selbst kompostieren, für eine natürliche Ernährung unserer Reben, betreiben den Pflanzenschutz nach streng biologischen Richtlinien und stärken mit natürlichen Mitteln die Abwehrkräfte der Pflanzen."Verarbeitet werden die Trauben im Weingut in St. Veit am Vogau, dort befindet sich auch das hauseigene Weinlokal. Hier begleiten feine Speisen die CARPE VINUM-Weine und man ist auf die Ausrichtung von Festen und Feiern vorbereitet. „Wir organisieren alles Nötige, vom Transfer über die Verköstigung bis zu Übernachtungen."

Holger Hagen stammt – wie erwähnt – aus einer bayrischen Unternehmerfamilie. Aber sowohl er als auch sein Bruder Daniel wollten eigene Wege gehen. Während sich Holger für den Weinbau entschied, sah Daniel seine Zukunft beim Bier. Er betreibt mittlerweile eine eigene Brauerei am Chiemsee.

Sauvignon Blanc Klassik: 12,0%; Im Duft ein sehr intensives und attraktives Bukett nach schwarzen Johannisbeeren, mit feinen vegetabilen und würzigen Nuancen, sehr sortentypisch. Am Gaumen saftig und opulent, ohne breit zu wirken, gelbe Früchte, Paprikaschoten, reifer Weingartenpfirsich, sehr feine Textur. Ein Sauvignon mit feiner Würze nach Paprika und Kräutern im Abgang.

Southstyria was (my) first choice

I set my mind on this piece of land in order to bring its beauty to the foreground – to make wine and to live in its nature as a human being", says the wine producer Dipl. Ing. Holger Hagen from Bavaria, who has settled in southern Styria. For Holger Hagen the decision to look for his future as a wine producer in Styria was not difficult. As a connoisseur of light and fruity wines, the Geisenheim-graduate's first choice was Styria as far as white wines go. "If I can produce something good nearby", says the Bavarian, "I don't have to move to another part of the world." For Holger Hagen wine is a precious cultural artefact, which enhances the quality of life. It follows that who ever wants to advance this quality of life has to strive to make his product delicious. Hagen has made such delicious products since 2006 from grapes growing on 16 acres of vineyards in the best locations in Eckberg, Hocheckberg, Sernauberg, Kranachberg (Gamlitz), and Hochgrassnitzberg (Spielfeld). On top of that he administers 7 acres of vineyards in Slovenia. Hagen and his wine-maker Timo Saier produce a Klassik Sauvignon Blanc from grapes growing in Kranachberg (Gamlitz), in stainless steel tanks. They also make a premium wine partly in stainless steel tanks and partly in large wooden barrels from grapes growing in Hochgrassnitzberg. In their vineyards the committed wine producer and his winemaker invest as much as possible in the natural cultivation of their vines. "We supply our vines with organic fertiliser, which we compost ourselves, and we use strictly biological plant protection to strengthen the defence system of our vines". The grapes get processed in St. Veit am Vogau, where Holger Hagen also runs his Buschenschank. There they are always prepared for parties and celebrations, too. "We organise everything necessary, from transport via the providing of meals to rooms for guests to stay overnight."

Holger Hagen comes – as mentioned – from a Bavarian business family. But he as well as his brother wanted to do things their own way. While Holger decided to become a wine producer, Daniel saw the manufacturing of beer as his future, and today he runs his own brewery at the Chiemsee in Germany.

Traubenernte und Vinifizierung

Sauvignon Blanc Kranachberg: Handlese von Trauben mit 17,5°-19,5°KMW (86-97 Öchsle)➤ Rebeln und Maischen ➤ Maischekontaktzeit in Maischetanks 24-48 Stunden ➤ Pressen: Vorentsaften und Pressen ➤ Mostklärung: über Nacht ➤ Gärung in Stahltanks bei 16°-18°C ➤ Ausbau: Jungweine im Inox ➤ 2-3 Monate Reife in Stahltanks ➤ Betonung von Fruchtaromen.

Sauvignon Blanc Hochgrassnitzberg: Mehrmaliges Handlesen, Traubengradation 19,5°-21°KMW (97-105 Öchsle)➤ Maischekontaktzeit 24-48 Stunden ➤ Gärung: Gärung in großen Holzfässern (1500 l) mit Spontangärung ➤ Ausbau: Große Holzfässer mit Hefekontakt und Aufrühren der Feinhefe ➤ 4-5 Monate Fassreife ➤ Betonung von Sekundäraromen ➤ leichte Filtration vor Flaschenfüllung.

Weingärten o *Vineyards*
8 ha (19,2 acres) Weingärten in Eckberg, Sernauberg, Kranachberg, Hochgrassnitzberg
3,5 ha (8,4 acres) Pöllitschberg (Policki Vrh) Weingärten in Slowenien

Weine o *Wines*
Weißweine: Sauvignon Blanc, Sauvignon Blanc Eckberg Sauvignon Blanc Hochgrassnitzberg
Wr, Wb, Mo, Mu
Roseweine: Zweigelt Rosé
Rotweine: Zw, Bf

Alter der Reben o *Average age of the vines*
1-20 Jahre

Pflanzdichte o *Density of plantation*
4,000 Stöcke/Hektar in Sauvignon Blanc-Anlagen

Hektarerträge o *Average yield per hectar*
Sauvignon Blanc 3.500-4.000 Liter/Hektar

Weinseminare o *Wine-seminar*
Nach tel. Voranmeldung o By appointment only

Weinkellerführung o *Winery guiding tour*
Nach tel. Voranmeldung o By appointment only

Kellermeister/Önologe o *Winemaker*
Timo Saier

Besondere Jahrgänge o *Great recent vintages*
2007, 2006

Buschenschank o *Where the winegrower sell*
April-Dezember, Sa und So ab 16 Uhr

Ab-Hof-Verkauf o *Sale at the premises*
Täglich von 10-18 Uhr in Wagendorf/St. Veit am Vogau, nach tel. Voranmeldung
Ansprechperson: Holger Hagen

Weinverkaufspreise o *Average price*
€ 5,-/11,- • Visa, Mastercard, Bankomatkarte

Weitere Produkte o *Further products*
Traubensaft, Primo, Muskateller Frizzante Brut, Amorosa-Frizzante aus Direktträger-Sorten

Vertrieb/Vermarktung der Weine
Ab-Hof-Verkauf, Fachhandel, Vinotheken und die Gastronomie österreichweit und Deutschland

Restaurant Weinkarte o *Winelist*
Thaller (St. Veit/Vogau), Buddha-Bar, Stainzer Bauer (Graz), Öeins (München), Inselbräu (Fraueninsel, Chiemsee).

CARPE VINUM
Weingut Holger Hagen
A-8423 St. Veit am Vogau,
Wagendorferstr. 55
Tel.: +43 (0)664 638 5218
www.carpe-vinum.at
e-mail: post@carpe-vinum.at

WEINGUT SILLY
ZIEREGG, GRASSNITZBERG

Weine, die Freude bereiten

Wenn das Logo des Weingutes von Gerald Silly einem Ziegelstein ähnelt, dann kommt das nicht von ungefähr. Schließlich hat sein Großvater Franz Silly eine Ziegelfabrik besessen, und bei alten Abbruchhäusern findet man immer wieder Ziegel mit dem Schriftzug „Silly" darauf. Gerald Silly, ein Absolvent der Fachschule Silberberg und Weinbau- und Kellermeister, ist seit dem Jahr 2000 hauptverantwortlich für die Weingartenarbeit und Kellerwirtschaft im elterlichen Betrieb in Gabersdorf. Zum Besitz des Großvaters hatte bereits ein Weingarten in der Ried Zieregg gehört, der auch heute noch zu den Paradelagen des Weingutes zählt. Neben dieser Lage hat Silly noch Rebflächen auf dem Grassnitzberg sowie auf slowenischer Seite in Jakobskidol, eine Lage, die gleich unterhalb von Zieregg liegt. Dazu kommen noch kleinere Flächen im Sausal und Glanz. Alles zusammen etwa sieben Hektar. Die Trauben aus den einzelnen Weingärten werden zur Weiterverarbeitung ins Weingut nach Gabersdorf gebracht, wo auch der Sauvignon Blanc vinifiziert wird. Der klassisch im Stahltank ausgebaute Sauvignon Blanc gefällt mit einem Hauch von Stachelbeeren und etwas Ribisel in der Nase. Der Lagenwein vom Zieregg wird teils im Stahltank und teils im Holzfass vergoren und reift dann zwischen sechs und zehn Monaten im großen Holz. „Meine Motivation liegt alljährlich darin, unseren Kunden immer wieder ein Genusserlebnis durch meine Weine zu bieten", sagt Silly. Sein Ziel ist es, Weine zu vinifizieren, die finessenreich sind, Tiefgang besitzen und einfach Freude bereiten. Zur Verkostung der klassischen Weißweine und gehaltvollen Rotweine wurde ein eigens dafür gestaltetes Koststüberl im Gewölbe des Weingutes eingerichtet.

Wie man Weingenuss und Urlaub auf einen Nenner bringen kann, zeigt Gerald Sillys Bruder Dietmar. Auch er ist Weinbau- und Kellermeister, hat sich aber mit seinem Produkt „Pures Leben" darauf spezialisiert, Erholungssuchenden Ferienhäuser inmitten von Weingärten anzubieten. So bietet das „Winzerhaus" eine gemütliche Einrichtung im Landhausstil, das „Haus Kitzeck" einen überragenden Blick über die Weingärten des Sulmtales, das „Haus Grassnitzberg" eine Idylle im Naturpark Südsteirisches Weinland und das „Haus Tunauberg" einen traumhaften Ausblick über die Almenlandschaft der Südsteiermark. Und wer will, hat die Möglichkeit, die nähere oder weitere Umgebung mit einem zur Verfügung gestellten Vespa-Motorroller samt Picknickkorb zu erkunden.

Sauvignon Blanc: 12,0%; Sehr Ausdrucksstark, ein Touch von Stachelbeeren und etwas Ribisel im Duft. Mit etwas Luft im Glas entwickeln sich immer mehr Aromen.

Sauvignon Blanc „L": 13,0%; Eine sehr würzigen Nase, am Gaumen ein kräftiger, gelber Paprika- und Stachelbeerton, fruchtig und klar, etwas mineralisch, ausgezeichnet.

Wines that provide happiness

It is no coincidence that the logo of Gerald Silly's winery looks similar to a brick. His grandfather Franz Silly was the owner of a brick factory after all and one finds the letters "Silly" time and again on bricks of old houses being demolished. Since 2000 Gerald Silly, a graduate of the School for Agriculture and Oenology Silberberg and master of wine making and cellarer, is responsible for the work in the vineyards as well as in the wine cellar of his parents' business in Gabersdorf. The property of his grandfather already included a vineyard in Zieregg, which even today is one of the top vineyards of the winery. Besides this vineyard, Silly owns further vineyards in Grassnitzberg as well as on the Slovenian side in Jakobskidol directly below Zieregg and some smaller vineyards in Sausal and Glanz. All in all he owns about 14 acres. For processing, the grapes of the individual vineyards are transported to the winery in Gabersdorf, where Sauvignon Blanc gets vinified as well. The aroma of the classic Sauvignon Blanc produced in stainless steel tanks has a hint of gooseberries and blackcurrants. The premium wine from Zieregg is fermented partly in stainless steel tanks and partly in wooden barrels and matures between six and ten months in large oak barrels. "My motivation is the same every year, namely to offer my customers an experience of pleasure with my wines again and again", says Silly. His aim is to produce rich wines, which also have depth and simply give pleasure. For tasting the classical white wines and substantial red wines he had a special tasting parlour furnished in the vault of the winery. Gerald Silly's brother Dietmar shows how to combine the pleasure of wine and holidays. He, too, is a master of wine making, but specialises with his product "Pures Leben" (pure life) in offering people looking for relaxation holiday homes surrounded by vineyards. Thus the "Winzerhaus" offers a comfortable interior in the style of a country house, the "Haus Kitzeck" on the other hand offers an outstanding view over the vineyards of the Sulm valley. "Haus Grassnitzberg" is an idyll in the nature park of the south Styrian wine making area, and "Haus Tunauberg" offers a dreamlike view over the alpine pastures of southern Styria. There is also the possibility to explore the near and far surroundings with the supplied Vespa-scooters inclusive a picknick basket.

Traubenernte und Vinifizierung

Sauvignon Blanc: Mehrmaliges, selektives Ernten von gesunden Trauben mit 18°-20°KMW ➤ Rebeln und Maischen in der Presse ➤ Maischekontaktzeit über Nacht 8-12 Stunden ➤ Pressen: schonendes Pressen mit wenig Druck, Seihmost und Pressmost werden getrennt verarbeitet ➤ Mostklärung: Gekühltes Klären des Mostes über Nacht (8°-10°C) ➤ Abziehen des klaren Mostes und gekühlte Gärung in Stahltanks bei 18°-20°C, Gärstart mit verschiedenen Reinzuchthefen ➤ Ausbau: Jungweine in den Stahltanks ➤ nach dem Gärende abziehen von der Grobhefe ➤ mit der Feinhefe zurück in die Tanks ➤ Aufrühren der Feinhefe ➤ 4-5 Monate Reifung, Betonung von Fruchtaromen ➤ Kieselgurfiltration und Flaschenfüllung.

Weingärten o *Vineyards*
7 ha (16,8 acres), Lagen: Zieregg, Grassnitzberg

Weine o *Wines*
Weißweine: Sauvignon Blanc, Sauvignon Blanc „L" Wr, Wb, Sä, Mo, Mu Rotweine: Zweigelt, Zweigelt Barrique

Alter der Reben o *Average age of the vines*
3-17 Jahre

Pflanzdichte o *Density of plantation*
3.500 Stöcke/Hektar in Sauvignon Blanc-Anlagen

Hektarerträge o *Average yield per hectar*
Sauvignon Blanc 4.000-5.000 Liter/Hektar

Kellermeister/Önologe o *Winemaker*
Gerald Silly

Weinverkaufspreise o *Average price*
€ 4,50/9,- • Bankomatkarte

Weitere Produkte o *Further products*
Frizzante (Wilde Trauben)

Besondere Jahrgänge o *Great recent vintages*
2007, 2006, 2002, 2000

Ab-Hof-Verkauf o *Sale at the premises*
Täglich in Neudorf bei Gabersdorf, Mo-So 8-18 Uhr und nach tel. Voranmeldung o By appointment only Ansprechpersonen: Ramona und Gerald Silly

Kommentierte Weinkost o *Wine-seminar*
Nach tel. Voranmeldung o By appointment only

Gästezimmer o *Bed and breakfast*
Pures Leben Häuser- Natur. Wein.Urlaub Im Luxus des Einfachen • www.puresleben.at silly@puresleben.at

Vertrieb/Vermarktung der Weine
Ab-Hof-Verkauf, Fachhandel und die Gastronomie österreichweit, Exportländer: Deutschland

Restaurant Weinkarte o *Winelist*
Casa Venti, Vinothek Klapotetz, 8erl Vinothek, Wein und Wein Grollitsch, Piccolo, Technika, Ritterwirt (Graz), Zur Alten Post (Leibnitz), Fink (Heiligenkreuz-Waasen), Hammerl-Tatzl (Wolfsberg)

Weingut Silly
A-8424 Gabersdorf, Neudorf an der Mur 5
Tel.+Fax: +43 (0)3452 73900
www.silly.at
e-mail: weingut-silly@gmx.at

WEINGUT BOCKMOAR: BOCKBERG, WILDON

Der Nördlichste im Süden

Wir sind das nördlichste Weingut in der Weinbauregion Südsteiermark", erklärt Christian Skoff, der seit dem Jahre 2006 Kellermeister im Weingut Bockmoar der Familie Jöbstl-Arbeiter auf dem Bockberg in Wildon ist. Der Betrieb steht auf historischem Boden. Archäologischen Funden zufolge lässt sich nämlich der Weinbau auf dem Bockberg bis in die Jungsteinzeit, also in die Zeit um 1700 vor Christus, zurückverfolgen. In jüngerer Geschichte war der heutige Besitz ein zum Schloss Schwarzenegg gehörender Moarhof, der von Alois Jöbstl-Arbeiter zunächst gepachtet und schließlich im Jahre 1964 gekauft wurde. An die gräfliche Zeit erinnert auch noch ein Holzbau, der auf einem 300 Jahre alten Keller steht und den Grafen als Lust- und Jagdhaus diente.

Das Weingut Bockmoar liegt idyllisch hoch oben auf einer Höhe von 450 Metern auf dem Wildonerberg, von wo man nach Norden bis nach Graz, nach Süden bis Leibnitz blicken kann. Am Horizont kann man sogar den Triglav, den höchsten Berg Sloweniens, entdecken. Um das Weingut zu finden, muss man nicht unbedingt ein Pfadfinder sein, aber es hilft. Von Norden kommend, fährt man in Wildon in Richtung Ortszentrum, an einer Waschanlage vorbei und über eine Brücke. Nach einer Linkskurve kommt nach etwa 50 Metern eine versteckte Abzweigung nach rechts. Auf dieser Bergstraße folgt man den Bockmoar-Schildern und erreicht nach zwei Kilometern das Ziel.

Das Weingut Bockmoar bewirtschaftet rund 10 Hektar Rebflächen, die sich auf die Lagen Bockberg in Wildon, Weingärten in Speisenegg in Sulztal sowie eine Pachtfläche in Hochtreffling in Lebring aufteilen. Die Neuanlage in Hochtreffling weist einen kalkhaltigen Boden auf. „Dort haben wir schon viele versteinerte Muscheln und Seesterne gefunden", sagt Barbara Jöbstl, die diese Funde im Betrieb präsentiert. Auf allen drei Anbauflächen des Weingutes Bockmoar stehen auch Sauvignon Blanc Reben. Christian Skoff, ein Absolvent der Weinbauschule Silberberg, vinifiziert den Sauvignon Blanc in zwei Linien. Eine im Stahltank ausgebaute Klassik und einen Lagenwein Speisenegg, der zu 100 Prozent im Barrique ausgebaut wird. „Mir ist ein sanftes Zusammenspiel mit und um die Natur ein Anliegen", erklärt Christian Skoff seine Weinbauphilosophie. „Boden, Lage, Klima und viel Liebe zum Detail machen unsere Weine zu Botschaftern unserer Region."

Zum Weingut gehört auch ein „ausgezeichneter Buschenschank", in dem hausgemachte Köstlichkeiten von der steirischen Schmankerljause bis hin zu vegetarischen Angeboten wie den Bockmoar Fitteller – Frischkäse sauer mit Kernöl, Salat der Saison, Ei und Paradeiser – serviert werden. Zum Betrieb gehören auch vier Gästezimmer und eine Ferienwohnung, die sich auch für einen Urlaub am Weinbauernhof anbieten.

The most northern in the South"

We are the most northern vineyard in the wine-growing region of Southern Styria", explains Christian Skoff who has been the cellarer of the winery Bockmoar of the Jöbstl-Arbeiter family on the Bockberg in Wildon since 2006. The company stands on historical ground. According to archaeological findings winegrowing on Bockberg can be traced back to the Neolithic Age, about 1700 before Christ. In more recent history the estate belonging to Castle Schwarzenegg was a Moarhof, which was at first leased and eventually bought by Alois Jöbstl-Arbeiter in 1964. A reminder of these royal times is the timber building standing on top of the 300 years old wine cellar; this timber building served the counts as a hunting lodge and a place for their various other pleasures.

The winery Bockmoar lies in idyllic surroundings at a height of 450 metres on Wildonerberg, from where one has a view of Graz to the north and Leibnitz to the south. In the distance one can even see the Triglav, the highest mountain of Slovenia. To find the winery, one does not necessarily have to be a boy scout, but it does help. Coming from the north one drives towards the centre of Wildon, past a car wash and over a bridge. After a left turn there is, after about 50 metres, a barely visible road to the right. If one follows the signs to Bockmoar along this mountain road, one should reach the target after two kilometres.

The winery Bockmoar manages about 20 acres of vineyards, which are split between the locations Bockberg in Wildon, Speisenegg in Sulztal (Gamlitz) as well as a leased vineyard in Hochtreffling in Lebring. The soil of the new vineyard in Hochtreffling is mainly made up of lime. "There we have already found many fossilized mussels and starfish", says Barbara Jöbstl who presents these findings in the company. All three vineyards of the winery Bockmoar include Sauvignon Blanc vines as well. Christian Skoff, a graduate of the Technical College for Viticulture and Wine-growing Silberberg, vinifies the Sauvignon Blanc in two lines. A classic Sauvignon Blanc produced in stainless steel tanks and the premium wine Speisenegg, produced completely in barriques. "For me the importance lies in working together with and around nature", Christian Skoff says, explaining his wine-growing philosophy. "Soil, location, climate and a lot of love to detail make our wines ambassadors for our region". The winery also includes an "excellent Buschenschank", where homemade delicacies from tasty Styrian snacks to vegetarian offers like the Bockmoar fit plates – fresh cheese sour with pumpkin seed oil, salad of the season – are served. The winery also offers four guest-rooms and a holiday apartment, which are ideal for holidays on a wine farm.

Traubenernte und Vinifizierung

Sauvignon Blanc: Zweimaliges, selektives Ernten von Trauben mit 18°-20°KMW ➤ Rebeln und leicht quetschen ➤ Maischekontaktzeit in der Presse 3-4 Stunden ➤ Pressen: schonendes Pressen, Seihmost und Pressmost getrennt vergären ➤ Mostklärung: Starkes Klären des Mostes über Nacht ➤ Abziehen des klaren Mostes und gekühlte Gärung in Stahltanks bei 16°-17°C, Gärstart mit Reinzuchthefen ➤ Ausbau: nach dem Gärende abziehen von der Grobhefe ➤ mit der Feinhefe zurück in die Tanks ➤ Aufrühren der Feinhefe bis Dezember ➤ 4-5 Monate Reifung, Betonung von Primäraromen ➤ Klarfiltration und Flaschenfüllung.

Weingärten o *Vineyards*
10 ha (14 acres), Lagen: Bockberg (Wildon), Hochtreffling (Wildon), Speisenegg (Sulztal)

Weine o *Wines*
Weißweine: Sauvignon Blanc
Wr, Wb, Mo, Mu, Tr, Sä
Roseweine: Schilcher
Edelsüße Weine: Welschriesling Eiswein 2007
Rotweine: Zw, Bb, St. Laurent

Alter der Reben o *Average age of the vines*
3-35 Jahre

Pflanzdichte o *Density of plantation*
4.500 in Sauvignon Blanc-Anlagen

Hektarerträge o *Average yield per hectar*
Sauvignon Blanc 3.500-4.500 Liter/Hektar

Kellermeister/Önologe o *Winemaker*
Christian Skoff

Besondere Jahrgänge o *Great recent vintages*
2007, 2006, 2003, 2000, 1997
Mehrmals im Finale der Steirischer Landesweinkost

Buschenschank o *Where the winegrower sell*
Mitte Jänner-Mitte Dezember, Mi bis Mo ab 13 Uhr, Di Ruhetag

Ab-Hof-Verkauf o *Sale at the premises*
Gleich wie Buschenschank, Di nach tel. Voranmeldung
Ansprechpersonen: Barbara Skoff, Theresia Jöbstl-Arbeiter

Kommentierte Weinkost o *Wine-tasting*
Nach tel. Voranmeldung o By appointment only

Kellerführung o *Visiting policy*
Nach tel. Voranmeldung o *By appointment only*

Weinverkaufspreise o *Average price*
€ 4,50/15,– • Visa, Mastercard, Bankomatkarte

Gästezimmer o *Bed and breakfast*
4 Zimmer - 12 Betten • 1 apartment

Weitere Produkte o *Further products*
Fruchtsäfte: Apfel, Apfel-Karotte, Apfel/Quitte/Hollunder, Traubensaft: rot und weiß
Edelbrände: Williams, Zwetschke, Trestern, Honigbirne, Apfel, Pfirsich, Kriecherl, Quitte, Marille

Vertrieb/Vermarktung der Weine
Ab-Hof-Verkauf, Fachhandel und die Gastronomie österreichweit, Exportländer: Deutschland, Schweiz

Restaurant Weinkarte o *Winelist*
Grüner Baum (Neunkirchen), Bauer (Matrei/Brenner), Mandl-Scheibllehner (Paldau), Am Markt (St. Marein bei Knittelfeld), Draxler (Wildon)

Weingut Bockmoar
Familie Jöbstl-Arbeiter
A-8410 Wildon, Bockberg 1
Tel.: +43 (0)3182 2534, Fax: -4
www.bockmoar.at
e-mail: office@bockmoar.at.at

WEINGUT UND WEINBAU-SCHULE SILBERBERG, LEIBNITZ

Pflicht und Kür

Die im Jahre 1895 gegründete Weinbauschule Silberberg ist die Keimzelle des nunmehrigen Landes-weingutes Silberberg, dessen stattliche Größe von 25 Hektar im Jahre 1985 durch die Zusammen-führung der Landesweingüter Silberberg, Kitzeck, Schlossberg, Remschnigg und Glanz entstand. In Silber-berg wurde eine neue Kellerei errichtet, in der die Trauben aus den bisherigen Gütern zu hervorragenden Weinen verarbeitet werden. Die Verantwortung für den Wein trägt heute ein Team aus dem Önologen Reinhold Holler, Kellermeister Josef Kratzer und Johann Schwarz, der für die Weingärten verantwortlich ist. Zu den Besonderheiten des Landesweingutes Silberberg zählen die mittlerweile 10 Hektar Kleinterrassen, ein Steilhangbewirtschaftungsmodell, das hier seinen Ausgang nahm.

Vom Sauvignon Blanc werden in Silberberg unterschiedliche Weine angeboten. Eine Klassik, für deren Aus-bau alte Holzfässer mitverwendet werden, und Lagenweine aus der Riede Trebien (nicht alle Jahre) oder Steinbruch. Trebien ist nach Westen geschlossen und Südosten gekesselt. Dort steht der Sauvignon auf einem kargen Boden, bei dem das Schiefergestein bis zur Humusauflage reicht. Im Stein-bruch gleich hinter dem Schulgebäude stehen Reben aus der Sausaler Selektion, die eine hohe Mineralik liefern. Schließlich wird noch ein Sauvignon aus biologischem Anbau vinifiziert, für den die Trauben aus Weingärten in Schlossberg bei Leutschach stammen. Dort wird der Verzicht auf Herbizide durch vermehrte Handarbeit und Maschineneinsatz wettgemacht. Als Dünger dient Bio-Kompost, und anstelle von Insektiziden werden im Weingarten Nützlinge gefördert.

Für Silberberg-Direktor Anton Gumpl ist gerade die Entwicklung des Sauvignon Blanc in der Steiermark bemerkenswert. „Aus dieser Rebsorte wurde etwas Besonderes gemacht", sagt er, „Klima und Boden passen hervorragend, das haben wir ausgenützt." Den größten Teil der Sauvignon-Produktion macht nach wie vor die Klassik aus. „Die Klassik ist das Pflicht-programm, die Lagenweine sind die Kür." An den Lagenweinen erkennt Gumpl, wie der Jahrgang war, und diese Sensorik, das gezielte Verkosten und Beurteilen von Weinen, will er künftig zu einem neuen Schwerpunkt in der Weinbauschule Silberberg machen. Verstärkt verkostet werden klarerweise auch internationale Weine, um den Schülern zu zeigen, „wo die Weinwelt liegt."

Sauvignon Blanc Klassik: 12,5%; Holunder, zarter Paprika und Stachelbeerton, würzige Nase, saftiger, langer Gaumen.

Sauvignon Blanc Steinbruch: 13,5%; Intensiver Johannisbeerenton, feinwürzig, mineralisch, langer Abgang.

Compulsory and freestyle

The School for Agriculture and Oenology Silberberg, founded in 1895, is the nucleus of the county wine estate Silberberg (Landesweingut Silberberg), which achieved its considerable size of 50 acres by combining the estates Silberberg, Kitzeck, Schlossberg, Remschnigg, and Glanz in 1985. At Silberberg a brand-new wine cellar was built where the grapes of the previous estates are processed and excellent wines are produced. The responsibility for this wine production rests on the shoulders of a team of experts made up of oenologist Reinhold Holler, winemaker Josef Kratzer, and Johann Schwarz, the vineyard manager. Amongst the specialities of this estate we find 20 acres of vineyards on small terraces, and one steep-hill cultivation model first introduced at Silberberg.

Silberberg offers different varieties of Sauvignon Blanc wines. On the one hand there is the "Klassik", which is matured in old wooden barrels, on the other hand there are the premium wines coming from the vineyards Trebien (not every year) or Steinbruch. Trebien is closed towards the west and opens up into a basin towards the south east. There the Sauvignon vines grow on fairly barren soil, where the un-derlying slate comes right through the topsoil. In the stone quarry just behind the school building there are vines from the "Sausaler Selektion" resulting in wines with a high content of minerals. Last but not least we find an organic Sauvignon Blanc wine made from grapes harvested at the vineyards on Schlossberg near Leutschach, where manual labour and the use of machines replace herbicides, for fertilizer compost is used, and instead of insecticides beneficials are promoted.

The director of the school and the wine estate Silberberg, Anton Gumpl, finds the progress of Sauvignon Blanc in Styria extraordinary. "This variety has really become something special", he says, "we have used the fact that the climate and the soil are well suited for this grape." The bulk of the Sauvignon Blanc-production is still the "Klassik".

The "Klassik" is the "compulsory" programme, while the premium wines are "freestyle". Tasting the premium wines Gumpl can tell how a particular vintage was and he wants to make these sensors, the selective tasting and evaluating of wines, a top priority in the college. More than ever international wine tasting is of utmost importance to show students "where the world is at (as far as wines are concerned)".

Weingärten o *Vineyards*

25 ha (60 acres), Lagen Kitzeck, Schloßberg, Annaberg, Trebien, Steinbruch

Weine o *Wines*

Weißweine: Sauvignon Blanc Klassik, Sauvignon Blanc aus biologischem Anbau
Muskateller,
Junker, Steirer, Wr, Ri, Mu, Wb, Mo, Ch
Edelsüße Weine: Traminer Trockenbeerenauslese
Rotweine: Zweigelt, Zweigelt Cuvée, Zweigelt Reserve

Alter der Reben o *Average age of the vines*

3-30 Jahre

Pflanzdichte o *Density of plantation*

4.000-5.000 Stöcke/Hektar auf den Terrassen mit bis zu 60% Hangneigung

Hektarerträge o *Average yield per hectar*

Sauvignon Blanc 4.500-5.000 Liter/Hektar

Kellermeister/Önologe o *Winemaker*

Josef Kratzer Josef, Reinhold Holler

Besondere Jahrgänge o *Great recent vintages*

2007, 2004, 2001, 1999, 1983, 1979
2008 Steirischer Landessieger mit Chardonnay Sekt 2005
    Steirischer Landessieger mit Riesling 2007
    Steirischer Landessieger mit Zweigelt Reserve 2006
2007 Steirischer Landessieger mit Rheinriesling 2006
2006 Steirischer Landessieger mit Rheinriesling 2005
2000: Steirischer Landessieger mit Weißburgunder 1999

Ab-Hof-Verkauf o *Sale at the premises*

Täglich Mo-Fr 7-12 Uhr, 13-17 Uhr und
April, Mai, Juni, Sept, Okt: Sa 9-15 Uhr

Weinseminare o *Wine-seminar*

Nach tel. Voranmeldung o By appointment only

Kommentierte Weinkost o *Wine-seminar*

Nach tel. Voranmeldung o *By appointment only*

Kellerführung o *Visiting policy*

Nach tel. Voranmeldung o *By appointment only*

Weinverkaufspreise o *Average price*

€ 5,40/12,– • Visa, Mastercard, Bankomatkarte

Weitere Produkte o *Further products*

Chardonnaysekt, Frizz Zwei Perlwein
Destilate: Muskateller Tresterbrand, Maschanzker, Williams Birne, Mährische Schnapsbirne, Kriecherl, Mispel, Kornellkirsche, Vogelbeere, Quittenbrand, Zigarrenbrand, Sauvignon Creme

Vertrieb/Vermarktung der Weine

Ab-Hof-Verkauf, Fachhandel und die Gastronomie österreichweit, Exportländer: Deutschland, Italien

Restaurant Weinkarte o *Winelist*

Raffl (Jennersdorf), Hasenwirt (Leibnitz), Löwenwirt , Staribacher (Kaindorf), Morandell (Kufstein), Gesamt-steirische Vinothek St. Anna

Silberberg
Steiermärkisches Landesweingut und Weinbauschule

A-8430 Leibnitz, Kogelberg 16
Tel.: +43 (0)3452 82 3 39-0, Fax: -17
www.silberberg.at
e-mail: lfssilberberg@stmk.gv.at

Ein Stück vom Himmel

Für mich ist und bleibt der Flamberg ein Stück Himmel. An seinen wunderbaren Hängen habe ich schon als Bub davon geträumt, aus den Trauben, die dort wachsen, große Weine zu machen", sagt Hannes Harkamp, der seit 1991 für das Weingut im elterlichen Betrieb verantwortlich ist. Er bewirtschaftet derzeit 13 Hektar Rebflächen in der steilen Toplage Oberburgstall, deren Boden aus Muschelkalk besteht, und auf dem Kogelberg, wo die Reben auf Schiefergestein wachsen. Die Lagen gehören zu den besten der Süd-steiermark und können bei ihrer Steilheit von mehr als 45° oft nur händisch bearbeitet werden. Im Sinne des Pflanzenschutzes verwendet Harkamp im Weingarten nur nützlingsschonende Mittel, und auch im Keller gilt für ihn mehr Natürlichkeit und weniger Technik. Da der kleine Keller im elterlichen Gasthof auf dem Flamberg bald aus allen Nähten platzte, erwarb die Familie Harkamp 1994 die „Villa Hollerbrand" in Seggauberg, wo seither der Ausbau der Weine in einem Felsenkeller erfolgt, der bis zu 14 Meter unter der Erde liegt. „Um guten Wein zu machen, muss man ein paar Grundsätze beachten. Um guten Wein noch besser zu machen, bedarf es Geduld und Fingerspitzengefühl." Diese Eigenschaften hat Hannes Harkamp offensichtlich. Das zeigt sich auch an den Sauvignons, die aus seinem Keller kommen. Beim klassisch ausgebauten Sauvignon Blanc, der den Namen „Steil" trägt, werden Trauben aus mehreren Lagen in Edel-stahltanks und großen Holzfässern gebietstypisch vinifiziert. Die Lagenweine aus Oberburgstall und vom Kogelberg sind kräftige, finessenreiche Weine, die je nach Jahrgang in kleinen Eichenfässern ausgebaut werden und vom Terroir der einzelnen Rieden geprägt sind. Wie sagt Hannes Harkamp? „Unsere Weine zu trinken, soll ganz einfach Freude machen."

Von den Weingärten auf dem Flamberg umgeben, liegt das Weingartenhotel Harkamp, das von Hannes Harkamps Bruder Heinz betrieben wird. Die phantastische Lage des Anwesens war der Hauptgrund für Heinz Harkamp, den elterlichen Gasthof auszubauen und das Weingartenhotel zu gründen. Abseits des Massentourismus warten dort 19 liebevoll eingerichtete und individuell ausgestattete Gästezimmer auf die Besucher, die umgeben von einer herrlichen Natur einmal so richtig mit der Seele baumeln wollen. Das Weingartenhotel Harkamp ist aber auch ein beliebter Ort geworden, einen neuen Lebensabschnitt zu beschreiten. Unter dem Klapotez haben einander schon viele Brautpaare das Ja-Wort gegeben.

Sauvignon Blanc Kogelberg: 14,0%; Im Bukett ein intensives Stachelbeeraroma, würzig; am Gaumen sehr saftig, nach gelbem Paprika, tropischen Früchten und auch Cassis. Sehr kräftig, eindrucksvoll ist auch der lange anhaltende Abgang.

Sauvignon Blanc Oberburgstall: 14,0%; Hollerblüte, Stachelbeeren, reife Paprikaschoten - die ganze Bandbreite steirischer Sauvignonaromen finden sich in diesem überdimensionalen Wein.

A piece of heaven

"For me the Flamberg will always be a piece of heaven. Even as a boy I was dreaming along these wonderful hillsides to make great wines from the grapes growing there", says Hannes Harkamp, who has been responsible for the winery on the parental estate since 1991. He administers 26 acres of vineyards in the steep top location Oberburgstall, where the soil is made up of shell limestone, and on Kogelberg, where the vines grow on terrain with a high slate content. The vineyards are among the best in southern Styria; the work in these vineyards can often only be done by hand as they reach a steepness of more than 45 degrees. To protect the plants in his vineyards Harkamp only uses means that are not detrimental to beneficial insects, and in the wine cellar, too, he prefers to work naturally rather to using machines, if at all possible. As the small cellar on the parental inn on the Flamberg was close to bursting, the Harkamp family acquired the "Villa Hollerbrand" in Seggauberg in 1994, where the produc-tion of wines has been moved to a rock wine cellar, which is as deep as 14 metres underground. "To make good wine one has to follow a few principles. To improve good wine one needs patience and instinctive fee-ling, the special touch." With Hannes Harkamp this special touch is obvious. And it shows with the Sauvignons coming from his wine cellar. Grapes from various vineyards are used for the classical Sauvignon Blanc with the name "Steil" (steep), which is produced typically for this area in stainless steel tanks and large wooden barrels. The premium wines from Oberburgstall and from Kogelberg are strong, refined wines, which, depending on the year, are produced in small oak barrels and are characterised by the terroir of the individual vineyards. How does Hannes Harkamp put it? "Drinking our wines is supposed to simply bring happiness."

Surrounded by the vineyards on Flamberg lies the Vineyard Hotel Harkamp, which is run by Hannes Harkamp's brother Heinz. The fantastic location of the estate was the main reason for Heinz Harkamp to extend the parental inn and to build the Vineyard Hotel. Away from mass tourism 19 lovingly furnished and individually equipped guest rooms await the visitors who would like to do some real soul searching in glorious natural surroundings. But the Vineyard Hotel Harkamp has also become a favourite spot to start a new chapter in one's life, and quite a lot of brides and grooms here said yes to each other below the wooden windmill (Klapotez).

Weingärten o Vineyards	**Weingartenhotel Harkamp**
13 ha (31,2 acres), Lagen: Kogelberg (Kaindorf-Sulm), Oberburgstall-Flamberg	Gastronomie: Mo-So ab 11 Uhr geöffnet; A la Carte: bis 22 Uhr, Mo, Di Ruhetag
Weine o Wines	**Ab-Hof-Verkauf o Sale at the premises**
Weißweine: Sauvignon Blanc Steil, Sauvignon Blanc Oberburgstall	Täglich 10-18 Uhr, Ansprechpersonen: Petra Harkamp
Junge Römer, Wr, Wb, Mu, Mo, Gb	**Weinverkaufspreise o Average price**
Edelsüße Weine: Sauvignon Blanc und Morillion Beerenauslesen und Trockenbeerenauslesen	€ 5,70/23,80 • Visa, Mastercard, Bankomatkarte
Rotweine: Junge Römer (Zweigelt), Montastrea, PN	**Weingartenhotel o Hotel**

Weingärten o Vineyards

13 ha (31,2 acres), Lagen: Kogelberg (Kaindorf-Sulm), Oberburgstall-Flamberg

Weine o Wines

Weißweine: Sauvignon Blanc Steil, Sauvignon Blanc Oberburgstall

Junge Römer, Wr, Wb, Mu, Mo, Gb

Edelsüße Weine: Sauvignon Blanc und Morillion Beerenauslesen und Trockenbeerenauslesen

Rotweine: Junge Römer (Zweigelt), Montastrea, PN

Alter der Reben o Average age of the vines

3-22 Jahre

Pflanzdichte o Density of plantation

4,500 Stöcke/Hektar in Sauvignon Blanc-Anlagen

Hektarerträge o Average yield per hectar

Sauvignon Blanc Toplagen 3.500 Liter/Hektar

Kommentierte Weinkost o Wine-seminar

Nach tel. Voranmeldung o By appointment only

Kellerführung o Visiting policy

Nach tel. Voranmeldung o By appointment only

Kellermeister/Önologe o Winemaker

Hannes Harkamp

Besondere Jahrgänge o Great recent vintages

2007, 2005, 2003, 2001, 2000, 1999, 1997

1999: Österr. Weinsalon mit Sauvignon Blanc 1998

2002: Steirischer Landessieger mit Morillon 2001

Weingartenhotel Harkamp

Gastronomie: Mo-So ab 11 Uhr geöffnet; A la Carte: bis 22 Uhr, Mo, Di Ruhetag

Ab-Hof-Verkauf o Sale at the premises

Täglich 10-18 Uhr, Ansprechpersonen: Petra Harkamp

Weinverkaufspreise o Average price

€ 5,70/23,80 • Visa, Mastercard, Bankomatkarte

Weingartenhotel o Hotel

19 Zimmer - 18 Betten • 19 apartment

Weitere Produkte o Further products

Traubensaft, Sauvignon Traubenbrand, Weinbrand Harkamp Brut + Muskatellersekt, Sauvignon Blanc Sekt

Vertrieb/Vermarktung der Weine

Ab-Hof-Verkauf, Fachhandel, Vinotheken und die Gastronomie österreichweit

Exportländer: Deutschland, USA

Restaurant Weinkarte o Winelist

Steirereck (Wien), Wirtshaus Steirereck am Pogusch, Johann (Graz), Taxacherhof (Kirchberg), Gesamtsteirische Vinothek St. Anna, Vinofaktur (Vogau und Graz)

Weingut Harkamp

A-8505 St. Nikolai im Sausal, Flamberg 46

Tel.: +43 (0)3185 30630, Fax: -4

www.harkamp.at

e-mail: weingut@harkamp.at

SCHNEEBERGER, HEIMSCHUH: EUROPA-CHAMPION

Leicht und elegant wie ein Schmetterling

Ein Familienbetrieb im besten Sinne des Wortes ist das Weingut Schneeberger, das von Heidi und Johann Schneeberger bereits in der vierten Generation bewirtschaftet wird. In den Betrieb integriert ist aber auch schon die fünfte Generation. Sowohl Sohn Hans Schneeberger, ein Absolvent der Weinbauschule Silberberg und Weinmeister, als auch die Töchter Martina und Margret haben schon ihre Aufgabenbereiche in diesem Weinbaubetrieb, der zu den größten in der Steiermark zählt. „Wir bewirtschaften 48 Hektar Rebflächen, davon 40 Hektar in der Großlage Sausal auf einer Seehöhe zwischen 400 und 600 Metern, wo man auch die ältesten Böden der Südsteiermark vorfindet", sagt Hans Schneeberger, „unsere Weinberge sind auf mehrere Rieden aufgeteilt und weisen unterschiedliche Bodenstrukturen von Sand über Muschelkalk bis Schiefer auf." Zu den besten Lagen des Gutes zählen Reschleitn, Kittenberg, Spiegelkogel und Hoff. Diese vorläufig letzte Fläche wurde erst im Frühjahr 2005 erworben. Das erwies sich allein deshalb als gute Entscheidung, weil der Boden des nach Südwesten ausgerichteten Weingartens aus Schiefergestein besteht. Diese spezielle Bodenstruktur sorgt für duftige Weine mit einer mineralischen Note. Beste Voraussetzungen also für die dort gepflanzten Sauvignon-Blanc-Reben.

Die Verantwortung im Keller teilen sich Vater und Sohn Schneeberger, wobei der Junior freie Hand bei der Vinifizierung der hohen Qualitätsschiene hat. Und das hat sich ausgezahlt. Mit dem 2004er Sauvignon Blanc ist Hans Schneeberger Europa-Champion geworden. Herzstück des Weingutes ist ohne jeden Zweifel der gigantische Stahltankkeller. Wie kaum ein anderer Weinbaubetrieb in der Steiermark produziert das Weingut Schneeberger so viele und gleichzeitig geschmacklich unterschiedliche Qualitätsweine auf höchstem Niveau. Das gilt auch für die verschiedenen Sauvignon-Linien „Sauvignon Blanc Südsteiermark", „Classic" und „Steirische Hoheit". Bemerkenswert ist freilich auch der große Holzfasskeller, in dem die Schneeberger-weine in unzähligen kleinen Eichenfässern reifen.

Seit nunmehr 20 Jahren wird das Schneeberger-Markenzeichen von einem Schmetterling geprägt. „Der Schmetterling steht bei uns einerseits für einen naturnahen Weinbau und andererseits für die Leichtigkeit und Eleganz der Weine", sagt Hans Schneeberger, der seinen önologischen Wissenshorizont zuletzt bei einer Studienreise durch Neuseeland erweitert hat.

Sauvignon Blanc Classic: 12,0%; Saftig-knackige Nase, frischer Biss, mit der typischen steirischen Sauvignon-Charakteristik ausgestattet, ein Trinkvergnügen.

Sauvignon Blanc Steirische Hoheit: 13,0%; Ein Hauch Anis und Cassis im Duft, Paprika-schoten, Stachelbeeren und auch eine zarte Mineralität, gute Länge, engmaschig und sehr solid bei langem Abgang.

Light and elegant like a butterfly

The Schneeberger winery is the typical one-family business run by Heidi and Johann Schneeberger, who are already the fourth generation. But this business has been introduced to the fifth generation already: Son Hans Schneeberger, a graduate of School for Agriculture and Oenology Silberberg and master in wine making as well as daughters Martina and Margret have already their designated functions within this winery, which is one of the biggest in Styria. "We administer 96 acres of vineyards, of which 80 acres are in the large site in Sausal located between 400 and 600 metres above sealevel, and where the oldest soil in southern Styria can be found", says Hans Schneeberger, "our vineyards are divided into a number of sites and consist of different soil structures ranging from a sandy soil via shell sediments to slate". Some of the best vineyards of the estate are Reschleitn, Kittenberg, Spiegelkogel, and Hoff. This for now last site has been acquired only in spring 2005. The decision to buy it was a good one, if only because the soil of this south-west-facing vineyard consists mainly of slate, and this special soil structure results in aromatic wines with strong mineral taste. They are also ideal conditions for the Sauvignon Blanc vines planted there.

Father and son share the responsibilities in the wine cellar, where Schneeberger junior has free reign over the production of the high-quality wines. And that has paid off. With his Sauvignon Blanc 2004, Hans Schneeberger became Champion of Europe. The heart of the winery is without any daubt the gigantic wine cellar with its stainless steel tanks. Hardly any other wine making business in Styria produces as many and at the same time completely different tasting quality wines at the highest level as does the Schneeberger winery. The same goes for the various Sauvignon Blanc wines like "Sauvignon Blanc Südsteiermark", "Classic" and "Steirische Hoheit". Also the large wooden cellar is remarkable, where numerous Barrique-barrels are kept. For 20 years now the Schneeberger-trade-mark has been a butterfly. "Our butter-fly symbolises our natural wine making on the one hand and the lightness and elegance of our wines on the other", says Hans Schneeberger, who has recently extended his oenological knowledge with an educational journey through New Zealand.

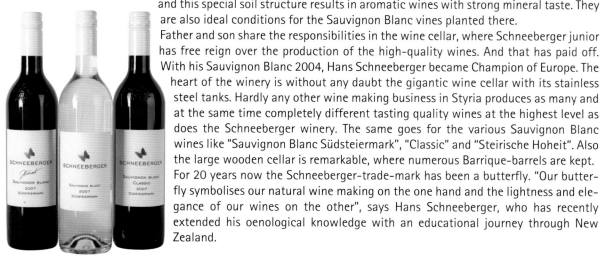

Traubenernte und Vinifizierung

Sauvignon Blanc: Mehrmaliges, selektives Ernten von Trauben mit 17°-19°KMW ➤ Rebeln und Maischen in Maischetanks ➤ Maischekontaktzeit 6-12 Stunden ➤ Pressen: Schonendes Pressen mit wenig Druck, Seihmost und Pressmost getrennt ➤ Mostklärung: Gekühltes Klären des Mostes über Nacht (8°-10°C) ➤ Abziehen des klaren Mostes ➤ Gärung: Gekühlte Gärung in Stahltanks bei 16°-18°C, Gärstart mit verschiedenen Reinzuchthefen ➤ Ausbau: Klassik-Jungweine in den Stahltanks ➤ nach dem Gärende abziehen von der Grobhefe ➤ mit der Feinhefe zurück in die Tanks ➤ Aufrühren der Feinhefe ➤ 4-5 Monate Reifung in den Stahltanks, Betonung von Fruchtaromen ➤ Klarfiltration und Flaschenfüllung.

Weingärten o *Vineyards*
48 ha (115 acres), Lagen: Reschleiten, Kittenberg, Spiegelkogel, Flamberg

Weine o *Wines*
Weißweine: Sauvignon Blanc, Sauvignon Blanc Classic, Sauvignon Blanc Steirische Hoheit
Wr, Wr Flamberg, Ri, Sä, Rr, Ch, Mu,
Roseweine: Schilcher
Rotweine: Zweigelt, Zweigelt Barrique, Zweigelt Alte Rebe, Kapazunder

Alter der Reben o *Average age of the vines*
3-30 Jahre

Pflanzdichte o *Density of plantation*
4.400 Stöcke/Hektar in Sauvignon Blanc-Anlagen

Hektarerträge o *Average yield per hectar*
Sauvignon Blanc 5.000-6.000 Liter/Hektar

Kellermeister/Önologe o *Winemaker*
Johann Schneeberger senior und junior

Besondere Jahrgänge o *Great recent vintages*
2007, 2004, 2003, 2002, 2000, 1997
2006: Österr. Weinsalon mit Sauvignon Blanc 2005

Buschenschank o *Where the winegrower sell*
Februar-Dezember, täglich ab 14 Uhr geöffnet

Ab-Hof-Verkauf o *Sale at the premises*
Täglich von 10-18 Uhr geöffnet o Open day-to-day
Ansprechpersonen: Familie Schneeberger

Weinseminare und Weingartenwanderungen
Nach tel. Voranmeldung o By appointment only

Weinverkaufspreise o *Average price*
€ 4,20/12,– • Visa, Mastercard, Bankomatkarte

Weitere Produkte o *Further products*
Welschriesling Sekt

Vertrieb/Vermarktung der Weine
Ab-Hof-Verkauf, Fachhandel, Lebensmittelhandel und die Gastronomie österreichweit
Exportländer: Deutschland, Niederlande, Schweden

Restaurant Weinkarte o *Winelist*
Die Gastronomie in ganz Österreich

Weingut Schneeberger
A-8452 Heimschuh, Pernitsch 19
Tel.: +43 (0)3452 83 9 34-0
www.weingut-schneeberger.at
e-mail: schneeberger.weine@aon.at

WEINGUT WOHLMUTH FRESING, KITZECK

Mit seinen Weinen hoch hinaus

„Der beste Kellermeister ist der, der im Keller am wenigsten macht", sagt Gerhard Wohlmuth, „die Entscheidung, wie gut ein Wein wird, fällt bereits im Weingarten." Dementsprechend wird im Weingut Wohlmuth in Fresing - am Fuße des Kitzecker Berges gelegen -, in den Weinbergen besonderer Wert auf Boden- und Laubpflege sowie die Förderung von Nützlingen gelegt. Die meisten Reben stehen in atemberaubenden Steillagen in optimaler Südausrichtung in einer Höhe zwischen 400 und 600 Metern auf dem Kitzecker Berg, wo der Boden aus Urgestein und paläozoischem Schiefer besteht. Gerhard Wohlmuth verwaltet aber nicht nur das Erbe einer 200jährigen Familiengeschichte im Weinbau, er ist auch aufgeschlossen für die Moderne und bewies vielfach unternehmerischen Weitblick. In diesem Zusammenhang muss man auch den Erwerb eines Weinguts in der Großlage Steinbach bei Gamlitz sehen, wo bis zu 40 Jahre alte Rebstöcke auf Kreuzbergschotter-Böden wachsen, die hervorragende Trauben liefern.

Auch im Weingut Wohlmuth kommt den Lagen besondere Bedeutung zu. Die Sausaler Einzellagen Weingärten, die über individuelle Kleinklimata verfügen, werden präzise herausgearbeitet und bilden das Rückgrad der Wohlmuth'schen Qualitätsweine. Einen besonderen Stellenwert im umfangreichen Weinangebot von Gerhard Wohlmut nimmt die Sorte Sauvignon Blanc ein. Neben dem klassischen Sauvignon hat Wohlmuth noch den Lagenwein vom Steinriegel und den Sauvignon Blanc Elite im Programm.

Die Qualität seiner Weine läßt sich auch in der langen Liste der Auszeichnungen erkennen, die Vater und Sohn Wohlmuth bereits entgegennehmen durften. So wurde Wohlmuth schon zum „Winzer des Jahres" gewählt, und der amerikanische Winespectator attestierte ihm, in den letzten beiden Jahren den besten Sauvignon Blanc der Steiermark zu keltern. Der britische Decanter reihte den Wohlmuth-Sauvignon unter die neun Besten der Welt. Ausserdem gab es erst kürzlich wieder Gold bei der Austrian Wine Challenge.

Im Weingut wird Gerhard Wohlmuth bereits von seinem Sohn Gerhard jun. unterstützt, der nach der Matura und Auslandspraktiken in Neuseeland, Südafrika und Italien an der Fachhochschule Burgenland in Eisenstadt studierte. Durch diese Unterstützung bleibt dem Senior Zeit, seine international prämierten Weine weltweit zu präsentieren. „Wir exportieren in 24 Länder, allein in den USA sind wir in 16 Bundesstaaten vertreten", sagt Wohlmuth, der mit seinen Weinen im wahrsten Sinne des Wortes hoch hinaus gekommen ist. Schließlich werden seine Weine auch über den Wolken an Bord von Flugzeugen der Austrian Airlines serviert.

Sauvignon Blanc: 13,0%; In der Nase feine Nuancen von Holunderblüte und reife Stachelbeeren, feine Noten von Paprika. Am Gaumen feiner zitroniger Touch, zart blättrige Würze, grüner Apfel, gute Länge.

Sauvignon Blanc Steinriegel: 13,0%; Präsentiert in der Nase Nuancen von Gewürzen, traubige Fruchtanklänge und eine feine Mineralik, am Gaumen zeigt er sich komplex, elegant und mit langem Abgang.

Sauvignon Blanc Elite: 13,5%; Am Gaumen finden sich zarte Steinobstanklänge, etwas dunklere Terroirnoten und ein Hauch von Stachelbeeren im Abgang.

Going up in the world with his wines ...

"The best of the wine-makers is the one who does the least of his work in the wine cellar", says Gerhard Wohlmuth, "the decisions how good a wine is going to be are already made in the vineyard." Thus the estate Wohlmuth in Fresing – at the foot of Kitzecker Berg – puts special emphasis on the maintenance of the soil and the caring for the foliage as well as the promotion of beneficials in their vineyards. Most of the vines grow in breathtakingly steep but optimal, south facing vineyards in heights of 400 and 600 metres on Kitzecker Berg, where the soil is made up of ancient rock and Palaeozoic slate. Gerhard Wohlmuth administers not only the legacy of a 200 year-old family history in winemaking, he is also open for all modern things and has often proved himself by having real entrepreneurial vision. In this context one has to view the acquisition of a wine estate in the area Steinbach near Gamlitz, where one can find 40 year-old vines growing on Kreuzberg gravel.

A very special part of the extensive wine offer of Gerhard Wohlmut is designated to Sauvignon Blanc wines. Besides the classic Sauvignon, Wohlmuth produces the premium wine from Steinriegel and the Sauvignon Blanc Elite. The Sauvignon Blanc Steinriegel presents itself with a spicy aroma and a complex taste of grapes and fine minerals, elegant with a long finish. The Elite has a mineral taste and a decent wooden note in the aroma. Its taste is delicate and fruity, reminiscent of stone fruits like apricot and peach, a slightly darker note of terroir and a breath of gooseberries in the finish. In his wine production Gerhard Wohlmuth already gets the support from his son Gerhard jun., who, after his Matura and practical training in New Zealand, South Africa and Italy, studied at the FH Burgenland. This support enables Wohlmuth senior to present his wines, which have won international prizes, worldwide. "We export to 24 countries, in the USA alone we are present in 16 states", says Wohlmuth, who has definitely gone up in the world with his wines in the true sense of the word. After all, his wines are served aboard the planes of Austrian Airlines high above the clouds.

Weingärten o *Vineyards*
65 ha (130 acres) Lage: Sausal Steinriegel, Gola, Altenberg, Guschariegel, Sausaler Schlößl

Weine o *Wines*
Weißweine: Sauvignon Blanc Steirische Klassik, Sauvignon Blanc Elite
Wr, Steirischer Panther (SB, Mu, PG, Ch, Ri), Riesling, PB, Ch, PG, Mu, GewTr
Edelsüße Weine: Sauvignon Blanc Eiswein
Roseweine: Schilcher Classic
Rotweine: Zweigelt, PN, PN Altenberg, Bf,
Bf Barrique, See me (CS, M, Zw)

Alter der Reben o *Average age of the vines*
5-55 Jahre

Stockdichte o *Density of plantation*
5.000 Stöcke/Hektar in Sauvignon Blanc-Anlagen

Hektarerträge o *Average yields*
Sauvignon Blanc 3.000-4.500 Liter/Hektar

Kellermeister/Önologe o *Winemaker*
Gerhard und Gerhard jr. Wohlmuth

Besondere Jahrgänge o *Great recent vintages*
2007, 2006, 2004, 2003, 2001, 2000, 1999, 1997, 1993
Wine Spectator 2007 92/100 Punkte Rabenkopf 2003
 92/100 Punkte Sauvignon Blanc 2006
Wine Challenge 2007 International Pinot Gris Trophy
Weingourmet 2007 (Deutschland) Sauvignon Blanc Elite 2005 - Höchste Bewertung
Decanter (England) unter den 9 besten Sauvignon Blancs der Welt
In Vino Veritas (Belgien) Sauvignon Blanc 2005 Megavinos 2006 Top Wines
Der Feinschmecker (BRD) Muskateller Steinriegel 2004 unter den Top 10 der Welt

Ab-Hof-Verkauf o *Sale by producer*
Mo-Fr 9-12 Uhr, 13-18 Uhr, Sa, So, Feier 9-12 Uhr, 13.30-17 Uhr, Ansprechperson: Maria Wohlmuth

Weinkellerführung o *Winery guiding tour*
Nach tel. Voranmeldung o By appointment only

Weinseminare o *Wine-seminar*
Nach tel. Voranmeldung o By appointment only

Weinverkaufspreise o *Average price*
€ 5,90/145,- • Visa, Mastercard, Bankomatkarte

Weitere Produkte o *Other products*
Sekte: Chardonnay Brut, Schilcher Frizzante, Schilcher Brut
Brände: Chardonnay Traubenbrand, Cabernet Sauvignon Traubenbrand, Zwetschke, Kriecherl, Quitte

Vertrieb/Vermarktung der Weine
Ab-Hof-Verkauf, Fachhandel, Lebensmittelhandel, Vinotheken und die Gastronomie österreichweit
Exportländer: Deutschland, Frankreich, Italien, Schweiz, Belgien, England, Irland, Belgien, Holland, Dänemark, Schweden, Kroatien, Tschechien, Russland, USA, Bermuda, Canada, Japan

Restaurant Weinkarte o *Winelist*
Four Season (New York), Ritz (Chicago), Hospiz (Lech), Obauer (Werfen), Operncafe (Graz) und die Gastronomie österreichweit

Weingut Wohlmuth
A-8441 Fresing 24, Kitzeck im Sausal
Tel.: +43 (0)3456 23 03, Fax: 21 21
www.wohlmuth.at
e-mail: wein@wohlmuth.at

MEINHARDT HUBE
GAMLITZ STEINBACH

Steirische Typizität ins Glas bringen

Die Meinhardt Hube in Steinbach bei Gamlitz ist eines der ältesten Weingüter in der Region Süd-steiermark. Die Geschichte des Gutes, das von Gerhard Wohlmuth erworben wurde, läßt sich bis in das Jahr 1574 zurückverfolgen. Als Hube wurde seit dem Frühmittelalter ein Bauerngut oder Gehöft bezeichnet, das einer Familie ausreichend Acker- und Weideflächen zur Ernährung bot. Die rund zwölf Hektar Rebflächen der Meinhardt Hube sind durchwegs nach Süden oder Südwesten ausgerichtet. Die Weingärten liegen in einer Seehöhe von rund 400 Metern. Das spezifische Mikroklima bildet dort zusammen mit den schönen Lagen und den Bodenstrukturen ein eigenständiges steirisches Terroir. In der herbstlichen Reife-zeit der Trauben kühlt es an den Abenden stark ab, die Temperaturdifferenz zwischen Tag und Nacht von bis zu 15°C fördert die Bildung feiner Aromen. Die Folge sind sehr reife und fruchtige Weine, die durch die Mineralik des Bodens in ihrer Finesse unterstrichen werden. Die unterschiedlichen Bodentypen, sowohl kalkhaltige Sande über Kalksandstein sowie kalkfreie Sande über Kreuzbergschotter und Sedimente von Meerestieren, erlauben eine gute Differenzierung der Lagen. Die für die Meinhardt Hube ver-antwortlichen Önologen Gerhard und Gerhard jun. Wohlmuth legen großen Wert auf die steirische Typizität der Weine und bauen auch den Sauvignon Blanc Steinbach bei bewusst langsamer Vergärung fruchtbetont in Stahltanks aus. Die Vinifizierung findet übrigens im hochmodernen Keller des Stammhauses des Weingutes Wohlmuth in Fresing statt.

Mit seinem Pinot Gris 2006 gewann das Weingut Wohlmuth bei der Wine Challenge 2007 in London die höchste Auszeichnung: die „International Pinot Gris Trophy". Für Gerhard Wohlmuth, dessen Sauvignon Blanc erst kürzlich von der Zeitschrift „Wine Enthusiast" zu einen der zehn besten weltweit gekürt wurde, war der Erwerb der Meinhardt Hube eine optimale Ergänzung zu seinen Weingärten in Kitzeck. Und auch in dieser Hinsicht ist er hier einer Meinung mit seinem Sohn: „Wir haben beide genau die selben Vorstellungen von einem Weintypus im Kopf und setzen alles daran, diese Vorstellungen auch umzusetzen." Sie wollen finessenreiche Weine, die nicht „breitschultrig" sind. „Fruchtbomber kann man in Neuseeland billiger produzieren", sagt Wohlmuth jun., und er weiß, wovon er spricht. Schließlich hat er sich die Arbeit in verschiedenen Gütern in Neuseeland genau angeschaut und festgestellt, was sich von den dortigen Arbeits-weisen hierzulande umsetzen lässt und was nicht.

Meinhardt Hube Sauvignon Blanc Steinbach: 13,0%; Im Duft feine Nuancen von gelben Früchten, etwas Steinobst und reife Stachelbeeren. Am Gaumen finessenreich, komplex, ele-gant und auch leicht mineralisch, tolle Länge.

Capturing the typical Styrian taste in a glass

The Meinhard Hube in Steinbach near Gamlitz is is one of the oldest wineries in the region of southern Styria. The history of the estate acquired by Gerhard Wohlmuth can be traced back to the year 1574. Since the early Middle Ages, a Hube has constituted a farm or estate which provides a family with enough agricultural land to make a living. The approximately 24 acres of vineyards of the Meinhard Hube generally face south or southwest and are situated about 400 metres above sea level. The specific microclimate together with the beautiful locations and the structure of the soil form a unique Styrian terroir. In autumn when the grapes are ripening, the temperature cools down substantially in the evenings, and the 15°C difference in temperature between day and night assists the formation of fine aromas. This results in very mature and fruity wines whose finesse gets underlined by the various minerals of the soil. The different types of soil as well as the chalky sands on top of lime, or chalk free sands on top of Kreuzberg gravel and sediments of seashells, permit very good differentiating of the vineyards. Gerhard Wohlmuth and Gerhard Wohlmuth jun., the oenologists responsible for the Meinhardt Hube, put a lot of emphasis on what is typically Styrian in their wines and produce their Sauvignon Blanc Steinbach in stainless steel tanks using an extremely slow process of fermentation for its fruitiness. By the way, the vinification takes place in the ultra modern wine cellar of the Wohlmuth estate in Fresing.

At the Wine Challenge 2007 in London Wohlmuth won the highest accolade with his Pinot Gris 2006: The "International Pinot Gris Trophy". For Gerhard Wohlmuth, whose Sauvignon Blanc was voted "one of the ten best wines worldwide" by the magazine "Wine Enthusiast" only a short time ago, the acquisition of the Meinhardt Hube was an optimal addition to his vineyards in Kitzeck. And he is also in total agreement with his son on what they want to produce: "Both of us share the same vision of a type of wine and do everything possible to achieve this vision in reality". Both want wines full of finesse that are not "too strong". "So-called 'fruit bombers' can be produced cheaper in New Zealand", says Wohlmuth jun., and he knows what he is talking about. After all he did have a good look at the different ways of work of various wine producers in New Zealand and took note which of their methods could be implemented "at home" and which not.

Traubenernte und Vinifizierung

Sauvignon Blanc Steirische Klassik und Steinbach: Mehrmaliges selektives Handlesen (nur morgens), Traubengradation 19°-21°KMW ➤ Rebeln und Einmaischen ➤ Maischekontaktzeit in der Presse oder Maischetanks 6-12 Stunden ➤ Vorentsaften in der Presse ohne Pressdruck ➤ Entschleimen des Mostes mit Kühlung für 24-36 Stunden ➤ Einleiten der ersten Gärung mit Reinzuchthefen, dann mit gärenden Most weiterimpfen ➤ Gärtemperatur im Stahltank zu Beginn 20°C, absenken durch Kühlung auf 19°C ➤ Ausbau: Jungwein in den Stahltanks für 4-6 Monate ➤ Betonung von Primäraromen ➤ Füllfiltration vor Flaschenfüllung.

Weingärten o *Vineyards*
10 ha (24 acres) Lagen: Steinbach, Türken

Weine o *Wines*
Weißweine: Sauvignon Blanc Steinbach
Wr, PB, Ch, Mu

Stockdichte o *Density of plantation*
5,000 Stöcke/Hektar in den Rebanlagen

Alter der Reben o *Average age of the vines*
3-58 Jahre

Hektarerträge o *Average yields*
3.500-4.500 Liter/Hektar

Kellermeister/Önologe o *Winemaker*
Gerhard und Gerhard jr. Wohlmuth

Besondere Jahrgänge o *Great recent vintages*
2007, 2006, 2005

Ab-Hof-Verkauf o *Sale by producer*
in Fresing/Kitzeck: Mo-Fr 9-12 Uhr, 13-18 Uhr,
Sa, So, Feier 9-12 Uhr, 13.30-17 Uhr,
Ansprechperson: Maria Wohlmuth

Kellerführung o *Visiting policy*
Nach tel. Voranmeldung o By appointment only

Kommentierte Weinkost o *Wine-seminar*
Nach tel. Voranmeldung o By appointment only

Weinverkaufspreise o *Average price*
€ 5,90/13,- • Visa, Mastercard, Bankomatkarte

Vertrieb/Vermarktung der Weine
Ab-Hof-Verkauf, Fachhandel, Vinotheken, Lebensmittelhandel und die Gastronomie österreichweit
Exportländer: Deutschland, Schweiz, Belgien, Holland, England, USA

Weingut Meinhard Hube
Kontakt/Contact:
Weingut Wohlmuth
A-8441 Fresing 24, Kitzeck
Tel.: +43 (0)3456 23 03, Fax: 21 21
www.meinhardthube.com
e-mail: office@meinhardthube.com

WEINGUT LORENZ, KITZECK: FAMILIE PRONEGG

Das Sausal in der Flasche

Das Weingut Lorenz, das seit mehr als 100 Jahren von der Familie Pronegg bewirtschaftet wird, hat an der Südseite von Kitzeck in steilen Lagen seine 16 Hektar Rebflächen mit den Rieden Karleitn, Deutenbach, Hollerberg, Steinriegel, Burgstall und Brudersegg. Die Lage Deutenbach ist übrigens eine der ältesten Rebflächen in der Gegend. Ein Viertel der Fläche ist der Sorte Sauvignon Blanc vorbehalten, von der Kellermeister Michael Pronegg eine „sausal classic" und einen Lagenwein „SUSiL" keltert. Michael Pronegg, der sein Fach in Klosterneuburg und Silberberg gelernt hat, und sein Bruder Patrick haben den elterlichen Betrieb im Jahre 2003 übernommen, werden aber vom Vater Johann Pronegg immer noch in der Weingartenarbeit unterstützt. Die Ziele, die sich Michael Pronegg gesetzt hat, sind klar umrissen: „Ich will mit meinen Weinen eine eigene Identität schaffen, will das Sausal in die Flasche bringen", sagt der Winzer.

Besucher des Weingutes beziehungsweise der Buschenschank kommen aber nicht nur wegen des Weines oder den feinen Jausen, sie haben dort auch die Möglichkeit, sich beim „Weinbauerngolf" körperlich zu betätigen. In freier Natur, entlang einer etwa fünf Kilometer langen Strecke, sind insgesamt 14 Hindernisse zu bewältigen. Diese Hindernisse sind umgebaute Weinbau- und kellerwirtschaftliche Geräte, an denen man sein Geschick beweisen kann und gleichzeitig Einblick in die Arbeitswelt von Weinbauern bekommt. „Strafverschärfend" ist, dass man das Weingartengolf mit einem klobigen Holzschläger spielen muss. Selbst dem deutschen Fernsehsender Pro7 war das Weingartengolf schon eine Reportage wert.

Das Weingut Lorenz hat aber auch noch eine weitere Attraktion zu bieten, die Senior Johann Pronegg initiiert hat. Er hat einen Schauweingarten angelegt, in dem von insgesamt 75 Rebsorten aus aller Welt je zwei Stöcke stehen. „Viele Weinliebhaber sind Meister im Erkennen verschiedener Weinsorten, doch beim Zuordnen dieser Weine zu den jeweiligen Rebstöcken haben so manche Schwierigkeiten", sagt Johann Pronegg, „daher haben wir diesen Schauweingarten angelegt, um unseren Weinfreunden zu zeigen, wie die einzelnen Rebstöcke in der Natur aussehen." Für diese Stöcke gibt es Patenschaften. Die Paten kommen im Herbst zur Lese „ihres" Stockes, wonach die Trauben aller Stöcke gemeinsam vergoren werden. Das ergibt den sortenverschiedensten Mischsatz der Welt, von dem jeder der Paten eine Flasche bekommt.

Sauvignon Blanc SUSiL 2006: 12,8%; strahlend Gelbgrün, intensiver Duft nach Stachelbeeren und grünem Paprika, öffnet sich mit Luft in Richtung Johannisbeeren. Am Gaumen präsentiert sich der Wein sehr frisch mit pikanter Säure und elegantem Körper, geprägt von Paprikawürze und feiner Frucht.

Capturing the taste of Sausal in a bottle

The Pronegg family has run the Lorenz winery for more than a century. Their 32 acres of vineyards are situated on the south side of Kitzeck in steep locations with the names Karleitn, Deutenbach, Hollerberg, Steinriegel, Burgstall and Brudersegg. The Deutenbach vineyard, by the way, is one of the oldest vineyards in this area. One quarter of the vineyards is reserved for Sauvignon Blanc, of which winemaker Michael Pronegg produces a "Sausal Klassik" and one premium wine named "SUSiL". Michael Pronegg, who learned his trade at the Technical College for Viniculture and Wine Growing in Klosterneuburg as well as at the School for Agriculture and Oenology in Silberberg, and his brother Patrick took over the parental business in 2003, but still have the support of their father, Johann Pronegg, when working in the vineyards. Michael Pronegg's goals are absolutely clear: "With my wines I want to create an individual identity, I would like to capture the taste of Sausal in a bottle", says the wine producer.

Visitors to the estate or the Buschenschank not only come for the wine or the delicious snacks. They also have the opportunity to physical exercise by participating in a game of "vineyard golf". In natural surroundings, along a five kilometre long golf course, there are 14 handycaps in all. These handicaps consist of converted vineyard- and wine cellar equipment where one can show off one's skillfulness and at the same time get the chance to have a glimpse into the world of wine making. "Aggravating" is the fact that "vineyard golf" has to be played with a chunky wooden club. The German TV station Pro7 covered "vineyard golf" already in one of their programmes.

On top of that, the Lorenz winery can offer one more attraction initiated by Johann Pronegg Senior. He has built an exhibition-vineyard in which there are two vines each of 75 different varieties of grapes from all over the world. "Many connoisseurs of wine are masters in recognising different wines, but quite a few of them have difficulties in associating these wines with the particular vines they were produced from ", says Johann Pronegg, "therefore we created this exhibition vineyard, to show our wine friends how individual vines look in a natural enviroment." For these vines we have sponsorships available. The sponsors come in autumn to harvest "their" grapes, afterwards the grapes of all vines are fermented together which surely must be a world record in blending different varieties of wine, of which every sponsor gets a bottle to take home.

Traubenernte und Vinifizierung

Sauvignon Blanc sausal classic: Selektives Ernten von reifen Trauben aus verschiedenen Weingärten 17°-19,5°KMW ➤ Rebeln und Maischen ➤ Maischekontaktzeit 6-48 Stunden ➤ Pressen: schonendes Pressen mit wenig Druck ➤ Mostklärung: Gekühltes Vorklären des Mostes über Nacht ➤ Abziehen des klaren Mostes und gekühlte Gärung in Stahltanks bei 18°-19°C, Gärstart mit Reinzuchthefen ➤ Ausbau: Jungweine in den Stahltanks ➤ 5-6 Monate Reifung, Betonung der Fruchtaromen ➤ Flaschenfüllung.

Weingärten o Vineyards

16 ha (38 acres), Lagen Karleit'n, Deutenbach, Hollerberg

Weine o Wines

Weißweine: Sauvignon Blanc sausal classic, Sauvignon Blanc SUSiL

Wr, Wb, Mu, Mo, Mu, Sä 88, Schi

Edelsüße Weine: Riesling TBA

Rotweine: Zw, CS, Cuvee deutenBach (Zw, M, BW)

Alter der Reben o Average age of the vines

5-45 Jahre

Pflanzdichte o Density of plantation

2.800-3.500 Stöcke/Hektar in Weingärten bis 45 % Hangneigung

Hektarerträge o Average yield per hectar

Sauvignon Blanc 4.000 Liter/Hektar

Kellermeister/Önologe o Winemaker

Michael Pronegg

Besondere Jahrgänge o Great recent vintages

2007, 2006, 2002, 2000, 1997, 1992

Buschenschank o *Where the winegrower sell*

April-Dezember Mi-Mo ab 14 Uhr geöffnet; Di Ruhetag

Ab-Hof-Verkauf o *Sale at the premises*

Täglich 10-18 Uhr, Di Ruhetag
Ansprechpersonen: Johann und Gertrude Pronegg

Weinseminare o *Wine-seminar*

Nach tel. Voranmeldung o By appointment only

Weinkellerführung o *Winery guiding tour*

Nach tel. Voranmeldung o By appointment only

Weinverkaufspreise o *Average price*

€ 5,60/26,50 • Visa, Mastercard, Bankomatkarte

Weitere Produkte o *Further products*

Traubensaft, Obstbrände, Weinbrand, Tresternbrand, Winzersekt

Vertrieb/Vermarktung der Weine

Ab-Hof-Verkauf, Fachhandel, Vinotheken und die Gastronomie österreichweit
Exportländer: Deutschland, Holland, Belgien

Restaurant Weinkarte o *Winelist*

Dolce Vita (Klagenfurt), Casino (Velden)

Weingut Lorenz, Familie Pronegg

A-8442 Kitzeck, Einöd 8
Tel.: +43 (0)3456 2311, Fax: -4
www.weingut-lorenz.at
e-mail: weingut.lorenz@aon.at

Freie Mitarbeiter im Weingarten

Von den zehn Hektar Rebflächen, die Rainer Hack auf Süd- und Süd-West-Hängen in Kitzeck und auf dem Demmerkogel bewirtschaftet, sind 2,3 Hektar mit Sauvignon-Reben bepflanzt. Die Rieden Wilhelmshöhe, Kleingauitsch, Einöd-Römerstraße und Altenberg zählen in der Steiermark zu den besten Lagen. Die von der Sonne verwöhnten Trauben liefern einzigartige Fruchtaromen, die der junge Winzer gekonnt in die Flasche bringt. Das heutige Weingut ist seit 1919 im Familien-besitz. Sein Großvater, der im Landesweingut beschäftigt war, setzte im Jahre 1956 voll auf den Weinbau und richtete auch einen Buschenschank ein, der heute zu einem der beliebtesten Ausflugsziele in der Kitzecker Gegend zählt. Rainer Hacks Eltern Willi und Elisabeth übernahmen 1998 den Besitz, wobei sich Willi Hack, hauptberuflich Banker, selbst lediglich als „freien Mit-arbeiter im Weingarten" bezeichnet.

Die Klassikweine von Rainer Hack, so auch der Sauvignon Blanc, werden im Stahltank ausgebaut und sind fruchtig und säurebetont. Die Lagenweine werden temperaturkontrolliert in Stahltanks vergoren und reifen danach in großen Holzfässern. „Mein Sauvignon von der Wilhelmshöhe ist elegant und kräftig und auch ein herrlicher Begleiter zu Fischgerichten wie beispielsweise zu einem Branzino in der Salzkruste", sagt Rainer Hack. In besonders guten Jahren werden die physiologisch reifsten und hochwertigsten Trauben in Barriques vergoren und zwölf bis 18 Monate ausgebaut.

Im „Ausgezeichneten Buschenschank" steht Genuss für alle Sinne an oberster Stelle. Und das Bemühen, diesem Titel gerecht zu werden, wird von den Gästen honoriert. Kein Wunder, dass sich dort auch die steirische Finanzwelt regelmäßig ein Stelldichein gibt. Das knisternde Feuer im Kamin, leise Musik im Hintergrund, die gediegene Einrichtung und die entsprechende Glaskultur sorgen für eine stimmungsvolle Atmosphäre. Das gebietstypische und der Saison angepasste Jausenangebot lässt zusammen mit dem hochwertigen Weinsortiment keine kulinarischen Wünsche offen. Zu den besonderen Leckerbissen im Buschenschank-Angebot von Willi und Elisabeth Hack zählen das „Dreierlei von der Forelle", das „Ge-räucherte vom Woll- und Hausschwein" oder der „Wildteller", auf dem sich ein geräucherter Hirsch-schinken, Wildschwein-Salami und Rehwürstl finden. Auch das „Frühlingsnest" mit der geräucherten Hendlbrust mit Pfefferkruste, Hendl-Bärlauchrolle und Eiaufstrich stehen in der Beliebtheitsskala ganz oben. Für die kleinen Gäste gibt es spezielle Kinderteller.

Und wer in den Abend hineinfeiern und danach auf die Heimreise verzichten will, hat die Möglichkeit, in einem der wunderschönen Gästezimmer des Hauses zu übernachten, und den nächsten Morgen mit einem herzhaften Frühstück zu beginnen.

Freelancers in the vineyard

Of the 20 acres of vineyards, which Rainer Hack administers on the southern and south-western hillsides in Kitzeck and on the Demmerkogel, 4.6 acres are planted with Sauvignon-vines. The vineyards in Wilhelmshöhe, Kleingauitsch, Einöd-Römerstraße, and Altenberg are among the best locations in Styria. The grapes pampered by the sun provide unique fruity aromas, which are bottled skilfully by the young wine producer. The family has owned the winery since 1919. Hack's grandfather, who was working in the county winery, put all his money into wine production in 1956 and also set up the Buschenschank, which even today is one of the favourite goals of outings in the region around Kitzeck. Rainer Hack's parents Willi and Elisabeth took over the estate in 1998; Willi Hack, whose main occupation is to be a banker, calls himself a "freelancer in the vineyard".

The classical wines of Rainer Hack, such as the Sauvignon Blanc, are produced in stainless steel tanks and are slightly fruity and acidic. The premium wines are fermented in temperature-controlled stainless steel tanks and mature afterwards in large wooden barrels. "My Sauvignon from Wilhelmshöhe is elegant and strong and also an excellent companion for fish delicacies like Branzino in a salty crust for example", says Rainer Hack. In excellent vintage years the physiologically sweetest and best grapes are fermented in barriques for twelve months.

In the excellent Buschenschank pleasure for all senses takes the highest rank. The crackling flames in the fireplace, the quiet, ambient music, and the sentimental surroundings all add up to a relaxing atmosphere. The typical local and seasonal range of cold dishes together with the high quality assortment of wines fulfils every culinary wish. And the guests are highly appreciative of the attempt to live up to the title "Excellent Buschenschank". No wonder that even the Styrian treasury has chosen it as their regular meeting place. Whoever wants to celebrate deep into the night and cannot be bothered to drive home late, has the possibility to spend the night in one of the wonderful guest rooms.

Traubenernte und Vinifizierung

Sauvignon Blanc: Mehrmaliges, selektives Ernten von Trauben mit 18°KMW, 1/3 der Trauben wird am Stock belassen und 3-4 Wochen später geerntet ➤ Rebeln und Maischen in der Tankpresse ➤ Maischekontaktzeit 2-4 Stunden ➤ Pressen: schonendes Pressen mit wenig Druck <0,5 bar, Seihmost und Pressmost gemeinsam ➤ Mostklärung: Klären des Mostes 36-48 Stunden (8°-10°C) ➤ Abziehen des klaren Mostes und gekühlte Gärung in Stahltanks bei 18°-20°C, Gärstart mit Reinzuchthefen ➤ Ausbau: Klassik-Jungweine in den Stahltanks ➤ nach dem Gärende abziehen von der Grobhefe ➤ mit der Feinhefe zurück in die Tanks ➤ Klassik bis Februar Stahltankreife, Betonung von Primäraromen, Lagenweine bis Juni auf der Feinhefe ➤ Verschnitt vor der Füllung ➤ Klarfiltration und Flaschenfüllung.

Sauvignon Blanc Klassik 2007: 12,0%; Helles Grüngelb, in der Nase einladend nach reifen Paprika, saftige Fruchtnoten, zart nach Wiesenkräutern. Am Gaumen elegant und komplex, sehr ausgewogen, elegante Säurestruktur, sehr trinkanimierend.
Sauvignon Blanc Wilhelmshöhe 2007: 13,5%; Elegant und kräftvoll, kräftige Fruchtnuancen nach Stachelbeeren und Cassis, mit mineralischer Würze unterlegt, Johannisbeere auch im extrem langen Abgang.

Buschenschank o *Where the winegrower sell*
Dezember-Ostern Fr ab 17 Uhr, Sa, So ab 14 Uhr, Ostern-Nov, Do-Sa ab 14 Uhr geöffnet, So, Mo Ruhetag

Ab-Hof-Verkauf o *Sale at the premises*
Di-Sa 8-12 Uhr, 14-18 Uhr
Ansprechpersonen: Rainer und Jasmin Hack

Weinverkaufspreise o *Average price*
€ 5,30/9,20 • Visa, Mastercard, Bankomatkarte

Weitere Produkte o *Further products*
Traubensaft, Obstbrände: Apfel, Williams, Schlehe, Kriecherl, Sauvignon Tresterbrand, Weinbrand Perlendes: Warga-Hack prickelnd, Warga-Hack Nr. 1

Gästezimmer o *Bed and breakfast*
8 Zimmer - 16 Betten • 8 apartment

Vertrieb/Vermarktung der Weine
Ab-Hof-Verkauf, Fachhandel und die Gastronomie österreichweit, Exportländer: Deutschland, Schweiz

Restaurant Weinkarte o *Winelist*
Eckert, Josefstadt (Wien), Casino, Cantinetta (Graz)

Weingärten o *Vineyards*
10 ha (24 acres), Lagen Wilhelmshöhe, Klein Gauitsch

Weine o *Wines*
Weißweine: Sauvignon Blanc, Sauvignon Blanc Wr, Wb, Mu, Mo, Rr, Gb

Alter der Reben o *Average age of the vines*
3-22 Jahre

Pflanzdichte o *Density of plantation*
3.300 Stöcke/Hektar auf den Einöd-Terrassen mit 60% Hangneigung

Hektarerträge o *Average yield per hectar*
Sauvignon Blanc 3.500-4.000 Liter/Hektar

Kellermeister/Önologe o *Winemaker*
Rainer Hack

Kommentierte Weinkost o *Wine-seminar*
Nach tel. Voranmeldung o By appointment only

Besondere Jahrgänge o *Great recent vintages*
2007, 2004, 2003, 2002, 2000, 1979

Weingut Warga-Hack
A-8442 Kitzeck, Gauitsch 20
Tel.: +43 (0)3452 82 3 39-0, Fax: -17
www.warga-hack.at
e-mail: warga-hack@warga-hack.at

WEINGUT ALBERT - CRAMER: TREBIEN, PFARRWEINGARTEN

Höchste Weinkultur im Presshaus

Als Christian v. Cramer im Jahr 1985 das elterliche Weingut Albert in Kitzeck übernahm, war ihm klar, dass er damit eine lange Familientradition fortzuführen hatte. „Ich war mir der Verantwortung bewusst", sagt Cramer, „dass ich einen Betrieb, der schon seit 1848 im Familienbesitz steht, zielstrebig weiterentwickeln muss." Schon Cramers Urgroßmutter Irma Zettl war ja im Weinbau tätig, wie eine erhalten gebliebene Urkunde aus dem Jahre 1921 belegt. Sie war bei der Landwirtschaftlichen Ausstellung auf der Grazer Messe für ihren Wein ausgezeichnet worden. Die Trendwende zum ausschließlichen Weinbau vollzog Christians Vater Wilfried v. Cramer. Er hatte sein Betriebswirtschaftsstudium abgebrochen, ging in die Weinbauschule Klosterneuburg, um danach das Weingut in Kitzeck in neue Bahnen zu lenken. „Mein Vater hatte damals gerade 1,3 Hektar Rebflächen auf Stockkulturen und vier Weinfässer im Keller zur Verfügung." Schritt für Schritt wurde weiterentwickelt. Die Stockkulturen wurden auf Drahtrahmen umgestellt, Neuanlagen auf Hochkulturen gezogen. Auf dieser Basis konnte Christian Cramer aufbauen. Ein neuer Keller wurde für die Weinbereitung gebaut, das alte Presshaus als Buschenschank adaptiert und im Jahre 2000 folgten schließlich gewaltige Erdbewegungen, als die steilsten Flächen seiner Weingärten rund ums Haus auf Terrassen umgestellt wurden. Dadurch konnte einerseits die Bearbeitung der Rebanlagen wesentlich erleichtert werden, andererseits bewirken die Terrassen eine höhere Temperaturdifferenz zwischen Tag und Nacht, was sich nachhaltig auf das Bukett der Trauben auswirkt.

Mittlerweile verfügt das Weingut Albert über acht Hektar Rebflächen mit besten Lagen am Kitzecker Pfarrweingarten, von wo auch seine Sauvignon Blanc Reserve stammt, und Trebien. Seine Weinbauphilosophie bringt Cramer auf einen kurzen Nenner: „Bei meinen Weinen sollt der Typus als klar Steirisch erkennbar sein ...". Diese Philosophie wird wohl auch die nächste Generation im Hause Cramer verfolgen. Christians Sohn Leopold, der die Weinbauschule Silberberg absolviert, hilft schon eifrig im Betrieb mit. Der Buschenschank, in dem „Weinkultur im Presshaus" geboten wird, ist allemal eine Einkehr wert. Nicht nur, dass man dort kulinarisch verwöhnt wird, man kann von dort auch einen wunderbaren Blick auf Kitzeck und die umliegenden Weingärten genießen...

Im Weingut Albert ist man aber nicht auf den Buschenschank angewiesen, um den Wein oder die Jause zu genießen. Man kann dort auch einen Picknick-Korb ausleihen und sich ein lauschiges Platzerl im Weingarten suchen. Im urig, stimmungsvollen „Presshaus" des Weingutes Albert ist auch reichlich Platz vorhanden, um Seminare abzuhalten.

Sauvignon Blanc: 12,5%; Ein Duft voll Blütenhonig, gelbem Paprika und Stachelbeeren, feine Kräuterwürze, etwas Cassis. Am Gaumen schmeckt man dieselben Aromen, etwas mineralisch, schöner Trinkfluss, ausgezeichnet.

Sauvignon Blanc Reserve Pfarrweingarten: 13,5%; Im Duft Stachelbeer und gelbe Noten, elegant, ein kräftiger Stachelbeerton und dichter Schmelz am Gaumen, vollendet durch den langen, delikaten Abgang.

Highest wine culture in the wine press house

I have learned a lot of new things", says Christian v. Cramer, "and I have improved the estate owned by our family since 1848 full of determination." Cramer's great-grandmother Irma Zettl was already making wine as can be seen by an existing certificate of 1921. She won an award for her wine when she participated in the Agricultural Exhibition at the Trade Fair in Graz. Christian's father Wilfried v. Cramer made the complete change to wine production. He quit his Business Studies and attended the Technical College for Viniculture and Wine Growing in Klosterneuburg in order to steer the winery in Kitzeck into a new direction. "In those days my father owned just about 2.6 acres of vineyards laid out in stake trainings for which he had four barrels in the wine cellar." Step by step further developments were implemented. The stake training system was replaced by a wire trellis training system, and new vineyards were laid out in a high training system from the outset. Christian v. Cramer was able to build on this basis. For the wine production a brand-new wine cellar was built, the old press house was adapted into a Buschenschank and in 2000 even the earth was moved when the steepest of his vineyards around the main building were converted into terraces.

In the meantime the Albert winery administers sixteen acres of vineyards in the best locations at the Kitzecker Pfarrweingarten, from where the Sauvignon Blanc Reserve comes, and Trebien. Cramer explains his philosophy as a wine producer in one short sentence: "My wines should be clearly recognized as being Styrian ..." The next generation of the house of Cramer is bound to follow this philosophy. Christian's son Leopold, who is a graduate of the School for Agriculture and Oenology Silberberg, is already helping out in the business. The Buschenschank, which offers "wine culture in a wine press house", is well worth a visit. Visitors not only get spoilt in a culinary way, they can also enjoy a wonderful view of Kitzeck with its surrounding vineyards.

Traubenernte und Vinifizierung

Sauvignon Blanc: Mehrmaliges, selektives Ernten von Trauben ab 18°KMW ➤ Rebeln und Maischen in der Presse ➤ Maischekontaktzeit 6-12 Stunden ➤ Pressen: Schonendes Pressen mit wenig Druck, Seihmost und Pressmost getrennt verarbeiten ➤ Mostklärung: Gekühltes Klären des Mostes über Nacht (8°-10°C) ➤ Abziehen des klaren Mostes und gekühlte Gärung in Stahltanks bei 16°-18°C, Gärstart mit Reinzuchthefen ➤ Ausbau: Klassik-Jungweine in den Stahltanks ➤ nach dem Gärende abziehen von der Grobhefe ➤ mit der Feinhefe zurück in die Tanks ➤ Aufrühren der Feinhefe ➤ 4 Monate Reifung, Betonung von Fruchtaromen ➤ Flaschenfüllung.

Weingärten o Vineyards
8 ha (19,2 acres), Lagen: Trebien, Gritsch, Pfarrweingarten Kitzeck, von den Terrassen

Weine o Wines
Weißweine: Sauvignon Blanc, Sauvignon Blanc Reserve Pfarrweingarten
Wr, Mu, Riesling, Wb, Gb, Mo
Rotweine: Blauer Wildbacher

Alter der Reben o Average age of the vines
8-30 Jahre

Pflanzdichte o Density of plantation
3.600 Stöcke/Hektar auf den Terrassen

Hektarerträge o Average yield per hectar
Sauvignon Blanc 2.000-2.500 Liter/Hektar

Kellermeister/Önologe o Winemaker
Christian Cramer, Leopold Cramer

Besondere Jahrgänge o Great recent vintages
2007, 2005, 2004, 2003, 2000, 1997, 1996, 1990

Buschenschank o Where the winegrower sell
Ab Februar: Do, Fr, Sa, So; April-Mitte Dez: Mo, Di, Fr, Sa, So und Feiertag ab 14 Uhr geöffnet, Mi, Do Ruhetag

Ab-Hof-Verkauf o Sale at the premises
Täglich 9.30-18.30 o Day-to-day
Ansprechpersonen: Margarete und Christian Cramer

Weinseminare o Wine-seminar
Nach tel. Voranmeldung o By appointment only

Kellerführung o Visiting policy
Nach tel. Voranmeldung o By appointment only

Weinverkaufspreise o Average price
€ 5,60/11,90 • Bankomatkarte

Weitere Produkte o Further products
Schilchersekt, Rieslingbrand, Obstbrände: Weingartenpfirsich, Williams Birne, Hollunder, Mispel, Vogelkirsche

Gästezimmer o Bed and breakfast
3 Zimmer - 6 Betten • 6 apartment

Vertrieb/Vermarktung der Weine
Ab-Hof-Verkauf, Fachhandel und die Gastronomie österreichweit, Exportländer: Deutschland

Restaurant Weinkarte o Winelist
Beim Novak (Wien), Erzherzog Johann (Graz), Golfrestaurant Moosburg (Moosburg)

Weingut Albert– Christian v. Cramer
A-8442 Kitzeck, Gauitsch 19
Tel.: +43 (0)3456 22 39, Fax: 34 56
+43 (0)676 629 7062
www.weingutalbert@aon.at
e-mail: weingut-albert.at

Küchenchef und Kellermeister

Küchenchef und Kellermeister in Personalunion, das bedeutet für den Kitzecker Dietmar Kappel, zugleich auf zwei Hochzeiten zu tanzen. Als Küchenchef des Weinhofes Kappel zaubert er raffiniert verfeinerte bodenständige Gerichte auf den Teller, als Kellermeister sorgt er dafür, dass die Weinbegleitung zu den Speisen aus eigener Produktion kommt. „Die Bandbreite unseres Weinangebots ist groß", sagt Kappel, der auch der Qualitätsgemeinschaft „Steirische Hoheit" angehört, „es ist angenehm, wenn man dem Gast zu jedem Gericht den geeigneten Wein aus dem eigenen Garten empfehlen kann." Das Genießer- und Wellnesshotel befindet sich auf einem der schönsten Aussichtspunkte des Sausaler Weinlandes. Von dort aus erschließt sich ein wunderbares Panorama über die Weingärten bis hinunter nach Slowenien. Kappels Rebfläche von 5,5 Hektar weist ausschließlich Steillagen mit einem Gefälle von bis zu 78 Prozent auf, wobei die Ried Langriegel mit Urgesteinschieferboden in bester Süd- und Südwestlage unmittelbar unter der Hotelanlage liegt. Die steilsten Teile dieser Lage wurden 1997 rekultiviert und als Terrassen angelegt, um die Bewirtschaftung zu erleichtern. Im Weingarten wird möglichst naturnah gearbeitet. So verwendet man zur Düngung Kompost aus eigener Produktion. Dietmar Kappel, der im Weingarten und Keller von seinem Schwager Karl Heinz Jammernegg unterstützt wird, setzt im Keller auf zeitgemäße Technik. Beim Ausbau der Weine folgt Kappel drei Linien. Neben der Klassik vinifiziert er noch Lagenweine und als Besonderheit „Dreaming Moments" in „white", „red" und „sweet", die in Barriques ausgebaut werden. Kappels Sauvignon Blanc stammt von den Langriegel-Pistor-Terrassen. Neben den Weinen werden im Weinhof Kappel auch Schnäpse, flaschenvergorener Sekt und Frizzante und Weißweinessig hergestellt.

Während Dietmar Kappels Tochter Angelika nach fünf Jahren an der Höheren Lehranstalt für Tourismus derzeit im Wiener Hotel Sacher beschäftigt ist, lässt sich Sohn Dietmar jun. mit dem Einstieg in den elterlichen Betrieb noch etwas Zeit und arbeitet an einer Karriere als Fußball-Profi.

Der Weinhof Kappel hat aber noch viel mehr als köstliche Speisen, beste Weine und eine wunderbare Aussicht zu bieten. Die Anlage auf 500 Meter Seehöhe empfiehlt sich auch als beliebtes Wellnesshotel mit Hallenbad, Whirlpool, Farblichtsauna, Aromadampfbad und einem Meerwasser-Außenpool. Highlight unter den verschiedenen Behandlungen ist die Vinotherapie, ein Verwöhnprogramm aus Massagen, Peelings und Packungen, für die Traubencremen und Extrakte aus dem eigenen Weingut verwendet werden.

Sauvignon Blanc Klassik Ried Langriegel: 12,5%; Absolut typischer Duft und Geschmack nach Holunderblüten, grün-gelben Paprika und Stachelbeeren, vielschichtig-würzig, aromatisch.

Sauvignon Blanc von den Terrassen Langriegel-Pistor: 13,5%; Kräftiger Duft nach Holunder und zartem Paprika, saftiger, langer Abgang.

Chef in the kitchen and master in the wine-cellar

Chef in the kitchen and master in the wine-cellar united in one person, for Dietmar Kappel from Kitzeck this means to "run with the hare and hunt with the hounds". Being chef of the wine-growing estate Kappel he magically fills the plates with ingeniously refined, yet down-to-earth meals, while the wine cellarer in him makes sure his dishes are accompanied by the right wines from his own production. "The spectrum of our wine offer is substantial", Kappel says, who is a member of the quality collective "Steirische Hoheit". "It is nice after all, when one can recommend to a guest the right wine from one's own vineyard to any given meal." The gourmet- and wellness hotel is located at one of the most beautiful vantage points of the Sausal wine-area. The view from the hotel reveals a wonderful panorama stretching from the vineyards close by right down to Slovenia. Kappel's vineyards of about 11 acres are exclusively made up of steep hills with slopes of up to 78 percent of which the vineyard Langriegel lies immediately below the hotel itself. The vines of this vineyard facing south and southwest grow on soil over slate and bed rock. The steepest parts of this vineyard were recultivated in 1997 as terraces in order to make it easier to administer them. The work in the vineyuard is kept as natural as possible. The fertilizer used, for example, is compost produced on the estate. Dietmar Kappel, who is assisted in the vineyard and in the wine cellar by his brother-in-law Karl Heinz Jammernegg, puts his trust in the wine cellar in up-to-date techniques. In the production of his wines Kappel sticks to three lines. Besides the "Klassik" he also makes premium wines and as a speciality "Dreaming Moments" in "white", "red" and "sweet", which are produced in small oak barrels. Kappel's Sauvignon Blanc comes from the terraces at Langriegel-Pistorn.

But the winery Kappel has to offer a lot more than delicious dishes, great wines and a wonderful view. The estate, 500 metres above sea level, can also be recommended as a popular wellness hotel with an indoor swimming pool, a whirlpool, an aromatic steam bath and a saltwater-pool. Highlight amongst all the treatments is the vinotherapy, an indulging programme consisting of massages, peelings and poultices, for which ointments made of grapes and extracts from the vineyards are being used.

Traubenernte und Vinifizierung

Sauvignon Blanc: Mehrmaliges, selektives Ernten von Trauben mit 17°-19°KMW ➤ Rebeln und Maischen in der Presse ➤ Maischekontaktzeit 12-15 Stunden ➤ Pressen: schonendes Pressen, Seihmost und Pressmost getrennt verarbeiten ➤ Mostklärung: Gekühltes Klären des Mostes über Nacht ➤ Abziehen des klaren Mostes und gekühlte Gärung in Stahltanks bei 16°-18°C, Gärstart mit Rein-zuchthefen ➤ Ausbau: Jungweine in den Stahltanks ➤ nach dem Gärende abziehen von der Grobhefe ➤ mit der Feinhefe zurück in die Tanks ➤ Aufrühren der Feinhefe ➤ 4-5 Monate Reife, Betonung von Fruchtaromen ➤ Kiesel-gurfiltration und Flaschenfüllung.

Weingärten o *Vineyards*
5,5 ha (13,2 acres), Lagen: Langriegel, Pistor, Demmerkogel

Weine o *Wines*
Weißweine: Sauvignon Blanc Klassik, Sauvignon Blanc von den Terrassen Langriegel-Pistor
Wr, Ri, Mu, Wb, Gb, Mo
Edelsüße Weine: Beerenauslese, Welschriesling Eiswein
Rotweine: Zweigelt, Dreaming Moments (Zweigelt, CS)

Alter der Reben o *Average age of the vines*
5-25 Jahre

Pflanzdichte o *Density of plantation*
4.400 Stöcke/Hektar auf den Terrassen mit 60% Hangneigung

Hektarerträge o *Average yield per hectar*
Sauvignon Blanc 4.500-5.500 Liter/Hektar

Kellermeister/Önologe o *Winemaker*
Dietmar Kappel

Besondere Jahrgänge o *Great recent vintages*
2007, 2005, 2003, 2000, 1997

Frühmorgens um 4.30 Uhr, bei einer Aussentempe-ratur von -11°C begann beim Weinhof Kappel die Ernte der gefrorenen Trauben für den Welsch-riesling Eiswein 2007.

Restaurant o *Where the winegrower sell*
Mitte März-8. Jänner geöffnet, Ruhetage im Restaurant : Mi, Do

Ab-Hof-Verkauf o *Sale at the premises*
Nach tel. Voranmeldung o By appointment only
Ansprechpersonen: Helene Kappel

Weinseminare o *Wine-seminar*
Nach tel. Voranmeldung o By appointment only

Weinkellerführung o *Winery guiding tour*
Nach tel. Voranmeldung o By appointment only

Weinverkaufspreise o *Average price*
€ 5,20/16,- • Visa, Mastercard, Bankomat

Weitere Produkte o *Further products*
Traubensaft, Sekt Burgunder Cuvée

Hotelzimmer o *Hotel*
21 Zimmer - 42 Betten • 21 apartment

Vertrieb/Vermarktung der Weine
Ab-Hof-Verkauf
Exportländer: Deutschland, Schweiz, Schweden, Dänemark

Weinhof Kappel
A-8442 Kitzeck, Steinriegel 25
Tel.: +43 (0)3456 23 47, Fax: -30
www.weinhof-kappel.at
e-mail: office@weinhof-kappel.at

WEINGUT SCHWARZ: WUNSUN, STEINRIEGEL

Tradition trifft Moderne

Die Liebe zum Wein wurde Hans Schwarz in Kitzeck praktisch schon in die Wiege gelegt. Sein Vater war von 1957 bis 1992 Verwalter des Steirischen Landesweingutes in Kitzeck, in dem bis 1984 Wein produziert wurde, danach wurden die Trauben zur Weiterverarbeitung nach Silberberg geliefert. Mittlerweile ist Hans Schwarz in die Fußstapfen seines Vaters getreten, selbst Verwalter der Silberberger Weingärten geworden und seit 1985 im Besitz eines eigenen Weinguts. Er bewirtschaftet 9,5 Hektar Rebflächen in steilster Lage, die zu 60 Prozent als Terrassen angelegt wurden. Sein Sauvignon Blanc stammt aus einer Neupflanzung in der Lage Wunsum, die einen Urgesteinboden aufweist, und wird von Hans Schwarz klassisch ausgebaut. Die Liebe zum Wein ist aber nicht das Einzige, was Hans Schwarz von seinem Vater geerbt hat. Er teilt auch die Leidenschaft zur Jagd, und das ist wohl auch der Grund, warum zwei Fasane zum Markenzeichen des Weingutes wurden. „Ursprünglich wollten wir für unsere verschiedenen Weine verschiedene Tiere auf unseren Etiketten abbilden, aber dann haben wir es bei den Fasanen belassen, weil sie bei unseren Kunden so gut angekommen sind", sagt Hans Schwarz. Er ist nun froh, dass ihm sein Sohn Werner im Betrieb schon eifrig zur Hand geht. Die Doppelbelastung als Verwalter in Silberberg und als Betreiber eines Weingutes, das Mitglied der Qualitätsgemeinschaft „Steirische Hoheit" ist, wuchs zuletzt immer mehr. „Ein Weingut kann man nicht nebenbei betreiben, daher bekommt mein Sohn Werner immer mehr Verantwortung."

Wie Hans Schwarz von seinem Vater schon frühzeitig mit Arbeiten im Weingarten und Keller betraut wurde, arbeitete auch Werner wie auch seine Brüder Stefan und Johannes schon von klein auf im Betrieb mit. Nun hat Werner die Aufsicht im Weingarten und sorgt so für die besten Voraussetzungen für eine erfolgreiche Kellerarbeit. Darüberhinaus macht Werner Schwarz Weinpräsentationen nicht nur in ganz Österreich, sondern auch in Deutschland. Die Weine von Hans und Werner Schwarz erfreuen sich großer Beliebtheit, was nicht von ungefähr kommt. Schließlich konnten die beiden Winzer schon wiederholt Auszeichnungen entgegen nehmen. Wie etwa im Jahr 2007, als es Gold bei der International Wine Challenge in Wien gab, und ihr Sauvignon Blanc Wunsum bei der „Vinaria" Sauvignon Blanc-Verkostung unter die Topweine gekürt wurde. Zum Weingut Schwarz in Kitzeck gehört auch ein Buschenschank, in dem sich Hans und Rosemarie Schwarz sowie ihre Söhne um das Wohl ihrer Gäste sorgen. Sie alle sind der Tradition verbunden, aber auch offen für das Moderne. Zum Weingut gehört außerdem ein liebevoll renoviertes Winzerhaus mit fünf gemütlichen Gästezimmern, die sich für Urlauber, die sowohl Erholung als auch Geselligkeit suchen, zu einem Aufenthalt geradezu anbieten.

Sauvignon Blanc: 13,0%; Feine Würze, die intensiven Paprikaaromen sind sehr deutlich im Duft, sehr füllig und dicht, macht Spass beim Trinken.

Sauvignon Blanc Wunsum: 14,0%; Zart und fein im Duft; wunderschöne klare Sortenfrucht nach gelben Paprika und Stachelbeeren, aber auch feine, mineralische Sekundäraromen.

Traditional meets modern

The love of wine was practically put into the cradle of Hans Schwarz in Kitzeck. From 1957 to 1992 his father was administrator of the county wine growing estate in Kitzeck which produced wine up to 1984, later the grapes were taken to Silberberg for further processing. In the meantime Hans Schwarz has followed in his father's footprints by becoming administrator of the Silberberg vineyards himself and since 1985 he also owned his own winery. He cultivates 19 acres of vineyards on very steep terrain of which 60 percent are planted on terraces. His Sauvignon Blanc is the result of newly planted vines in the vineyard Wunsum, which grow on soil over bedrock. Hans Schwarz matures this wine in the classical way. His love of wine is not the only thing Hans Schwarz inherited from his father. He shares his passion for hunting and that is also the reason why two pheasants have become the trademark of this wine producing estate. "Originally we were going to use different animals for the labels of different wines, but then decided to stick to the pheasants as they went down really well with our customers", says Hans Schwarz. He is glad that his son Werner is already helping him run the business. The double stress of being administrator in Silberberg and running his own winery, which is also a member business of the quality collective "Steirische Hoheit", lately has become too much. "A winery cannot be run as a sideline, therefore I am giving more and more responsibility to my son Werner."

The same way Hans Schwarz became entrusted with the work in the vineyard as well as in the wine cellar by his father early on, his sons Werner, Stefan and Johannes have been lending a helping hand in the business from an early age. Now Werner is in charge of the vineyards and thus provides the best ingredients for success in the wine cellar. Furthermore, Werner Schwarz participates in all wine presentations not only in Austria, but also in Germany.

The wine producing estate Schwarz in Kitzeck is also running a Buschenschank, in which Hans and Rosemarie Schwarz as well as their sons care for the well-being of their customers. Though deeply rooted in tradition, they are still open to the modern.

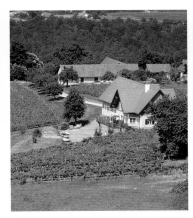

WEINGUT H.&R. SCHWARZ

Lage **Wunsum**

Traubenernte und Vinifizierung

Sauvignon Blanc: Mehrmaliges, selektives Ernten von Trauben mit 18°KMW ➤ Rebeln und Maischen in der Presse ➤ Maischekontaktzeit 2-3 Stunden ➤ Pressen: schonendes Pressen mit wenig Druck <1,2 bar, Seihmost und Pressmost gemeinsam ➤ Mostklärung: Gekühltes Klären des Mostes über Nacht (8°-10°C) ➤ Abziehen des klaren Mostes und gekühlte Gärung in Stahltanks bei 18°-20°C, Gärstart mit Reinzuchthefen ➤ Ausbau: Klassik-Jungweine in den Stahltanks ➤ nach dem Gärende abziehen von der Grobhefe ➤ mit der Feinhefe zurück in die Tanks ➤ Aufrühren der Feinhefe solange es möglich ist ➤ 4 Monate Reifung, Betonung von Primäraromen ➤ Klarfiltration und Flaschenfüllung.

Sauvignon Blanc Wunsum: Mehrmaliges, selektives Ernten von Trauben mit 18°KMW ➤ Ausbau: Lagen-Weine vergären in den Stahltanks ➤ nach dem Gärende abziehen von der Grobhefe ➤ mit der Feinhefe zurück in die Tanks ➤ Aufrühren der Feinhefe wenn möglich bis Juni, Juli ➤ 6 Monate Reifung, Betonung der Primär- und Sekundäraromen ➤ Kieselgurfiltration ➤ Flaschenfüllung.

Weingärten o *Vineyards*
9,5 ha (22 acres), Lagen: Wunsun, Pistor, Steinriegel

Weine o *Wines*
Weißweine: Sauvignon Blanc, Sauvignon Blanc Wunsum, Wr, Wb, Mo, Mu, Schwarz/Weiss

Alter der Reben o *Average age of the vines*
3-25 Jahre

Pflanzdichte o *Density of plantation*
4.000-5.000 Stöcke/Hektar auf den Terrassen mit 60% Hangneigung

Hektarerträge o *Average yield per hectar*
Sauvignon Blanc 3.000-4.000 Liter/Hektar

Kellermeister/Önologe o *Winemaker*
Hans Schwarz, Werner Schwarz

Besondere Jahrgänge o *Great recent vintages*
2007, 2004, 2001, 1999, 1983, 1979
International Wine Challenge Vienna 2007: Silber mit Sauvignon Blanc Klassik 2006
Im Finale der steirischen Landesweinbewertung 2008 mit Morillon Klassik 2007 und Chardonnay Pistor 2005

Buschenschank o *Where the winegrower sell*
Ostern-Allerheiligen (Nov), Mi, Do ab 16 Uhr, Fr, Sa ab 14 Uhr geöffnet

Ab-Hof-Verkauf o *Sale at the premises*
Nach tel. Voranmeldung o By appointment only
Ansprechpersonen: Werner Schwarz, Rosemarie Schwarz

Weinseminare o *Wine-seminar*
Nach tel. Voranmeldung o By appointment only

Weinverkaufspreise o *Average price*
€ 5,30/10,50 • Visa, Mastercard, Bankomatkarte

Weitere Produkte o *Further products*
Traubensaft, Weissburgundersekt

Gästezimmer o *Bed and breakfast*
6 Zimmer-12 Betten • 6 apartment

Vertrieb/Vermarktung der Weine
Ab-Hof-Verkauf, Fachhandel und die Gastronomie österreichweit, Exportländer: Deutschland

Restaurant Weinkarte o *Winelist*
Steirerhof (Bad Waltersdorf), Weinhof Kappel, Kirchenwirt Heber (Kitzeck), Schrank's Wirtshaus (Eschenau, Hausruckviertel), Staribacher (Kaindorf)

Weingut Schwarz
A-8442 Kitzeck, Greith 35
Tel.: +43 (0)3456 30 64, Fax: 27 4 52
www.schwarz-kitzeck.at
e-mail: weingut-schwarz@aon.at

Edler Geschmack in schönster Form

Edlen Geschmack in schönster Form ins Glas zu bringen, ist das Ziel von Bernhard Lambauer, der im elterlichen Betrieb in Kitzeck für die Weinbereitung verantwortlich ist. Die Voraussetzungen dazu bringt er mit. Er hat die Weinbauschule Silberberg absolviert, ist Weinbau- und Kellermeister und hat die Ausbildung zum Diplomsommelier gemacht. „Damit ich auch mitreden kann, wenn es um die Weltweine geht..."

Der Besitz, der von Bernhard Lambauers Großvater im Jahre 1950 gekauft worden war und von seinem Vater Georg auf Weinbau und einen Buschenschank umgestellt wurde, umfasst derzeit eine nach Süden ausgerichtete Rebfläche von zehn Hektar, von denen etwa 15 Prozent mit Sauvignon Blanc bepflanzt sind. Die steilen Lagen Gaisriegel und Steinriegel haben einen Schiefer-Urgesteinboden, der sich in den Lambauerweinen durchaus schmecken lässt.

Bernhard Lambauer ist ein sportlicher Typ und verwendet sein Mountainbike, um die Weingärten zu inspizieren. Er vinifiziert seine Weine in zwei Linien. Die Classic-Weine entsprechen dem traditionellen Charakter des steirischen Weines. Sie werden durchwegs trocken ausgebaut und gefallen durch ihren frischen, fruchtigen Charakter. Der Ausbau der Weine in Edelstahltanks fördert vor allem den reintönigen Sortencharakter der einzelnen Rebsorten. Die zweite Linie bezeichnet Lambauer als „Select". Dafür werden die schönsten und physiologisch reifsten Trauben aus Einzellagen gekeltert. Select-Rotweine werden in französischen Barriques ausgebaut. In großen Jahrgängen wird auch ein kleiner Teil der Weißweine im kleinen Holz vinifiziert. Diese Weine erhalten die Bezeichnung „Prime Select".

Als Weinbau- und Kellermeister einerseits und als Diplomsommelier andererseits weiß Bernhard Lambauer um die Bedeutung des Verkostens. Er verkostet die Trauben vor der Lese, er verkostet seine eigenen Weine, aber auch Weine aus der ganzen Welt. Und das zumeist in Begleitung seines Vaters. „Wir verkosten sehr viele Weine, bereisen aber auch die Weinregionen zum Beispiel in Frankreich, Spanien oder Italien", erklärt Bernhard Lambauer, der auch von den guten Kontakten seines Vaters profitiert. Nicht viele wie Georg Lambauer können von sich behaupten, schon Gast des Marchese Piero Antinori gewesen zu sein. Was Wunder, dass Bernhard Lambauer Antinoris „Tignanello 1990" in bester Erinnerung hat.

Zum Weingut Lambauer gehört außerdem ein Buschenschank, der von Elisabeth Lambauer geführt wird und wie geschaffen ist für erholsame Stunden mit Freunden oder mit der Familie. Bei schönem Wetter genießt man von der Sitzterrasse aus einen atemberaubenden Blick ins südsteirische Weinland. Für Kids gibt es genügend Platz zum Austoben.

Sauvignon Blanc Classic: 12,0%; Ausgesprochen klare, klassische Frucht, mit Anklängen an gelbe Paprikaschoten und Stachelbeeren, mit viel lebendigem Spiel, saftig und frisch, elegant ausbalanciert mit Fülle und Charme, der Fruchtiggeschmack bleibt lange am Gaumen.

Sauvignon Blanc Select: 13,0%; Ein sehr gutes Beispiel für einen kraftvollen steirischen Sauvignon, mit einer mineralisch angehauchten Frucht, nach reifen Johannisbeeren, dichter Schmelz und langer Abgang.

Noble taste in its purest form

To capture noble taste in its purest form in a glas, is the aim of Bernhard Lambauer, who carries the responsibility for the wine production in the parental business in Kitzeck. And he does have the prerequisites for the job: The graduate of the School for Agriculture and Oenology Silberberg, master of his own winery and wine cellar is also a certified sommelier. "... so I can have a my say when discussions centre around wines of the world ...". The estate, bought by the grandfather of Bernhard Lambauer in 1950 and changed to a winery with a Buschenschank by his father Georg, today incorporates 20 acres of south facing vineyards of which 15 percent consist of Sauvignon Blanc vines. The steep vineyards Gaisriegel und Steinriegel are made up of soil over a slate and bedrock base giving Lambauer wines their distinct taste. Bernhard Lambauer is very fit and uses his mountain bike to inspect his vineyards. He produces two lines of wines. The classic wines correspond to the traditional character of Styrian wine. They are produced as dry wines throughout and are generally appreciated for their fresh and fruity character. The second line Lambauer names "Select". For this line of wines only the most beautiful and physiologically ripest grapes from selected vineyards are used. "Select" red wines are matured in small French oak barrels. In great vintage years he uses the same technique with wooden barrels to produce a small percentage of white wines. These wines are then labelled "Prime Select". Being master of the vineyards and the wine cellar on the one hand and a certified sommelier on the other Bernhard Lambauer knows about the importance of tasting during the wine production. Not only does he taste his grapes before the harvest, he naturally also tastes his own wines, but furthermore he also tastes wines produced worldwide. The latter he does mostly together with his father. "We taste many wines, but we also travel to vineyards in France, Spain or Italy", Bernhard Lambauer explains, who has profitted from his father's excellent contacts, too. Not many people can claim, like Georg Lambauer, to have been a guest of the Marchese Piero Antinori. No wonder Bernhard Lambauer treasures the memory of Antinori's "Tignanello 1990".

Traubenernte und Vinifizierung

Sauvignon Blanc Select: Handverlesen von physiologisch vollreifen Trauben ab 18°KMW ➤ Rebeln und Maischen in Maischerührtanks ➤ Maischekontaktzeit 3-5 Stunden ➤ Pressen: Schonendes Pressen mit wenig Druck <1 bar ➤ Mostklärung: Gekühltes Vorklären des Mostes über Nacht ➤ Abziehen des klaren Mostes und gekühlte Gärung sowohl in Stahltanks bei 18°-19°C und auch in großen Holzfässern, Gärtemperatur 20°, Gärstart mit Reinzuchthefen ➤ Ausbau: Jungweine in den Tanks und im Holz mit Aufrühren der Feinhefen ➤ Abziehen von der Feinhefe und 5-6 Monate Reifung ➤ Cuvèetieren der beiden Wein mit der Verschmelzung der Primär- und Sekundäraromen ➤ Flaschenfüllung.

Sauvignon Blanc Classic: Selektives Ernten von reifen Trauben ab 17°KMW ➤ Rebeln und Maischen in Maischerührtanks ➤ Maischekontaktzeit 3-5 Stunden ➤ Pressen: Schonendes Pressen mit <1 bar ➤ Mostklärung: Gekühltes Vorklären des Mostes über Nacht ➤ Abziehen des klaren Mostes und gekühlte Gärung in Stahltanks bei 18°-19°C, Gärstart mit Reinzuchthefen ➤ Ausbau: Jungweine in den Stahltanks ➤ 4 Monate Reifung, Betonung von Primäraromen der Rebsorte ➤ Flaschenfüllung.

Weingärten o Vineyards
10 ha (24 acres), Lagen Steinriegel, Gaisriegel

Weine o Wines
Weißweine: Sauvignon Blanc Classic, Sauvignon Blanc Select
Wr, Leggiero, Wb, Mu, Mo, Riesling, Cuvée Elisabeth
Roseweine: Schilcher
Rotweine: Zweigelt

Alter der Reben o Average age of the vines
5-25 Jahre

Pflanzdichte o Density of plantation
3.500-4.500 Stöcke/Hektar in Weingärten bis 45 % Hangneigung

Hektarerträge o Average yield per hectar
Sauvignon Blanc 5.000 kg/Hektar

Weinseminare o Wine-seminar
Nach tel. Voranmeldung o By appointment only

Weinkellerführung o Winery guiding tour
Nach tel. Voranmeldung o By appointment only

Kellermeister/Önologe o Winemaker
Bernhard Lambauer

Besondere Jahrgänge o Great recent vintages
2007, 2006, 2004, 2003, 2001, 2000

Buschenschank o Where the winegrower sell
Ostern - Allerheiligen Di - Sa geöffnet; So, Mo Ruhetag

Ab-Hof-Verkauf o Sale at the premises
Täglich 10 - 18 Uhr, Ansprechpersonen:
Georg, Elisabeth und Bernhard Lambauer

Weinverkaufspreise o Average price
€ 5,20/11,-

Weitere Produkte o Further products
Obstbrände: Himbeer, Wilde Schlehe, Quitte, Marille, Williams, Zwetschke, Muskateller, Isabella, Zigarrenbrand

Besondere Jahrgänge o Great recent vintages
2007, 2006, 2003, 2001, 2000

Vertrieb/Vermarktung der Weine
Ab-Hof-Verkauf, Fachhandel, Vinotheken und die Gastronomie österreichweit
Exportländer: Deutschland, Schweiz, Italien

Restaurant Weinkarte o Winelist
Feinkost Kahn (Augsburg), Post am See (Grundlsee), Kirchenwirt Heber (Kitzeck)

Weingut Lambauer
A-8442 Kitzeck, Greith 19
Tel.: +43 (0)3456 22 35, Fax: 27 4 97
www.weingut-lambauer.at
e-mail: info@weingut-lambauer.at

WEINGUT SCHAUER
KITZECKER WEINE

Weinbaumeister und Bürgermeister

Wenn von Traditionsbetrieben im steirischen Weinland die Rede ist, wird man um jenen der Familie von Karl und Elisabeth Schauer in Kitzeck wohl nicht herumkommen. Ihr Hof auf dem Geißriegel wurde schon 1640 erstmals urkundlich erwähnt, seit 1757 ist der Name Schauer mit dem Anwesen verbunden. Ursprünglich eine gemischte Landwirtschaft, haben Karl und Elisabeth Schauer den Betrieb gänzlich auf Weinbau umgestellt. Derzeit werden zehn Hektar Rebflächen in den steilen Lagen Mellacher und Geißriegel bewirtschaftet, die den für Kitzeck typischen Schieferboden aufweisen. In der Lage Mellacher wurden Terrassen angelegt. Ein Hektar der Rebflächen ist vorerst der Sorte Sauvignon Blanc vorbehalten, laut Plan soll dieser Sorte künftig aber mehr Raum gegeben werden. „Wir wollen unseren Betrieb noch etwas erweitern", blickt Karl Schauer, der nicht nur Weinbaumeister, sondern auch schon seit 1989 Bürgermeister von Kitzeck ist, in die Zukunft. Bei dieser Doppelbelastung ist Schauer klarerweise froh, dass bereits die nächste, die 23., Generation Schauer in den Startlöchern steht. Sohn Bernhard absolviert die Tourismusfachschule in Bad Gleichenberg, sein Bruder Stefan absolvierte die Ausbildung an der Weinmarketing-HAK in Leibnitz und geht dem Kellermeister und Vater schon tatkräftig zur Hand. Und auch Stefan Schauer hat schon seine Vorstellungen für die nächsten Jahre. „Ich meine, dass wir zwar unsere Sortenvielfalt im Weinangebot beibehalten, uns aber auch in Richtung Lagenweine entwickeln sollten."

Eine beliebte Einkehr in Kitzeck ist der reizend gelegene ausgezeichnete Buschenschank der Familie Schauer, der seit den 60er-Jahren des vorigen Jahrhunderts besteht, aber 1994 komplett neu gebaut wurde. Im „Genießerhof Schauer" erwartet die Besucher ein wunderbares, gemütliches Ambiente, klassische Weine und köstliche Spezialitäten wie selbstgebackenes Brot, Schinken, Wild, Käse, Fisch, Hendlsulz, Aufstriche und Mehlspeisen. Die Klientel im Buschenschank, die größtenteils aus Stammgästen besteht, genießt regelmäßig das „Aha-Erlebnis", wenn die von der Hausfrau liebevoll dekorierten Speiseplatten aufgetragen werden. Besondere Leckerbissen sind das luftgetrocknete Rinderfilet mit Kernöl oder das Sulz mit Traubenkernöl, zwei Speisen, für die sich der Schauer-Sauvignon als Weinbegleiter anbietet. Und auf die Naschkatzen warten zum Beispiel Spagatkrapfen mit Schlag und Traubenmarmelade. Wer länger bleiben möchte, kann in einem der sieben geräumigen Naturholz-Zimmer übernachten.

Sauvignon Blanc: 12,5%; Feine Fülle, wunderschöne, vielschichtige Sortenfrucht nach Paprikaschoten, Stachelbeeren und etwas mineralik; saftig und knackig, guter Trinkfluss, zarte Zitrusnote, sehr solid ausgebaut, trinkfreudig.

Master of vineyards and wine and mayor

When the discussion centres around traditional businesses of Styria's wine producing areas, the family business of Karl and Elisabeth Schauer in Kitzeck cannot be left out. Their estate on top of the Geißriegel was mentioned as early as 1640 for the first time in a certificate, and since 1757 the name Schauer has been associated with the estate. Karl and Elisabeth Schauer have converted the whole of the originally mixed farm into a winery. Today they administer 20 acres of vineyards in the steep locations Mellacher and Geißriegel where the soil has a high content of slate typical of Kitzeck. The Mellacher vineyard was planted in terraces. At present two acres of the vineyards are reserved for Sauvignon Blanc, but in the future there will be more space designated for this variety. "We would like to expand our business a bit," is Karl Schauer's view of the future. He is not only a wine producer, but also the mayor of Kitzeck since 1989, and having this double responsibility, Schauer is obviously glad to have the next generation of the Schauer family, the 23rd to be precise, at the starting ramps. Son Bernhard is a student at the College for Tourism in Bad Gleichenberg, his brother Stefan graduated from the Academy of Commerce and Wine Marketing in Leibnitz and is already an enormous help for his father. And Stefan Schauer, too, has his own ideas for the next few years. "In my view we should keep the variety of wines we already offer, but also put some emphasis in the development of premium wines."

A popular retreat in Kitzeck, the charming and distinquished Buschenschank of the Schauer family, having been around since the 60s of the last century, had a complete makeover in 1994. In the "connoisseur inn Schauer" the guests are able to enjoy in a wonderful cosy ambience and indulge in classic wines and delicious specialities like home-baked bread, ham, game, cheese, fish, chicken in aspic, spreads, and cakes. The guests of the Buschenschank, who are mainly regulars, time and again enjoy the spectacle of the food, lovingly decorated by the hostess, being served. Special delicacies are the air-cured filet of beef with pumpkin seed oil, or the trout in aspic with grape seed oil, two dishes which the Schauer-Sauvignon Blanc wine is absolutely made for as a companion. And for guests with a sweet tooth there are, among other desserts, batter fritters (Spagatkrapfen) with cream and grape jam. Anyone in the mood to stay overnight has the choice of seven spacious guest rooms beautifully decorated in natural wood.

Traubenernte und Vinifizierung

Sauvignon Blanc: Mehrmaliges, selektives Ernten von Trauben mit 18°-19°KMW ➤ Rebeln und Maischen in Tanks ➤ Maischekontaktzeit 6-12 Stunden ➤ Pressen: schonendes Pressen mit wenig Druck, Seihmost und Pressmost getrennt verarbeiten ➤ Mostklärung: Gekühltes Klären des Mostes über Nacht (8°-10°C) ➤ Abziehen des klaren Mostes und gekühlte Gärung in Stahltanks bei 17°-19°C, Gärstart mit Reinzuchthefen ➤ Ausbau: Klassik-Jungweine in den Stahltanks ➤ nach dem Gärende abziehen von der Grobhefe ➤ mit der Feinhefe zurück in die Tanks ➤ Aufrühren der Feinhefe ➤ 4-6 Monate Reifung, Betonung von Fruchtaromen ➤ Klarfiltration und Flaschenfüllung.

Weingärten o Vineyards
10 ha (24 acres), Lagen: Gaisriegel, Mellacher, Terrassen

Weine o Wines
Weißweine: Sauvignon Blanc
Wr, Wb, Mu, Gb, Mo, Tr
Edelsüße Weine: Eiswein
Rotweine: Zweigelt

Alter der Reben o Average age of the vines
3-30 Jahre

Pflanzdichte o Density of plantation
5.500 Stöcke/Hektar auf den Terrassen mit bis zu 60% Hangneigung

Hektarerträge o Average yield per hectar
Sauvignon Blanc 4.000-4.500 Liter/Hektar

Kellermeister/Önologe o Winemaker
Karl Schauer, Stefan Schauer

Besondere Jahrgänge o Great recent vintages
2007, 2004, 2003, 2001, 2000, 1997, 1993, 1991, 1990

Buschenschank o Where the winegrower sell
März-Mitte Nov, Mi-Mo ab 14 Uhr geöffnet, Ruhetag: Di

Ab-Hof-Verkauf o Sale at the premises
Täglich 10-18 Uhr o Day-to-day 10 am-6 pm
Ansprechpersonen: Elisabeth Schauer

Weinseminare o Wine-seminar
Nach tel. Voranmeldung o By appointment only

Kellerführung o Visiting policy
Nach tel. Voranmeldung o By appointment only

Weinverkaufspreise o Average price
€ 5,90/9,20 • Bankomatkarte

Weitere Produkte o Further products
Traubensaft, Obstbrände: Kriecherl, Pfirsich, Williams Birne, Traubenbrand,
Schilcher-Frizzante, Burgunder-Sekt

Gästezimmer o Bed and breakfast
7 Zimmer - 14 Betten • 7 apartment

Vertrieb/Vermarktung der Weine
Ab-Hof-Verkauf, Fachhandel, Lebensmittelhandel und die Gastronomie österreichweit
Exportländer: Deutschland

Restaurant Weinkarte o Winelist
Goldener Hirsch (Graz), Staribacher (Kaindorf), Hasenwirt (Seggauberg), Römerhof (Leibnitz), Mautner (Schwanberg)

Genießerhof Schauer
A-8442 Kitzeck, Greith 21
Tel.: +43 (0)3456 3521, Fax: -4
www.weingut-schauer.at
e-mail: office@weingut-schauer.at

GERNGROSS, DEMMERKOGEL: HOCHBRUDERSEGG

Fasan und Schnepf

Wenn – wie im Weingut der Familie Gerngross auf dem Demmerkogel – neben dem Weinbau auch die Jagd einen Interessensschwerpunkt darstellt, darf man sich nicht wundern, wenn Weinsorten nach dem Federvieh benannt werden. Die beiden Leidenschaften Wein und Jagd werden von Vater Reinhold Gerngross und seinem Sohn Michael geteilt, und so findet man in deren Weinsortiment zwei Cuvées, die „Fasan" und „Schnepf" heissen. „Vögel stehen für etwas Leichtes, und das trifft auf unsere Cuvées durchaus zu", sagt Michael Gerngross, der im Familienbetrieb bereits die fünfte Generation repräsentiert. Das Weingut bewirtschaftet fünf Hektar Rebflächen auf steilen, nach Süden und Südwesten ausgerichteten Lagen auf dem Demmerkogel. 2,5 Hektar sind der Sorte Sauvignon Blanc vorbehalten, wobei die ältesten Stöcke 18 Jahre alt sind. Aus der Lage Brudersegg, deren Urgesteinboden Muschelkalkeinlagerungen aufweist, kommt ein klassischer Sauvignon mit feinem Duft, aus der Lage Hochbrudersegg mit Schieferboden kommt ein Sauvignon, der am Gaumen dichter ist: „Da ist einfach mehr da ..." Die Weine aus diesen beiden Lagen werden vorerst getrennt in Stahltanks ausgebaut und dann zu einer Sauvignon Blanc-Cuvée zusammengeführt. „Somit bekommen wir die Stärken und Vorzüge beider Lagen in die Flasche und ins Glas."

Das Weingut Gerngross, das auch einen Buschenschank betreibt, ist ein Mitgliedsbetrieb der Qualitätsgemeinschaft „Steirische Hoheit" und trachtet danach, das Terroir in ihren Weinen zum Ausdruck zu bringen. Die hohe Qualität der Weine wird durch ein feuchtwarmes mediterranes Mikroklima geprägt, das im Sausal auf eine kontinental-gemäßigte Klimazone trifft. Die Temperaturschwankungen zwischen Tag und Nacht begünstigen die Aromabildung und hohe physiologische Reife der Trauben.

Michael Gerngross, der sein Handwerk in der Weinbauschule Silberberg und bei Praxen in den Gütern von Alois Gross bzw. Franz Weninger im Burgenland gelernt hat, entlastet seinen Vater im Betrieb immer mehr. „Wenn ich eine Arbeit angehen will, hat Michael bereits vorher zugepackt", freut sich Reinhold Gerngross, „mitunter wird mir aber schon fast langweilig." Und Michael ist sich seines Erbes wohl bewusst. „Ich will unseren Betrieb kontinuierlich verbessern und verfeinern und für künftige Generationen bewahren ..."

Der urgemütliche Buschenschank Gerngross, der mit viel Liebe zum Detail eingerichtet wurde, ist die Domäne von Renate Gerngross. Ihre hausgemachten Spezialitäten werden durchwegs aus Produkten hergestellt, die dieser fruchtbare Landstrich von Natur aus hervorbringt. „Das ist unser Beitrag, damit diese Landschaft in ihrer Ursprünglichkeit und Einzigartigkeit erhalten bleibt."

Sauvignon Blanc 2007: 12,0 vol%. Würziges Bukett nach Stachelbeeren und zarten Ribiselnoten. Am Gaumen finessenreich, kraftvoll und trinkfreudig.

Pheasant and snipe

When – as is the case in the winery of the Gerngross family residing on Demmerkogel – hunting plays a major part besides cultivating wine, it is no surprise that various wines are named after game birds. The two passions, wine, and hunting are shared by both father Reinhold Gerngross and his son Michael and therefore two cuvées can be found in their assortment of wines named after birds: "Fasan" (pheasant) und "Schnepf" (snipe). According to Michael Gerngross, who represents already the fifth generation of his family "birds represent something light and that is also true with our cuvées". The estate cultivates ten acres of vineyards on steep hills facing south and south east at the Demmerkogel. 5 acres are reserved for Sauvignon Blanc grapes, and the oldest vines are 18 years old. From the Brudersegg vineyard, where the Sauvignon grapes grow on soil over prehistoric rock with sediments of shell and lime, comes a classic Sauvignon Blanc wine with a fine aroma, while the Sauvignon Blanc coming from the vineyard Hochbrudersegg, where the vines grow on soil over a slate base, is much denser on the palate. "There is simply more there ..." The wines coming from these two vineyards are produced separately in steel tanks and are subsequently blended to a cuvee. "That enables us to combine the advantages of both wines in one bottle."

The Gerngross winery, which also runs a Buschenschank (wine restaurant), is a member business of the quality collective "Steirische Hoheit" and the owners of this estate aim at expressing the local terroir in their wines. Their high quality wines get their character from a warm and humid mediterranean micro climate and a moderate continental climatic zone coming together in this particular area with the name Sausal. The difference in temperature between day and night are favourable for the aroma and the high physiological maturity of the grapes. Michael Gerngross, who learned his trade in the School for Agriculture and Oenology Silberberg and in practicing on the estates of Alois Gross and Franz Weninger in Burgenland, is helping his father more and more with running the business. "Whenever I try to do some work, Michael has already started before me", a delighted Reinhold explains, "but occasionally I do get bored." And Michael is fully aware of his heritage. "I want to continue to improve and hone our business to preserve it for future generations ..."

Traubenernte und Vinifizierung

Sauvignon Blanc: Selektive Handlese von physiologisch reifen Trauben in den Weingärten in Brudersegg und Hochbrudersegg getrennt nach Reifefortschritt ➤ Rebeln und Maischen in Bottichen mit Luftkontakt ➤ Maischekontaktzeit mit Umrühren 10-12 Stunden ➤ Pressen: Pressdruck <1 bar ➤ Mostklärung: Vorklären des Mostes über Nacht ➤ Gekühlte Gärung in Stahltanks bei 16°C ➤ Ausbau: Jungweine in den Tanks teilweise auf der Feinhefe ➤ 3-5 Monate Reifung in Stahltanks ➤ Betonung von Fruchtaromen ➤ Füllfiltration ➤ Flaschenfüllung.

Weingärten o Vineyards
10 ha (24 acres), Lagen Brudersegg, Hochbrudersegg

Weine o Wines
Weißweine: Sauvignon Blanc
Cuvèe Fasan, Mu, Wr, Wb, Klevner, Gb „Steirische Hoheit"
Rotweine: Cuvèe Schnepf, Zweigelt

Alter der Reben o Average age of the vines
13-18 Jahre

Pflanzdichte o Density of plantation
3.000 Stöcke/Hektar in Weingärten bis 45 % Hangneigung

Hektarerträge o Average yield per hectar
Sauvignon Blanc 3.000 Liter/Hektar

Weitere Produkte o Further products
Traubensaft, Sauvignon Traubenbrand, Weinbrand

Kellermeister/Önologe o Winemaker
Reinhold und Michael Gerngross

Besondere Jahrgänge o Great recent vintages
2007, 2005, 2004, 2001, 2000, 1998, 1997

Buschenschank o Where the winegrower sell
Jänner - Mitte April Sa, So ab 14 Uhr geöffnet,
Mai - Nov Fr - Di ab 14 Uhr geöffnet; Mi, Do Ruhetag

Ab-Hof-Verkauf o Sale at the premises
Täglich 10 - 18 Uhr, Ansprechpersonen:
Renate, Reinhold, Michael Gerngross

Weinverkaufspreise o Average price
€ 5,-/8,-

Vertrieb/Vermarktung der Weine
Ab-Hof-Verkauf, Fachhandel, Vinotheken und die Gastronomie österreichweit
Exportländer: Deutschland

Restaurant Weinkarte o Winelist
Gerngross (St. Stefan ob Stainz), Landhauskeller Graz, Mühltalhof (Neufelden), Steirerland (Demmerkogel), Staribacher (Kaindorf bei Leibnitz)

Weingut Gerngross
A-8441 Fresing, Hochbrudersegg 11
Tel.: +43 (0)3456 29 22, Fax: 39 22
www.weingut-gerngross.at
e-mail: info@weingut-gerngross.at

Die volle steirische Breite

Eifrig unterwegs sind Harald Florian und sein Sohn Joachim, wenn es um die Bewirtschaftung ihrer Weingärten geht. Schließlich gilt es 18 Hektar Rebflächen zu betreuen, die sich aufgeteilt auf zehn Weingärten in sieben verschiedenen Gemeinden und vier Bezirken der Steiermark befinden. Und zwar in den Bezirken Graz, Graz-Umgebung, Deutschlandsberg und Voitsberg. „Für uns ist das kein Problem", sagt Harald Florian, „wir erledigen das sozusagen im Huckepack-Verfahren. Das heißt, wenn die Arbeit anfällt, verladen wir alle nötigen Bearbeitungsgeräte auf Lastfahrzeuge und fahren in die jeweiligen Weingärten". Zur Lese wird das Traubengut bereits im Weingarten gerebelt und in gekühlten Maischetanks zur Weiterverarbeitung in den Weinkeller nach Dobl gebracht. Der Sauvignon von Harald und Joachim Florian stammt aus der Ried Tobisegg in Deutschlandsberg, wo die Reben in einer mittelsteilen Lage auf einem sandigen Muschelkalkboden wachsen. Vom Sauvignon wird neben einer im Stahltank ausgebauten Klassik, die sich extraktreich und feinwürzig präsentiert, auch ein Sauvignon Blanc „David" gekeltert. Ein Teil dieses Weines wird im Barrique vinifiziert. Der Weinhof Florian hat in seinem Weinangebot die „volle steirische Breite". „Unsere Sortenvielfalt erklärt sich daraus, dass wir bereits bestehende Weingärten übernommen haben."

Der Weinhof Florian ist auch jener Betrieb, der als einziger „Wein aus Graz" in die Flasche bringt. Wein aus Graz hatte einmal große Bedeutung und ist heute in Wien, Linz oder München stärker gefragt. „Noch in den Fünfzigerjahren des vorigen Jahrhunderts betrug die Weingartenfläche in Graz an die 32 Hektar", weiß Florian. Davon sind lediglich drei Hektar übrig geblieben. Florian hat die Flächen gepachtet und vinifiziert die fünf dort wachsenden Sorten. Auf dem Etikett ist jeweils der Name Graz enthalten. Der Welschriesling heißt GRAZil, der Weißburgunder GRAZioso, der Grauburgunder GRAZiosa, der Sämling GRAZie und der Rivaner GRAZia.

Konsumieren kann man diese Gewächse im Weinhof Florian, der zugleich ein beliebter Buschenschank in Dobl ist, in dem Ilse Florian das Kommando führt. Der Buschenschank wurde 1996 großzügig um- und ausgebaut. „Dabei war es uns selbstverständlich, dass wir das Haus behindertengerecht ausstatten", sagt Harald Florian, der in seinem Betrieb auch fünf Gästezimmer anbieten kann.

The full Styrian width

Harald Florian and his son Joachim are always on the move, when it comes to the administration of their vineyards. After all, there are 36 acres of vineyards to look after, which are spread over 10 locations in seven different municipalities and four districts of Styria, namely in the districts Graz, Graz-Umgebung, Deutschlandsberg, and Voitsberg. "For us this is not a problem", says Harald Florian, "we deal with it in a piggy-back method. That means, whenever work has to be done, we load all necessary working equipment onto a lorry and drive to the particular vineyard." At harvest time the grapes are already destemmed in the vineyard and then transported in cooling must-tanks to the wine cellar in Dobl for further processing. The Sauvignon of Harald and Joachim Florian comes from the vineyard Tobisegg, where the vines grow in a medium steep location on sandy shell and lime soil. Besides the "Klassik" Sauvignon produced in stainless steel tanks, which is rich in extracts and has a savoury taste, there is also a Sauvignon Blanc called "David". One part of this wine is produced in barriques. The Florian winery has the "full Styrian width" on offer. "Our diversity comes mainly from having taken over existing vineyards."

The Florian winery is also the only business bottling "wine from Graz". Wine made in Graz used to be quite important, but today there is more demand for it in Vienna, Linz, or Munich. In the 50s of the last century vineyards in Graz covered 64 acres", knows Florian. Now there are only 6 acres left. Florian is leasing the vineyards, and produces five varieties of wine, for which the grapes were already in place. On every label the name Graz is somehow included in the name. Thus his Welschriesling is called GRAZil, his White Burgundy is named GRAZioso, while Grey Burgundy becomes GRAZiosa, Sämling is GRAZie and Rivaner is GRAZia.

One can buy these products in the Florian winery in Dobl, which also doubles as a favourite Buschenschank, where Ilse Florian is the boss. The Buschenschank was generously converted and extended in 1996. "Naturally we made sure the house was disability – friendly when we furnished it", says Harald Florian.

WEINHOF FLORIAN, DOBL: GRAZ-KEHLBERG

Traubenernte und Vinifizierung

Sauvignon Blanc Sernauberg und Felsenriegel: Hand-lese von physiologisch reifen Trauben mit 2 Lesedurch-gängen ➤ Rebeln und Maischen ➤ Maischekontakt in der Presse 8-12 Stunden ➤ Vorentsaften und Pressen ➤ Mostklärung: Vorklären des Mostes durch Kühlen ➤ Ge-zügelte Gärung in Stahltanks bei 15°-18°C ➤ Ausbau: Jungwein 3-5 Monate Reifung in Stahltanks, dabei 2-3 x umziehen - ganz langsam auf natürliche Art mit Hilfe der Schwerkraft klären ➤ Betonung von Primäraromen ➤ Füllfiltration ➤ Flaschenfüllung.

Weingärten o *Vineyards*
17,5 ha (42 acres), Lagen: Kehlberg (Graz), Malteser Weinberg (Ligist), Tobisegg (St. Josef)

Weine o *Wines*
Weißweine: Sauvignon Blanc Ried Schullerstephl, Wr, Wb, Mo, Mu, Sä, Rivaner, Pinot Gris, WeissWild
Roseweine: Schilcher Klassik, Schilcher Kabinett
Rotweine: Zw, BlauWild, RotWild, Orazio (Zw)

Alter der Reben o *Average age of the vines*
3-60 Jahre

Pflanzdichte o *Density of plantation*
4.000 Stöcke/Hektar in Sauvignon Blanc-Anlagen

Hektarerträge o *Average yield per hectar*
Sauvignon Blanc 4.000-4.500 Liter/Hektar

Kellermeister/Önologe o *Winemaker*
Joachim Florian

Ab-Hof-Verkauf o *Sale by producer*
Täglich ab 10 Uhr, nach telefonischer Voranmeldung
Ansprechperson: Ilse Florian

Weinverkaufspreise o *Average price*
€ 5,90/11,80 • Visa, Mastercard, Bankomatkarte

Kommentierte Weinkost o *Wine-seminar*
Nach tel. Voranmeldung o *By appointment only*

Kellerführung o *Visiting policy*
Nach tel. Voranmeldung o *By appointment only*

Weitere Produkte o *Other products*
Schilcher Premium Traubensaft, Schilcher Sekt, Obst-brände: Zwetschke, Isabella Traubenbrand, Schilcher Weinbrand, Schilcher Tresterbrand
Kürbiskernöl

Gästezimmer o *Bed and breakfast*
5 Zimmer - 10 Betten • *5 apartment*

Vertrieb/Vermarktung der Weine
Ab-Hof-Verkauf, Fachhandel, Vinotheken und die Gastronomie österreichweit
Exportländer: Deutschland

Restaurant Weinkarte o *Winelist*
Wild, Amacord, Herlitschka (Wien), Fink, Kehlberghof (Graz), Nigas (Lannach), Gesamtsteirische Vinothek St. Anna/Aigen, Weinhaus Stainz, Schilcherstöckl Rassach

Weinhof Florian
A-8143 Dobl bei Graz, Unterberg 54
Tel.: +43 (0)3136 52626, Fax: 53464
www.florianwein.at
e-mail: weinhof@florianwein.at

CHRISTIAN REITERER, WIES: LAMBERG, KRANACHBERG

Am Anfang war der Schilcher, dann kam der Sauvignon

Die Familie von Christian Reiterer in Wies kann man mit Fug und Recht als alteingesessen bezeichnen. Immerhin besitzt sie seit dem 17. Jahrhundert ein Gut, das ursprünglich als gemischte Landwirtschaft betrieben wurde, sich aber seit 1978 mit dem Weinbau beschäftigt. „Damals wurden die ersten Weingärten mit Blauen Wildbacher-Reben bepflanzt", sagt Christian Reiterer, der sich 1992 entschlossen hat, selbst Schilcher zu keltern. Mit seinem Wissen, das er sich erst in der Weinbauschule Silberberg, dann als Gasthörer an der Weinbauuniversität im französischen Montpellier und schließlich bei einer halbjährigen Praxis in der Toskana angeeignet hatte, gelang ihm innerhalb kürzester Zeit der Durchbruch als Winzer. Mittlerweile bewirtschaftet Christian Reiterer 50 Hektar eigene Rebflächen, die zum überwiegenden Teil mit Blauem Wildbacher bepflanzt sind. Zwölf Hektar davon sind aber auch dem Sauvignon Blanc gewidmet. „Mit dem Sauvignon Blanc habe ich erst im Jahre 2001 begonnen", erklärt Reiterer, „nicht zuletzt deshalb, weil man diese Sorte so unterschiedlich vinifizieren kann." Zusätzlich zu den Flächen auf dem Kranachberg hat Reiterer auch eine Neuanlage in der Lage Lamberg, gleich beim Weingut, mit Sauvignon Blanc Reben bepflanzt, deren Selektion aus dem Collio in Friaul stammen. „Wir haben dazu den Boden untersuchen lassen, Tiefenschnitte angelegt und aus den daraus gewonnenen Erkentnissen Klone und Unterlagsreben ausgesucht", sagt Reiterer, der in Sachen Wein nichts dem Zufall überlässt.

Christian Reiterer vinifiziert seinen Sauvignon Blanc einerseits klassisch im Stahl, wobei er viele kleine Tanks und unterschiedliche Hefen verwendet, um eine Vielschichtigkeit zu erlangen, andererseits als Lagenwein, bei dem er auch im Holz vergären lässt. Der Wein vom Kranachberg vergärt zu 90 Prozent in Stahltanks und zu zehn Prozent in großen Holzfässern, beim Lagenwein vom Lamberg ist es umgekehrt. Da werden nur zehn Prozent in Edelstahltanks vergoren und 90 Prozent in 1.500 bzw. 2.000-Liter-Fässern. Die penible Arbeit in den Weingärten, die naturnah bewirtschaftet und nur mit Pressrückständen gedüngt werden, und die sorgfältige Arbeit im Keller fand zuletzt in Russland höchste Anerkennung. Bei der Prodexpo in Moskau, der größten Weinmesse Russlands, wurde Christian Reiterer für seinen Sauvignon Kranachberg 2006 mit dem „Goldenen Stern" ausgezeichnet. Eine Wertigkeit, die noch über Gold, Silber oder Bronze zu stellen ist.

Und weil Christian Reiterer die Sorte Sauvignon Blanc und deren Vielseitigkeit liebt, wird er nun auch einen Sauvignon Blanc Sekt produzieren. Mit seinem Schilchersekt liegt Reiterer ja schon voll im Trend.

Sauvignon Blanc Kranachberg 2007: 13,0%; ein kräftiger Sauvignon mit gelben Paprika- und Stachelbeeraromen, mit würziger Nase, am Gaumen saftig und pikant, sehr schöner Trinkfluss, eindrucksvoll.

At the beginning there was Schilcher (wine)

The family of Christian Reiterer in Wies can truly be described as long established. After all, the family has owned the estate, originally run as a mixed farm, since the 17th Century, but changed it to a dedicated wine making business in 1978. "At that time the first vineyards were planted with Blaue Wildbacher", says Christian Reiterer, who decided to produce Schilcher himself in 1992. With his knowledge, acquired first at the School for Agriculture and Oenology Silberberg, followed by being a guest student at the wine growing university in the French town of Montpellier and finally at a 6 months lasting traineeship in Tuscany, he was successful as a winemaker within a very short time. Today Christian Reiterer administers 100 acres of his own vineyards, mainly consisting of Blaue Wildbacher vines, though 24 acres of his vineyards are designated to Sauvignon Blanc. "I started producing Sauvignon Blanc only in 2001", explains Reiterer, "not least, as there are so many different ways to vinify this variety". As an addition to the vineyards on Kranachberg, Reiterer has planted a new vineyard in Lamberg close to the winery, with Sauvignon Blanc vines, which were selected from the Collio in Friaul. "After testing the soil and probing the ground, we used the gained insight in choosing the clone and the stock ", says Reiterer, who leaves nothing to chance with his wines.

On the one hand Cristian Reiterer vinifies a "Classic" Sauvignon Blanc in stainless steel tanks, in quite a number of small tanks, to be precise, for which he also uses different types of yeast to achieve a certain complexity, on the other hand he also produces a premium wine, which is fermented in wooden barrels as well. 90 percent of the wine from Kranachberg are fermented in stainless steel barrels, while 10 percent are fermented in large wood barrels. Exactly the opposite is the case with the premium wine from Lamberg: Only ten percent are fermented in stainless steel barrels and 90 percent in wooden barrels of 1.500 to 2.000 litres. The scrupulous work in the vineyards, which are cultivated naturally and are only fertilised with remnants of the pressing (of the grapes), and the meticulous work in the wine cellar, recently brought Reiterer the highest accolades in Russia. At the Prodexpo in Moscow, which is the largest wine fair in Russia, Christian Reiterer was honoured for his Sauvignon Kranachberg 2006 with the "Golden Star", an award worth more than gold, silver or bronce medals.

And as Christian Reiterer loves Sauvignon Blanc and its versatility, he has decided to also produce a Sparkling Sauvignon Blanc from now on. Reiterer's sparkling Schilcher has become very trendy after all.

Traubenernte und Vinifizierung

Sauvignon Blanc Kranachberg: 10 % Inox, 90% große Holzfässer 1500-2000 Liter. Handlese von physiologisch reifen Trauben mit 3 Lesedurchgängen, 19°-22°KMW ➤ auf Rütteltisch aussortieren, Rebeln und Maischen ➤ Maischekontakt in der Presse und in Maischetanks 6-12 Stunden ➤ schonendes Pressen ➤ Mostklärung: Vorklären durch Kühlen ➤ Gezügelte Gärung in vielen kleinenStahltanks bei 16°-18°C ➤ Ausbau: mehrmaliges Umziehen der Jungweine, Reifen auf der Feinhefe bis Ende Dezember ➤ Jungwein 7-8 Monate in Stahltanks, langsam mit Hilfe der Schwerkraft klären ➤ Cuvée aus den einzelnen Tanks ➤ Betonung von Primäraromen ➤ Flaschenfüllung.

Traubenernte und Vinifizierung

Sauvignon Blanc Lamberg: 100 % Inox, Handlese von physiologisch reifen Trauben mit 2 Lesedurchgängen, 16,5°-19,5 °KMW ➤ auf Rütteltisch aussortieren, Rebeln und Maischen ➤ Maischekontakt in der Presse und in Maischetanks 6-12 Stunden ➤ Pressen ➤

Sauvignon Blanc Kranachberg: 90 % Inox, 10% große Holzfässer.

| **Ab-Hof-Verkauf o Sale by producer** |
| Ganzjährig, Mo-Sa 9-12, 14-18 Uhr, |
| So nach telefonischer Voranmeldung |
| Ansprechperson: Arabella Reiterer |

| **Weinseminare o Wine-seminar** |
| Nach tel. Voranmeldung o By appointment only |

| **Kommentierte Weinkost o Wine-seminar** |
| Nach tel. Voranmeldung o By appointment only |

| **Kellerführung o Visiting policy** |
| Nach tel. Voranmeldung o By appointment only |

| **Weinverkaufspreise o Average price** |
| € 5,40/14,50 • Visa, Mastercard, Bankomatkarte |

| **Weitere Produkte o Other products** |
| Schaumwein: Schilcher Frizzante, Schilcher Sekt, Schilcher Sekt Magnum, R&R brut |

| **Vertrieb/Vermarktung der Weine** |
| Ab-Hof-Verkauf, Fachhandel, Vinotheken. Lebensmittelhandel und die Gastronomie österreichweit |
| Exportländer: Deutschland, Schweiz, Liechtenstein, , Norwegen, Dänemark, England, Holland, USA, Südtirol und Moskau |

| **Restaurant Weinkarte o Winelist** |
| Le Val d'Or – Johann Lafer's Stromburg (Stromberg), Obauer (Werfen), Johanna Maier, Weitzer (Graz), Staribacher (Leibnitz), Weinhaus Stainz, Schilcherstöckl Rassach, Gesamtsteirische Vinothek St. Anna/Aigen |

| **Weingärten o Vineyards** |
| 50 ha (120 acres), 80 ha (192 acres) verarbeiten, Lagen: Lamberg (Wies), Engelweingarten (Stainz), Kranachberg (Gamlitz), Riemerberg |

| **Weine o Wines** |
| Weißweine: Sauvignon Blanc, Sauvignon Blanc Lamberg, Sauvignon Blanc Kranachberg |
| Wr, Wb, Mo, Steirercuvée |
| Roseweine: Schilcher Classic, Schilcher Lamberg, Schilcher Riemerberg, Schilcher Engelweingarten, Schilcher Engelweingarten Alte Reben |
| Rotweine: Blauer Wildbacher |

| **Alter der Reben o Average age of the vines** |
| 3-40 Jahre |

| **Pflanzdichte o Density of plantation** |
| 4.100 Stöcke/Hektar in Sauvignon Blanc-Anlagen |

| **Hektarerträge o Average yield per hectar** |
| Sauvignon Blanc 3.500-4.000 Liter/Hektar |

| **Kellermeister/Önologe o Winemaker** |
| Christian Reiterer |

| **Kommentierte Weinkost o Wine-seminar** |
| Nach tel. Voranmeldung o By appointment only |

| **Weingarten- Kellerführung o Visiting policy** |
| Nach tel. Voranmeldung o By appointment only |

| **Besondere Jahrgänge o Great recent vintages** |
| 2007, 2006, 2003, 2002, 2000, 1997 |
| 2007 Österreichischer Weinsalon mit Sauvignon Blanc 2006 |

Weingut Reiterer

A-8551 Wies, Lamberg 11

Tel.: +43 (0)3465 3950, Fax: -6

www.weingut-reiterer.com

e-mail: info@weingut-reiterer.com

Der Wein hat vielfältige Ausdrucksweisen

Eingebettet im südweststeirischen Hügelland zwischen Saggau und Sulm, sozusagen am Schnittpunkt zwischen Süd- und Weststeiermark, liegt das Weingut von Erich und Brigitte Kuntner. Der Winzer, der aus Niederösterreich stammt und seine Weinbauausbildung in Klosterneuburg genoss, hat den Betrieb Ende der Siebzigerjahre übernommen und Anfang der Achzigerjahre auf reinen Weinbau umgestellt. „Wir haben mit einem Weingarten von eineinhalb Hektar Größe begonnen", erinnert sich Erich Kuntner, „und uns zunächst nur mit dem Schilcher beschäftigt. Erst nach und nach haben wir unsere Rebflächen vergrößert und auch Weißweine ausgepflanzt." Erich Kuntner war übrigens einer der ersten, die in der Steiermark die Trauben des Blauen Wildbachers nicht als Schilcher, sondern als echten Rotwein ausgebaut hat. Heute umfasst das Weingut eine Rebfläche von 5,5 Hektar, wovon etwa zehn Prozent der Sorte Sauvignon Blanc vorbehalten sind. Kellermeister des Betriebes ist mittlerweile der Sohn Thomas Kuntner. Der Silberberg-Absolvent, der 2003 seinen Meisterkurs abgeschlossen hat, ist – wie er sagt – „immer mehr in die Kellerverantwortung hineingewachsen" und teilt sich die Arbeit im Weingarten mit dem Vater.

Den Sauvignon Blanc, der gleich beim Haus in der Ried Koglgarten auf leicht sandigem Boden wächst, vinifiziert Thomas Kuntner sowohl klassisch als auch als Lagenwein. Dieser Lagenwein zeigt intensive Sauvignonaromen und ist kraftvoll am Gaumen. Seine Trinkreife erreicht er ab einem Jahr nach der Ernte. Vom Schilcher bietet das Weingut Kuntner eine breite Palette an. Sie reicht vom weißgepressten Wildbacher, der als „Claresco" bezeichnet wird, über den klassischen Schilcher bis zur Schilcher Auslese und Beerenauslese. Darüber hinaus haben Erich und Thomas Kuntner auch noch den Blauen Wildbacher als Rotwein im Programm. „Schön ist, wenn man Weine machen kann, die einem selbst zusagen", sagt Thomas Kuntner, und das betrifft nicht nur den Schilcher. „Auch der Sauvignon Blanc gibt mir die Möglichkeit, mich vielfältig auszudrücken." Die Hausherrin des Weingutes, Brigitte Kuntner, hat ein besonderes Gespür für Gastfreundschaft, die beispielsweise auch vom Maler Gerald Brettschuh geschätzt wird. Er zählt zu den Stammgästen des Weinguts, was man an den vielen Brettschuh-Bildern im Hause Kuntner ablesen kann.

Wine offers many ways of expression

Embedded in the downs of southwest-Styria between Saggau and Sulm, practically at the intersection of southern and western Styria, is the winery of Erich and Brigitte Kuntner. The wine producer, who was born in Lower Austria and who acquired his knowledge of wine production at the Federal College for Wine and Fruit Growing in Klosterneuburg, took over the mixed estate at the end of the seventies and changed it into a wine producing business at the beginning of the eighties. "We started out with a vineyard of three acres only", remembers Erich Kuntner, "and concentrated only on Schilcher at the beginning. Only bit by bit we enlarged our vineyards and planted vines for white wines, too". Erich Kuntner, by the way, was one of the first wine makers in Styria who identified the wine produced from the grapes of the Blauen Wildbachers not as Schilcher, but as a real red wine. Today the winery owns an area of vineyards, which is about 11 acres in size, of which about 10 percent are designated for Sauvignon Blanc. Today the master in the wine cellar of the business is son Thomas Kuntner. The school for agriculture and oenology Silberberg-graduate, who finished his master course in 2003, grew – as he says – "more and more into being responsible for the wine cellar" and shares the work in the vineyard with his father.

Thomas Kuntner produces a classic Sauvignon Blanc as well as a premium wine from the vineyard Koglgarten growing close to the house on slightly sandy soil. This premium wine shows intensive Sauvignon aromas and has a strong taste on the palate. It develops its drink-maturity one year after the harvest.

The winery Kuntner offers a wide selection of Schilcher wines ranging from the white pressed Wildbacher, labelled as "Claresco", via the classic Schilcher to the "Schilcher Auslese" and "Beerenauslese". On top of that Erich and Thomas Kuntner still have the Blauen Wildbacher as red wine in their programme. "It is gratifying to produce wines that we like ourselves", says Thomas Kuntner and he is not just talking about the Schilcher. "Sauvignon Blanc, too, enables me to express myself in many ways". The landlady of the winery, Brigitte Kuntner, has a special feeling for hospitality, cherished by among others the painter Gerald Brettschuh. That he is one of the regulars of this winery is very obvious from the many Brettschuh-pictures hanging on the walls of the house.

WEINGUT KUNTNER
ST. ULRICH IM GREITH

Traubenernte und Vinifizierung

Sauvignon Blanc: Handlese von physiologisch reifen Trauben mit 2 Lesedurchgängen ➤ Rebeln und Maischen ➤ Maischekontakt in der Presse 8-12 Stunden ➤ Vorentsaften und Pressen ➤ Mostklärung: Vorklären des Mostes durch Kühlen ➤ Gezügelte Gärung in Stahltanks bei 15°-18°C ➤ Ausbau: Jungwein 3-5 Monate Reifung in Stahltanks, dabei 2-3 x umziehen - ganz langsam auf natürliche Art mit Hilfe der Schwerkraft klären ➤ Betonung von Fruchtaromen ➤ Füllfiltration ➤ Flaschenfüllung.

Weingärten o *Vineyards*
5,5 ha (13,2 acres), Lage Kogelgarten

Weine o *Wines*
Weißweine: Sauvignon Blanc Klassik, Sauvignon Blanc Kogelgarten

Wr, Wb, Ri, Mo, Misceo (Altsteirischer Mischsatz), Mu

Edelsüße Weine: Allegria-Morillon Beerenauslese, Schilcher Auslese

Roseweine: Schilcher Klassik, Schicher Weinleiten, Claresco

Rotweine: Cuvée Rubin, Zweigelt, Blauer Wildbacher, Blauer Wildbacher Barriques, Commeo

Alter der Reben o *Average age of the vines*
3-30 Jahre

Pflanzdichte o *Density of plantation*
3.600 Stöcke/Hektar in Sauvignon Blanc-Anlagen

Hektarerträge o *Average yield per hectar*
Sauvignon Blanc 4.000-4.500 Liter/Hektar

Kellermeister/Önologe o *Winemaker*
Thomas Kuntner

Besondere Jahrgänge o *Great recent vintages*
2007, 2006, 2003, 2002, 2000, 1997

Ab-Hof-Verkauf o *Sale by producer*
Täglich 9-18 Uhr, nach telefonischer Voranmeldung
Ansprechperson: Brigitte und Erich Kuntner

Weinverkaufspreise o *Average price*
€ 5,10/10,50

Kommentierte Weinkost o *Wine-seminar*
Nach tel. Voranmeldung o *By appointment only*

Kellerführung o *Visiting policy*
Nach tel. Voranmeldung o *By appointment only*

Weitere Produkte o *Other products*
Schilcher Frizzante, Insieme Schilchersekt, Mistella
Edelbrände: Treberner vom Schilcher, Treberner vom Eiswein, Glägerbrand vom Schilcher, Ilzer Rosenapfel, Mostbirne, Zwetschke, Kriecherl, Pfirsich, Himbeere
Essig: Schilcher-Essig, Himbeer-Essig, Kräuter-Essig, Rosmarin-Essig, Weisswein-Essig, Alter Apfel-Essig
Schilcher-Traubensaft, Apfelsaft, Himbeer-Fruchtsirup

Vertrieb/Vermarktung der Weine
Ab-Hof-Verkauf, Fachhandel, Vinotheken und die Gastronomie österreichweit
Exportländer: Deutschland

Restaurant Weinkarte o *Winelist*
Stomack, Schloßstube, Landsknecht Treff, Naschmarkt (Wien), Bauernwirt (Graz), Weinhaus Stainz, Gesamtsteirische Vinothek St. Anna/Aigen, Schilcherstöckl Rassach

Weingut Kuntner
A-8544 St. Ulrich in Greith, Obergreith 48
Tel.+Fax: +43 (0)3465 3383
www.trinkgenuss.at
e-mail: office@trinkgenuss.at

JÖBSTL, WERNERSDORF: RIED KRAS, BRAUNEGG

Master of Schilcher and Sauvignon

Dort, wo ein fruchtiger Schilcher wächst, ist auch ein guter Boden für den Sauvignon", sagt der „Master of Schilcher" Johannes Jöbstl. Und dass bei ihm, auf dem Schilcherberg in Wernersdorf bei Wies, ein guter Sauvignon nicht nur wächst, sondern auch wunderbar vinifiziert wird, beweist, dass er gleich mit seiner Sauvignon-Jungfernernte im Jahre 1997 Landessieger werden konnte. Johannes Jöbstl ist ein Weinfachmann, der seine Ausbildung in der Höheren Bundeslehr- und Versuchsanstalt in Klosterneuburg erfuhr. Mit seiner Rückkehr in das elterliche Anwesen, das seit dem 17. Jahrhundert von der Familie bewirtschaftet wird, fanden die Trauben vom Blauen Wildbacher, die zuvor verkauft worden waren, wieder den Weg in den eigenen Keller. In den folgenden Jahren wurde mehr und mehr in weinbauliche und kellertechnische Bereiche investiert, und bald konnte Johannes Jöbstl die ersten Erfolge als Steirischer Landessieger und im Österreichischen Weinsalon einfahren. Johannes Jöbstl bewirtschaftet sieben Hektar Rebflächen, wovon rund zehn Prozent der Sorte Sauvignon Blanc vorbehalten sind. Die Sauvignon-Reben stammen aus einer Selektion aus der Südsteiermark und stehen auf einem sandigen Braunerdeboden in der Ried Braunegg. Im Programm sind ein Sauvignon Blanc Kabinett, der klassisch steirisch ausgebaut wird und in der Nase Holunder- und Paprikanoten ausweist, und ein Sauvignon-Lagenwein von der Ried Braunegg. Dieser Wein hat ein sehr würziges Bukett nach Pfefferoni und Paprika und ist lang anhaltend am Gaumen.

So erfolgreich Johannes Jöbstl bereits mit seinem Sauvignon oder auch seinem Muskateller ist, macht Jöbstl doch kein Hehl daraus, dass sein eigentliches Engagement dem Schilcher und all seinen Spielarten gilt. „Wir sehen uns als ‚Kompetenzstelle' für den Schilcher", sagen Johannes Jöbstl und seine Frau Luise und treffen damit den Nagel auf den Kopf. Wer sonst als die beiden können schon von sich behaupten, alle Varianten anbieten zu können, die der Blaue Wildbacher hervorbringt. Die Schilcher-Palette reicht im Weingut Jöbstl von einem als Weißwein gekelterten Schilcher, über verschiedene klassische Schilcher bis hin zum Schilcher Rotwein. Süßweine wie die Schilcher Trockenbeerenauslese, ein Schilcher Eiswein, ein Schilcher Strohwein bzw. ein Schilcher-Frizzante und Schilcher Jahrgangssekt runden die Palette noch ab. Die Qualität der Jöbstl-Weine hat sich schon bis nach Russland herumgesprochen. Erst kürzlich war eine Abordnung aus Moskau in der architektonisch gelungenen Jöbstl-Schilcherei in Wernersberg zu Gast, um eine größere Bestellung zu platzieren.

Master of Schilcher and Sauvignon

Wherever a fruity Schilcher grows, the soil is also ideal for Sauvignon", says the "Master of Schilcher" Johannes Jöbstl. And that a good Sauvignon not only grows on his Schilcherberg in Wernersdorf near Wies, but is also wonderfully produced, was the reason he was able to become Styrian county winner (Steirischer Landessieger) in 1997 with the first Sauvignon Blanc he produced. Johannes Jöbstl is a wine expert, who acquired his education at the Federal College for Wine and Fruit Growing in Klosterneuburg. When he returned to the parental estate, which has been run by his family since the 17th century, the grapes of the Blauen Wildbacher, which had been sold until then, found their way back to his own wine cellar. The following years saw more and more investment in areas of wine making and wine cellar equipment and soon Johannes Jöbstl was able to celebrate his first successes as "Steirischer Landessieger" and in the "Österreichischer Weinsalon". Johannes Jöbstl administers 14 acres of vineyards, of which 10 percent are designated to Sauvignon Blanc. The Sauvignon vines originate from a selection of plants from southern Styria and grow on sandy brown earth soil in Braunegg. In his programme there is a Sauvignon Blanc Kabinett, classically produced the Styrian way, which has a bouquet of elderberries and various peppers, and a premium wine from the location in Braunegg. This wine has a spicy bouquet of hot peppers and paprika and impresses with a long-lasting finish. As successful as he is with his Sauvignon or even with his Muscat, Johann Jöbstl makes no secret about the fact that his real interest lies with Schilcher (rosewine) and all its varieties. Johannes Jöbstl and his wife Luise hit the nail on the head when they say "We see ourselves as the 'authority' for Schilcher wines". Who else but these two can state about themselves to be able to offer all varieties of the Blaue Wildbacher. The palette of Schilcher wines in the winery Jöbstl ranges from the white Schilcher wine via various classical Schilcher wines right up to the red Schilcher wine. Sweet wines like the Schilcher Trockenbeerenauslese (late harvest wine), Schilcher ice wine, Schilcher straw-wine, Schilcher-Frizzante and a sparkling Schilcher wine round off the palette nicely. The stories of the legendary quality of Jöbstl-wines have reached even Russia. Only a short time ago a delegation from Moscow visited the architectonically successful Jöbstl-Schilcherei in Wernersberg, where Johannes Jöbstl produces his Schilcher wines, to place a substantial order.

Weingärten o *Vineyards*

7 ha (16,8 acres), Lagen: Braunegg, Schilcherberg, Kras (Wies)

Weine o *Wines*

Weißweine: Sauvignon Blanc Klassik, Sauvignon Blanc Braunegg

Wb, Mo, Mu

Edelsüße Weine: Schilcher Strohwein, Eiswein, Schilcher Trockenbeerenauslese

Roseweine: Schilcher Ried Krass, Schilcher Alter Weingarten

Rotweine: Zweigelt, Blauer Wildbacher und BW Barriques

Alter der Reben o *Average age of the vines*

3-33 Jahre

Pflanzdichte o *Density of plantation*

3.800 Stöcke/Hektar in Sauvignon Blanc-Anlagen

Hektarerträge o *Average yield per hectar*

Sauvignon Blanc 5.000-5.500 Liter/Hektar

Kellermeister/Önologe o *Winemaker*

Johann Jöbstl

Kommentierte Weinkost o *Wine-seminar*

Nach tel. Voranmeldung o *By appointment only*

Weingarten- Kellerführung o *Visiting policy*

Nach tel. Voranmeldung o *By appointment only*

Eigenes Brennereimuseum

Besondere Jahrgänge o *Great recent vintages*

2008: Wine Challenge mit Sauvignon Blanc 2007
2000: Österr. Weinsalon mit Sauvignon Blanc 1999
1999: Steirischer Landessieger mit Sauvignon Blanc 1998

Ab-Hof-Verkauf o *Sale by producer*

Ganzjährig, täglich 10 -12, 14-17 Uhr,
So + Feiertage 10-12 Uhr
Ansprechperson: Luise Jöbstl

Weinverkaufspreise o *Average price*

€ 5,50/26,- • Bankomatkarte

Weitere Produkte o *Other products*

Fruchtsäfte: Apfel-, Apfel-Holunder-, Apfel-Roter Rüben-, Apfel-Karottensaft, Schilcher-Traubensaft
Fruchtnektar: Holunder, Pfirsich, Williamsbirnen, Johannisbeeren
Schilcher Jahrgangs Sekt, Schilcher Frizzante
Kürbiskernöl, Apfelessig, Schilcher Essig
Brände und Destillate: Sehr lange ist die Liste der berühmten Destillate von Mutter Waltraud Jöbstl

Vertrieb/Vermarktung der Weine

Ab-Hof-Verkauf, Fachhandel, Vinotheken und die Gastronomie österreichweit
Exportländer: Deutschland, Schweiz, Liechtenstein, Holland und Moskau

Restaurant Weinkarte o *Winelist*

Delikatessen Frankowitsch (Graz), Weinhaus Stainz, Schilcherstöckl Rassach, Gesamtsteirische Vinothek St. Anna/Aigen

---

Weingut Johannes und Luise Jöbstl

A-8551 Wernersdorf/Wies,
Am Schilcherberg 1
Tel.: +43 (0)3466 42379-2
www.joebstl.eu
e-mail: info@joebstl.eu

KARL BREITENBERGER: KAIBINGBERG

Fässer aus eigener Eiche

Ein seit Jahrhunderten bestehender Vierseithof in Kaibing, im nördlichsten Teil des Weinbaugebietes Süd-oststeiermark, ist die Adresse des Weingutes und der Buschenschank von Karl Breitenberger, der auch Weinbaumeister und Diplomsommelier ist. Er bewirtschaftet drei Hektar eigene Rebflächen in den Lagen Kaibingberg und Wollgraben, wovon etwa ein halber Hektar mit Sauvignon Blanc-Reben bepflanzt ist. Von dieser Rebsorte keltert Breitenberger zwei Linien. Eine Klassik, die traditionell im Stahltank ausgebaut wird und sich voller Würzigkeit und dennoch von nobler steirischer Finesse präsentiert, und einen „Sauvignon Blanc KB". Die Bezeichnung KB wurde aber nicht gewählt, weil die Trauben für diesen Wein aus der Lage Kaibingberg stammen. KB ist in diesem Fall schlicht die Abkürzung des Namens des Winzers Karl Breiten-berger. „Wir haben die Trauben für den Jahrgang 2007 in drei Lesedurchgängen bei Spätlesegradationen geerntet und im Stahltank ausgebaut", sagt Breitenberger, der die schöne Aromatik dieses Weines schätzt und ein paar Gramm Restzucker durchaus in Kauf nimmt.

Karl Breitenberger ist ein Winzer, der seine Erfahrungen aus nunmehr 25 Jahren Weinbau und Kellerwirtschaft und vor allem dem Weinkosten nicht für sich behält. Er geht auch in Schulen, um sein Wis-sen an die Jugend weiterzugeben. Und sein Wissen um den Wein ist ja wirklich groß und schließt auch den Ausbau eines Teiles seiner Weine in Barriques ein, die aus Eichen aus dem eigenen Wald gefertigt wurden. „Im neuen Fass wird der Wein etwas lauter, danach aber immer feiner", erklärt Breitenberger, dessen Weine sich durch ein besonders günstiges Preis-Leistungs-Verhältnis auszeichnen. Für Breitenberger kommt der bemerkenswerte Aufschwung des Weinbaues in der nördlichen Oststeiermark nicht von ungefähr. „Auch in den bäuerlichen Weinbaubetrieben findet eine Spezialisierung statt, die sich in der Qualität des Weines niederschlägt. So kommt es nicht von ungefähr, dass wir Oststeirer bei Weinbewertun-gen immer vorne dabei sind."

Herzstück des Weingutes ist der Buschenschank Breitenberger, der sich inmitten der oststeiri-schen Römerweinstraße befindet und ein Ort ist, an dem man nicht nur die köstlichen Weine und Jausen konsumieren, sondern auch mit der Seele baumeln kann. „Wir wollen eine kleine Er-holungsoase sein", sagen Karl Breitenberger und seine Frau Elisabeth, die das Kommando im Buschenschank führt. Auf dem Anwesen steht übrigens seit dem Jahre 2006 eine Hauskapelle, die auf einem Kraftfeld errichtet wurde, das von Karl Breitenberger selbst ausgependelt wurde. „Ich kann das, im Mittelalter hätte man mich für diese Fähigkeit auf den Scheiterhaufen geworfen",. Die Entwürfe für die wunderschönen Glasfenster der Kapelle stammen vom steirischen Künst-ler Prof. Franz Weiß, der auch den Haussegen am Eingang des Vierkanthofes gemalt hat.

Barrels (made) from our own oak

A four-sided courtyard (Vierseithof), which has existed for hundreds of years in Kaibing, in the most Northern part of the wine growing area South East Styria, is the address of the winery and the Buschenschank of Karl Breitenberger, who is also a master in winemaking and a sommelier with diploma. He administers 6 acres of his own vineyards in the locations Kaibingberg and Wollgraben, of which 1 acre is planted with Sauvignon Blanc vines. Breiten-berger produces 2 lines from this variety. One Klassik, traditionally made in a stainless steel tank, presenting itself full of flavour, yet still preserving the noble Styrian finesse, and a "Sauvignon Blanc KB". The letters KB were not chosen, because the grapes for this wine come from the vineyard in Kaibing-berg. KB in this case simply stand for the initials of the wine producer Karl Breitenberger. "We picked the grapes for the vintage 2007 at three different times at late harvest gradations and produced the wine in the stainless steel tank", says Breitenberger, who cherishes the beautiful aroma of this wine and happily accepts a few gramms of rest sugar for this.

Karl Breitenberger is a wine producer, who is not keeping his experience of 25 years of wine growing to himself. He visits schools to pass on his knowledge to younger generations. His knowledge of everything to do with wine and wine production is enormous and includes the know how of the production of wine in barriques, barrels which are made of oak from his own forest. "In new barrels the wine becomes louder, but later on it becomes finer." explains Breitenberger, whose wines distinquish themselves by deliver-ing real value for money. For Breitenberger the remarkable boom of winemaking in the Northern part of Eastern Styria is no coincidence. " Rural wineries, too, are more and more specialising, and it shows in the quality of the wine. It is not circumstancial that Eastern Styria is always among the best when it comes to evaluations of wine".

Heart of this winery is the Buschenschank Breitenberger in the middle of the East Styrian Roman Wine Road, where one can also rest ones mind besides indulging in delicious wines and snacks. "We would like to be a small oasis of relaxation", say Karl Breitenberger and his wife Elisabeth, who is running the Buschenschank. In 2006 the estate saw the building of a chappel, now standing on a field of force, found by Karl Breitenberger himself by usin his pendulum. "I am good at this, in the Middle Ages they would have burnt me at the stake for possessing this ability". The designs for the wonderful stained glass windows of the chappel are by the artist Prof. Franz Weiß, who also painted the Blessing of the house for the four-sided courtyard (Vier-kanthof).

Traubenernte und Vinifizierung

Sauvignon Blanc KB: 3x selektives, händisches Ernten von Trauben zwischen 19° und 21°KMW ➤ Pressen: schnelles und schonendes Pressen mit wenig Druck, Seihmost und Pressmost gemeinsam verarbeiten ➤ Mostklärung: Gekühltes Klären des Mostes (12-14 Stunden) ➤ Abziehen und gekühlte Gärung in Stahltanks bei 17°C, Gärstart mit Reinzuchthefen ➤ Ausbau: nur in den Stahltanks ➤ bei Gärende abziehen ➤ Aufrühren der Feinhefe und regelmäßig kosten ➤ 5-6 Monate Reifung, Betonung von Fruchtaromen ➤ Klarfiltration und Flaschenfüllung, nur Naturkorken.

Weingärten o *Vineyards*
3 ha (7,2 acres), Lagen Kaibingsberg, Wallgraben

Weine o *Wines*
Weißweine: Sauvignon Blanc, Sauvignon Kaibingsberg, Wr, Wb, Ru, Mu, Mo, Mu, Sä 88, Sunnseitn
Edelsüße Weine: Beerenauslesen, Ruländer Eiswein
Rotweine: Zw,Cuvee KB (Zw, BW), Barrique

Alter der Reben o *Average age of the vines*
3-18 Jahre

Pflanzdichte o *Density of plantation*
4.000 Stöcke/Hektar in Sauvignon Blanc-Anlagen

Hektarerträge o *Average yield per hectar*
Sauvignon Blanc 4.000-4.500 Liter/Hektar

Kellermeister/Önologe o *Winemaker*
Karl Breitenberger

Besondere Jahrgänge o *Great recent vintages*
2007, 2006, 2003, 2000, 1997

Buschenschank o *Where the winegrower sell*
Ende März-Ende August, Mitte Sept-Ende Okt, Mi-So ab 15 Uhr geöffnet, Mo, Di Ruhetag

Ab-Hof-Verkauf o *Sale at the premises*
Täglich o Daily by appointment
Ansprechpersonen: Elisabeth und Karl Breitenberger

Weinseminare o *Wine-seminar*
Karl Breitenberger unterrichtet Weinsensorik o
Teacher for wine tasting

Weinverkaufspreise o *Average price*
€ 4,50/8,- • Visa, Mastercard, Bankomatkarte

Weitere Produkte o *Further products*
Apfelsaft, Pfirsichnektar, Traubensaft,
Obstbrände: Kronprinz Rudolf Apfel, Hauszwetschke, Gute Luise Birnen, Bohnapfel, Ruländer Tresterbrand

Vertrieb/Vermarktung der Weine
Ab-Hof-Verkauf und die Gastronomie österreichweit, Exportländer: Deutschland, Schweiz, Frankreich

Restaurant Weinkarte o *Winelist*
Günthers Hof (Pischelsdorf), Schrott (Hirnsdorf), Retter (Pöllauberg), Riegerbauer (St. Johann bei Herberstein), Gesamtsteirische Vinothek St. Anna/Aigen

Weingut Breitenberger
A-8221 Kaibing 71
Tel.: +43 (0)3113 8771, Fax: -71
www.breitenbergerwein.at
e-mail: karl@breitenbergerwein.at

FRANZ HUTTER, FELDBACH: WEINGARTENRIEGEL, RIEGERSBURG

Trauben aus den Weingärten von der Riegersburg

In unserem Betrieb lässt sich der Weinbau bis ins Jahr 1726 zurückverfolgen", erklärt Franz Josef Hutter, dessen Weingut in Reiting bei Feldbach liegt. In der Zeit zwischen den beiden Weltkriegen war der Weinbau aber zum Erliegen gekommen, der Neuanfang wurde erst wieder 1974 gestartet, als Hutters Vater Geländeregulierungen vornahm und Neupflanzungen anlegte. Im Grunde genommen war Hutters Vater, der ebenfalls Franz heißt, ein Quereinsteiger im Weinbau. Ursprünglich Landwirtschaftsmeister mit Schwerpunkt Obstbau, besuchte er Weinbaukurse in Klosterneuburg und konzentrierte sich auf die Bereitung von Rotweinen. Heute werkt Franz Hutter sen. sozusagen als „Mechaniker im Betrieb". Im Weinbau hat Franz Hutter jun., der die Weinbauschule in Klosterneuburg absolvierte, seit 1987 das Sagen. Er bewirtschaftet die eigenen, acht Hektar großen Rebflächen des Weingutes, vinifiziert aber auch die Trauben aus 2,8 Hektar großen Pachtflächen auf dem Burgfelsen der oststeirischen Riegersburg.

Die Sauvignon Blanc-Trauben aus dem eigenen „Weingartenriegel" werden von Hutter als „reifere Klassik" gekeltert. Der „Weingartenriegel" ist eine interessante Sauvignon Blanc-Lage mit stark schottrigem Boden. Die Lage liegt im Einfluss des pannonischen Klimas, ist extrem heiß und trocken. „Wir sind aber in der Lage, die Rebstöcke gegebenenfalls zu bewässern, um einen Trockenstress zu vermeiden", sagt Hutter, der das pannonische Klima so erklärt: „Im Gegensatz zur Südsteiermark haben wir hier in der Südoststeiermark mehr Sonnentage, höhere Durchschnittstemperaturen und weniger Niederschläge." Die Lese der Sauvignon Blanc-Trauben erfolgt in zwei Durchgängen. Bei der ersten Lese werden Trauben mit einer Gradation von 17° bis 17,5°KMW geerntet, die einen schlanken, aromatischen Wein ergeben. Bei der zweiten Lese werden Trauben mit 18° bis 19°KMW geerntet, die Fülle und Harmonie bringen. Nach separater Vergärung und trockenem Ausbau im Stahltank wird so cuvéetiert, dass ein frucht- und sortentypischer Wein entsteht, der im Aroma einen Hauch von Stachelbeeren und Holunderblüten bringt. In besonderen Jahrgängen, wie zuletzt 2003, keltert Franz Josef Hutter auch eine aromatische Sauvignon Blanc Auslese.

Die Weingärten auf der Riegersburg hat Franz Hutter mit zwei Partnern gepachtet, wobei Hutter alleinverantwortlich für die Weinbereitung zuständig ist. Vom Sauvignon Blanc keltert er zwei Linien. Eine Klassik, die im Stahltank vergoren wird und als Sauvignon Blanc „Katharinenbastei" angeboten wird, und den Sauvignon Blanc „Südbastei", deren Trauben aus der besten, aber auch steilsten Riede auf dem Burgfelsen stammen, die von einer intensiven Sonneneinstrahlung geprägt ist. Die Trauben werden in 300-Liter-Barriques vergoren und blieben beim Jahrgang 2007 bis zum nächsten Juni in den Kleinfässern.

Mittlerweile gibt es schon Nachwuchs im Hause Hutter. „Nachdem die männliche Linie unserer Familie seit fünf Generationen Franz heisst, haben wir unseren Sohn Jakob getauft", sagt Franz Hutter, und er ist stolz darauf, dass der vierjährige Bub beim Pumpeneinschalten schon seinen Mann stellt.

Wine from the Riegersburg vineyards

In our business wine making can be traced back to 1726", explains Franz Josef Hutter, whose winery is situated in Reiting near Feldbach. Between World War I and World War II wine making had come to a standstill, a new beginning started only in 1974, when Hutters father undertook some regulations of the existing terrain and planted new vineyards. Strictly speaking Hutters father, whose name was Franz as well, came from quite a different background than other wine growers. Originally an agriculturist with a master's diploma with the emphasis on fruit growing, he visited courses for wine making in Klosterneuburg and concentrated on the production of red wines. Today Franz Hutter sen. works quasi as the "Mechanic in the business". In the wine production Franz Hutter jun., who is a graduate of the Federal College for Wine and Fruit growing in Klosterneuburg, has the say since 1987. He administers the 16 acres of their own vineyards, but also vinifies the grapes coming from the 5.6 acres of leased vineyards growing on the rock of Riegersburg (Castle).

The Sauvignon Blanc-grapes from his own "Weingartenriegel" Hutter produces under the name "reifere Klassik" (more mature Classic). The "Weingartenriegel" is an interesting Sauvignon Blanc-vineyard with a substantial amount of gravel in its soil. The location lies in the sphere of influence of the Pannonian climate, which is extremely hot and dry."We are able to water the vines if need be, in order to avoid stress caused by drought" says Hutter, who describes the Pannonian climate this way: "As opposed to Southern Styria we have more sunny days here in Eastern Styria, a higher average of temperatures and less rain". Harvesting of the Sauvignon Blanc-grapes is done at two different times. At the first harvest the grapes are picked with a gradation of 17 to 17,5 KMW, resulting in a lean and aromatic wine. At the second harvest the grapes are collected with the gradation being between 18 to 19 KMW, full of affluence and harmony. After separate fermentations and a "dry production" in stainless steel tanks, the wines are blended to obtain a fruity and for the variety typical wine, whose aroma presents a breath of gooseberries and elderberries. In a special vintage, like 2003, Franz Josef Hutter produces a Sauvignon Blanc Auslese as well.

Franz Hutter is leasing the vineyards in the grounds of Riegersburg (Castle) with two

partners, whereby Hutter carries the sole responsibility for the production of the wines. His Sauvignon Blanc he produces in two lines. A Klassik, fermented in stainless steel tanks, marketed under the name Sauvignon Blanc "Katharinenbastei", and the Sauvignon Blanc "Südbastei" made from grapes characterised by the intense heat of the sun, which are harvested from the best, but steepest vineyard of the rock the castle is built on. The grapes are fermented in 300-litre-barriques and with the vintage 2007 were kept in wooden barrels until June.

Meanwhile a new generation has arrived in the Hutter household. "As there are already five generations of our family where the males have been called Franz, we thought it was time for a change and christened our son Jakob", says Hutter, proud of the fact, that the boy aged four is already capable of switching on the pumps.

Ab-Hof-Verkauf o *Sale at the premises*
Täglich 8-18 Uhr, So nach tel. Voranmeldung o
Daily from 8am-6pm, Sunday by appointment only
Ansprechpersonen: Franz Hutter

Weinkellerführung o *Winery guiding tour*
Nach tel. Voranmeldung o *By appointment only*

KommentierteWeinkost o *Wine-tasting*
Nach tel. Voranmeldung o *By appointment only*

Weinverkaufspreise o *Average price*
€ 5,30/13,90, Riegersburgweine bis € 19,90

Weitere Produkte o *Further products*
Fruchtsäfte, Apfelessig, Kürbiskernöl, Obstbrände: Golden Delicious, Birnen, Quitten, Himbeer, Grappa

Vertrieb/Vermarktung der Weine
Ab-Hof-Verkauf, Fachhandel, Vinotheken und die Gastronomie österreichweit, Exportländer: Deutschland, Liechtenstein, Frankreich

Restaurant Weinkarte o *Winelist*
Steirereck, Steirerstube, Maria Theresia (Wien), Parkhotel (Graz), Fink (Riegersburg), Haberl-Fink (Walkersdorf), Steirerwirt (Trautmannsdorf), Schlosswirt (Kornberg), Staribacher (Kaindorf), K+K (Salzburg)

Weingärten o *Vineyards*
8 ha (19 acres), Lagen Reitingbergen

Weine o *Wines*
Weißweine: Sauvignon Blanc, Sauvignon Blanc Katharinenbastei, Sauvignon Blanc Südbastei
Wr, Wb, Mo, Mu, Eruption weiß
Edelsüße Weine: Sauvignon Blanc Auslese
Rotweine: Zw, M, Blauburger, St. Laurent, Shiraz, Cuvee F.J.H., Eruption rot, Castellan

Alter der Reben o *Average age of the vines*
3-34 Jahre

Pflanzdichte o *Density of plantation*
4.500 Stöcke/Hektar in Sauvignon Blanc-Anlagen

Hektarerträge o *Average yield per hectar*
Sauvignon Blanc 3.000-4.000 Liter/Hektar

Kellermeister/Önologe o *Winemaker*
Franz Josef Hutter

Besondere Jahrgänge o *Great recent vintages*
2007, 2006, 2003, 2000, 2000, 1999, 1997 Weinkost Loipersdorf 2008: Jahrgang 2007 mit 5 Weine unter den 100 Besten der Region

Weingut Hutter
A-8330 Feldbach, Reiting 2
Tel.+Fax: +43 (0)3152 4422, Fax: -4
www.hutter-wein.at
e-mail: franz@hutter-wein.at

WINKLER-HERMADEN: HÖCHWARTH, KIRCHLEITEN

Die Eiche für die Fässer aus den eigenen Wäldern

In Kapfenstein, inmitten des steirischen Vulkanlandes, liegt das Weingut von Georg und Margot Winkler-Hermaden, das seit 1898 als Familienbetrieb geführt wird. Dabei war es nicht von vorne herein klar, dass Georg Winkler-Hermaden einmal zum erfolgreichen Winzer werden würde. Nach der Matura und Hotelfachschule hat er zunächst Kunstgeschichte studiert und Kirchen restauriert, da er an der Gastronomie nicht wirklich interessiert war. Im Jahre 1977 zog es ihn aber doch zum Weinbau, und seit 1981 führt er den Betrieb. „Damals hatten wir gerade vier Hektar Rebflächen", sagt Winkler-Hermaden, der heute nicht nur die 34 Hektar Eigenfläche bewirtschaftet, sondern seit dem Jahr 2004 auch die zwölf Hektar großen Weingärten des Gräflich Stürgkh'schen Weingutes in Klöch. Das Gut bietet nicht weniger als 13 Rebsorten an, der Schwerpunkt beim Weißwein liegt bei Sauvignon Blanc, Weißburgunder und Traminer. Vom Sauvignon werden die Linien Klassik und die Lagenweine „Höchwarth" und „Kirchleiten" angeboten, wobei Kirchleiten zur „Großen STK-Lage" zählt. Der Sauvignon Blanc Kirchleiten wurde zuletzt bei der Austrian Wine Challenge in den USA ebenso mit Gold ausgezeichnet wie der Sauvignon Blanc „Mulde" aus der Domäne Stürgkh. Ausgesuchte Weißweine, aber auch die besten Rotweine, wie zum Beispiel der Olivin, werden seit einigen Jahren in Kleinfässern ausgebaut, deren Eichenholz aus den eigenen Wäldern auf dem Kapfensteiner Kogel stammt.

Seine Kunstgeschichte-Kenntnisse waren Georg Winkler-Hermaden nützlich, als es um die Renovierung des Schlosses ging, das nicht weniger als einen Hektar Dachfläche aufweist. Zuletzt wurde dort ein weiterer Keller, der „Lange Keller", renoviert. In dem 60 Meter langen und 350 Jahre alten Kreuzgewölbe lagert nun der Rotwein in kleinen Eichenfässern. Im sogenannten „Löwenkeller" befinden sich neben den traditionellen großen Holzfässern auch die Edelstahltanks.

Zum Weingut gehört auch das Schloss Kapfenstein, eine Wehrburg aus dem 11. Jahrhundert. Das Herzstück dieser einstigen Festung ist ein kleines, familiäres Hotel mit 15 liebevoll restaurierten und individuell eingerichteten Gästezimmern und einem feinen Restaurant, in dem „Leicht-kreativ-steirische" Gerichte, aber auch mehrgängige Feinschmeckermenüs serviert werden.

Sauvignon Blanc Steirische Klassik-STK: 12,0%; Feines, aromatisches, sortentypisches Bukett, elegante Frucht im Mund, mineralische Würze.

Sauvignon Blanc Domäne Stürgkh: 13,2%; Feinwürzige nase, weiche, komplexe Frucht, cremig, saftig, dicht und langanhaltend.

Sauvignon Blanc Kirchleiten-Große STK Lage: 13,3%; Reife exotische Aromen, am Gaumen saftig, rund und weich, feine Fruchtsüße im Abgang.

Oak for our wine barrels from our own forests

The winery of Georg und Margot Winkler-Hermaden, a family business since 1898, lie's in Kapfenstein, in the centre of the Styrian volcanic region. From the outset, though, it was far from certain whether Georg Winkler-Hermaden was ever going to be a successful wine producer. After his Matura and the School of Hotel Management (Hotelfachschule) he studied History of Art and proceeded to restore churches, having no interest in gastronomy whatsoever. In 1977, however, he was drawn to wine making and has been running the business since 1981. "Then we had just about eight acres of vineyards", says Winkler-Hermaden, who today not only administers 68 acres of his own vineyards, but since 2004 also the 24 acres of vineyards of the Gräflich Stürgkh Estate in Klöch. The estate offers no less than 13 varieties of grapes, the emphasis of white wines definitely lying with Sauvignon Blanc, White Burgundy and Traminer. Sauvignon is offered as "Klassik" and as the premium wines "Höchwarth" and "Kirchleiten", with Kirchleiten is being part of the STK location (vineyard) "Großen STK-Lage". Both Sauvignon Blanc "Kirchleiten" and Sauvignon Blanc "Mulde" from the domain Stürgkh won gold medals at the last Austrian Wine Challenge in the USA. Specially selected white wines and the best red wines, too, like the Olivin, for example, have been produced for a few years in small oak barrels made from wood of their own forests on Kapfensteiner Kogel.

His knowledge in the history of art was useful for Georg Winkler-Hermaden, when the castle, which has no less than 2 acres of roof area, was being renovated. The last part to be renovated was the so called "Lange Keller" (long cellar) where red wine in barriques is now stored in the 60 metres long and 350 year-old cross arch of the cellar. In the so called "Löwenkeller" (lions cellar) the wine is kept in stainless steel tanks as well as in the traditional large oak barrels.

Part of the estate is Schloss Kapfenstein, a caste built in the 11th century. The heart of this former castle is a small family hotel with 15 lovingly restored and individually furnished guestrooms and an excellent restaurant, in which not only "creative Styrian dishes", but also multi-course set dishes for gourmets are served.

Traubenernte und Vinifizierung

Sauvignon Blanc Steirische Klassik: Mehrmaliges selektives Handlesen (nur morgens), Traubengradation 17°-18°KMW ➤ Rebeln und Einmaischen ➤ Maischekontaktzeit in der Presse 3-8 Stunden ➤ Vorentsaften in der Presse ohne Pressdruck ➤ Entschleimen des Mostes mit Kühlung für 8-12 Stunden ➤ Einleiten der Gärung mit Reinzuchthefen ➤ Gärtemperatur im Stahltank 17°C ➤ Ausbau: Jungwein in den Stahltanks für 3-4 Monate ➤ Betonung von Primäraromen ➤ Füllfiltration vor Flaschenfüllung.

Weingärten o *Vineyards*
34 ha (81,6 acres) Lagen: Kirchleiten, Rosenleiten, Grafenstückel Domäne Stürgkh, Hochwarth Domäne Stürgkh

Weine o *Wines*
Weißweine: Sauvignon blanc „Steirische Klassik STK", Sauvignon Blanc, Kirchleiten-Große STK Lage, Wr, CAPHENSTEIN Cuvée, Wb, Mo, Gb, Tr, GTr
Edelsüße Weine: Beerenauslese, Sauvignon Blanc Trockenbeerenauslese, Traminer Trockenbeerenauslese
Rotweine: CAPHENSTEIN Cuvée rot, Zweigelt, PN, M, CS, HERMADA, OLIVIN

Stockdichte o *Density of plantation*
4,500 Stöcke/Hektar in den alten Rebanlagen

Alter der Reben o *Average age of the vines*
3-35 Jahre

Hektarerträge o *Average yields*
Sauvignon Blanc 3.500-4.500 Liter/Hektar

Kellermeister/Önologe o *Winemaker*
Georg Winkler-Hermaden

Kellerführung o *Visiting policy*
Nach tel. Voranmeldung o By appointment only

Besondere Jahrgänge o *Great recent vintages*
2007, 2006, 2003, 2000, 1997, 1996, 1995, 1993, 1983

Schloss Hotel und Restaurant o *Hotel*
Ganzjährig geöffnet, genaue Öffnungszeiten siehe: www.schloss-kapfenstein.at, e-mail: hotel@schloss-kapfenstein.at

Ab-Hof-Verkauf o *Sale at the premises*
Mo-Sa 10-12 Uhr und 13-18 Uhr, So Ruhetag
Ansprechperson: Margot Winkler-Hermaden

Weinkost o *Wine-seminar*
Nach tel. Voranmeldung o By appointment only

Weinverkaufspreise o *Average price*
€ 6,30/21,– • Visa, Mastercard, Bankomatkarte

Weitere Produkte o *Other products*
Obstbrände: Alter Apfelbrand, Birnen, Quitten, Tresterbrand, Weinhefebrand, Quittenlikör, Johannisbeerlikör
Apfelsaft, Traubensaft, Holundertrunk, Quittennektar, Apfelessig, Weinessig, Kürbiskernöl,
Caphenstein Brut

Hotel o *Hotel Schloss Kapfenstein*
15 Zimmer • 15 rooms

Vertrieb/Vermarktung der Weine
Ab-Hof-Verkauf, Fachhandel, Vinotheken und die Gastronomie österreichweit
Exportländer: Deutschland, Schweiz, USA, Canada

Restaurant Weinkarte o *Winelist*
Steirereck Pogusch, K+K (Salzburg), Kehlberghof, Landhauskeller (Graz), alle Steirische Weingasthöfe, Gesamtsteirische Vinothek St. Anna.

Weingut Winkler-Hermaden
A-8353 Kapfenstein 105
Tel.: +43 (0)3157 2322, Fax: -4
www.winkler-hermaden.at
e-mail: weingut@winkler-hermaden.at

Junger Geist im Keller

Als Anton Krispel im Jahre 1989 den elterlichen Betrieb übernahm, machten die Weingärten nur einen kleinen Teil der gemischten Landwirtschaft aus. Sein Vater hat den Wein noch in Doppelliterflaschen verkauft. Das war Anton Krispel, einem gelernten Schlosser, aber nicht gut genug. Sozusagen als Quereinsteiger nahm er die Herausforderung, Qualitätsweine zu produzieren, auf und konnte 1991 bereits 3.000 Flaschen Weißburgunder in Bouteillen füllen. Mittlerweile verfügt der Betrieb über sechs Hektar eigene Rebflächen, wobei die besten Lagen „Königsberg" und „Strandl" sind. Der Boden in Königsberg besteht aus Lehm und Basalttuff, der schwere Boden in Strandl weist auch Kalkeinschlüsse auf. Der Sauvignon, der von Krispel klassisch ausgebaut wird, hat einen Duft nach Holunderblüten, Zitronenmelisse und Muskat und präsentiert sich feinnervig, saftig, süffig und lang anhaltend.

Seine technischen Fähigkeiten als Schlosser hat Anton Krispel auch bei der Planung seines Kellers umsetzen können. Um jedwedes Umpumpen zu vermeiden, hat Krispel ein ausgeklügeltes Kransystems entwickelt, mit dem die Tanks nach jedem Befüllen in die nächste Arbeitsebene gehoben werden. „Wir verzichten aufs Pumpen, weil wir unseren Wein nicht nötigen, sondern pflegen, hüten und schonen wollen, damit er sich am Gaumen ausgeruht und charaktervoll entfalten kann", sagt Anton Krispel, der mit seinem Sohn Stefan bereits eine wesentliche Stütze zur Seite hat. „Mit ihm kam ein junger Geist in den Keller."

Als „junger Geist" hat der Silberberg-Absolvent Stefan Krispel klarerweise Visionen. Er fordert für seine Weine ein „freies Mitspracherecht für jede Traube, will die Mineralik seiner Weine herausstreichen und auch Lagenweine ins Angebot nehmen.

Hört man den Namen Krispel, denkt man zumeist nur an den Wein. Dabei wird dort eine kulinarische Spezialität produziert und verkauft, die ihresgleichen sucht. Die Rede ist von Speck und Würsten vom Wollschwein, wobei der „Neusetzer" genannte weiße Speck, mit Kräutern und Meersalz behandelt, über einige Monate in einem Bett aus Basaltstein reift.

Tradtion und Moderne treffen im Weingut Krispel auch in der Architektur aufeinander. Der gemütliche, urige Buschenschank steht im Kontrast zum modernen, weithin sichtbaren Kost- und Verkaufsraum, dessen Fassade mit vorverwittertem Kupferblech beplankt ist.

Sauvignon Blanc Klassik: 12,4%; Intensiver Duft nach Stachelbeeren, schwarzen Ribisel und Paprikaschote. Am Gaumen saftig, dicht und feinwürzig. Ein ausdrucksstarker Sauvignon mit sehr langem Abgang.

Young mind on the wine cellar

When Anton Krispel took over the parental business in 1989, vineyards only accounted for a minor part of the mixed agricultural farm. His father still sold his wine in double-litre bottles. But that was not good enough for the qualified locksmith Anton Krispel. This outsider who took on the challenge to produce quality wines, was able in 1991 to produce 3.000 bottles of White Burgundy. Today the business owns more than 12 acres of vineyards, of which Königsberg and Strandl are by far the best. The soil at Königsberg consists of clay and basalt, while the heavy ground at Strandl includes pockets of lime, too. The Sauvignon, classically produced by Krispel, has an aroma made up of Elderberry flowers, lemon balm and nutmeg and presents itself sensitive, juicy, smooth and long lasting.

The locksmith Anton Krispel was also able to use his technical know how for the planning of his wine cellar. To avoid any kind of pumps Krispel developed a clever system of cranes, which lifts the tanks to the next working stage after they have been filled. "We dispensed with the pumps as we did not want to force our wine, but instead nurture, mind and save it, so it feels rested and full of character on the palate", says Anton Krispel, whose son Stefan is already an important help for him. "With him a young mind entered the wine cellar".

Being a "young mind" Silberberg-graduate Stefan Krispel obviously has his own visions. For his wines he demands „free speech for each grape", wants to emphasize the minerals in his wines and offer premium wines as well.

On hearing the name Krispel one thinks foremost of wine, but there is also a culinary speciality, which has no equal, produced and sold in their Buschenschank. We are talking of bacon and pork sausages from the Rassa Mangaliza -pig. The white bacon with the name "Neusetzer" gets treated with herbs and sea salt and ripens in a bed of basalt over a few months.

Tradition meets the modern in the architecture of the wine estate Krispel as well. The cozy, rustic Buschenschank is in stark contrast with the modern wine tasting- and wine sales-room, which is clearly visible from afar with its facade of aged copper.

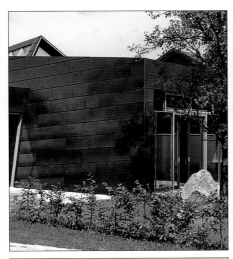

Traubenernte und Vinifizierung

Sauvignon Blanc Klassik: Mehrmaliges, selektives Ernten von Trauben mit 18,5°-20°KMW ➤ Rebeln und Maischen in Tanks ➤ Maischekontaktzeit 16-20 Stunden ➤ Pressen: schonendes Pressen, Seihmost und Pressmost getrennt ➤ Mostklärung: Gekühltes Klären der Moste über Nacht (8°-10°C) ➤ Abziehen des klaren Mostes und gekühlte Gärung in Stahltanks bei 19°C, Gärstart mit Reinzuchthefen ➤ Ausbau: Alle Klassik-Jungweine in Stahltanks, Weine von Trauben mit einer höheren Reife auch in Holzfässer ➤ nach dem Gärende abziehen von der Grobhefe ➤ mit der Feinhefe zurück in die Tanks oder Holzfass ➤ Aufrühren der Feinhefe ➤ 4-6 Monate Reifung ➤ Bei Klassikweinen Betonung von Fruchtaromen, bei Lagen soll das Terroir spürbar werden ➤ Klarfiltration und Flaschenfüllung.

Weingärten o *Vineyards*
16 ha (38,4 acres), Neusetz, Rosenberg, Strandl, Königsberg (Tieschen)

Weine o *Wines*
Weißweine: Sauvignon Blanc Klassik
Wr, Wb, Mo, Sä, Mu, Tr, Gb, Eruption
Rotweine: Zweigelt, Syrah, Magma

Alter der Reben o *Average age of the vines*
4-27 Jahre

Pflanzdichte o *Density of plantation*
3,500 Stöcke/Hektar in Sauvignon Blanc-Anlagen

Hektarerträge o *Average yield per hectar*
Sauvignon Blanc 3.000-4.000 Liter/Hektar

Kellermeister/Önologe o *Winemaker*
Stefan Krispel

Besondere Jahrgänge o *Great recent vintages*
2007, 2006, 2004, 2003, 2001
2008 Steirischer Landessieger mit Morillon Klassik 2007

Buschenschank o *Where the winegrower sell*
März-Nov, Mi, Do-So ab 15 Uhr, Mitte Juni bis Mitte Juli geschlossen, genaue Zeiten siehe www.krispel.at

Ab-Hof-Verkauf o *Sale at the premises*
Täglich ab 9 Uhr, Mi Ruhetag o Daily from 9 am
Ansprechpersonen: Daniel Krispel, Stefan Krispel

Weinseminare o *Wine-seminar*
Nach tel. Voranmeldung o By appointment only

Weinkellerführung o *Winery guiding tour*
Nach tel. Voranmeldung o By appointment only

Weinverkaufspreise o *Average price*
€ 4,90/14,- • Bankomatkarte

Weitere Produkte o *Further products*
Traubensaft, Damero-Sekt
Spezialitäten vom Mangalitza: Neusetzer Rosso (Kuhmilchkäse), Neusetzer (Weisser Kräuterspeck vom Wollschwein), Mangalitzerl (Kleine würzige Würstel), Kürbischutney, Grammeltrüffel

Gästezimmer o *Bed and breakfast*
Ferienwohnungen • Apartment

Vertrieb/Vermarktung der Weine
Ab-Hof-Verkauf, Fachhandel und die Gastronomie österreichweit, Exportländer: Deutschland

Restaurant Weinkarte o *Winelist*
Johanna Maier (Filzmoos), Taubenkobel (Schützen am Gebirge), Königsberghof (Tieschen), Stöcklwirt (Neusetz), Steirerwirt (Trautmannsdorf), Gesamtsteirische Vinothek St. Anna

Weingut Krispel
A-8345 Hof b. Straden, Neusetz 29
Tel.: +43 (0)3473 7862-0
GPS: N 46.80135°, E 15.91602°
www.krispel.at
e-mail: wein@krispel.at

Lernen vom Vater

In der dritten Generation arbeitet die Familie Neumeister auf dem Sazianiberg in Straden am Aufbau und der Weiterentwicklung ihres Betriebes. Das Weingut liegt auf historischem Boden. Einst im Besitz der Kirche, wurde es nach dem Krieg vom Land Steiermark weiterbewirtschaftet. Die Familie Neumeister übernahm es im Jahre 1971 und führte es mit den bestehenden Moarfeitl-Anlagen zusammen. Albert Neumeister stellte den Betrieb auf 0,7-l-Ware um, gründete mit seiner Frau einen Buschenschank, steigerte kontinuierlich die Qualität und konzentrierte sich beizeiten auf den deutschen Markt. Der Erfolg gab ihm recht. Seit den 90er-Jahren sind die Neumeister-Sauvignons bei internationalen Verkostungen stets im Spitzenfeld zu finden. Seit der Jahrtausendwende führen Matthias und Christoph Neumeister den Betrieb, der nun über eine eigene Rebfläche von 25 Hektar verfügt, wobei die besten Lagen Moarfeitl, Saziani, Klausen und Steintal sind. Christoph Neumeister, der die Kellerverantwortung trägt, hat Klosterneuburg absolviert und weiteres Wissen bei Praxen in der Steiermark, Südtirol und Australien gesammelt. Aus Australien hat er aber nicht nur Erfahrungen im Weinbau mitgebracht, sondern auch seine Frau Rachel. Der Generationswechsel wirkte sich auf das Weingut befruchtend aus. „Erst habe ich vom Vater gelernt, dann haben wir beide gelernt, jetzt lernt der Vater auch von mir", sagt Christoph Neumeister, dessen Bestreben darin liegt, immer bessere Weine zu produzieren. „Der Wein ist ein Abbild des Winzers und der Region", doziert er.

An Sauvignons werden von Neumeister eine Steirische Klassik und die Lagenweine Klausen und Moarfeitl angeboten, die in einem in den Hang hineingebauten Keller reifen. Stahltanks und große Holzfässer zur klassischen Weinbereitung stehen dort neben wertvollen Barriques. Zu ebener Erde des Kellergebäudes befindet sich ein Verkostraum und ein sehenswerter Seminarraum, dessen Wände aus nicht weniger als 8.000 Weinflaschen gebildet wurden.

Zum Weingut Neumeister gehören auch das Wirtshaus und Restaurant Saziani, in denen gute steirische Gastlichkeit bzw. Haubenküche geboten werden. Und wer die Oststeiermark länger als nur bei einem Tagesausflug genießen will, hat die Möglichkeit, im „Schlafgut Saziani" zu übernachten.

Sauvignon Blanc Moarfeitl: 13,5%; Dieser Vorzeige-Sauvignon der Steiermark verfügt über einen sehr würzigen Duft, mit Nuancen von rotem Paprika und Holunderblüte, ebenso grasigen Aromen am Gaumen mit Noten von dunklen Beeren und saftigen grünen Äpfeln. Das feine Säurespiel sorgt für zusätzliches Geschmackserlebnis.

Sauvignon Blanc Klausen: 13,0%; Im Duft sortentypische Aromen nach Hollunderblüten, schwarzen Johannisbeeren und Stachelbeergelée. Am Gaumen saftig, mit kräftigen Tropenfruchtaromen, sehr frisch anmutend und trinkfreudig.

Learning from my father

The third generation of the Neumeister family on the Sazianiberg in Straden is working on the structure and further development of their business. The winery is situated on historic ground. Once owned by the church, it was administered by the county Styria after the war. The Neumeister family took over the estate in 1971 and administered it together with the existing Moarfeitl-vineyards. Albert Neumeister made changes to the business by introducing 0,7-bottles, together with his wife established the Buschenschank, raised the quality of his products continuously and early concentrated on the German market. Success proved him right. Since the 90s Neumeister-Sauvignons can be found among the best wines in international wine tasting events. Since the turn of the millennium Matthias and Christoph Neumeister have run the business, which now owns 50 acres of vineyards, the best of which are located in Moarfeitl, Saziani, Klausen and Steintal. Christoph Neumeister, who is responsible for the work in the wine cellar, is a graduate of the Federal College for Wine and Fruit Growing in Klosterneuburg and collected further know-how in practices in Styria, South Tyrol und Australia. From Australia he did not just bring experience in wine production with him, but also his wife Rachel. The takeover of a new generation was fruitful for the winery. "First I learned from my father, then we both learned, now my father learns from me, too", says Christoph Neumeister, whose aim is to continue to improve his wines all the time. "Wines portray their maker and the region", he explains.

Neumeister offers his Sauvignons as a Styrian Klassik and the premium wines Klausen and Moarfeitl, which mature in a wine cellar built into the hillside. Stainless steel tanks and large wooden barrels for the classical wine production can be found there next to valuable barriques. In the base of the building housing the wine cellar there are a tasting room and an exquisite seminar room, where no less than 8.000 wine bottles adorn the walls.

The Neumeister winery includes the inn and the restaurant Saziani, where Styrian hospitality and excellent food (Haubenküche) are on offer. Whoever wants to enjoy eastern Styria for longer than a day trip, has the possibility to stay the night at the "Schlafgut Saziani" (Sleep-well Saziani).

Weingärten o *Vineyards*

25 ha (60 acres) Lagen: Saziani, Moarfeitl, Klausen, Steintal

Weine o *Wines*

Weißweine: Sauvignon Blanc Steirische Klassik, Sauvignon Blanc Klausen, Sauvignon Blanc Moarfeitl Straden Cuvée, PUSSPUSS, Wr, Mu, Wb, Mo, Gb, Tr
Edelsüße Weine: Beerenauslese Saziani, TBA Saziani
Rotweine: Zweigelt, PN, Cuvée de Merin (Zw,CS,M)

Stockdichte o *Density of plantation*

3.500 Stöcke/Hektar in den alten Rebanlagen; jüngere Weingärten 4.500 Stöcke/Hektar

Alter der Reben o *Average age of the vines*

2-40 Jahre, Sauvignon Weingarten am Buchberg mit 70 Jahre alten Rebstöcken

Hektarerträge o *Average yields*

Sauvignon Blanc 2.500-4.000 Liter/Hektar

Weinseminare o *Wine-seminar*

Nach tel. Voranmeldung o By appointment only

Kellermeister/Önologe o *Winemaker*

Christoph Neumeister

Besondere Jahrgänge o *Great recent vintages*

2007, 2004, 2002, 2001, 2000, 1999, 1997
2000: Österr. Weinsalon mit Sauvignon Blanc 1999
2004: Österr. Weinsalon mit Sauvignon Blanc 2002
2005: Österr. Weinsalon mit Sauvignon Blanc 2004

Restaurant Saziani und Wirtshaus

Wirtshaus: Feb-Dez, Di-So mittags geöffnet
Restaurant: März-Nov, Mi-So abends geöffnet
Mo-Sa 10-12 Uhr, 14-18 Uhr, So Ruhetag
Ansprechperson: Matthias Neumeister

Weinkellerführung o *Winery guiding tour*

Nach tel. Voranmeldung o By appointment only

Weinverkaufspreise o *Average price*

€ 6,-/21,- • Visa, Mastercard, Diners, Bankomatkarte

Weitere Produkte o *Other products*

Saziani Brut Rose, Burgunder Trebernbrand, Sauvignon Blanc Moarfeitl Trebernbrand, PUSSPUSS Schokolade von Zotter

Gästezimmer o *Bed and breakfast*

Saziani Schlafgut, Öffnungszeiten wie Wirtshaus

Vertrieb/Vermarktung der Weine

Ab-Hof-Verkauf, Fachhandel, Vinotheken und die Gastronomie österreichweit
Exportländer: Deutschland, USA, Schweiz, Lichtenstein, Niederlande, Dänemark, Belgien, Schweden

Restaurant Weinkarte o *Winelist*

Steirereck, Palais Coburg, Fabius, Meinl am Graben, (Wien), Johanna Maier, Obauer, Tantris (München), Vendome (Gladbach), Le Moissonier (Köln), Winkler (Aschau).

Weingut Neumeister
A-8345 Straden 42
Tel.: +43 (0)3473 8308
www.neumeister.cc
e-mail: info@neumeister.at

Der Wein als Leidenschaft

Inmitten des steirischen Vulkanlandes, am Fuß des Karlaberges bei Straden, liegt das Weingut Pock, ein Familienbetrieb mit einer 300-jährigen Tradition. „Wir bewirtschaften sieben Hektar Weingärten in den Lagen Karlaberg und Rosenberg", sagt Franz Pock, „wo die Trauben auf den steilen, sonnigen und nach Südosten ausgerichteten Hängen mit tiefgründigen Schwemmlandböden eine hochwertige Reife erzielen." Jeder Schritt der verschiedenen Phasen des Weinmachens, vom Weinstock bis zur Flasche, ist von Sorgfalt und Aufmerksamkeit zum Detail begleitet. Gesundes Traubengut und bewußt limitierter Ertrag ergeben Weine von bester Qualität für jeden Geschmack. Das gilt klarerweise auch für den Sauvignon Blanc, der von Franz Pock typisch steirisch, klassisch im Edelstahltank ausgebaut wird und sich als feiner Speisenbegleiter empfiehlt. Den Begriff „technisch perfekt gemachte Weine" hat Franz Pock aus seinem Wortschatz gestrichen. Nicht sie sind für ihn die wertvollen Weine, sondern die authentischen, bei denen ihre unverwechselbare Herkunft im Glas schmeckbar ist. „Guter Wein entsteht aus dem, was man im ganzen Jahr im Weingarten tut", sagt er, „aus der bewußten Mengenbeschränkung am Rebstock, der Konzentration der Aromen und der damit verbundenen Bereitschaft, im Weingarten das Risiko einer mengenmäßig kleinen Traubenernte einzugehen." Der Wein ist die Leidenschaft von Franz Pock, der erst kürzlich seinen Keller komplett umgebaut hat, um Platz für seine neuen Edelstahltanks und Eichenholzfässer zu schaffen. Die Leidenschaft für den Wein wurde offenbar auch dem Sohn Matthias in die Wiege gelegt. Mit seinen 13 Jahren geht er bereits seinem Vater hilfreich zur Hand. Sein Ziel steht schon fest: Erst die Weinbauschule in Silberberg und später einmal selbst Wein machen. An ihm wird es liegen, ob das Weingut dereinst weiter wachsen wird. Die Weine von Franz Pock sind längst kein Geheimtipp unter Weinliebhabern mehr, sondern verkaufen sich auch in der heimischen Gastronomie bestens. Das Markenzeichen des Weingutes von Franz Pock ist bemerkenswerterweise ein Ziegenbock, der sich auch auf allen Etiketten seiner Weine wiederfindet. Den Ziegenbock gibt es aber nicht nur auf dem Papier, sondern auch in natura. Und das gleich mehrfach. Auf dem Pock-Anwesen tummeln sich gleich vier Ziegen, die zugleich auch eine Attraktion für die Kinder sind, die mit ihren Eltern zu Besuch auf dem Weingut sind. Im Verkostungsstüberl kann man die verschiedenen Weine probieren, dort findet man aber auch jene künstlerischen Arbeiten, die die gelernte Keramikerin Michaela Pock selbst herstellt und im eigenen Brennofen brennt.

Sauvignon Blanc 2007: 12,0%; Eleganter, intensiver Sauvignonduft, erinnert an Schwarze Johannisbeere und Holunder; würzige, kompakte Struktur am Gaumen. Finessenreich mit viel Kraft, wunderschöner Trinkfluss, ein Wein der einfach Freude macht.

Wine as passion

In the centre of the Styrian volcanic region, at the foot of the Karlaberg near Straden, is the Pock winery , a family business with a 300 year-old tradition. "We administer 14 acres of vineyards in Karlaberg and Rosenberg", says Franz Pock, "where the grapes ripen to a top quality on the steep, sunny and south-east facing hillsides consisting of deep flood land soil." Each step of the different stages in the production of wine, from growing the vines to bottling the wine, is accompanied by care and attention to detail. Healthy grapes and the deliberate reduction of crop result in wines of the best quality for all kinds of taste. This is naturally also true when it comes to Sauvignon Blanc, an excellent companion for a variety of meals. Franz Pock produces his Sauvignon Blanc the classical way and, typical of Styria, in stainless steel tanks. Franz Pock abolished the term "technically perfectly made wines" from his vocabulary. Not these are the best wines for him, but rather the ones showing authenticity, where you can taste the unmistakable origin in every glass. "A good wine is the endresult of one year's work in the vineyard", he says, "deliberate reduction of crop of each vine, the concentration of aromas and the associated readiness to take the risk of a smaller harvest in the vinyard." Wine is a passion for Franz Pock, who only a short while ago reconstructed his wine cellar completely in order to gain more space for his brand-new stainless steel tanks and oak barrels. His son Matthias obviously inherited this passion for wine. At 13 he already helps his father in the wine making process. His plans are plain and clear: First attending the School for Agriculture and Oenology Silberberg and later producing his own wine. It will be up to him whether the winery is going to prosper in the future.

The wines of Franz Pock are no longer just an insider tip amongst connoisseurs of good wines, instead they have become bestsellers in the national gastronomy. The trademark of Franz Pock's winery is a goat, which can also be found on his wine labels. This particular goat does not just exist on paper, but also in nature, and not only once, but a few times. At the Bock estate there are four goats, which naturally also constitute an attraction for children visiting the winery with their parents. In the wine tasting parlour one can not just try the various wines, but also find ceramic artefacts by Michaela Pock, which she designs and produces herself in her own kiln.

Foto von Markus Leodolter

Traubenernte und Vinifizierung

Sauvignon Blanc: 2maliges, selektives Lesen von Trauben mit 18°-19°KMW ➤ Rebeln und Maischen in der Presse ➤ Maischestandzeit in der Presse von 6-10 Stunden ➤ Pressen: schonendes Pressen, trennen von Seihmost und Pressmost ➤ Mostklärung: Sehr starkes Klären des Mostes (8°-10°C) ➤ Abziehen des klaren Mostes und gekühlte Gärung in Stahltanks bei 18°C, Gärstart mit Reinzuchthefen ➤ Ausbau: Jungweine in den Stahltanks ➤ nach dem Gärende abziehen von der Grobhefe ➤ mit der Feinhefe zurück in die Tanks ➤

Aufrühren der Feinhefe ➤ 4-5 Monate Reifen, Betonung von Fruchtaromen (typisch steirische Sauvignon-Fruchtaromen) ➤ Flaschenfüllung.

Weingärten o Vineyards	
7 ha (16,8 acres), Lagen: Rosenberg, Karlaberg	
Weine o Wines	
Weißweine: Sauvignon Blanc Wr, Wb, MT, Mo Rotweine: Zweigelt, Merlot, Granat (Zw, M)	
Alter der Reben o Average age of the vines	
4-30 Jahre	
Pflanzdichte o Density of plantation	
3,600 Stöcke/Hektar in Sauvignon Blanc-Anlagen	
Hektarerträge o Average yield per hectar	
Sauvignon Blanc 4.000 - 4.500 Liter/Hektar	
Kellermeister/Önologe o Winemaker	
Franz Pock	
Besondere Jahrgänge o Great recent vintages	
2007, 2006, 2003, 2000, 1997	

Ab-Hof-Verkauf o Sale at the premises
Täglich 9-18 Uhr o Daily from 9 am - 6 pm
Ansprechpersonen: Michaela und Franz Pock

Kommentierte Weinkost o Wine-seminar
Nach tel. Voranmeldung o By appointment only

Weinverkaufspreise o Average price
€ 4,50/7,50 • Bankomatkarte

Weitere Produkte o Further products
Traubensaft, Kürbiskernöl

Vertrieb/Vermarktung der Weine
Ab-Hof-Verkauf, Fachhandel und die Gastronomie österreichweit, Exportländer: Deutschland, Schweiz

Restaurant Weinkarte o Winelist
Steirereck Pogusch, Landhauskeller, Frankowitsch (Graz), K+K Salzburg, Festung Hohensalzburg

Weingut Pock
A-8345 Hof bei Straden, Karla 1
Tel.+Fax: +43 (0)3473 8390
www.pock-wein.at
e-mail: wein@pock-wein.at

Qualität ist unsere beste Werbung

Der Weinhof Ulrich, ein Betrieb, der seit dem Jahre 1893 im Familienbesitz steht, befindet sich in Plesch bei St. Anna/Aigen in der Südoststeiermark und bewirtschaftet eine Rebfläche von vier Hektar. „Über lange Zeit dominierten in unserem Weingut ausschließlich Weißweine", erklärt Rupert Ulrich, „aber seit 1990 hat auch der Rotwein einen Stellenwert bei uns." Drei der vier Hektar sind mit Weißweinreben bepflanzt, ein Hektar ist roten Sorten vorbehalten. Auf den großteils vulkanischen Hängen des Betriebes reifen besonders fruchtbetonte Trauben, die dem Wein einen angenehmen Körper verleihen. Das gilt auch für den Sauvignon Blanc, der von Rupert Ulrich als „reifere Klassik" im Edelstahltank ausgebaut wird. „Mit meinem Sauvignon muss man Geduld haben", sagt er, „dieser Wein ist ein Spätentwickler und erzielt seine Flaschenreife erst im Herbst."

Für den Silberberg-Absolventen und Weinbau- und Kellermeister Rupert Ulrich zählt bei seinen Weinen ausschließlich die Qualität, und für die sorgt er bereits im Weingarten. „Qualität ist die beste Werbung", sagt er und ist ständig bestrebt, diese noch zu verbessern. Dazu hört er auch auf Winzerkollegen, mit denen er sich regelmäßig zu Verkostungen, Erfahrungsaustausch und gegenseitigen Beratungen trifft. „Die endgültige Entscheidung, wie jeder einzelne von uns seinen Wein im Endeffekt vinifiziert, muss man selber treffen. Aber die Erfahrungen aus unseren Gesprächen fließen klarerweise in die Weinbereitung ein."

Die Erfahrungen scheinen bestens zu sein. Schließlich konnte Rupert Ulrich mit seinen Weinen bereits viermal einen Landessieger stellen. Den ersten im Jahre 2005 mit einer Traminer Auslese des Jahrganges 2003, dem Geburtsjahr von Töchterlein Bianca. Im Jahr darauf schaffte Ulrich gleich zwei Landessieger. Einen mit dem Welschriesling und einen weiteren mit der „Zweigelt Eruption". 2007 wurde die „Rote Eruption" in der Sortengruppe Rotweine Vielfalt zum Sieger gekürt.

Unter dem Namen „Eruption" produziert Ulrich, wie auch andere Winzer des oststeirischen Vulkanlandes, einen Wein, der die Vision von einer kulinarischen Spitzenregion Österreichs unterstützen soll. Die „Eruption" wird allerfeinst vinifiziert, im Eichenfass vergoren und bringt die volle Kraft des Vulkanlandes zum Ausdruck. Die „Eruption" gibt es in Weiß und in Rot und stellt den anspruchsvollsten Wein des jeweiligen Betriebes dar. Für den Verkauf der Ulrich-Weine ist Ruperts Ehefrau Karin zuständig.

Sauvignon Blanc: 13,0%; Feine Sortenfrucht, nach Paprikaschoten und Stachelbeeren, herzhafte Sortencharakteristik, saftige Fülle, stoffig und klar, komplex, sehr schöner Abgang.

Quality is our best advert

The Ulrich winery, a family-owned business since 1893, is situated in Plesch near St. Anna am Aigen in south-east Styria and consists of vineyards covering an area of 8 acres. "For a long time our winery was dominated by the production of white wines", explains Rupert Ulrich, "but since 1990 we have appreciated making red wine as well". Six of their eight acres are planted with white vines, two with red vines. The vines growing on the mainly volcanic hills of this estate produce especially fruity grapes giving the resulting wine a lovely body. The same can be said of Sauvignon Blanc produced as "reifere Klassik" by Rupert Ulrich in stainless steel tanks. "For my Sauvignon one needs patience", he says."This wine is a late developer and is only ready to be bottled in autumn."

As far as his wines are concerned, only quality counts for the Silberberg-graduate and wine producer Rupert Ulrich and the work to achieve this quality starts in the vineyard. "Quality is the best advert", he states and constantly strives to get even better results. To achieve this he naturally also listens to his wine-producing colleagues with whom he meets up regularly at wine tastings, where they exchange experience and advise each other. "Everyone has to make themselves the final decision how each of us produces his wine. But the knowledge gathered in our meetings obviously plays a major part in the wine production."

The experience of these meetings seems to have paid off. After all, Rupert Ulrich has been able to be Styrian county winner (Steirischer Landessieger) with his wines four times already. The first time he won this title was with his "Traminer Auslese 2003" in 2005, the year of his daughter Bianca's birth. The following year he earned even two of the same titles (Steirischer Landessieger): One with his "Welschriesling" and another with the "Zweigelt Eruption". Then, in 2007, his "Rote Eruption" was declared the winner in the category for various red wines.

With "Eruption" Ulrich, like many other winemakers of the volcanic eastern styrian region, produces a wine supposed to support the vision of one of the leading culinary regions of Austria. "Eruption" is exquisitely produced, fermented in oak barrels and reflects the full strength of this volcanic land. "Eruption" is available in white and in red varieties and represents the most sophisticated wine of the respective business. Rupert's wife Karin carries the responsibility for the sale of Ulrich-wines.

Traubenernte und Vinifizierung

Sauvignon Blanc: Mehrmaliges, selektives Ernten von Trauben mit 18°-20°KMW ➤ Rebeln und Maischen in der Presse ➤ Maischekontaktzeit 12-15 Stunden ➤ Pressen: schonendes Pressen mit wenig Druck, Seihmost und Pressmost getrennt ➤ Mostklärung: Gekühltes Klären des Mostes über Nacht (8°-10°C) ➤ Abziehen des klaren Mostes und gekühlte Gärung in

Stahltanks bei 18°-20°C, Gärstart mit Reinzuchthefen ➤ Ausbau: Klassik-Jungweine in den Stahltanks ➤ nach dem Gärende abziehen von der Grobhefe ➤ mit der Feinhefe zurück in die Tanks ➤ Aufrühren der Feinhefe solange es möglich ist ➤ 4 Monate Reifung, Betonung von Fruchtaromen ➤ Klarfiltration und Flaschenfüllung.

Weingärten o Vineyards	**Ab-Hof-Verkauf o Sale at the premises**
6 ha (14,4 acres), Lagen: Tamberg	Täglich 9-18 Uhr, So nur Vormittag
Weine o Wines	Ansprechpersonen: Karin Ulrich
Weißweine: Sauvignon Blanc	**Kommentierte Weinkost o Wine-seminar**
Wr, Scheurebe, Wb, Ch, GTr	Nach tel. Voranmeldung o By appointment only
Edelsüße Weine: Gewürztraminer halbtrocken,	**Weinverkaufspreise o Average price**
David-Traminer Auslese	€ 4,90/14,- • Visa, Mastercard, Bankomatkarte
Rotweine: Zweigelt, ERUPTION rot	**Weitere Produkte o Further products**
Alter der Reben o Average age of the vines	Obstbrände, Kernöl
2-20 Jahre	**Vertrieb/Vermarktung der Weine**
Pflanzdichte o Density of plantation	Ab-Hof-Verkauf, Fachhandel und die Gastronomie
3,800 Stöcke/Hektar in Sauvignon Blanc-Anlagen	österreichweit,
Hektarerträge o Average yield per hectar	Exportländer: Deutschland
Sauvignon Blanc 3.500-4.500 Liter/Hektar	**Restaurant Weinkarte o Winelist**
Kellermeister/Önologe o Winemaker	Urbanikeller (Salzburg), Johanneshof (Graz), Sampl
Rupert Ulrich	(Neuhaus am Klausenbach), Fürnschuß (Kirchbach),
Besondere Jahrgänge o Great recent vintages	Gsölls (Kirchberg), Vinofaktur (Vogau und Graz),
2007, 2006, 2005, 2003, 2002, 2000	Gesamtsteirische Vinothek St. Anna

2007 Steirischer Landessieger mit Rote Eruption 2005
2006 Steirischer Landessieger mit Welschriesling 2005
    und Zweigelt Eruption 2003
2005 Steirischer Landessieger Spätlese/Auslese 2004
2003 Steirischer Landessieger mit Welschriesling 2002

Weinhof Ulrich
A-8354 St. Anna/Aigen, Plesch 26
Tel.: +43 (0) 3158 2290, Fax: -4
www.weinhof-ulrich.at
e-mail: wein@weinhof-ulrich.at

Geteilte Verantwortung im Weingarten und Keller

Wenn man von weitgereisten Weinen spricht, wird man um jene des Weinhofes Platzer nicht herum kommen. Manfred Platzer beliefert nämlich auch die Fünfsterne-Kreuzfahrtschiffe der Crystal Cruises, die auf allen Weltmeeren unterwegs sind, mit seinem steirischen Wein. Die Familie Platzer beschäftigt sich seit den 50er-Jahren des vorigen Jahrhunderts mit dem Weinbau. Gottfried Platzer begann mit einer Rebfläche von 2,5 Hektar, mit der Übernahme durch Manfred Platzer, der nach der Weinbauschule in Silberberg auch noch den Meisterkurs in Klosterneuburg absolvierte, begann der steile Aufschwung des Betriebes. Die Erfolge können sich wahrlich sehen lassen. Platzer-Weine stellten in den letzten Jahren nicht weniger als 21 Steirische Landessieger und zwei Österreichische Weinsalonsieger. Mit seinem Sauvignon Blanc Klassik erzielte er zuletzt Gold bei der Austrian Wine Challenge in Wien. Heute bewirtschaftet Manfred Platzer sechs Hektar eigene Rebflächen mit besten Lagen auf dem Klöchberg, Aunberg und Königsberg.

Manfred Platzer hat aber nicht nur den Weinen seinen persönlichen Stempel aufgedrückt, sondern auch in der Weingartenarbeit innovative Maßstäbe gesetzt. Er hat unzählige Geräte, vom Spritztunnel für den Pflanzenschutz bis zum Stockräumgerät mit automatischem Feintaster, entwickelt, die heute im Weinbau unverzichtbar geworden sind. Sein technisches Knowhow ist auch in die Planung seines neuen Weinkellers eingeflossen. In der Architektur des neuen Presshauses wurden moderne Linien im traditionellen Baustil umgesetzt. Dabei wurde Eruptionsgestein, das schon in einem alten Haus auf dem Königsberg verwendet worden war, in die neue Fassade eingebaut.

Mittlerweile steht schon die nächste Generation der Familie Platzer im Einsatz. Robert Platzer hat so wie der Vater Silberberg absolviert, ist seit 2006 Weinbaumeister und teilt sich bereits mit seinem Vater die Verantwortung im Weingarten und Keller.

Wenn es um die Flaschenetiketten geht, geben sich Manfred und Robert Platzer durchaus nicht prüde. Auf ihrer „Donna"-Weinlinie, eine Cuvée aus Welschriesling und Traminer, zieren künstlerische Frauen-Akte das Etikett.

Sauvignon Blanc Klassik: 12,5%; Intensive Stachelbeere und etwas Ribisel im Duft, fokussierte Struktur, wunderschöner Trinkfluss und ein langer Abgang.

Shared responsibility

When one speaks of widely travelled wines, one cannot leave out the ones of the Platzer winery, especially as Manfred Platzer supplies also the five star-cruisers of Crystal Cruises, who sail the oceans, with his Styrian wine. The Platzer family has been engaged in wine production since the 50s of the last century. Gottfried Platzer started off with 5 acres of vineyards, but when Manfred Platzer, who, after attending the School for Agriculture and Oenology Silberberg went on to graduate from the Federal College for Wine and Fruit Growing in Klosterneuburg, took over the wine production, the steep ascent of this business really began. His successes are there for everyone to see. Platzer wines have provided no less than 21 Styrian county winners (Steirischer Landessieger) and two winners at the Austrian Wine Salon in the past few years. Most recently he was awarded the gold medal at the Austrian Wine Challenge in Vienna for his Sauvignon Blanc Klassik. Today Manfred Platzer manages 12 acres of his own vineyards, which are situated at the best terrains on Klöchberg, Aunberg and Königsberg.

But Manfred Platzer has not only given his wines his personal stamp, he also introduced innovative new measures for the work in the vineyards. He developed countless devices, from the spray tunnel to protect the plants to the vine remover, equipment that modern wine producers cannot do without. His technical know-how was also instrumental in the planning of his new wine cellar. In the architecture of the wine press house modern ideas were implemented in a traditional building style. Volcanic rock already used in the old house in Königsberg was integrated in the new facade.

Meanwhile the next generation of the Platzer family is at work. Robert Platzer, like his father, is a graduate of the School for Agriculture and Oenology Silberberg, has a diploma in wine making since 2006 and shares the responsibility for the vineyards as well as the wine cellar with his father.

As far as the labels for their bottles go, Manfred and Robert Platzer are definitely not prudish. The labels on the bottles of the „Donna"-series, a cuvée from Welschriesling and Traminer, boast artistic female-nudes, for example.

Traubenernte und Vinifizierung

Sauvignon Blanc: Mehrmaliges, selektives Ernten von Trauben mit 17°-19°KMW, beim ersten Lesedurchgang; ab 19°-20°KMW beim dritten Durchgang ➤ Rebeln und Maischen in Maischetanks ➤ Maischekühlung 8-12 Stunden ➤ Pressen: schonendes Pressen, Seihmost und Pressmost getrennt ➤ Mostklärung: Gekühltes Klären des Mostes über Nacht (6°-8°C) ➤ Abziehen des nicht zu klaren Mostes, „Es ist von der natur aus alles vorhanden, wenn man der Hefe die Nahrung entzieht gibt es eben Probleme". ➤ Gärung: gekühlte Gärung in Stahltanks bei 16°-17°C ➤ Ausbau: Klassik-Jungweine in den Stahltanks ➤ nach dem Gärende abziehen von der Grobhefe ➤ mit der Feinhefe zurück in die Tanks ➤ Reifen auf der Feinhefe bis Ende Jänner ➤ 4 Monate Tankreifen, Betonung von Fruchtaromen ➤ Klarfiltration und Flaschenfüllung.

Weingärten o *Vineyards*
6 ha (8,4 acres) +27 ha (64,8 acres) Traubenlieferanten, Lagen: Aunberg, Königsberg

Weine o *Wines*
Weißweine: Sauvignon Blanc Klassik
Wr, „Taste of Styria", Ri, Mu, Pb, Ch, Pinot Cuvèe, PG, GTr
Rotweine: Zweigelt, St. Laurent, Königsberg, Laudatio, TAU

Alter der Reben o *Average age of the vines*
3-28 Jahre

Pflanzdichte o *Density of plantation*
3.000 Stöcke/Hektar in Sauvignon Anlagen

Hektarerträge o *Average yield per hectar*
Sauvignon Blanc 4.000-6.000 Liter/Hektar

Kellermeister/Önologe o *Winemaker*
Robert Platzer

Besondere Jahrgänge o *Great recent vintages*
2007, 2006, 2004, 2001, 2000, 1999, 1997
2008 Steirischer Landessieger mit Pinot Blanc Klassik 2007
2004 Steirischer Landessieger mit Welschriesling 2003
Insgesamt 6x Steirischer Landessieger mit Welschriesling

Ab-Hof-Verkauf o *Sale at the premises*
Nach tel. Voranmeldung o By appointment only
Ansprechpersonen: Maria und Manfred Platzer

Weinverkaufspreise o *Average price*
€ 5,–/17,– • Bankomatkarte

Weitere Produkte o *Further products*
Chardonnay Edelbrand, Traubenbrand, Weinbrand

Kommentierte Weinkost o *Wine-seminar*
Nach tel. Voranmeldung o By appointment only

Weinkellerführung o *Winery guiding tour*
Nach tel. Voranmeldung o By appointment only

Vertrieb/Vermarktung der Weine
Ab-Hof-Verkauf, Fachhandel und die Gastronomie österreichweit, Exportländer: Deutschland, Schweiz

Restaurant Weinkarte o *Winelist*
3 Husaren, Steirereck (Wien), Steirereck am Pogusch, K+K (Salzburg), Landhauskeller (Graz), Radkersburgerhof (Bad Radkersburg)
Traumschiffe: Crystal Cruises, Harmony Symponie

Weinhof Platzer
A-8355 Tieschen, Pichla 25
Tel.: +43 (0)3475 2331, Fax: -4
www.weinhof-platzer.at
e-mail: platzer@weinhof-platzer.at

Besuch in der Nähe des Himmels

Als einen Familienbetrieb zwischen Tradition und Moderne kann man das Weingut Frühwirth in Deutsch Haselsdorf bei Klöch bezeichnen. Die Tradition repräsentieren Fritz Frühwirth und seine Frau Marianne, die Moderne stellen Sohn Fritz junior und seine Lisa dar, die mit ihren zwei Kindern schon für die nächste Generation im Weingut gesorgt haben. Das Weingut Frühwirth bewirtschaftet zwölf Hektar Rebflächen in den Lagen „Sunnleitn", „Rosenberg" und „Hochwarth", wo die Reben auf durchwegs kräftigen, tief-gründigen Böden aus vulkanischem Ursprung, zum Teil aber auch auf schottrigen bis leicht sandigen Böden wachsen. Etwa 15 Prozent der Rebfläche sind mit Sauvignon Blanc bepflanzt, wobei der Sauvignon Blanc „Sunnleitn" klassisch im Stahltank ausgebaut wird. „Die Qualität des Weines wächst im Weingarten", sagt Fritz Frühwirth jun., der in Klosterneuburg maturierte und sein Wissen im Elsass, Bordeaux und Sauternes sowie in Südafrika erweiterte. Er überlässt im Weingarten aber nichts dem Zufall. „Wir müssen das ganze Jahr über Hand anlegen, die Rebstöcke ständig kontrollieren und intensiv betreuen. Nur wer den Weingarten mit Hingabe zu pflegen versteht, wird von ihm beschenkt." Den Sauvignon liest Frühwirth in mehreren Erntedurchgängen, die er separat ausbaut und die unterschiedliche Reife und Aromatik zu einem finessenreichen und vielschichtigen Wein cuvéetiert. Die Pre-mium-Weine des Betriebes tragen den Namen „Koasasteffl", das ist der Vulgo-Name der Fami-lie Frühwirth. Diese kräftigen und fülligen Weine werden aus Trauben vinifiziert, die einer stren-gen Auslese unterzogen wurden und teilweise auch in Barriques vergären und reifen. Die zielstrebige und konsequente Arbeit gibt dem Winzer Recht. Es kommt wohl nicht von ungefähr, dass er mit seinen Weinen schon vier Mal Steirischer Landessieger werden konnte.

Ein beliebtes Ausflugsziel in der Oststeiermark ist der Buschenschank der Familie, der von Karl Frühwirt im Jahre 1957 gegründet wurde. Als Besucher fühlt man sich dort „in der Nähe des Himmels", genießt von der sonnigen Weinberg-Terrasse die Aussicht über die Grenze nach Slowenien und genießt außerdem das feine kulinarische Angebot. Klarerweise hat dort auch die Glas- und Trinkkultur einen hohen Stellenwert. So werden alle Weine auch glasweise angeboten und die Rotweine rechtzeitig dekantiert, damit dem vinophilen Buschenschankerlebnis nichts im Wege steht.

Sauvignon Blanc Sunnleitn: 13,0%; Vielschichtig und fruchtbetont, mit reifen Stachelbeer und Schwarzen Ribiselaromen, klassisch mit einer sehr reifen Ausprägung, aromatische Frische, würzig, mit sehr großen Potenzial.

A visit close to heaven

The Frühwirth winery in Deutsch Haselsdorf near Klöch could easily be described as a family business between the traditional and the modern. Fritz Frühwirth and his wife Marianne represent tradition, while the modern aspects are the domain of son Fritz junior and 'his' Lisa, who have already provided the next generation in the winery with their two children. The Frühwirth winery administers twenty-four acres of vineyards in "Sunnleitn", "Rosenberg", and "Hochwarth", where some grapes grow on strong deep soil of volcanic origin while others grow on gravel and slightly sandy soil. About 15 percent of the vineyards are designated to Sauvignon Blanc, of which the Sauvignon Blanc "Sunnleitn" is produced classically in stainless steel tanks. The wine has a bouquet of elderberry blossoms, black currant and gooseberries, and delivers a fresh aroma and fine minerals. "The quality of a wine grows in the vineyard", says Fritz Frühwirth Junior, who passed his Matura in the Federal College for Wine and Fruit Growing in Klosterneuburg and extended his knowledge in Alsace, Bordeaux and Sauternes as well as in South Africa. In the vineyard he leaves nothing to chance. "We have to work all year long, examine the vines constantly and look after them. Only who knows how to look after his vineyard with dedication, will get something out of it." Frühwirth picks the Sauvignon grapes in several harvests, which he produces separately and the different ripeness and aroma results in a rich and complex wine. The premium wines of the business are called "Koasasteffl", which is the vulgo-name of the Frühwirth family. These strong and full-bodied wines are made from grapes, which undergo a strict selection and have been partially fermented and matured in barriques. The results of this determined and consistent work prove the wine maker right. It is no coincidence his wines have been chosen as Styrian county winners (Steirischer Landessieger) four times already.

A favourite destination for tourists in eastern Styria is the Buschenschank of the family, which was built by Karl Frühwirt in 1957. As a visitor one feels "close to heaven": from the sunny vineyard-terraces one can enjoy the view across the border to Slovenia and at the same time indulge in the fine culinary specialities on offer. Obviously the glass- and drinking culture is held in high esteem. Thus all wines are offered per glass as well and red wines are decanted in time, so nothing will stand in the way of the perfect Buschenschank – experience.

Traubenernte und Vinifizierung

Sauvignon Blanc Sunnleitn: Mehrmaliges, selektives Ernten von Trauben mit 18°-19,5°KMW ➤ Rebeln und Maischen in der Presse ➤ Maischekontaktzeit 6-12 Stunden ➤ Pressen: schonendes Pressen, Seihmost und Pressmost getrennt ➤ Mostklärung: Gekühltes Klären des Mostes über Nacht (8°-10°C) ➤ Abziehen des klaren Mostes und gekühlte Gärung in Stahltanks bei 16°-18°C, Gärstart mit Reinzuchthefen ➤ Ausbau: Klassik-Jungweine in den Stahltanks ➤ nach dem Gärende abziehen von der Grobhefe ➤ mit der Feinhefe zurück in die Tanks ➤ Aufrühren der Feinhefe ➤ 3-5 Monate Reifung, Betonung von Fruchtaromen ➤ Klarfiltration und Flaschenfüllung.

Weingärten o *Vineyards*

12 ha (28,8 acres), Lagen: Sunnleitn, Rosenberg, Hochwarth

Weine o *Wines*

Weißweine: Sauvignon Blanc Sunnleitn
Wr, Scheurebe, Wb, Steirer Pur, Mu, Ch
Traminer Hochwarth, Gewürztraminer Extrem, Gewürztraminer Koasasteffl
Rotweine: Zweigelt, Merlot, Roter Koasasteffl, Kosasasteffl Reserve

Alter der Reben o *Average age of the vines*

3-45 Jahre

Pflanzdichte o *Density of plantation*

4,500 Stöcke/Hektar in Sauvignon Blanc-Anlagen

Hektarerträge o *Average yield per hectar*

Sauvignon Blanc 3.500-4.500 Liter/Hektar

Weinseminare o *Wine-seminar*

Nach tel. Voranmeldung o By appointment only

Kellermeister/Önologe o *Winemaker*

Fritz Frühwirth jun.

Besondere Jahrgänge o *Great recent vintages*

2007, 2004, 2001, 2000, 1999, 1983, 1979
2001 Steirischer Landessieger mit Rheinriesling 2000

Buschenschank o *Where the winegrower sell*

März-Nov, Mi-So ab 15 Uhr geöffnet

Ab-Hof-Verkauf o *Sale at the premises*

Täglich ab 9 Uhr o Day-to-day from 9 am
Ansprechpersonen: Fritz und Maria-Anna, Fritz jun. und Lisa Frühwirth

Weinverkaufspreise o *Average price*

€ 5,10/14,- • Bankomat

Weitere Produkte o *Further products*

Apfelsaft, Roter Traubensaft

Vertrieb/Vermarktung der Weine

Ab-Hof-Verkauf, Fachhandel und die Gastronomie österreichweit,
Exportländer: Deutschland, Schweiz, Schweden, USA, Canada

Restaurant Weinkarte o *Winelist*

New York Restaurants: Tabla, Crave, Danube, Wallse, Altore, yumcha, Gramercy Tavern, Eleven Madison Park, aqua dome (Längenfeld), Parkhotel (Graz), Stöcklwirt (Neusetz), Steirerhof (Bad Waltersdorf), Sampl (Neuhaus am Klausenbach)

Weingut Frühwirth

A-8493 Klöch, Deutsch Haseldorf 46
Tel.: +43 (0)3475 23 38, Fax: -4
www.fruehwirth.at
e-mail: weingut@fruehwirth.at

PLODER-ROSENBERG:
ST. PETER AM OTTERSBACH

Vinophile Träume

Das Weingut Ploder-Rosenberg in St. Peter am Ottersbach darf nicht mit herkömmlichen Maßstäben beurteilt werden. Eingebettet in die weiblichen Formen des Oststeirischen Hügellandes, liegt der elf Hektar große Besitz von Fredi Ploder mit den Lagen Luttenberger, Kapellen und Kreuzfeld, auf denen auch der Sauvignon Blanc wächst. Fredi Ploder wendet in seinen Weingärten biodynamische Methoden an, ohne das an die große Glocke zu hängen. Er setzt sich intensiv mit den natürlichen Voraussetzungen in den verschiedenen Weingärten auseinander und wählt nach Bodentyp und Kleinklima die passenden Rebsorten aus. „Das Land selbst wählt die Frucht, die ihm am besten ansteht", sagt Ploder, der unter keinen Umständen ein marktorientierter, angepasster, gefügiger Weinmacher sein will, sondern eigene vinophile Träume realisiert. Wenn man die lange Liste seiner Erfolge betrachtet – mit seinen Weinen hat Fredi Ploder immerhin schon elf Mal den Sieger bei der Steirischen Landesweinkost gestellt und war ebensooft im Österreichischen Weinsalon vertreten –, wird klar, dass der engagierte Winzer seine Träume wahr gemacht hat. Fredi Ploder und seine Frau Maria haben aber nicht nur ein großes Herz für ihren Wein, sie interessieren sich auch sehr für Kunst und Kultur. Das zeigt sich einerseits durch die vielen kulturellen Veranstaltungen im Weingut und andererseits auch dadurch, dass sie auch in Sachen Architektur Weitblick bewiesen. Für ihr gelungenes neues Kellergebäude bzw. das Winzerhaus wurde das Weingut Ploder-Rosenberg heuer mit der „Geramb Rose" ausgezeichnet. Diese Auszeichnung wird für Leistungen verliehen, die der Erhaltung oder Schaffung einer qualitätsvollen Baukultur dienen. Einen künstlerischen Anstrich haben auch jene bunten Steine am Rande der Weingärten von Fredi Ploder, mit denen er schon weithin sichtbar macht, welche Trauben in welchem Weingarten gedeihen. Die roten Steine machen deutlich, dass dort Rotweine und Traminer wachsen, die gelben Steine stehen für Burgundersorten und Morillon und die blauen Steine für junge Reben. Die Farbe Grün steht im Weingut Ploder-Rosenberg nicht nur für die biodynamischen Methoden im Weingarten, sie ist auch die dominante Farbe auf den Flaschenetiketten des Weingutes. Und bei soviel Grün verwundert es nicht, dass sich ab und zu ein kleiner grüner Laubfrosch in den Weinkeller verirrt.

In Sachen Sauvignon Blanc keltert Fredi Ploder drei Linien. Seine Klassik ist eine Cuvée aus verschiedenen Lagen, weist eine komplexe, dichte Struktur auf und zeigt Aromen nach Stachelbeere und Chassis. Sein Lagenwein Linea stammt von der nach Südwesten ausgerichteten Lage Luttenberger, die in einer Höhe von 350 Metern liegt und einen Boden aufweist, der sowohl aus Schotter, Sand und Lehm besteht. Dieser Lagenwein wird in 600-Liter-Fässern ausgebaut und gefällt durch seine Langlebigkeit. In besonderen Jahren keltert Fredi Ploder auch eine Reserve, die in Barriques reift.

Vinophile dreams

One cannot judge the winery Ploder Rosenberg in St. Peter am Ottersbach in the conventional way. Embedded in the female forms of the Eastern Styrian hills (Oststeirischen Hügellandes) lies the 22 acres - estate of Fredi Ploder with the vineyards Luttenberger, Kapellen and Kreuzfeld, which are in part cultivated with Sauvignon Blanc. Fredi Ploder uses organic methods in his vineyards without bragging about it. He closely observes the natural conditions in his various vineyards and selected the vines in accordance with the type of soil and local climate. "The land itself chooses the fruit which best suits its terrain" says Ploder who under no circumstances wants to be a market-oriented, conformist, or compliant wine producer, but instead realises his very own vinophile dreams. A look at the long list of his successes –Fredi Ploder has provided 11 winners at the Styrian County Wine Tasting Event and was chosen the same amount of times for the Austrian Wine Salon – shows that the committed winegrower has realised his dreams.

Fredi Ploder and his wife Maria are not only passionate about their wine, they also share a keen interest in art and culture. This is made obvious on the one hand by the amount of cultural events in the winery and, on the other hand also by their architectural foresight. this year For their successful new cellar building and the winegrower house respectively the winery Ploder-Rosenberg was awarded the "Geramb Rose", a distinction for achievements in the field of preservation or construction of quality architecture. Artistic flair is doubtless also displayed by the colourful stones at the edge of Fredi Ploder's vineyards indicating from afar which grapes grow in the individual vineyards. Red stones stand for red grapes and Traminer, yellow stones for Burgundy and Morillon and blue stones for young vines. Green not only represents organic vineyards in the Ploder-Rosenberg estate, it is also the dominant colour on the labels of the wineries bottles. And with so much green about it is no surprise that now and then a small green tree frog gets lost and shows up in the wine cellar.

Fredi Ploder produces three lines of Sauvignon. His Classic is a blend of grapes from three different vineyards, making it complex with a dense structure and displaying aromas of gooseberries and chassis. His premium wine Linea comes from the vineyard Luttenberger with soil made up of gravel, sand and clay, which lies at a height of 350 metres above sea level. This premium wine is produced in 600-litre barrels and is known for its longevity. In special years Fredi Ploder also produces a reserve which matures in barriques.

Sauvignon Blanc 2007: 12,0%; In der Nase mit feinen Holunderblüten unterlegter reifer Stachelbeerton. Am gaumen saftig und elegant, die feine Cassisnote bleibt sehr lange am Gaumen haften. Ein vielseitiger Speisebegleiter.

Sauvignon Blanc Linea 2003: 14,0%; Ein ausdrucksstarker Sauvignon mit eleganten Johannisbeerennoten, gemacht für eine halbe Ewigkeit.

Sauvignon Blanc Reserve: Kommt erst 5 Jahre nach der Ernte in den Handel, der Wein ist für 24 Monate in 600 l Eichenfässer und erhält dann weitere 36 Monate Flaschenreifung. Eine Sauvignon Blanc Reserve wird nur von besonderen Jahrgängen, wie 2002, 2003, 2005, 2006 und 2007 gekeltert.

Weingärten o *Vineyards*
11 ha (26,4 acres), insgesamt von 20 ha (48 acres) Traubenverarbeitung, Lagen Luttenberg, Kreuzfeld, Rosenkogel, Scheming

Weine o *Wines*
Weißweine: Sauvignon Blanc, Linea Sauvignon Blanc, Reserve Sauvignon Blanc,
Eruption W, Linea Viognier
Wr, Wb, Mo, Ri, Gb, Mu, GTr, PG
Edelsüße Weine: Beerenauslese, Welschriesling Eiswein
Rotweine: Zweigelt, Eruption R

Alter der Reben o *Average age of the vines*
3-42 Jahre

Pflanzdichte o *Density of plantation*
4.000 Stöcke/Hektar in Sauvignon Blanc-Anlagen

Hektarerträge o *Average yield per hectar*
Sauvignon Blanc 3.000–4.000 Liter/Hektar

Kellermeister/Önologe o *Winemaker*
Fredi Ploder

Besondere Jahrgänge o *Great recent vintages*
2007, 2004, 2002, 2001, 1999, 1983, 1979
2004: Österr. Weinsalon mit Sauvignon Blanc Linea 2002
2007: Österr. Weinsalon mit Sauvignon Blanc Linea 2003
Ploder-Rosenberg-Weine wurden bisher 11x Sieger bei der Steirische Landesweinkost
Ploder-Rosenberg-Weine waren bisher 11x im Österreichischen Weinsalon vertreten

Ab-Hof-Verkauf o *Sale at the premises*
Nach tel. Voranmeldung o By appointment only
Ansprechpersonen: Maria und Fredi Ploder, Irene Goboc

Weinseminare o *Wine-seminar*
Nach tel. Voranmeldung o By appointment only

Kochseminare o *Cooking-seminar*
Nach tel. Voranmeldung o By appointment only

Weinverkaufspreise o *Average price*
€ 5,30/32,- • Visa, Mastercard, Bankomatkarte

Weitere Produkte o *Further products*
Überschäumend Brut (Flaschenvergoren)

Vertrieb/Vermarktung der Weine
Ab-Hof-Verkauf, Fachhandel
Exportländer: Deutschland, Schweiz, Skandinavien, USA

Restaurant Weinkarte o *Winelist*
Hubertus (Filzmoos), Esszimmer, Pfefferschiff zu Söllheim (Salzburg), Döllerer (Golling), Taubenkobel (Schützen am Gebirge), Steirereck im Stadtpark, Korso, Kurz, Niky's Kuchlmasterei (Wien), Dolce Vita (Klagenfurt), Schlossstern (Velden), Lercher's Panorama (Murau), Wirtshaus Steirereck (Turnau), Rote Wand (Lech am Arlberg), Hotel Post (St. Anton), Interalpen (Telfs), Alpenkönig (Reith), Quellenhof (Leutasch), Verdi (Linz an der Donau)

Weingut Ploder–Rosenberg
A-8093 St. Peter am Ottersbach 86
Tel.: +43 (0)3477 32 34, Fax: -4
www.ploder-rosenberg.at
e-mail: office@ploder-rosenberg.at

Weitgereiste Weinflaschen

Wenn von Familientradition gesprochen wird, kann man die Familie List in Siebing als Paradebeispiel heranziehen. Die Familie besitzt seit dem Jahre 1789 Weingärten auf dem Grassnitzberg und betreibt den Weinbau seit nunmehr sieben Generationen. Bis Mitte der 80er-Jahre des vorigen Jahrhunderts wurde Wein, ausschließlich Cuvées, lediglich für den Eigenbedarf beziehungsweise Fasswein-Verkauf produziert. Erst von da an verlegte sich Anton List auf die Vinifizierung von Qualitätsweinen, die in Bouteillen gefüllt wurden. Die Erfolge, die Anton List mit seinen Weinen erzielte, veranlassten ihn, sich gänzlich auf den Weinbau zu konzentrieren und die übrigen landwirtschaftlichen Flächen zu verpachten. Mittlerweile wurden die bestehenden Weingärten auf dem Grassnitzberg durch Neuanlagen erweitert, womit sich eine Rebfläche von 5,5 Hektar ergibt. In Sachen Weinbau wird Anton List seit 2004 von seinem Sohn Matthias unterstützt, der die Weinbauschule in Silberberg und den Weinbaumeisterkurs absolviert und bestanden hat. Auf seinen darauffolgenden Studienreisen nach Australien, Washington und Oregon sowie Argentinien, Brasilien und Chile hatte er stets ein paar Weinflaschen aus der eigenen Produktion im Gepäck, die er immer vor örtlichen Sehenswürdigkeiten fotografierte. Diese Fotos zieren nun die Wände des neuen Kost- und Verkaufsraumes des Weingutes List in Siebing.

Matthias List, der seit zwei Jahren die Verantwortung im Keller trägt, trachtet danach, neben den klassisch ausgebauten Weinen einen eigenen Stil bei den Lagenweinen zu entwickeln. „Der Charakter des Weines entscheidet sich im Weingarten", sagt er, „daher sind strenge Ertragskontrolle, rigorose Selektion des Traubenmaterials und kompromisslose Arbeit im Weingarten - unerlässlich. Im Keller kann man den Wein nicht mehr verbessern, sondern nur noch bewahren." Das Ziel der Familie List im Weinbau ist, so wenig wie möglich und nur so viel wie notwendig in den natürlichen Reifungsprozess der Weine einzugreifen.

Vom Sauvignon produzieren Anton und Matthias List neben der Klassik auch einen Lagenwein sowie eine Grassnitzberg Reserve, die im kleinen Holz ausgebaut wird.

Sauvignon Blanc: 12,5%; Stachelbeeren und reife vegetabile Noten im Bukett, die in Richtung Cassislaub gehen. Zeigt sich pikant und recht füllig am Gaumen mit extraktsüßer Frucht, feiner Säure und viel Fruchtschmelz. Wunderschöner Trinkfluss.

Sauvignon Blanc Grassnitzberg Reserve: 13,5%; Rote Ribisel und Johannisbeeren, ein Hauch Dill, dicht und kraftvoll am Gaumen, mit viel Extrakt und langen Abgang.

Widely travelled bottles of wine

When one talks about family tradition, the List family in Siebing could easily be mentioned as a prime example. The family has owned vineyards in Grassnitzberg since 1789 and has been in the wine business now for seven generations. Until the middle of the 80s of the last century wine was only produced as cuvées, and only for personal requirement or for sales direct from the barrel. Only then Anton List started with the vinifying and bottling of quality wines. The successes Anton List achieved with his wine convinced him to concentrate entirely on wine making and to lease the rest of the agricultural land. In the meantime, the existing location in Grassnitzberg was extended by acquiring new vineyards, which now account for an area of 11 acres. Since 2004 Anton List has got the support of his son Matthias who is a graduate of the School for Agriculture and Oenology Silberberg and has successfully finished the course to become a master in wine making. On his subsequent educational journeys to Australia, Washington and Oregon as well as Argentina, Brasil, and Chile he always had a few wine bottles of his own winery with him, which he photographed in front of local sights. These photographs today grace the walls of the new wine tasting and sales room of the List winery in Siebing.

Matthias List, who has carried the responsibility in the wine cellar for two years, is striving to develop an individual style with the premium wines besides producing classic wines. "The character of the wine is decided in the vineyard", he says, "which makes yield control, rigorous selection of the grapes and uncompromising work in the vineyards essential. The quality of a wine cannot be improved in the wine cellar, it can only be kept." The aim of the List family in their wine production is to interfere as little as possible and as much as necessary in the natural ripening process.

Besides their "Klassik" Sauvignon, Anton and Matthias List produce a premium wine as well as the Grassnitzberg "Reserve", produced in small wooden barrels.

Traubenernte und Vinifizierung

Sauvignon Blanc Grassnitzberg: Mehrmaliges selektives Handlesen (nur vormittags), Traubengradation 18°-19°KMW ➤ Rebeln und Einmaischen ➤ Maischekontaktzeit in Maischetanks 12 Stunden ➤ Vorentsaften in der Presse ohne Pressdruck ➤ Entschleimen des Mostes mit Kühlung für 24-36 Stunden ➤ Einleiten der ersten Gärung mit Reinzuchthefen ➤ Gärtemperatur im Stahltank zu Beginn 20°C, absenken durch Kühlung auf 17°C ➤ Ausbau: Jungwein in den Stahltanks für 3-4 Monate ➤ Betonung von Fruchtaromen ➤ Füllfiltration vor Flaschenfüllung.

Weingärten o *Vineyards*
5,5 ha (13 acres) Lagen Grassnitzberg, Wiellitsch

Weine o *Wines*
Weißweine: Sauvignon blanc
Wr, Wb, Mo, Mu, Scheurebe, Tr
Edelsüße Weine: Beerenauslesen
Rotweine: Zweigelt, Der Listige Rote

Stockdichte o *Density of plantation*
4,000 Stöcke/Hektar in Sauvignon Blanc-Anlagen

Alter der Reben o *Average age of the vines*
2-42 Jahre

Hektarerträge o *Average yields*
Sauvignon Blanc 4.000–5.000 Liter/Hektar

Kellermeister/Önologe o *Winemaker*
Matthias und Anton List

Besondere Jahrgänge o *Great recent vintages*
2007, 2004, 2002, 2000, 1997, 1993, 1992, 1986, 1985, 1978

Ab-Hof-Verkauf o *Sale by producer*
Mo - Sa 10-19 Uhr, So + Fei bei Voranmeldung
Ansprechperson: Ingrid List

Weinverkaufspreise o *Average price*
€ 5,-/16,- • Visa, Mastercard, Bankomatkarte

Kommentierte Weinkost o *Wine-seminar*
Nach tel. Voranmeldung o By appointment only

Kellerführung o *Visiting policy*
Nach tel. Voranmeldung o By appointment only

Weitere Produkte o *Other products*
Traubensaft, Tresterbrand, Kürbiskernöl
Cicero (Weißburgunder-Sekt), Heckenfrizzante

Gästezimmer o *Bed and breakfast*
2 Ferienwohnungen am Grassnitzberg • 2 apartment

Vertrieb/Vermarktung der Weine
Ab-Hof-Verkauf, Fachhandel, Vinotheken und die Gastronomie österreichweit
Exportländer: Deutschland

Restaurant Weinkarte o *Winelist*
Paradis (Graz), Thaller (St. Veit am Vogau), Steirereck am Pogusch, Gesamtsteirische Vinothek St. Anna, Lukas Vinothek (Augsburg).

Weingut Familie List
A-8481 Siebing 17
Tel.: +43 (0)3472 8279, Fax: -4
www.listwein.at
e-mail: listwein@aon.at

Ausgeprägte Persönlichkeit und starker Wille

Bestes Traubenmaterial, das aus den fünf Hektar großen eigenen Rebflächen auf dem Pössnitzberg stammt, ist die Basis für den Erfolg des Weingutes Scheucher in Labuttendorf. Gottfried Scheucher, der die Weinbauschule Silberberg absolvierte, und seine Frau Johanna haben die ehemalig gemischte Landwirtschaft im Jahre 1983 auf einen Qualitätsweinbaubetrieb umgestellt und den eingeschlagenen Weg konsequent fortgesetzt. Die errungenen Preise, neunmal Landessieger und einmal Salonsieger, sprechen für sich. Besonderes Augenmerk wird im Weingut Scheucher auf die Rebsorte Sauvignon Blanc gelegt. „Das ist ein Wein mit ausgeprägter Persönlichkeit und starkem eigenen Willen", sagt Gottfried Scheucher, „wir formen ihn durch konsequente Arbeit im Weingarten und Keller und bringen ihn mit einem konzentrierten Sortencharakter in Duft und Geschmack in die Flasche." Neben der klassischen Linie wird auch ein Lagenwein, der Sauvignon Blanc Pössnitzberg, produziert, für den ausschließlich hochreife Trauben aus später Ernte herangezogen werden. Im Weingarten und Keller hat Gottfried Scheucher mit Paul Berger seit 2002 einen Partner zur Seite, der nach der Matura den Weinbau im deutschen Geisenheim studierte und mit einer Diplomarbeit abschloss. „Bei anschließenden Weinbaupraxen in Südafrika, Italien und Deutschland habe habe ich viel gesehen und gelernt", sagt Paul Berger. Beim Sauvignon sucht Berger einen geradlinigen Stil. Mehr Tiefe als Breite ist gefragt. „Ich will wieder mehr zurück zum ursprünglichen steirischen Sauvignon-Typus der 90er Jahre."

Die Reben aus den eigenen 5 ha Weingärten vom Pössnitzberg werden nach Labuttendorf gebracht und im neuen Weinkeller, der in den Jahren 2003 und 2004 errichtet wurde, vinifiziert. Die Weine aus den verschiedenen Lagen werden getrennt ausgebaut und schließlich vor der Füllung, nach einem ausgiebigen Verkosten, zu einem großen Wein verschnitten. „Wir machen Weine, die uns selber schmecken", sagt Johanna Scheucher, die für den Ab-Hof-Verkauf der Weine zuständig ist, ihre Besucher aber auch im Buschenschank mit Köstlichkeiten aus der Region, wie etwa Produkten vom Weideschwein, versorgt.

Personality and a strong will

Grapes of the best kind, harvested from ten acres of their own vineyards situated in Pössnitzberg, are the basis for the success of the Scheucher winery in Labuttendorf. Gottfried Scheucher, a graduate of the School for Agriculture and Oenology Silberberg, and his wife Johanna changed the once mixed farm to a winery of the highest quality in 1983 and continued to pursue this chosen path with utmost determination. The prizes they won with their wines, nine times Styrian county winner (Steirischer Landessieger) and once even winner in the Austrian winesaloon (Österreichischer Weinsalon), are proof of their success. The Scheucher winery pays special attention to the production of Sauvignon Blanc. "This wine has a distinctive personality and a strong will", says Gottfried Scheucher, "we tame this wine by being consistent in our work in the vineyard as well as in the wine cellar and this enables us to bottle this wine with a concentrated character in aroma and in taste alike". Besides the classic Sauvignon Blanc line there is also a premium wine, the Sauvignon Blanc Pössnitzberg, for which only overripe grapes of the late harvest are being used.

Since 2002 Paul Berger, who studied wine growing in Geisenheim, Germany, after his Matura and finished his studies with a diploma, has been Gottfried Scheucher's partner in the vineyards as well as in the wine cellar. "On my visits to various places in South Africa, Italy, and Germany I have seen and learned quite a lot. I also saw some things I did not want to have in my own wine cellar", says Paul Berger. With his own wine Berger is after a straightforward Sauvignon Blanc. More depth than width is what he wants. "I would like to return to the origins of Sauvignon". The grapes from his own 30 acres of vineyards in Pössnitzberg are transported to Labuttendorf where they are vinified in the new wine cellar, which was built in 2003 and 2004. The wines coming from different vineyards are produced individually and are blended just before they are bottled. "We produce wine that we do like ourselves", says Johanna Scheucher, who apart from being responsible for the sale of wine from their own premises also spoils guests with delicacies of the region like free range pork products.

SCHEUCHER, LABUTTENDORF: PÖSSNITZBERG

Traubenernte und Vinifizierung

Sauvignon Blanc: Mehrmaliges, selektives Ernten von Trauben mit 17°-19°KMW ➤ Rebeln und Maischen in der Presse ➤ Maischekontaktzeit 12-48 Stunden ➤ Pressen: schonendes Pressen, Seihmost und Pressmost getrennt verarbeiten ➤ Mostklärung: Gekühltes Klären des Mostes über Nacht (8°-10°C) ➤ Abziehen des klaren Mostes und gekühlte Gärung in Stahltanks bei 16°-17°C, Gärstart mit verschiedenen Reinzuchthefen ➤ Ausbau: Jungweine in den Stahltanks ➤ nach dem Gärende abziehen von der Grobhefe ➤ mit der Feinhefe zurück in die Tanks ➤ Aufrühren der Feinhefe solange es möglich ist ➤ 4-5 Monate Reifung, Betonung von Fruchtaromen ➤ Klarfiltration und Flaschenfüllung.

Sauvignon Blanc Pößnitzberg: 13,5%; Konzentriert, die steirische Leitsorte in ihrer dichtesten Form. Die späte Ernte der hochreifen Trauben brachte kompakte Fruchtnuancen in den Wein. Die typischen Sauvignonaromen wie Holunder, Stachelbeeren und Paprikaschoten sind im Glas sehr harmonisch vertreten.

Weingärten o *Vineyards*
6 ha (14,4 acres), Lagen: Pößnitzberg (Leutschach)

Weine o *Wines*
Weißweine: Sauvignon Blanc,
Sauvignon Blanc Pößnitzberg
Steirischer Satz, Wr, Wb, Scheurebe, Mu, Mo, Gb, Tr
Edelsüße Weine: Beerenauslese
Rotweine: Bf, Cuvée Otter, Otter Plus

Alter der Reben o *Average age of the vines*
6-25 Jahre

Pflanzdichte o *Density of plantation*
4,500 Stöcke/Hektar in Sauvignon Blanc-Anlagen

Hektarerträge o *Average yield per hectar*
Sauvignon Blanc 4.000-4.500 Liter/Hektar

Kellermeister/Önologe o *Winemaker*
Paul und Gottfried Scheucher

Besondere Jahrgänge o *Great recent vintages*
2007, 2006, 2003, 2001

Ab-Hof-Verkauf o *Sale at the premises*
Täglich 9-18 Uhr, So Ruhetag
Ansprechpersonen: Johanna, Gottfried und Paul Scheucher

Weinseminare o *Wine-seminar*
Nach tel. Voranmeldung o By appointment only

Weinverkaufspreise o *Average price*
€ 4,60/10,- • Bankomat

Weitere Produkte o *Further products*
Hofladen mit Marmeladen, Traubensaft, Apfelsaft, Pfirsichnektar, Kürbiskernöl, Heckenfrizzante

Vertrieb/Vermarktung der Weine
Ab-Hof-Verkauf, Fachhandel und die Gastronomie österreichweit, Exportländer: Deutschland, Schweiz

Restaurant Weinkarte o *Winelist*
Kehlberghof, Landhauskeller (Graz), Kaminstub'n (Deutschlandsberg), Zur Hube (Sausal), Steira Wirt (Trautmannsdorf), Wirtshaus Steirereck am Pogusch, Gesamtsteirische Vinothek St. Anna

Weingut Scheucher
A-8423 Labuttendorf, Otterweg 3
Tel.: +43 (0)3184 40 80, Fax: -12
www.weingut-scheucher.at
e-mail: otter@weingut-scheucher.at

Weingärten am Gamitzberg in Gamlitz, Südsteiermark

Die Ried Obegg in Spielfeld, Südsteiermark

WEIN WEG
DER SINNE

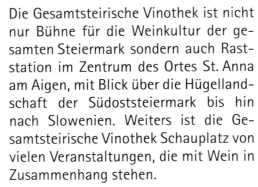

Weingärten in Sulztal, Ratsch, Südsteirische Weinstrasse

Am Schererkogel, Gamlitz-Sernau, Südsteirische Weinstrasse